Die „Caritas" sei für Dich
eine Aufgabe!

Zum Weihetag, am 21.9.96

[illegible] + [illegible]

Hengst/Brandt/Böhm · GELIEBTE KIRCHE – GELEBTE CARITAS

VERÖFFENTLICHUNGEN ZUR GESCHICHTE
DER MITTELDEUTSCHEN KIRCHENPROVINZ

herausgegeben von

Karl Hengst, Paderborn, Hans Jürgen Brandt, München
Josef Pilvousek, Erfurt, Werner Kathrein, Fulda

Band 6

Geliebte Kirche
Gelebte Caritas

Agnes Neuhaus · Christian Bartels
Elisabeth Gnauck-Kühne · Wilhelm Liese

Festgabe
für
Dr. theol. Paul Heinrich Nordhues
Titularbischof von Kos
Weihbischof emeritus in Paderborn
zur Vollendung des 80. Lebensjahres

herausgegeben von
Karl Hengst, Hans Jürgen Brandt, Irmingard Böhm

1995

Ferdinand Schöningh

Paderborn · München · Wien · Zürich

Umschlagbild:

ALEXEJ VON JAWLENSKY (1864–1941)
Liebe, 1925
Oel auf Pappe, 59,0/48,8 cm
Städtische Galerie im Lenbachhaus, München

Die Deutsche Bibliothek – CIP-Einheitsaufnahme

Geliebte Kirche – gelebte Caritas: Festgabe für Dr. theol. Paul Heinrich Nordhues, Titularbischof von Kos, Weihbischof emeritus in Paderborn zur Vollendung des 80. Lebensjahres / Agnes Neuhaus ... Hrsg. von Karl Hengst ... –
Paderborn; München; Wien; Zürich: Schöningh, 1995
(Veröffentlichungen zur Geschichte der mitteldeutschen Kirchenprovinz; Bd. 6)
ISBN 3–506–71507–0
NE: Neuhaus, Agnes; Hengst, Karl [Hrsg.]; Nordhues, Paul:
Festschrift; GT

Gedruckt auf umweltfreundlichem, chlorfrei gebleichtem Papier

Printed in Germany. Herstellung: Ferdinand Schöningh, Paderborn

ISBN 3-506-71507-0

Paul Nordhues

Geleitworte

Lieber Mitbruder im bischöflichen Amt!

Von der Urgemeinde in Jerusalem an ist caritative Tätigkeit immer als notwendige wesensgemäße Äußerung des kirchlichen Lebens verstanden worden. Schon die erste christliche Gemeinde in Jerusalem hat durch ihre Liebestätigkeit der Geschwisterliebe sichtbaren Ausdruck gegeben in der Armenfürsorge, in der Hilfe für Witwen, Waisen und Hungernde, für Kranke und andere Notleidende, wie es in der Apostelgeschichte berichtet wird.

Zu jeder Zeit hat eine christliche Gemeinde die Aufgabe, das Evangelium zu verkünden, Gottesdienst zu feiern und die Liebe Christi zu bezeugen. Die Liebestätigkeit der Christen ist Ausdruck der Liebe Christi, die uns geschenkt ist im Heiligen Geist, der in uns lebt. Letztlich ist es Christus selbst, der im Tun seiner Kirche wirksam wird.

Natürlich sind die Formen der Hilfe die gleichen, wie sie auch von sozial empfindenden Menschen jeder religiös weltanschaulichen Richtung oder von staatlichen Stellen gepflegt werden. Motive, Ziele, Kräfte, Akzente und auch manche Formen sind jedoch anders, eben auf Christus bezogen.

Caritative Arbeit ist vom Wesen der Kirche her ihr unaufgebbares Recht und ihre nicht auf andere abwälzbare Pflicht: „Wenn die Kirche sich auch über alles freut, was andere in dieser Hinsicht tun, nimmt sie doch die Werke der Liebe als ihre eigene Pflicht und ihr unveräußerliches Recht in Anspruch. Der barmherzige Sinn für die Armen und Kranken, die sogenannten caritativen Werke, die gegenseitige Hilfe zur Erleichterung aller menschlichen Nöte stehen deshalb in der Kirche besonders in ‚Ehren'" (Dekret über das Apostolat der Laien, Artikel 8).

Weihbischof Dr. Paul Nordhues, der sein achtzigstes Lebensjahr vollenden kann, ist nie müde geworden, die Liebestätigkeit der Christen als Wesensäußerung christlichen Lebens zu benennen und von Christus her zu begründen und die Caritas mit der Evangelisierung und der Pastoral zu verbinden.

Lange Jahrzehnte hat er seine ganze Kraft für den Ausbau der ehrenamtlichen Caritasarbeit in den Gemeinden, für die Bewußtseinsbildung, daß Caritasarbeit Sache aller Gläubigen – von Frauen und Männern –

ist, für den Aufbau von organisierter Caritasarbeit in den Kreiscaritasverbänden und im Diözesan-Caritasverband eingesetzt und war lange Zeit Motor der verbandlich organisierten Caritasarbeit.

Die hier veröffentlichten Lebensbilder von Paderborner Persönlichkeiten, die in der allgemeinen Caritasgeschichte Deutschlands eine nicht unbedeutende Rolle gespielt haben, sind in dieser Festschrift zusammengefaßt, die ihm zu Ehren erscheint.

Möge diesem Buch eine weite Verbreitung beschieden sein und möge vor allem die Intention des Weihbischofs in vielen Herzen Impulse zur Verwirklichung und Weiterführung auslösen und auch bei möglicherweise schwierigeren finanziellen Situationen die Bereitschaft zum Dienen und Helfen stärken und fördern!

Paderborn, Neujahr 1995

Dr. theol. Johannes Joachim Degenhardt
Erzbischof von Paderborn
Metropolit der Mitteldeutschen Kirchenprovinz

Lieber Mitbruder Bischof Paul!

Gott hat Dir 80 Jahre des Lebens geschenkt und Dir die Gnade gegeben, als Priester und Bischof an vielen Plätzen und in verschiedenen Aufgaben wirksam zu sein als „cooperator Jesu Christi". Ich schreibe Dir diesen freundschaftlichen Brief als Geleitwort, weil ich es bei einem solchen Fest wichtig finde, daß wir uns als Brüder und Schwestern über unsere gemeinsame Berufung als Christen, Priester und Bischöfe freuen sollen und die frohe Gemeinschaft der Kirche auch dadurch ausdrücken können. Ich habe es großartig empfunden, daß Du in den letzten Jahren, gerade in den Prüfungen der Leiden und Krankheit, so mutig und hoffnungsvoll alles auf Dich genommen hast. Ich kenne Dich schon 25 Jahre. Als junger Bischof habe ich als Vertreter Österreichs die Aufgabe der Mitverantwortung für das neue Gebet- und Gesangbuch „Gotteslob" übernommen. Wir wurden von Anfang an Freunde und haben den Vorsitz „fröhlich und mutig" miteinander geführt, denn wir waren beide überzeugt, daß das „Gotteslob" einen wichtigen Dienst in der Pastoral darstellt. Ich denke an die vielen Tagungen, Konferenzen und Beratungen, die Übungen, die Prüfungen der Texte und Melodien. In Freude denke ich an unseren großen theologischen Berater Kardinal Volk und unseren unermüdlichen Sekretär Prälat Seuffert.

Wir feiern am 8. Februar Deinen großen Geburtstag! Dieses Fest fällt zusammen mit der 20-Jahr-Feier der offiziellen Publikation von „Gotteslob", die am 17. März 1975 durch Kardinal Döpfner in München geschehen ist. Ich wünsche Dir, daß Du auch das „Silberne Jubiläum" des „Gotteslob" erleben mögest! Ein zweiter wichtiger Punkt unseres gemeinsamen Dienstes ist das Werk der Caritas. Heute wird die Kirche wesentlich in vielen Teilen der Erde, bei Christen und Nicht-Christen, durch ihre Werke der Nächstenliebe und Entwicklungshilfe verständlich. Caritas ist ein Name geworden, mit dem man die Kirche identifiziert – so ist dies auch meine Erfahrung in der Verantwortung als Vertreter des Heiligen Stuhls bei der UNO in Rom, wo unter den 169 Vertretern der größte Teil eben Nicht-Christen sind. Du hast mit großer Liebe die Christen ermutigt, die Caritas als Pfeiler der Kirche vorzustellen und ihre theologische und seelsorgliche Dimension zu vertreten. Deine Reden und Artikel atmen die Begeisterung, die der Christ heute braucht, um den Dienst der Liebe überall zu tun. Jesus Christus selbst ist der Heilkündende, der Heilbringende und Heilende. Dies ist die Einladung für die Kirche, daß sie ebenso wirken soll. Caritas ist Aufgabe des einzelnen Christen, der Pfarrei und Diözese. Ehrenamtliche und Hauptamtliche sollen sich immer als Träger des Werkes der Liebe sehen und verstehen. Du hast Initiativen für die Caritas geweckt und bist bis heute nicht müde geworden, den „spiritus caritatis“ immer und überall zu verkünden und zu verteidigen. Eng bin ich mit Dir verbunden, denn die vielen kirchlichen Werke, die einerseits die christliche Soziallehre künden und andererseits durch die Werke der Entwicklungshilfe und Caritas leben, sind Ausdruck des weiterwirkenden Heilandes Jesus Christus in unserer Zeit und in aller Welt. So warst Du immer und bleibst es: ein Missionar der Caritas!

Lieber Mitbruder, Bischof Paulus! Möge Gott dir noch viele gute und gesunde Jahre schenken.

Am Geburtstag freuen wir uns, daß wir einen „Gott lobenden“ und „Liebe fördernden“ Bischof Paul feiern können.

Rom, Vatikanstadt, zum 8. Februar 1995

Dr. theol. Alois Wagner
Erzbischof von Siccenna i.p.i.
Ständiger Beobachter des Heiligen Stuhls
bei den Vereinten Nationen

Sehr verehrter Herr Weihbischof Dr. Nordhues,

Sie haben in vielen Bereichen für die Menschen in Deutschland kostbare Dienste geleistet. Sie sind kein Mann des gedankenloses Mitlaufens, sondern einer, der nach neuen Wegen sucht, einer, der gräbt, um verschüttete Fundamente freizulegen, einer, der grübelt, wenn er die gedankenlose Wiederholung abgenutzter Vokabeln ersetzen will durch treffendere Formulierungen. In der Priesterausbildung auf der Huysburg – in der früheren DDR also – weckten Sie in jungen Männern die Fähigkeit, theologisch zu fragen, um das Evangelium besser verstehen und überzeugend verkündigen zu können. Als das Gotteslob erarbeitet wurde, gestalteten Sie mit großem Engagement in der Arbeitsgruppe dieses Gesang- und Gebetbuch mit.

Die Caritas profitierte auf vielen Ebenen von Ihrem Können, Wissen und Engagement. Nicht nur als Paderborner Caritasbischof, sondern auch als Mitglied des Zentralrates und des Zentralvorstands haben Sie immer wieder darauf aufmerksam gemacht, was das Eigentliche der Caritas ist. In unzähligen Artikeln und Aufsätzen bemühten Sie sich um die Theologie der Caritas, um die Brücke zwischen Caritas und Pastoral und um die Spiritualität derer, die in den Caritasverbänden tätig sind. Ihr „Handbuch der Caritasarbeit“ ist in der Bibliothek eines jeden Caritasdirektors zu finden. Die Würzburger Synode sah Sie als Vorsitzenden der Sachkommision VIII „Christliche Diakonie“. Mit großer Vehemenz traten Sie dafür ein, daß „Diakonie“ alle Bereiche des kirchlichen Lebens treffen müsse. Schließlich sei auch noch erwähnt die jahrelange Treue, die Sie dem Sozialdienst Katholischer Frauen gehalten haben. Sie, sehr geehrter Herr Jubilar, sind ein Mann der Caritas! Das haben Sie bis auf diesen Tag in Wort und Tat bezeugt.

Möge dieses Werk ein kleines Zeichen des Dankes der zahlreichen Wegbegleiter und Freunde sein an eine Persönlichkeit, der die Caritas in Deutschland viel verdankt.

Freiburg im Breisgau, zum 8. Februar 1995

H. Puschmann

Prälat Hellmut Puschmann
Präsident des Deutschen Caritasverbandes

Vorwort

Wer keine Barmherzigkeit übt, hat die ganze Zeit umsonst gelebt, heißt es in den Predigten des berühmten „Goldmund“ Johannes Chrysostomos, der um 400 als Patriarch von Konstantinopel wirkte. Wer Barmherzigkeit übt, ist geachtet. Barmherzigkeit macht weise. Nicht nur die Hirten der Kirche sollten sich das sagen lassen, sondern auch die Schafe, damit sie die Hirten amtsfreudiger machen. Wenn ein Bischof 80 Jahre alt wird, hat ihm das Kirchenrecht längst Grenzen seiner Amtsfreudigkeit gesetzt. Für Weihbischöfe gilt dies noch allgemeiner, weil ihnen in der Rolle von Hilfsbischöfen nur begrenzte Möglichkeiten oberhirtlicher Amtsentfaltung zustehen. Hat sich ein Weihbischof dennoch hohe Achtung über die Bistums- und Landesgrenzen hinaus erworben, muß er schon aus dem üblichen Rahmen gefallen sein. Wer denkt im Erzbistum Paderborn noch daran, daß die Erarbeitung und bahnbrechende Einführung des Katholischen Gebet- und Gesangbuchs „Gotteslob“ in den Bistümern Deutschlands, Österreichs, im italienischen Bozen-Brixen und im belgischen Lüttich seit 1974 aufs engste mit dem Namen Paul Nordhues verbunden sind? Im Unterschied zu den Ausgaben von „Gotteslob“ in Norddeutschland ist in nicht wenigen Diözesen Süddeutschlands und in allen Bistümern Österreichs ganz selbstverständlich jedem Gesangbuch ein Geleitwort beigegeben, das die Verdienste von Paul Nordhues und die seines ehemaligen Linzer Amtsbruders Dr. Alois Wagner, heute Erzbischof in Rom, ausweist. Paderborn kennt seinen Weihbischof Nordhues vor allem als Bischof der Caritas, mit der er nach dem erwähnten Spruch des hl. Goldmund aus Konstantinopel keine schlechte geistliche Partnerwahl getroffen hat. Das griechische Wort „charis“, das der Lateiner mit „caritas“ oder „gratia“ umschreibt, steckt nach dem Schullexikon einen weiten Horizont ab. Es bedeutet zunächst und vor allem „Liebesdienst“ im Sinne von barmherziger Wohltat aus Gnade. Es kann dann aber auch „Beliebtheit“ oder „Dank“ heißen und wird, wenn es im Plural steht, mit „liebenswürdige Eigenschaften“ übersetzt.

Es sind zwei Themen, um die das theologische Interesse und der pastorale Dienst des Dortmunder Jungen Paul Nordhues vom Jahrgang 1915 vor allem kreisen, der 1941 in Paderborn Priester und 1961 Bischof wurde: „Kirche“ und „Caritas“. Wie zwei Brennpunkte einer Ellipse halten sie sein Leben und seinen weit über Paderborn hinausgehenden privaten und öffentlichen Kommunikationskreis bis auf diesen Tag in Spannung. Denn ebensowenig wie sich der Doktor der Theologie auf akademischen Lorbeeren ausruhte, die ihm 1956 in Würzburg eine dogmatische Dissertation zum Kirchenbegriff des Louis de Thomassin verlieh, legte der erste Bischofsvikar für Caritas im Erzbistum Paderborn als Lehrer und Praktiker der Caritas die Hände in den Schoß, nachdem er 1976 von diesem Amt Abschied genommen hatte. Die für diese Festschrift erarbeitete Bibliographie seiner Veröffentlichungen belegt den Jubilar als wohl fruchtbarsten theologischen Schriftsteller unter den bisher 56 Paderborner Weihbischöfen seit dem Seligen Bernhard zur Lippe im 13. Jahrhundert, wenn man nicht den berühmten Naturforscher, den Seligen Dr. med. Niels Stensen als unerreichbare Meßlatte ansetzt.

Die Festgabe „Geliebte Kirche – Gelebte Caritas" ruft vier Pioniere der Caritasbewegung mit Geburtsjahren zwischen 1850 und 1876 in Erinnerung, die verdienstvoll in der Caritasgeschichte Deutschlands stehen: Agnes Neuhaus aus Dortmund, die Gründerin des Katholischen Fürsorgevereins für Mädchen, Frauen und Kinder sowie Sozialpolitikerin im Berliner Reichstag, Domkapitular Christian Bartels aus Paderborn, den Gründer des Katholischen Männerfürsorgevereins Deutschlands und Gründervorsitzenden des Paderborner Diözesan-Caritasverbandes, Elisabeth Gnauck-Kühne aus Blankenburg im heutigen Bistum Magdeburg, eine Konvertitin und Sozialphilosophin ganz eigener Prägung, deren reiches literarisches Œuvre gegenwärtig wissenschaftlich entdeckt wird, und abschließend Wilhelm Liese, Theologieprofessor in Paderborn und Geschichtsschreiber der deutschen Caritasbewegung schlechthin. Die von den vier Persönlichkeiten damals grundgelegten und bis heute lebendig gebliebenen Werke der Barmherzigkeit lassen unsere Generation am Ende des 20. Jahrhunderts nach den geistlichen Kraftquellen und den tragenden sozialen Ideen ebenso fragen wie nach ihren Charakterbildern selbst. Für die Darstellung von Agnes Neuhaus und Elisabeth Gnauck-Kühne wurden exemplarische Texte aus ihrer persönlichen Feder gewählt, die sich in älteren, kaum zugängigen Zeitschriften befinden. Sie beleuchten die unterschiedlichen Begabungen der beiden fast gleichaltrigen Frauen: Agnes Neuhaus als die begnadete Pragmatikerin und Elisabeth Gnauck-Kühne als die versierte Theoretikerin. In ähnlicher Weise bilden Christian Bartels als der Caritaspraktiker und sein zwei Jahrzehnte jüngerer Amtsbruder aus dem Paderborner Klerus, der lese- und schreibfreudige Wilhelm Liese, ein sich ergänzendes Paar, die beide in der Festschrift mit bisher unveröffentlichten Biographien vorgestellt werden.

Die Anfrage um ideelle und finanzielle Unterstützung der Festschrift fand im großen Freundeskreis von Weihbischof Dr. Paul Nordhues ein gutes Echo. Der Erzbischof von Paderborn, Dr. theol. Johannes Joachim Degenhardt, und Erzbischof Dr. Alois Wagner in Rom, Ständiger Beobachter des Heiligen Stuhls bei den Vereinten Nationen, widmeten beide der Festschrift gern ein Geleitwort. Erzbischof Dr. Degenhardt übernahm, verbunden mit herzlichen Glückwünschen des Erzbistums Paderborn an den Jubilar, freundlicherweise auch einen Großteil der Druckkosten. Für das Bistum Magdeburg, das einstige Paderborner Erzbischöfliche Kommissariat, gewährte Bischof Leopold Nowak einen finanziellen Zuschuß in dankbarer Erinnerung an die bleibenden Verdienste des Jubilars in DDR-Zeiten, als Dr. Paul Nordhues als Regens des Paderborner Priesterseminars auf der Huysberg bei Halberstadt und später als Weihbischof von Paderborn aus eine Brücke zwischen Ost und West in Person gebildet hatte. Weitere finanzielle Unterstützung gewährten mit freundschaftlichen Grüßen und Wünschen der Deutsche Caritasverband mit seinem Präsidenten Prälat Hellmut Puschmann in Freiburg i. Breisgau, die Ständige Kommission für das „Gotteslob" im Verband der Diözesen Deutschlands, der Diözesan-Caritasverband Paderborn mit seinem Vorsitzenden Domkapitular Prälat Joseph Becker, der Diözesanverband der Vinzenzkonferenzen im Erzbistum Paderborn mit seinem Vorsitzenden Alfred Gehrken in Witten sowie die Domgemeinde St. Petrus und St. Gorgonius in Minden mit Herrn Dompropst Paul Jakobi und Herrn Dompropst i. R. Wilhelm Garg, die sich Weihbischof Dr. Nordhues in besonderer Weise verbunden fühlen. Die Leitung der Städtischen Galerie im Münchener Lenbachhaus erklärte sich großzügig bereit, die Wiedergabe der Ikone „Liebe" von Alexej von Jawlensky aus ihrem Bestand als Titelbild der Festschrift zu genehmigen. Herr Pfarrer Dr. theol. Konrad Freier, Borgentreich-Bühne, malte als Festgabe den Jubilar und die vier Caritaspersönlichkeiten nach photographischen Vorlagen. Herzliche Glückwünsche entbieten mit den Herausgebern nicht zuletzt ihr Mitarbeiterkreis in Paderborn und München, unter dessen Händen die Festschrift technisch zustande kam: Frau Elisabeth Kappius, Lichtenau-Iggenhausen, und Frau Monika Baumann, München, die als Sekretärinnen die Textvorlagen druckreif schrieben, sowie Frau Margarete Kinner M. A., Frau Rita Koppers M. A. und Herr OLT Kai Petersen vom Institut für Theologie und Gesellschaft an der Universität der Bundeswehr München, die wissenschaftliche Hilfsdienste leisteten und Korrektur lasen. Das auf diese Weise erarbeitete umfangreiche Personen- und Ortsregister am Ende der Festschrift dokumentiert den weiten Horizont der Paderborner Caritasbewegung und stellt als Nachschlagewerk für ähnliche Arbeiten in Zukunft einen originären Beitrag der Festschrift selbst dar.

Von der historisch-kritischen Forschung ist das Buch „Der Caritasverband für das Erzbistum Paderborn in Geschichte und Gegenwart“, an dessen Zustandekommen Weihbischof Dr. Nordhues verdienstvollen Anteil hat, als repräsentatives Beispiel für das verstärkte Interesse der großen Wohlfahrtsverbände nach 1945 sich der eigenen Geschichte zu stellen[1], gelobt worden. Wie das Paderborner Caritasbuch, dessen kürzlich erschienene Neuauflage dem Jubilar gewidmet ist, möge auch die Festschrift „Geliebte Kirche – Gelebte Caritas“ erneut einem breiten Leserkreis die historischen Wurzeln zeigen, dieses Mal an Lebensbildern, aus denen der lebenspendende Baum der Caritas bis in die Gegenwart gespeist wird. Bei seiner Bischofsweihe vor gut dreiundreißig Jahren sang der aus dem Magdeburger Bistumsanteil erwählte Weihbischof Dr. Paul Nordhues, wie es die Liturgie vorschrieb, seinem Konsekrator im Paderborner Dom ein dreifaches „ad multos annos!“ zu. Was der Jubilar damals dem unvergessenen Erzbischof Lorenz Kardinal Jaeger zudachte, wünschen heute eine große Caritasgemeinde weit über Paderborn hinaus und seine Freunde in aller Welt auch ihm!

München und Paderborn, zum 8. Februar 1995

Hans Jürgen Brandt
Im Namen der Herausgeber

[1] Vgl. Wollasch Andreas: Geschichte der Wohlfahrtspflege in Westfalen-Lippe nach 1945, in: Westfälische Forschungen 44 ‹1994› 469-482, bes. 481. – Kuhn Konrad: Caritas wird transparent, in: Anzeiger für die Seelsorge. Monatszeitschrift für die praktische Seelsorge in der katholischen Kirche des deutschen Sprachraumes 103 ‹1994› 618. – Brandt Hans Jürgen (Hg.): Der Caritasverband für das Erzbistum Paderborn in Geschichte und Gegenwart ‹Paderborn 2. verbesserte Auflage 1994›.

Inhaltsverzeichnis

Agnes Neuhaus 1854–1944

von Irmingard Böhm

Caritas, Leben gewordene Gottesliebe, ist so alt wie die Berufung des Menschen in die communio fidei, spei et caritatis. Seitdem ist für den Christen die Menschenliebe von der Gottesliebe nicht mehr zu trennen. Wie alle Dienerinnen und Diener Gottes stellte Agnes Neuhaus in die Mitte ihres Lebens den Menschen und die Förderung menschlichen Lebens in all seinen Äußerungen. Ihr Leben war gleichsam Gottesdienst und Menschendienst. Aus Liebe zu Gott, den Menschen und der Kirche baute sie den Katholischen Fürsorgeverein für Mädchen, Frauen und Kinder. Er macht ein Stück des heilschaffenden Inhalts der Liebesbotschaft Gottes greifbar, reiht sich ein in die unzähligen, lebendigen Zeugnisse der Menschenliebe, die ununterbrochen und ungeachtet aller Geschichte der Gottesliebe erwächst.

Zunächst geschwächt durch Französische Revolution und Säkularisation, mächtig angeregt durch Industrialisierung und den damit einhergehenden Pauperismus, nahm die Caritas einen gewaltigen Aufschwung, formierte sich der deutsche Katholizismus gemäß alter Organisationsmuster gegen menschliche Not und für soziale Gerechtigkeit. Während die in Theologie und Weltanschauung, Frömmigkeitsformen und Lebenspraxis traditionsbewußte Kirche der Wilhelminischen Ära ihr Verhältnis zur modernen Welt zu klären versuchte, knüpften katholische Frauen und Männer unbeirrt weiter das dichte Netz der Caritas für alle Schichten und Gruppen, für jegliche Art von Elend. So erstaunt es kaum, daß sich der organisierte soziale Katholizismus über traditionelle und autoritätsbestimmte Kirchlichkeit hinweg dem Geist des frühen 20. Jahrhunderts öffnete und tiefgreifende Veränderungen in Staat und Gesellschaft mit vorbereitete. Ein treffendes Beispiel dieses Phänomens ist der von Agnes Neuhaus 1900 gegründete Katholische Fürsorgeverein für Mädchen, Frauen und Kinder. Wer die Entwicklungslinien des Vereins nachzeichnet, findet neben der beginnenden Weggemeinschaft von Tradition und Moderne, von Kirche und Welt vor allem ein Stück Geschichte sozialer Verantwortung, betrachtet Lebensbilder von Menschen, die sich wie Agnes Neuhaus der Caritas verschrieben.

Agnes Neuhaus wurde am 24. März 1854 als ältestes von acht Kindern der Familie Morsbach in Dortmund geboren. Der Vater sensibilisierte sie für die sozialen Probleme der aufstrebenden Industriestadt. Die Mutter prägte ihre Religiosität und förderte ihre musikalische Begabung. Nach der Schulausbildung bei den Ursulinen im emsländischen Haselünne und den Soeurs de Sainte Chrétienne im unweit von Sedan gelegenen Carignan studierte sie das Fach Klavier an der Königlichen Hochschule für Musik in Berlin. Dort heiratete sie 1878 den Rechtsassessor und späteren Amtsgerichtsrat Adolf Neuhaus. Der Ehe entstammten drei Kinder. Nach Berlin und Gelsenkirchen nahm die Familie ständigen Wohnsitz in Dortmund. Zwei Jahrzehnte lang erfüllte Agnes Neuhaus den Beruf als Hausfrau und Mutter.

In einer Zeit, in der die herkömmliche Armenpflege an ihre Grenzen stieß und sich die Konturen eines staatlich verantworteten Fürsorgekonzepts noch nicht scharf genug abzeichneten, ließ sich Agnes Neuhaus von der Not treffen und zum Handeln herausfordern: sie wagte die Caritas und „der Weg wuchs [Schritt für Schritt] unter ihren Füßen“ (Alice Scherer). Sie begann ihre Fürsorgearbeit auf Krankenstationen und in Gefängnissen, fand dafür Unterstützung in der Familie, bei der Dortmunder Geistlichkeit und den zuständigen Behörden. Die Vielfalt der Not und entsprechend weitgefächerte Maßnahmen verlangten Konzeption und Organisation. 1900 gründete sie mit gleichgesinnten Frauen in enger kirchlicher Anbindung den „Verein vom Guten Hirten“. Die Ortsvereine, die nach dem Dortmunder Vorbild in ganz Deutschland entstanden, schlossen sich 1903 in einem losen „Zentralverband der Katholischen Fürsorgevereine“ zusammen, organisierten sich 1907 im Gesamtverein zum Schutze und zur Rettung „sittlich gefährdeter und gefallener Mädchen und Frauen sowie der mißhandelten, gefährdeten und verwahrlosten Jugend“. Heute besteht der Fürsorgeverein, dem Agnes Neuhaus bis zu ihrem Tode 1944 vorstand, als „Sozialdienst Katholischer Frauen“, dem Fachverband für Jugend- und Gefährdetenhilfe sowie

Agnes Neuhaus

der Hilfe für Frauen und Familien in Not des Deutschen Caritasverbandes.

Die alte, vielfach belegte Tatsache, daß die Liebe die Welt erneuert, findet im Leben und Werk von Agnes Neuhaus erneut Bestätigung. Bewegt von der Liebe zu Gott und den Menschen, stellte Agnes Neuhaus ihre Arbeit konsequent auf drei Säulen: die Religion, das Recht und das Ehrenamt. Aus den Grundsätzen christlichen Glaubens und dem katholischen Prinzip der Caritas als Lebens- und Wesensäußerung der Kirche entwickelte sie mit Blick auf das Wohl des hilfsbedürftigen Menschen ein umfassendes Konzept der Hilfe zur Selbsthilfe. Sie spannte das Tätigkeitsfeld von der rettenden zur vorbeugenden Fürsorge, die Aufgaben vom persönlichen, individuellen Dienst bis zur politischen Mitgestaltung gesellschaftlicher Ordnung. Die Verbindung von religiös bestimmtem Fürsorgeziel und moderner Methodik, und zwar im Rahmen eines demokratisch strukturierten Vereins mit recht- wie praxisorientierten Mitteln „Seelen zu retten“, gab ihrem Fürsorgekonzept ein eigenes Profil. Garant für die Leistungsfähigkeit des Fürsorgevereins war die ehrenamtliche Arbeit. Infolgedessen forderte und förderte Agnes Neuhaus die systematische Ausbildung freiwilliger Helferinnen. Zu diesem Zweck rief sie 1917 eine vereinseigene Wohlfahrtsschule ins Leben, die 1926 staatlich anerkannt wurde und heute als Anna-Zillken-Schule in der Trägerschaft des Sozialdienstes Katholischer Frauen – Zentrale e. V. in Dortmund besteht.

Agnes Neuhaus gehört zu den Frauen, die aus der Kraft des Glaubens und der Unbedingtheit der Liebe menschlicher Not begegnen, neue Wege der Hilfe finden. Ihre tiefe, bewußt gelebte Religiosität und die Überzeugung von der Freiheit des Helfens gaben dem Fürsorgeverein das geistige Gepräge, ihre „westfälische Zähigkeit“ (Elisabeth Zillken) und Gründlichkeit, vor allem ihre Entschiedenheit in Sachfragen haupt- und ehrenamtlichen Mitarbeiterinnen Sicherheit. Selbst Fachkreisen ideell und konzeptionell unterschiedlicher Ausrichtung war die Unbeirrbarkeit ihres Urteils unverzichtbar. Ihr klares, stets realitätsbezogenes Denken verlor sich nie in reiner Theorie, sondern prüfte jede Idee zugleich auf ihre praktische Wirksamkeit hin. Die Fähigkeit, „aus dem Leben zu lernen und neues Leben zu gestalten“ (Wilhelm

Polligkeit), machte Agnes Neuhaus zu einer führenden Persönlichkeit des Wohlfahrtswesens.

Eine Frau, die wie Agnes Neuhaus tief und unangefochten in ihrem katholischen Glauben verwurzelt war, auf diesen Urgrund ihre Fürsorgetätigkeit stellte, konnte sich weit hinauswagen. So suchte sie im Interesse hilfsbedürftiger Kinder, Jugendlicher und Frauen Kontakte über ideologische Grenzen hinweg, um ein menschen- und zeitgerechtes Wohlfahrtssystem mitbauen zu können. Wie sehr wiederum ihre Erfahrung, Kompetenz und Mitarbeit gefragt und geschätzt waren, belegen Mitgliedschaften in Vorständen von Organisationen, die im ersten Drittel des 20. Jahrhunderts fürsorgerische Arbeit formten, wie das Archiv Deutscher Berufsvormünder, die Zentrale für Private Fürsorge, die Deutsche Zentrale für Jugendfürsorge, der Allgemeine Fürsorge-Erziehungs-Tag, die Vereinigung für Jugendgerichte und Jugendgerichtshilfe, der Deutsche Verein für Öffentliche und Private Fürsorge, nicht zuletzt der Deutsche Caritasverband und der Katholische Deutsche Frauenbund.

Es überrascht nicht, daß Agnes Neuhaus als eine der ersten Frauen zur parlamentarischen Mitarbeit 1919 zunächst in die Nationalversammlung, dann in den Reichstag gewählt wurde. Aus christlicher Verantwortung und caritativer Verpflichtung wollte sie die Rahmenbedingungen einer Gesellschaft mitgestalten, die ein menschenwürdiges Leben aller ermöglichen und die Entfaltung des einzelnen, der Familie und der gesellschaftlichen Gruppen gewährleisten. Ihr politisches Mandat sollte vor allem dem hilfsbedürftigen Menschen umfassende Rechtsansprüche sichern. Obgleich Agnes Neuhaus von Recht und Gesetz als unverzichtbarer Stütze der Fürsorgearbeit überzeugt war, machte sie stets deutlich, daß sich Liebe, diese auf den ganzen Menschen gerichtete Grundhaltung, durch kein Gesetz zwingen läßt, sehr wohl aber bei jeder sozialcaritativen wie sozialpolitischen Maßnahme mitzudenken ist. Denn „einer großen Täuschung unterliegen [alle], die die Mitwirkung der Liebe hochmütig ablehnen. Gewiß kann [sie allein] kein Ersatz sein für geschuldete, aber versagte Gerechtigkeit. Aber selbst wenn der Mensch alles erhielte, was er nach der Gerechtigkeit zu erhalten hat, bliebe ihm immer noch ein weites Feld für die Liebe“ (Quadragesimo Anno).

Im Wissen um die Unentbehrlichkeit persönlicher, aus Liebe geborener Fürsorge verfolgte Agnes Neuhaus jedes ihrer sozialcaritativen Ziele, suchte politisch Lösungen für Menschen auf der Schattenseite des Lebens, stritt um das Recht und die Selbständigkeit freier Wohlfahrtspflege. Den Erfolg des ebenso schöpferischen wie zielstrebigen Engagements dokumentieren das 1922 einstimmig verabschiedete, 1924 in Kraft getretene Reichsjugendwohlfahrtsgesetz, vor allem die rechtlich fixierte Gleichstellung von öffentlicher und freier Jugendhilfe und das Gesetz zur Bekämpfung der Geschlechtskrankheiten von 1927. Selbst wenn Agnes Neuhaus keine Reform des Unehelichenrechts, kein Gesetz zur zwangsweisen Bewahrung verwahrloster Erwachsener erwirken konnte, blieben ihre Anstrengungen um die Neuordnung der Weimarer Wohlfahrtsgesetzgebung bis in die Gegenwart richtungweisend.

Agnes Neuhaus liebte die Kirche und lebte die Caritas. In der Hingabe an Gott und im Gehorsam gegenüber seiner Kirche wußte sie sich berufen zur selbstlosen Sorge um alles Schwache, Hilflose und Hilfsbedürftige. Ihr Werk, das bis auf den heutigen Tag im Sozialdienst Katholischer Frauen weiterlebt, ist ein beredtes Zeugnis für die Zeitlosigkeit, die Lebendigkeit und die Kraft der liebenden und dienenden Kirche Gottes.

Aus der Geschichte des Katholischen Fürsorgevereins für Mädchen, Frauen und Kinder

von Agnes Neuhaus[1]

In meinem Bericht möchte ich nicht in streng chronologisch geordneter Reihenfolge und mit einer gewissen Vollständigkeit *die* Geschichte unseres Vereins erzählen, sondern *aus* der Geschichte diejenigen Ereignisse, Gesichtspunkte und Wendungen herausgreifen, welche in der Entstehung und in der Entwicklung für die Richtung des Vereins von entscheidendem Einfluß waren.[2]

In diesem Sinne möchte ich folgende fünf Punkte behandeln: 1. die Entstehung des Vereins, 2. bedeutsame und für die Entwicklung des Vereins mitentscheidende Momente aus den ersten Jahren, 3. die Entwicklung der Organisationsform, 4. die Zufluchtshäuser und 5. den jetzigen Stand.

---

[1] Text aus: Jahrbuch für die Katholiken Dortmunds von 1929, hg. v. der Katholischen Geistlichkeit Dortmunds, 72-85. Die Kapitelüberschriften stammen von der Bearbeiterin Irmingard Böhm. – Zu Leben und Werk vgl. die in Wertschätzung geschriebene, erstmals 1949 erschienene, 1977 von Heinz NEUHAUS unwesentlich überarbeitete Biographie von der ehemahligen Generalsekretärin des KDFB (1926-1941), Maria Antonie HOPMANN, und zeitgenössische Skizzen, etwa von den Reichstagsabgeordneten, Helene WEBER (1919-1933) und Elisabeth ZILLKEN (1930-1933); dazu ergänzend Frau Agnes Neuhaus und ihr Werk, hg. v. Zentralvorstand des KFV, 41-161; RICKMERS, Agnes Neuhaus 147-182; PANKOKE-SCHENK, Agnes Neuhaus 133-142; WOLLASCH, Der Katholische Fürsorgeverein.

[2] Zur Entstehungsgeschichte des Vereins vgl. auch NEUHAUS, Aus der Werkstätte des Guten Hirten; Für meine Kinder 52-61; COSACK, Der Katholische Fürsorgeverein; AUER, Geschichte des Katholischen Fürsorgevereins; BLIJDENSTEIN, Vom Werden und Wirken des Katholischen Fürsorgevereins 103-105. – Umfangreiches Quellenmaterial (Vereinsakten, Korrespondenz u. a.) zum KFV liegt im Archiv des DCV in Freiburg. Zwischen den Jahren 1926 und 1991 wurde der KFV mit vier Monographien gewürdigt: KOPP, Der Katholische Fürsorgeverein (von der Zentrale des KFV unterstützte, rechts- und staatswissenschaftliche Dissertation zu Strukturen und Tätigkeitsfeldern des Vereins); HOPMANN, Agnes Neuhaus (wegen der Datenfülle eine „historisch äußerst wertvolle Quelle“ zur Erforschung der Geschichte des KFV); PANKOKE-SCHENK, Moderne Not als institutionelle Herausforderung kirchlicher Sozialarbeit 71-76 (sozialwissenschaftliche Dissertation zur Entwicklung des KFV [seit 1968 SKF] nach dem Zweiten Weltkrieg); WOLLASCH, Der Katholische Fürsorgeverein (quellenfundierte, historisch-kritische Dissertation zur Geschichte der Jugend- und Gefährdetenfürsorge von 1899 bis 1945 am Beispiel des KFV; umfassendes Quellen- und Literaturverzeichnis 477-509).

Die Herausforderung sehen und annehmen

Ich beginne also mit der *Entstehung des Vereins.* Ich sage absichtlich nicht Gründung, sondern Entstehung, Anfang. Ich kann mit dem besten Willen in der Entstehung dieses Vereins nichts anderes sehen, als das Walten der göttlichen Vorsehung. Zum Gründen eines Vereins gehört doch das Erkennen einer Notwendigkeit oder wenigstens ein Vorsatz, ein Wille, zu gründen, gehört planvolles Vorgehen, Beratungen mit anderen über die zu ergreifenden Wege usw. Bei uns nichts von alledem: wir waren in voller Arbeit und zwar auf dem denkbar sichersten Weg zum Ziel, ohne den Weg zu übersehen und das Ziel zu kennen.

Der Hergang ist folgender: Im Jahre 1897 kam ein neuer Stadtrat nach Dortmund als Dezernent für Armenverwaltung und Gemeindewaisenrat[3]. Er war sehr modern eingestellt und übernahm es sehr bald – wenn nicht als Erster in Preußen, so doch sicher als einer der Ersten – die Frau offiziell in die öffentliche Armenpflege einzuführen. Das war vor jetzt 30 Jahren. Er dachte sich das aber nicht so, daß Frauen nun an den alle 14 Tage gewöhnlich abends im Wirtshaus stattfindenden Bezirksversammlungen der Männer teilnehmen sollten, sondern er wollte aus der Gesamtheit der Fälle diejenigen aussuchen, die der Hilfe einer Frau besonders bedurften, um diese dann von Frauen unter seiner persönlichen Leitung behandeln zu lassen.[4] In der ersten Versammlung der zur Mitarbeit bereiten Frauen wurde mir die Sorge für eine Witwe zugeteilt und mir gesagt, die Frau wäre im städtischen Krankenhaus. Ich suchte und fand sie dort auf der syphilitischen Station, von deren Existenz ich bis dahin keine Ahnung hatte. Ich fand dort aber nicht nur diese Frau, sondern junge Mädchen von 17, 18 Jahren, auch jüngere und ältere, welche, durch ihr unsittliches Leben krank geworden, von der Polizei dort eingeliefert waren. Was Sittenpolizei und Reglementierung[5] bedeu-

---

[3] Wilhelm Henrici Dr. jur. (1866-1905) aus Koblenz, ev., 1892-1897 Senator u. Mitglied des Stadtrats in Gotha, 1897-1899 Stadtrat in Dortmund, zuständig für die Bereiche Armenverwaltung und Gemeindewaisenrat, begründete anstelle der üblichen Einzelvormundschaft eine General- bzw. städtische Sammelvormundschaft, die ihm per Stadtratsbeschluß übertragen wurde. In seiner Funktion als Chef der kommunalen Polizei sorgte er für die problemlose Zusammenarbeit mit der Sittenpolizei. Vgl. Hopmann, Agnes Neuhaus 51-52, 56-57.

[4] Eine für damalige Verhältnisse äußerst innovative Maßnahme, welche die Notwendigkeit ehrenamtlicher Mitarbeit von Frauen bei einem erweiterten kommunalen Tätigkeitsbereich sozialer Fürsorge dokumentiert. Vgl. Salomon, Die Mitarbeit der Frau bei der sozialen Fürsorge in den Gemeinden 116-117; Hopmann, Agnes Neuhaus 52.

[5] Sittenpolizeiliche Kontrolle von Prostituierten, die neben ärztlicher Zwangsbehand-

tet, wußte ich nicht, ich hatte von diesen traurigen Dingen nie gehört, man sprach damals nicht so viel davon wie heute; aber das fühlte ich tief, daß Frauenhilfe hier dringend nötig war.[6] Ich erklärte dem betreffenden Stadtrat, daß ich mich an seiner Frauenarbeit in der Armenverwaltung nicht mehr beteiligen könnte, sondern hier eine noch viel notwendigere Arbeit gefunden hätte. Diese Mitteilung nahm er mit der größten Anteilnahme auf. Er sagte mir, daß es ihn lebhaft interessiere zu sehen, was bei einer solchen Arbeit herauskäme, er würde sie in jeder Weise unterstützen. Das ist auch geschehen. Und der Stadtrat ist mir bis zu seiner Versetzung der willigste Helfer und Ratgeber gewesen. Er führte mich auch bei der Sittenpolizei ein und ordnete dort an, daß mir jede Unterstützung zuteil und jede Auskunft erteilt werde. Ich habe das Büro der Sittenpolizei nie mit einer unerfüllten Bitte verlassen. Durch die Unterweisungen des Stadtrats kam ich auch sehr bald dazu, mich in entsprechenden Fällen an das Vormundschaftsgericht zu wenden. Und nun fand sich, daß der zuständige Richter mein eigener Mann war. Er stellte sich nun ebenfalls bereitwilligst in den Dienst der Sache, er wußte noch viel besser als ich selbst, *wie* notwendig diese Arbeit war. Seiner Mitarbeit und seinem Unterricht verdankte ich bald die für die Spezialarbeit notwendige Gesetzeskenntnis.[7]

---

lung, Wohn- bzw. Aufenthaltsbeschränkung entsprechend bundesstaatlicher Gesetzgebung auch Zwangsregistrierung umfaßte. Vgl. Zillken, Reglementierung (Kasernierung, Bordellierung) oder Freigabe der Prostitution (Abolitionismus) 8.

6 Mit diesem „Berufungserlebnis" im Dortmunder Luisenhospital am 18. Januar 1899 (vgl. Hopmann, Agnes Neuhaus 53-54, 61-62) beginnt ein Leben im Dienste tätiger Nächstenliebe, dessen Erbe sich der heutige SKF, der Fachverband für Jugend- und Gefährdetenhilfe im DCV, immer noch verpflichtet weiß. – Zur Arbeit des SKF vgl. Sunder, Verein vom Guten Hirten 260-263, hier 263; Pankoke-Schenk, Moderne Not als institutionelle Herausforderung kirchlicher Sozialarbeit; Dies., 75 Jahre Sozialdienst katholischer Frauen 247-251; Dies., Katholische Frauenbewegung und Sozialdienst katholischer Frauen 351-360.

7 Adolf Neuhaus (1845-1905) aus Münster, Jurist, 1878 Heirat mit Agnes Morsbach, drei Kinder, 1882 Amtsrichter in Gelsenkirchen, 1890 Amtsrichter am Vormundschaftsgericht in Dortmund. Vgl. Hopmann, Agnes Neuhaus 28-46, hier 30-34, 59-60; Pankoke-Schenk, Agnes Neuhaus 134. – Neben ihrem Mann leisteten Verwandte (z. B. die Brüder Engelbert und Paul als Polizei- bzw. Gefängnisarzt), Freunde (z. B. Ärzte und Diakonissen des Luisenhospitals) und Bekannte wertvolle Hilfestellung (vgl. Hopmann, Agnes Neuhaus 57-58). Mit diesem in personeller wie institutioneller Hinsicht Idealfall Dortmund belegte Agnes Neuhaus wiederholt die Leistungsfähigkeit freier Wohlfahrtspflege. Dies mußte, so vermerkt Wollasch kritisch, „naturgemäß immer wieder zu einer Überschätzung von deren realen Möglichkeiten und einer übertriebenen Skepsis gegenüber unverzichtbaren Aktivitäten staatlicher und kommunaler Fürsorge" (Der Katholische Fürsorgeverein 28) führen.

Ich komme auf den Anfang der Arbeit zurück. Ohne eigenes Zutun, ohne eines Menschen Plan und Hilfe wurde ich auf die syphilitische Station geführt, wo ganz unerwartet die Hilfsbedürftigsten vor mir standen. Wir hätten, wenn wir das Arbeitsfeld in seiner ganzen Ausdehnung übersehen hätten, unmöglich einen geeigneteren Angriffspunkt für diese Arbeit finden können, und in der Tat haben wir später, als wir die Arbeit kannten, bei Neugründungen, nun bewußt, immer auf dieser Station angefangen.[8] Die Mädchen sind dort unter Dach und Fach, meist wochenlang; man kann in dieser Zeit die meist recht umfangreiche Vorarbeit – Ermittlungen, Aufsuchen der Kleider und Papiere, Unterbringungsmöglichkeiten, Schritte bei den Behörden usw. – in aller Ruhe ausführen, so daß für ein Mädchen, wenn es die Station verläßt, die Wege geebnet sind und es unmittelbar seinem Bestimmungsort zugeführt werden kann. Man braucht also für die Arbeit auf dieser Station kaum ein Zufluchtshaus oder ein Vorasyl[9], dessen Beschaffung gleich im Anfang oft fast unmöglich ist und jedenfalls dann eine Menge von Kraft und Zeit absorbieren würde, die man nun uneingeschränkt in den Dienst der noch neuen und ungewohnten Arbeit stellen kann. Unsere Vermittlungsarbeit auf der Station wurde überall von der Polizei freudig begrüßt und angenommen, und viele Tausende von jungen Mädchen sind seither durch diese Zusammenarbeit vor dem Untergange bewahrt worden.

Der Umstand, daß dieser erste Schritt in der Arbeit auf Anregung des Stadtrats erfolgte, der sich dann dauernd für das Werk interessierte, hatte zur Folge, daß wir von vornherein in enger Verbindung mit der Stadtverwaltung arbeiteten, und den engen persönlichen Beziehungen

---

[8] Zur Begründung vgl. HOPMANN, Agnes Neuhaus 55-56, die sich bewahrheitet etwa am Schicksal der Prostituierten Mimi Mönnig, deren Biographie Hopmann auf Wunsch von Agnes Neuhaus im Detail festhalten sollte: denn der Lebensweg ihres ersten Schützlings, so Agnes Neuhaus, stehe stellvertretend für den vieler betreuter Mädchen und Frauen (ebd. 63-66). Die Vielzahl der von Agnes Neuhaus und dem KFV zwischen 1900 und 1944 übernommenen Fürsorgefälle, gelistet nach Alter und Beruf, zeigt die Tabelle 2 bei WOLLASCH, Der Katholische Fürsorgeverein 354-355. – Einen Überblick der Rechtslage, die der KFV um 1900 im Bereich der Jugend- und Gefährdetenfürsorge vorfand, bieten HASENCLEVER, Jugendhilfe und Jugendgesetzgebung 20-27; SCHERPNER, Geschichte der Jugendfürsorge 156-172; PEUKERT, Grenzen der Sozialdisziplinierung 68-72, 97-107, 125-131.

[9] Heime, in denen Mädchen und Frauen nach der Entlassung aus Stationen für Geschlechtskrankheiten vorübergehend untergebracht wurden. Die Einrichtung solcher Häuser wurde zur Hauptaufgabe des KFV, nicht zuletzt aus religiöser Motivation, denn „der Kontrast zwischen der eigenen Hilflosigkeit und der hier [...] angebotenen Hilfe würde den Mädchen die Seele öffnen und sie zugänglich machen ‚für unsere Beeinflussung, die nun nach allen Richtungen einsetzen konnte‘ [Neuhaus]“. WOLLASCH, Der Katholische Fürsorgeverein 53. – Vgl. dazu ergänzend Anm. 45 u. 48.

zum Vormundschaftsrichter verdanken wir es, daß wir unsere ganze Arbeit von vornherein auf die feste Grundlage des Gesetzes stellten. Diese beiden Seiten der Arbeit: enger Anschluß an die Kommunalbehörden, Arbeiten auf gesetzlicher Grundlage, sind von Anfang an bis heute charakteristische Merkmale unseres Vereins geblieben.[10] Sehr viel haben sie zu den Erfolgen beigetragen, deren wir uns dankbar freuen können. Auch sie sind uns ohne unser Zutun gegeben worden.

Ich könnte noch vieles anführen, um zu zeigen, wie die Wege für diese Arbeit geebnet waren und vor uns lagen, als seien sie sorgfältig vorbereitet; aber ich darf mich nicht in Einzelheiten verlieren. Nur noch ein Hauptmoment, das mich auch in meinem Bericht weiterbringt. Nach meinem ersten Besuch im Krankenhaus durchdrang mich mit großer Kraft die Überzeugung, daß es sich hier um eine apostolische, um eine seelsorgerische Arbeit handle, und daß ich nicht das Recht hätte, sie für mich allein durchzuführen, daß ich vielmehr in Verbindung mit unserer heiligen Kirche und in Gehorsam gegen sie handeln müsse.[11] Ich suchte deshalb gleich nach diesem ersten Besuch meinen zuständigen Pfarrer, den jetzt längst verstorbenen Herrn Propst Löhers[12], auf und hätte auch hier wirklich an keine geeignetere Persönlichkeit kommen können. Propst Löhers war ein weitherziger, im besten Sinne des Wortes fort-

---

[10] Diese in der Praxis bewährte Kooperation von Verein und Kommunalbehörde auf gesetzlicher Grundlage als unverzichtbare Voraussetzung erfolgreicher Fürsorgetätigkeit erklärt u. a. das sozialpolitisch beharrliche Engagement für eine umfassende Gesetzesreform im Bereich der Jugend- und Gefährdetenfürsorge. Den Erfolg dieses intensiven Bemühens dokumentieren etwa das RJWG von 1922/1924, näherhin die Paragraphen zu Vormundschaft, Schutzaufsicht, Fürsorgeerziehung, Koordination von Jugendamt und freiem Wohlfahrtsverband, die Agnes Neuhaus als Reichstagsabgeordnete von 1919 bis 1930 entscheidend mitformulierte. Vgl. Pankoke-Schenk, Agnes Neuhaus 138-140; Wollasch, Der Katholische Fürsorgeverein 122-172, umfassend zur Einflußnahme des KFV auf die Sozialgesetzgebung der Weimarer Republik 99-256; dazu ergänzend Anm. 31.

[11] Dieser Überzeugung (vgl. auch Hopmann, Agnes Neuhaus 54-55), die tiefem Glauben und inniger Liebe zur Kirche erwuchs, blieb Agnes Neuhaus ihr Leben lang treu. In Konsequenz benannte sie religiöse Vertiefung als die entscheidende Aufgabe der Vereinsarbeit, die zugleich Kenntnis der sozialen Welt und fachliches Wissen voraussetzt. – Zur theologischen Grundlegung der Fürsorgetätigkeit des KFV, vor allem der neutestamentlich begründeten Legitimation und Konzeption von Gefährdetenfürsorge vgl. Wollasch, Der Katholische Fürsorgeverein 30-34.

[12] Johannes Christoph Löhers (1835-1904) aus Geseke Kr. Lippstadt/Westfalen, 1861 Priester, 1889 Propst an der Dortmunder Propsteikirche, als Definitor sachkundige Beratung und Unterstützung bei der anfänglichen Mittelbeschaffung zur Finanzierung der Fürsorgearbeit des Vereins. Vgl. Liese, Necrologium 357; Kall, Katholische Frauenbewegung 227-228; Wollasch, Der Katholische Fürsorgeverein 25.

schrittlich gesinnter Mann, der sich über das Gute freute und es förderte, wo er es fand, auch das Gute, das neu war, auch das Gute, das nicht von ihm ausging. So war er auch sofort von Herzen einverstanden mit dieser neuen Arbeit, sagte mir in seiner schlichten, herzlichen Art: „Ja, sorgen Sie, daß die armen Kinder von der Straße kommen." Er hat uns bis zu seinem Tode in jeder Weise geholfen, auch durch materielle Unterstützung. Ich nahm mich selbstverständlich jedes einzelnen Mädchens an in eingehendster Weise, aber meine endgültige Hilfe bestand ausschließlich darin, die Mädchen, die ich nicht den Angehörigen wieder zuführen konnte, in Klöstern vom Guten Hirten[13] unterzubringen, die jüngeren oft mit Hilfe des Vormundschaftsgerichtes; an eine andere Art der Hilfe habe ich damals überhaupt nicht gedacht.

Die Zahl der Schützlinge und damit die Zahl der Unterbringungen nahm sehr schnell zu, und es wurde mir klar, daß Herr Propst und ich die dazu notwendigen Mittel auf die Dauer allein nicht aufbringen konnten. Wir beschlossen deshalb, einen Verein zu gründen, um zahlende Mitglieder zu bekommen; weiter haben wir uns nichts dabei gedacht. Gegründet wurde dieser Verein dadurch, daß am ersten Adventssonntag, dem 3. Dezember des Jahres 1899, einige wenige Damen[14] in dieser Absicht zum Tisch des Herrn gingen; eine Gründungsversammlung haben wir nicht gehalten. Den neuen Verein nannten wir „Verein vom Guten Hirten", weil ich ja damals als einzigen Vereinszweck vor Augen hatte, die

---

[13] Die Schwestern vom Guten Hirten (1829 in Angers unter Wirkung von Euphrasia Pelletier als Soeurs de Notre Dame de Charité du Bon Pasteur ins Leben gerufen) arbeiteten im Bereich der geschlossenen Gefährdetenfürsorge. Dabei ging es primär um die Rettung der Seelen (4. Gelübde) sittlich gefährdeter bzw. gefallener Mädchen und Frauen durch religiöse Unterweisung, liebevolle Betreuung und Hauswirtschaft. Die Schwestern behielten ihre Schützlinge als „Magdalenen" oder vermittelten sie an Dienststellen. Vgl. Liese, Handbuch des Mädchenschutzes 245-249; Kall, Katholische Frauenbewegung 217-218 (Skizze zur Frühphase des KFV 225-242). – Das erste Ordenshaus, dem Agnes Neuhaus Mädchen und Frauen in Obhut gab, war das Kloster vom Guten Hirten in Köln-Melaten.

[14] Elisabeth Hinz (1873-1961) aus Sandhoff Kr. Marienburg, langjährige Hausangestellte bei Agnes Neuhaus, Gründerin des St.-Agnes-Vereins für katholische Hausgehilfinnen in Dortmund und mehr als 30 Jahre dessen Präfektin, wertvolle Stütze der Vereinsarbeit (vgl. den Nachruf Zum Gedächtnis an Elisabeth Hinz 47-48; Hopmann, Agnes Neuhaus 79, 84, 130), Fräulein Platte, Hutmacherin, (ebd. 79) und Auguste Lüken, Nachbarin der Familie Morsbach in der Viktoriastraße und Mitglied des Wöchnerinnenkränzchens, das die Mutter von Agnes Neuhaus, Florentine Morsbach (1827-1897), gründete (ebd. 79). Mitglieder der ersten Stunde waren Frauen unterschiedlicher Herkunft und Bildung. „Über die einzelnen ist wenig bekannt; die Vereinsbücher enthalten nur ihre Namen" (ebd. 83).

auf der Station getroffenen Mädchen den Schwestern vom Guten Hirten zuzuführen bzw. die Mittel dafür zu schaffen.[15]

Bald darauf fügte es sich, daß wir in Verbindung mit dem Hochwürdigen Herrn Pater Seiler SJ[16] traten, der vielfach seelsorgerisch in den Klöstern vom Guten Hirten tätig gewesen war. Er machte uns erst so recht die Notwendigkeit dieser Arbeit klar, erbot sich auch zu einem offiziellen Gründungsvortrag, den er dann nach längeren Besprechungen am 19. Juni 1900 in unserer alten, ehrwürdigen Propsteikirche hielt vor einem kleinen Kreis von geladenen Frauen und der Dortmunder Geistlichkeit, die unser Herr Propst ebenfalls eingeladen hatte. Herr Pater Seiler hat uns mit tiefer religiöser Innerlichkeit von der geistigen Schönheit dieser Arbeit gesprochen und uns alle mit begeisterter Bereitwilligkeit für sie erfüllt.[17] Mit diesem Vortrag war unser Verein nun offiziell eingeführt; wir rechnen diesen 19. Juni als unseren Gründungstag.[18]

---

[15] Zur inoffiziellen Vereinsgründung mit der Absicht, die anfänglich von Agnes Neuhaus mehr oder weniger allein praktizierte geschlossene Gefährdetenfürsorge zu finanzieren, vgl. Hopmann, Agnes Neuhaus 58-59; Kall, Katholische Frauenbewegung 228.

[16] Julius Seiler SJ (1859-1936) aus Brig/Wallis in der Schweiz, 1879 SJ, 1890 Priester, Volksmissionar für Deutschland mit reger Exerzitien- (vor allem für Arbeiter), Predigt- und Vortragstätigkeit, auch Militärpfarrer im Ersten Weltkrieg, Seelsorger in Klöstern vom Guten Hirten, Superior in Luxemburg, München und Dresden. Zur Biographie vgl. Koch, Jesuiten-Lexikon 1638-1639; Mitteilungen aus den Deutschen Provinzen (der Gesellschaft Jesu) ‹ o. O. [Köln] 1936-1938› 198-205. – Seiler unterstützte u. a. die Vereinsgründungen in Münster, Bielefeld, Essen, München und Dresden. Vgl. Hopmann, Agnes Neuhaus 137.

[17] Seilers programmatische Rede (in inhaltlicher Absprache mit Agnes Neuhaus, vgl. Frau Agnes Neuhaus und ihr Werk, hg. v. Zentralvorstand des KFV, 48) formuliert gegen die geschlossene dezidiert die offene Gefährdetenfürsorge als Vereinszweck. Ausschließlich „im Interesse der Seelen“ obliege dem Verein eine dreifache Aufgabe: er habe sittlich gefährdete bzw. gefallene Mädchen und Frauen den Klöstern vom Guten Hirten zuzuführen, bei ihrer Entlassung vor dem Rückfall zu bewahren und vorbeugende Fürsorge zu leisten. Das heißt, der Verein vom Guten Hirten müsse „zunächst schützen vor dem Fall, retten nach dem Fall und sicherstellen nach der Rettung“. Seiler, Einleitungs-Vortrag 175-185, vor allem 176 u. 179. Erstabdruck unter dem Titel „Für die Verstoßenen des weiblichen Geschlechts“ 1901 in „Charitas“, der „Zeitschrift für die Werke der Nächstenliebe im katholischen Deutschland“, 130-136. Vgl. Hopmann, Agnes Neuhaus 79-81; dazu ergänzend Kall, Katholische Frauenbewegung 228-229; Wollasch, Der Katholische Fürsorgeverein 24-26.

[18] Aus einem Verbund lediglich zahlender Mitglieder entstand der in der Jugend- und Gefährdetenfürsorge engagierte Verein vom Guten Hirten mit Agnes Neuhaus als erster Vorsitzender und Auguste Lüken als ihrer Stellvertreterin. Vgl. Hopmann, Agnes Neuhaus 82-83; Wollasch, Der Katholische Fürsorgeverein 26, 369 Anm. 43. – Pionierarbeit der Gründerjahre leisteten Marie Le Hanne (Anm. 19), Marita Loersch (Anm. 21), Clara Hellraeth (1865-1942, Vorsitzende des Fürsorgevereins in Münster) und Anna Niedeck (1862-1947, Vorsitzende des Fürsorgevereins in Düsseldorf).

Ein soziales Netz der Fürsorge schaffen

Ich habe es für notwendig gehalten, die Art der Entstehung unseres Vereins recht klar zum Ausdruck zu bringen; in den anderen Punkten werde ich mich nicht so lange aufhalten. In der ersten Ausbreitung des Vereins sehe ich wieder deutlich das Walten der göttlichen Vorsehung. Gleich bei unserm ersten Besuch nach dieser Gründungsfeier trafen wir auf der Station ein 19jähriges Mädchen, das unsere Hilfe zurückwies mit der Begründung, daß sie in Köln eine Dame habe, die ihr helfe. Auf meine Frage, wo sie die Dame denn kennengelernt habe, antwortete sie: „Im Gefängnis." Die weitere Unterhaltung mit dem Mädchen bestimmte mich, die Dame in Köln aufzusuchen. Es war Frau Le Hanne[19], einzige Tochter von August Reichensperger[20], die, nachdem sie früh ihren Gatten und dann das einzige Kind verloren hatte, ihr Leben ganz Gott weihte im Dienste der armen, auf Irrwege geratenen Mädchen. Sie hatte schon zehn Jahre lang in aller Stille das große Polizeigefängnis in Köln besucht, um den des Nachts aufgegriffenen Mädchen zu helfen. Der Austausch unserer gegenseitigen Erfahrungen brachte eine wertvolle Förderung der Arbeit. Frau Le Hanne nahm neu auf die Besuche auf der Magdalenenstation, auf der großen Lindenburg in Köln, wir in Dortmund die Besuche im Gefängnis. Frau Le Hanne zog noch ihre Freundin, Frau Marita Loersch[21] aus Aachen, mit in die Arbeit hinein, und die

---

19 Marie Le Hanne geb. Reichensperger (1848-1921) aus Koblenz, seit 1849 in Köln, 1878 Heirat mit dem Bergrat Jakob Le Hanne (+ 1889), 1903-1921 Vorsitzende des Fürsorgevereins in Köln, arbeitete wegbereitend in der Fürsorge für Gefangene bzw. Haftentlassene und deren Familien. Als „persönliche Ratgeberin" von Agnes Neuhaus und „spirita recta" des Vereins half sie, die Probleme der Gründungsphase zu überwinden. – Zur Biographie vgl. Kosch, Das katholische Deutschland 2533; Hopmann, Marie Le Hanne-Reichensperger.

20 August Reichensperger (1808-1895) aus Koblenz, Jurist u. Sozialpolitiker, 1848 Landgerichtspräsident in Köln; 1848/1849 in der Frankfurter Nationalversammlung und 1850 im Erfurter Unionsparlament Gegner der kleindeutschen Lösung, mit Unterbrechungen 1851-1885 Mitglied des Preußischen Abgeordnetenhauses, 1867-1884 MdR; 1852 Mitbegründer der Katholischen Fraktion, 1870 des Zentrums. Zudem beeinflußte er die Entwicklung des Verbandskatholizismus (Borromäusverein, Vinzenzverein, Presse, Publizistik u. a.) im 19. Jahrhundert. – Zur Biographie vgl. Pastor, August Reichensperger; Hopmann, Marie Le Hanne-Reichensperger.

21 Marita Loersch geb. Beaucamp (1853-1915) aus Lyon, aufgewachsen in Aachen, 1874 Heirat mit dem Tuchfabrikanten Arthur Loersch (früh verstorben), persönlicher Kontakt mit Kaiser Wilhelm II. (1859-1941); vielseitiges sozialkaritatives Engagement, etwa im Bereich der Gefangenen- und Obdachlosenfürsorge, im Mariannen- und Elisabethverein, ehrenamtliche Mitarbeit in der städtischen Armenverwaltung, 1904-1915 Vor-

Folge war, daß schon am 8. Dezember desselben Jahres ein Verein zum Guten Hirten in Köln und Aachen gegründet wurde. So entstand nun in Westfalen und im Rheinland ein Verein nach dem anderen, immer durch persönliche Beziehungen, durch Mitarbeit religiös interessierter Personen; überall wurde die Arbeit von religiöser Begeisterung getragen. Ende 1903 hatten wir 13 Vereine.[22]

Im Frühjahr 1905 trat ein neues bedeutsames Moment hinzu. Die Ortsgruppe Düsseldorf schrieb uns, daß dort so viele Badenser Mädchen in sittliche Not gerieten und an den Fürsorgeverein kämen; sie müsse Hilfe und Mitarbeit in Baden haben. Wir kannten in Baden niemanden, erbaten und erhielten Adressen verschiedener Damen von Herrn Prälat Werthmann[23]. Unsere Ortsgruppe Düsseldorf wandte sich zuerst an die unter anderen angegebene Frau Matheis[24], Karlsruhe, die spätere Vorsitzende unserer dortigen Ortsgruppe. Diese hat mir nachher erzählt, daß sie und ihre Gesinnungsgenossinnen sich schon mit Plänen für ein Rettungswerk an sittlich gescheiterten Mädchen beschäftigt, aber nicht gewußt hätten, wie und wo sie anfangen sollten. Der Brief von Düsseldorf hätte für sie die Erhörung eines Gebetes bedeutet. Nun wurde also Ende 1905 unsere Vereinsarbeit auch nach Baden getragen und dort mit Begeisterung in Angriff genommen. Im Jahre 1906 entstanden in Baden fünf Ortsgruppen[25]. Im gleichen Jahre erfolgten noch viele Gründungen

---

sitzende des Fürsorgevereins in Aachen, 1903 Mitbegründerin des KDFB. – Zur Biographie vgl. LOERSCH, Ein Lebensbild 281-290; KALL, Katholische Frauenbewegung 232-235.

22 Neben Dortmund, Köln und Aachen Vereinsgründungen 1901 in Werl/Westfalen, 1902 in Bielefeld, Paderborn, Münster, Hörde, Bonn, Rheine/Westfalen, 1903 in Düsseldorf und Koblenz. Vgl. KALL, Katholische Frauenbewegung 233 Anm. 168.

23 Lorenz Werthmann Dr. phil. Dr. theol. (1858-1921) aus Geisenheim a. Rhein, 1883 Priester, gründete 1897 in Köln den DCV mit Sitz in Freiburg i. Br., 1897-1921 erster Präsident des DCV. – Zur Biographie Werthmanns und Geschichte des DCV vgl. LIESE, Geschichte der Caritas; DERS., Lorenz Werthmann und der Deutsche Caritasverband; WOLLASCH, Lorenz Werthmann 79-91, 270-271. – Nach der anfänglich harmonischen Zusammenarbeit und gegenseitigen Unterstützung führte die Frage um die Stellung des KFV als Fachverband im DCV bereits 1907 zu heftigen Auseinandersetzungen zwischen Agnes Neuhaus und Lorenz Werthmann, die erst während des Ersten Weltkrieges unter dem Einfluß der Fuldaer Bischofskonferenz grundsätzlich geklärt wurden. Zum Verhältnis von KFV und DCV, näherhin zur Diskussion um die Rolle des KFV als Gesamtverein im DCV vgl. WOLLASCH, Der Katholische Fürsorgeverein 91-98.

24 Zu Maria Matheis und dem Fürsorgeverein in Karlsruhe vgl. HOFMANN, Agnes Neuhaus 118-120.

25 Mannheim, Heidelberg, Karlsruhe, Freiburg (Gründung unter Mitwirkung von Lorenz Werthmann) und Konstanz a. Bodensee. Vgl. WOLLASCH, Der Katholische Fürsorgeverein 39.

in größeren Städten, ich nenne unter diesen Straßburg, Frankfurt, Wiesbaden, Darmstadt, München und Wien.[26]

Ein anderes, nach meiner Ansicht wichtiges und für die Entwicklung unseres Vereins mitbestimmendes Ereignis fällt ebenfalls in das Jahr 1906. Mich führte eine Angelegenheit an den Volksverein, zu Herrn Direktor Hohn.[27] Bei dieser Gelegenheit machte er mich auf einen Kursus in Frankfurt aufmerksam, gehalten von Professor Klumker[28] und Dr. Polligkeit[29], und ermunterte mich eindringlich zum Besuch des Kursus.

---

[26] Den entscheidenden Anstoß zur Ausweitung des KFV, näherhin für die Neugründungen in Baden bzw. außerhalb der Stammlande Rheinland und Westfalen, gab die Rede von Agnes Neuhaus über die Vereinsarbeit im Mai 1906 anläßlich der regionalen Caritastagung für die Diözese Freiburg in Baden-Baden. Vgl. Wollasch, Der Katholische Fürsorgeverein 39-40, vor allem den kritischen Einwand zur überregionalen Entwicklung des KFV 374 Anm. 119. – Die erfolgreiche Ausbreitung des KFV zwischen 1900 und 1944 wird im Schaubild 1 belegt (ebd. 356). Die regionale Verteilung der Ortsgruppen einschließlich der Vereinshilfsstellen mit Stand vom 1. August 1925 zeigt die Bildtafel 2 (ebd. 357). – Zur Entstehung der Ortsgruppen vgl. Hopmann, Agnes Neuhaus 135-140, vor allem das Verzeichnis von Neugründungen im Jahre 1906 (ebd. 119).

[27] Wilhelm Hohn Dr. phil. (1871-1954) aus Bühlingen b. Neuwied, 1895 Priester, 1901-1928 Mitglied der Zentralstelle des Volksvereins, 1903-1928 Direktor der Abteilung für innere Verwaltung, 1905-1928 in Personalunion mit August Pieper (1866-1942) Geschäftsführer des Volksvereinsverlages GmbH, 1920-1922 interimistischer, 1922-1928 Generaldirektor des Volksvereins für das katholische Deutschland, 1932-1938 Direktor des Bonifatiuswerkes in Österreich. – Zur Biographie vgl. Kosch, Das katholische Deutschland 1705; Schoelen, Bibliographisch-historisches Handbuch des Volksvereins 312-314; Heitzer, Der Volksverein für das katholische Deutschland XIII, 8-9.

[28] Christian Jasper Klumker Dr. jur. (1868-1942) von der Insel Juist, Sozialpolitiker, Gründer des ADB (1906), 1914-1920 Ordinarius für Fürsorgewesen und Sozialpädagogik an der Akademie für Sozial- und Handelswissenschaften in Frankfurt, entwickelte gegen das Prinzip der Einzelvormundschaft das alternative Konzept von Generalvormundschaft in Form der Sammel- bzw. Berufsvormundschaft. Vgl. Klumker, Vom Werden deutscher Jugendfürsorge. – Zur Biographie vgl. Lerner, Klumker 144-145. – Zum Gegenmodell der organisierten Einzelvormundschaft, das die Geschäftsführerin der Deutschen Zentrale für Jugendfürsorge und Gründerin des Verbandes für weibliche Vormundschaft, Frieda Duensing (Dr. jur., 1864-1921), entwarf und für dessen Durchsetzung Agnes Neuhaus zusammen mit dem KFV bahnbrechend wirkte, vgl. Neuhaus, Die organisierte Einzelvormundschaft 178-189; Zillken, Die organisierte Einzelvormundschaft 457-464; Hopmann, Agnes Neuhaus 204-217. – Zur Diskussion der unterschiedlichen Positionen auf der 27. Jahresversammlung des DV 1907 in Eisenach vgl. Hopmann, Agnes Neuhaus 192-204, hier 195-198; Pankoke-Schenk, Agnes Neuhaus 136-138; Wollasch, Der Katholische Fürsorgeverein 55-56, zur späteren Mitarbeit des KFV beim ADB und DV 66-70.

[29] Wilhelm Polligkeit Dr. jur. (1876-1960) aus Langenberg/Rhld., 1903 Mitglied im Vorstand der Centrale für private Fürsorge, 1920 Geschäftsführer, dann 1921-1936 Vorsitzender des DV, 1921-1924 Vorsitzender der Reichsgemeinschaft von Hauptverbänden der freien Wohlfahrtspflege, forderte 1905 in der Diskussion um eine Reform der Jugendfür-

Hauptverhandlungsthemata waren: das uneheliche Kind, Berufsvormundschaft, Jugendgerichte und Jugendgerichtshilfe, geistige Minderwertigkeit als Grund der Verwahrlosung – Themen, die heute allen auf dem Gebiete der Fürsorge Arbeitenden geläufig sind, damals aber vor mehr als 20 Jahren den meisten noch sehr fremd waren.[30] Die Tagung gab eine Menge von Anregungen für unsere Arbeitsgebiete und erweiterte den Blick in hervorragender Weise. Ich habe den Kursus in der Folge jedes Jahr mitgemacht und kann nur sagen, daß wir für die Arbeit und für den ganzen Verein außerordentlich viel dadurch gewonnen haben.[31]

---

sorge ein allgemeines „Recht des Kindes auf Erziehung" und zugleich ein reichsweites Erziehungsgesetz. Vgl. Polligkeit, Strafrechtsreform und Jugendfürsorge 21-24. Entsprechend war er maßgeblich an der Gestaltung des RJWG von 1922/1924 beteiligt. Vgl. Polligkeit, Reichsjugendwohlfahrtsgesetz 597-601; Hasenclever, Jugendhilfe und Jugendgesetzgebung 20-87; Peukert, Grenzen der Sozialdisziplinierung 131-133. – Zur Biographie vgl. Krug von Nidda, Wilhelm Polligkeit.

30 Die Diskussion der genannten Problemfelder als zentraler Aspekte der Jugendfürsorge begann etwa um die Jahrhundertwende. Im Kontext kulturkritischer Reformbestrebungen, sozialer und pädagogischer Neuerungsversuche wurde „Jugend" zunehmend als eine eigenständige, vom Erwachsensein verschiedene biographische Phase definiert. Ausgehend von der Idee des Anspruchs eines jeden Kindes auf Erziehung (Anm. 29) entstand eine „Jugendfürsorgebewegung", die auf eine planmäßige Pädagogisierung des gesamten Jugendstrafrechts und ein einheitliches Erziehungsgesetz drängte. Erste Erfolge dieser Bemühungen zeichneten sich im BGB ab, das seit dem 1. Januar 1900 das Recht der elterlichen Gewalt, die Rechtsstellung der Mutter und des unehelichen Kindes, die Vormundschaft, Adoption sowie Zuständigkeit des Vormundschaftsgerichts für das ganze Reich einheitlich regelte. Zudem sicherte das EG.BGB den einzelnen Bundesstaaten die gesetzliche Ausführungskompetenz. Einen vorläufigen Abschluß der Auseinandersetzungen um eine einheitliche Jugendgesetzgebung brachte das RJWG von 1922/1924. – Allgemein zu Fragen der Jugendfürsorge vgl. die entsprechenden Grundsatzartikel in: Handbuch für Jugendpflege, hg. v. der Deutschen Zentrale für Jugendfürsorge; Clostermann/Heller/Stephani (Hg.), Enzyklopädisches Handbuch des Jugendschutzes und der Jugendfürsorge; dazu ergänzend das kommentierte Literaturverzeichnis bei Liese, Wohlfahrtspflege und Caritas 419-435. – Grundlegend zur Geschichte der öffentlichen Jugendfürsorge, vor allem ihrer gesetzlichen und behördlichen Ausfaltung seit 1900 vgl. Hasenclever, Jugendhilfe und Jugendgesetzgebung. – Allgemein zur historischen Entwicklung der Jugend-, näherhin der Kinderfürsorge vom ausgehenden Mittelalter bis zum RJWG vgl. Scherpner, Geschichte der Jugendfürsorge; zu ihrer Neuorientierung um die Jahrhundertwende vgl. ergänzend Peukert, Grenzen der Sozialdisziplinierung; Sachsse/Tennstedt, Fürsorge und Wohlfahrtspflege 99-114. – Zur Entstehung und Arbeit zahlreicher Institutionen zum Wohle des Kindes bzw. Jugendlichen als Ergebnis einer umfassenden Jugendreform vgl. Liese, Wohlfahrtspflege und Caritas; Pankoke-Schenk, Moderne Not als institutionelle Herausforderung kirchlicher Sozialarbeit 102-103; dazu ergänzend Anm. 52.

31 Veranstalter war der ADB. Es mag erstaunen, daß die streitbare Verfechterin organisierter Einzelvormundschaft diese Fortbildungstagungen der Berufsvormünder seit 1906 regelmäßig besuchte, ja an der Gründungsversammlung des ADB 1906 teilnahm und sogar

Die Vielfalt in der Einheit bewahren

Mit der neuen und schnellen Ausdehnung des Vereins auf entfernte Gebiete unseres deutschen Vaterlandes trat als Endziel unserer Bewegung immer klarer und deutlicher die Notwendigkeit einer Ausbreitung des Vereins über ganz Deutschland in unser Bewußtsein, nahm als bestimmter Plan feste Form an. Damit wurde aber eine andere, sehr wichtige Frage akut, die Frage einer klaren, bestimmten Organisationsform, die einer territorial so ausgedehnten Bewegung bzw. ihren einzelnen Ortsstellen, die doch in der Arbeit aufeinander angewiesen waren, den nötigen festen Zusammenschluß sicherte, ohne sie in ihrer Bewegungsfreiheit irgendwie einzuschränken. Damit komme ich an den dritten Punkt meines Berichtes. Ich halte diese *Organisationsfrage* in der Geschichte unseres Vereins für so bedeutsam, daß ich sie im Zusammenhang darstellen möchte; ich greife darum in der Zeit nochmal zurück.

Ich habe anfangs berichtet, daß kurz nach der offiziellen Gründung des Vereins vom Guten Hirten in Dortmund im Juni 1900 zuerst in Köln und Aachen, dann überhaupt in Westfalen und im Rheinland ein solcher Verein nach dem anderen entstand. Es mag Ende 1901 gewesen sein, als die Damen aus der Rheinprovinz uns schrieben, daß sie den ursprünglichen Namen nicht weiterführen könnten; die Mädchen, die öfter auch gegen ihren Willen den Klöstern vom Guten Hirten zugeführt würden, verwechselten infolge des gleichen Namens Kloster und Verein und brachten infolgedessen dem Verein vielfach Mißtrauen entgegen. Uns in Westfalen war der Name immer lieber geworden, den Behörden inzwischen auch schon vorteilhaft bekannt. Wir konnten uns daher schwer zu einer Änderung des Namens entschließen. Es war uns aber klar, daß der Verein überall den gleichen Namen haben müsse, damit die Mädchen, die unsere Hilfe brauchen, uns finden können und überall schon am Namen wissen, daß dieser Verein für sie da ist. Das war der erste Organisationsgedanke, die erste Maßnahme, die aus dem Gefühl der Zusammengehörigkeit hervorging. Da inzwischen das Fürsorgeer-

---

seit 1910 dessen Ständigem Ausschuß angehörte. Aber die Möglichkeit gezielter Einfluß- und wertvoller Kontaktnahme, vor allem das gemeinsame Anliegen der Jugendfürsorge motivierten Agnes Neuhaus zu engagierter Mitarbeit in Organisationen der freien Wohlfahrtspflege unterschiedlichster ideologischer Herkunft. So war die Zentrale des KFV 1932 Mitglied in 14 Fürsorgeverbänden (vgl. Korrespondenzblatt 11, 108-109). Auf diesem Weg der Kooperation, selbst über weltanschauliche Grenzen hinweg, etwa als Vorstandsmitglied des Deutschen Verbandes für Einzelvormundschaft, des AFET, der Deutschen Zentrale für Jugendfürsorge, des DV, des KDFB und des DCV, beeinflußte Agnes Neuhaus maßgeblich die Wohlfahrtsgesetzgebung der Weimarer Zeit. Vgl. Hopmann, Agnes Neuhaus, 219-234, hier 225-226; Wollasch, Der Katholische Fürsorgeverein 66-70; dazu ergänzend Anm. 10.

ziehungsgesetz[32] in Kraft getreten war, so wurde diesem Gesetz der neue Name entnommen.[33] Hätten wir damals geahnt, welche Ausdehnung der Begriff „Fürsorge"[34] in Zukunft annehmen würde, so hätten wir wahrscheinlich einen anderen Namen gewählt.

Nun kannten sich die ersten Vereine alle untereinander und arbeiteten zusammen, oft mehrere Vereine für einen einzelnen Fall; es war ihnen das etwas Selbstverständliches. Das blieb es aber nicht, als die Vereinsgründungen zunahmen und nicht mehr alle sich untereinander kannten. Dabei trat die Notwendigkeit engster Zusammenarbeit immer deutlicher hervor. Unsere Schützlinge waren sehr häufig gar nicht aus der Stadt, in der wir sie trafen; sie bildeten ein fluktuierendes Element, heute hier und morgen da. Unsere eingehenden Ermittlungen über sie, die ja die Unterlage aller Hilfsmaßnahmen bilden, griffen für ein und denselben Fall oft über in drei, vier andere Städte, zu Behörden, Verwandten, Dienstherrschaften, Pfarrern, Lehrerinnen usw. Andererseits mußten unsere Schützlinge, wenn sie aus der gleichen Stadt waren, oft aus ihrer Umgebung entfernt, in neue, günstige Verhältnisse verpflanzt, unter die

---

32 Das preußische „Gesetz über die Fürsorgeerziehung Minderjähriger" vom 2. Juli 1900, die Grundlage des RJWG von 1922/1924, regelte die Zuständigkeit für die verschiedenen Fürsorgefälle (vgl. Hasenclever, Jugendhilfe und Jugendgesetzgebung 22-23). Entsprechende Rahmenrichtlinien gaben die einschlägigen Artikel des BGB, welches das Unehelichen-, Vormundschafts- und Adoptionsrecht reichsweit vereinheitlichte sowie die Institution des Gemeindewaisenrats vorsah (Anm. 30). – Zur verbesserten, aber nach wie vor unzulänglichen Jugendgesetzgebung vgl. die kritischen Anmerkungen bei Wollasch, Der Katholische Fürsorgeverein 20-24. – Allgemein zur ersten, nur unvollkommen gelungenen Kodifizierung einer gesellschaftlich wie politisch bedeutsamen Aufgabe, die noch auf die Praxis der Jugendhilfe in den 60er und 70er Jahren wirkte, vgl. Hasenclever, Jugendhilfe und Jugendgesetzgebung 154-222.

33 Ende 1901/Anfang 1902 Namensänderung von „Verein vom Guten Hirten" in „Fürsorgeverein für Mädchen und Frauen", am 3. Dezember 1903 in „Fürsorgeverein für Mädchen, Frauen und Kinder" (die Ergänzung benennt den zusätzlichen Arbeitsbereich), 1968 in „Sozialdienst Katholischer Frauen". Zur Namensänderung und Datierung vgl. Wollasch, Der Katholische Fürsorgeverein 370 Anm. 58, 60, 61; dazu ergänzend Sunder, Verein vom Guten Hirten 260-263.

34 Die hier angedeutete Problematik zeigt sich in der heterogenen Verwendung des Begriffs für verschiedene Aspekte des Fürsorgesystems wie in der Vielfalt der Aufgabenbereiche. – Allgemein zur Entwicklung von der traditionellen Armen- zur „modernen" Wohlfahrtspflege zwischen 1871 und 1933, insbesondere der öffentlichen und offenen Fürsorge bzw. Wohlfahrtspflege vgl. Sachsse/Tennstedt, Fürsorge und Wohlfahrtspflege. – Zur Mitwirkung von Agnes Neuhaus und des KFV bei Aufbau und Gestaltung eines umfassenden Systems der Wohlfahrtspflege vgl. Wollasch, Der Katholische Fürsorgeverein 99-262; dazu ergänzend Anm. 10, 31 u. 52.

spezielle Obhut einer auswärtigen Vereinsmutter[35] gestellt werden. Im Laufe des Jahres 1903 war das Bedürfnis fester Zusammengehörigkeit schon so stark geworden, daß wir am 3. Dezember 1903 den ersten Vereinstag in Dortmund anberaumten, der diese Frage behandeln sollte. Die Beratung führte zur Gründung eines Verbandes, dem alle damals bestehenden 13 Vereine beitraten. Er sollte hauptsächlich dazu dienen, den im Interesse der Arbeit erforderlichen Austausch von wertvollen Erfahrungen, auch von Adressen usw. zu vermitteln. Als Zentrale des Verbandes wurde Dortmund gewählt. An den Charakter eines Vorstandes hat bei dieser Zentrale niemand gedacht, sie sollte lediglich den Mittelpunkt, eine Stelle zur Annahme und Weitergabe bilden. Nun hatten wir also einen Verband von einzelnen, selbständigen Fürsorgevereinen, die sich aber immerhin schon Ortsgruppen nannten.[36]

Als nun im Jahre 1906 der Verein über sein bisheriges Arbeitsgebiet hinaus in die Weite zog, da zeigte sich die Notwendigkeit der Zusammenarbeit in noch viel höherem Maße. Als ich nach einer Caritastagung in Baden-Baden im Mai 1906[37] die neugegründete Ortsgruppe Heidelberg besuchte, da sagte mir die Vorsitzende schon: die katholischen Mädchen hier in den Kliniken sind alle nur aus der Pfalz; wir müssen Hilfe in der Pfalz haben. Als wir nun einige Ortsgruppen in der Pfalz hatten, sagten mir die Damen: es kommen so viele Mädchen an uns aus Saarbrücken, können Sie uns nicht dort eine Ortsgruppe gründen. Als

---

35 Diese Schlüsselfunktion des Neuhausschen Erziehungsmodells, dessen pädagogische Grundsätze sich aus der religiös-kirchlich fundierten Konzeption von Jugend- und Gefährdetenfürsorge ergeben (vgl. Neuhaus, Die Aufgaben der Fürsorgevereine 129-140, hier 132 u. 138), beinhaltet: Jede Mitarbeiterin des Vereins habe ihrem Schützling die Mutter zu ersetzen. Dabei sei Erziehung wie bei eigenen Kindern zu gestalten. Bereits die ersten Satzungen von 1902 bestimmen für jede Schutzbefohlene aus den Vereinsmitgliedern eine „Vereinsmutter", die „vollständig in die Stelle der leiblichen Mutter [tritt] und [. . .] genau handeln [muß], wie diese es tun würde" (Wollasch, Der Katholische Fürsorgeverein 34). „Durch diese Zuteilung einer ‚Mutter' ist es auch allein zu ermöglichen, daß jedes Mädchen individuell behandelt wird, so daß mit einiger Sicherheit entschieden werden kann, wo es am besten unterzubringen ist, ob in der eigenen Familie, oder guten Stellung, oder in einer charitativen Anstalt." Liese, Handbuch des Mädchenschutzes 240. – Zur Diskrepanz von Erziehungswirklichkeit und Neuhausschen Erziehungsforderungen vgl. ergänzend Wollasch, Der Katholische Fürsorgeverein 52-62.

36 Zentralverband der katholischen Fürsorgevereine (vgl. Pankoke-Schenk, Agnes Neuhaus 135) mit Zentrale Dortmund, Agnes Neuhaus als erster Vorsitzender und Marie Le Hanne als Stellvertreterin, Marita Loersch, Aachen, Clara Hellraeth, Münster, und Anna Niedeck, Düsseldorf, im Vorstand. Hier beginnt die Entwicklung des KFV vom regionalen Verein zum reichsweiten Zentralverband. Zum Aufbau des KFV vgl. Hopmann, Agnes Neuhaus 99-148.

37 Vgl. Anm. 26.

Hamburg gegründet war und die neue Vorsitzende bald darauf gelegentlich einer Rheinreise unser Büro in Köln aufsuchte, um dort Mitarbeit für zwei aus Köln stammende, in Hamburg befindliche Mädchen zu finden, haben, so erzählte uns die Hamburgerin, die Damen hocherfreut ausgerufen: „Gott sei Dank, endlich Hamburg; wir hatten die Mitarbeit dort so nötig!“ Sie hätten auch aus ihren Akten heraus sofort eingehende Auskunft über das eine der beiden Mädchen gegeben und die Ermittlungen und Hilfsmaßnahmen betreffend des anderen in die Hand genommen.

Es zeigte sich auch bei diesen viel größeren Entfernungen, daß die bisherige Form des Zusammenschlusses, der Verband, also nur die Bekanntgabe neuer Adressen usw. nicht genügte, daß vielmehr eine gewisse Gleichartigkeit der Arbeit herbeigeführt werden müsse, wenn für ein und dasselbe Mädchen die Hilfsaktion im Norden des Reiches in Angriff genommen, im Süden fortgesetzt und womöglich noch in einer dritten Stadt mit Erfolg zum Abschluß gebracht werden sollte. Es zeigte sich ferner ein großes Bedürfnis nach Schulung, besonders im mündlichen und schriftlichen Verkehr mit den Behörden, in Gesetzeskenntnis, Antragstellung usw. und wiederum auch hier die Notwendigkeit des Arbeitens nach gleichen Methoden, wenn die Vorarbeiten des einen Vereins dem andern wirklich dienen sollten. Es mußte also etwas gefunden werden, das eine enge Zusammenarbeit sicherte, ohne die notwendige Selbständigkeit und Bewegungsfreiheit der einzelnen Ortsgruppen irgendwie zu beschränken.

Das Suchen nach diesem Etwas füllte das Jahr 1907. Einen ersten Lichtblick gab eine Unterredung mit Herrn Dr. Liese[38], der uns vorschlug: Bilden Sie doch einfach einen Verein für ganz Deutschland, wie

[38] Wilhelm Liese Dr. theol. (1876-1956) aus Würdinghausen Kr. Olpe, 1898 Priester, 1900-1903 Mitarbeiter von Lorenz Werthmann, 1914 Professor für Caritas- und Sozialwissenschaften in Paderborn, Historiograph der Caritas, insbesondere des DCV und DiCV Paderborn. Vgl. Geschichte der Caritas, 2 Bde., vor allem den autobiographischen Essay mit dem Titel „Aus meinem Leben und Streben“, in dieser Festgabe erstmals veröffentlicht und kommentiert von Karl Hengst; dazu ergänzend Kosch, Das katholische Deutschland 2606; Borgmann, Wilhelm Liese 17; Brandt, Chronik des Paderborner Diözesan-Caritasverbandes 17-18. – In der Diskussion um die Standortbestimmung des KFV im DCV hält Wollasch fest, daß „der lange Jahre für die verbandliche Selbstdarstellung des DCV zuständige Historiograph, den KFV in seinen beiden großen Standardwerken zur Caritasgeschichte nur äußerst knapp und keinesfalls adäquat zu der Bedeutung, die der Fürsorgeverein als Fachverband im DCV tatsächlich hatte, würdigte“ (Der Katholische Fürsorgeverein 96).

es der Volksverein[39] ist. Wir glaubten nun, die Lösung gefunden zu haben, bis wir uns klar machten, daß der Volksverein keine Ortsgruppen hat wie unser Verein, sondern die ganze Arbeit von der Zentrale geleistet wird. Die Schwierigkeit war für uns groß, denn die Selbständigkeit der einzelnen Ortsgruppen mußte gewahrt werden, wenn sie erfolgreich arbeiten sollten. Wie aber konnte die große Zahl der Einzelvereine bei voller juristischer Selbständigkeit an eine bestimmte Arbeitsweise gebunden werden, die sich den wachsenden Bedürfnissen der Arbeit anzupassen hatte, ohne daß diese Vereine genötigt waren, jedesmal die erfolgten Änderungen als Änderungen ihrer Satzung eintragen lassen zu müssen.

Da führte uns ein gütiges Geschick zu zwei Düsseldorfer Juristen, Herrn Amtsgerichtsrat Dr. Brandts[40] und Herrn Oberregierungsrat von Werner[41], welche in aller Bereitwilligkeit und Geduld die Lösung dieser

---

[39] Gegründet 1890 von dem Fabrikanten Franz Brandts (1834-1914), dem Paderborner Priester Franz Hitze (1851-1921) und der politischen Führungsautorität Ludwig Windthorst (1812-1891) in Köln mit Sitz in Mönchengladbach. Die bis heute größte katholische Laienorganisation zielte auf eine alle Kulturbereiche umfassende, christliche Sozialreform als Antwort auf die soziale Frage des ausgehenden 19. Jahrhunderts. Zu Idee und Verwirklichung eines volksorientierten Aufklärungs-, Bildungs- und Schulungskonzepts mit der Absicht, ein System organisierter Selbsthilfe, fortschrittlicher Sozialgesetzgebung und wirksamer Wohlfahrtspflege auf- bzw. auszubauen, vgl. Heitzer, Der Volksverein für das katholische Deutschland.

[40] Max Brandts Dr. jur. h. c. (1854-1905) aus Linnich Kr. Jülich/Rheinland, Landesrat, Wegbereiter und Mitbegründer des DCV, 1893 Referent für Landarmenwesen, Irrenanstalten und Fürsorgeerziehung bei der Rheinischen Provinzialverwaltung, 1897 Leiter der Invalidenversicherungsanstalt der Rheinprovinz, 1903 der Provinzialfeuerversicherungsanstalt. – Als sozialcaritativ engagierter Referent (etwa auf dem 1. Praktisch-sozialen Kursus des Volksvereins 1892 in Mönchengladbach) und Autor (etwa der Publikationen über die Caritas und ihre Einrichtungen 1894/1895, der Veröffentlichung mit Franz Brandts [Anm. 39], Franz Hitze [Anm. 39], Wilhelm Hohn [Anm. 27] zum organischen Volksbildungsbegriff 1902) formulierte er seine dem DCV richtunggebenden Vorstellungen von organisierter Caritas und ihrer Publizität sowie der Beziehung von katholischer Kirche und sozialpolitischem Engagement. Vgl. Brandts, Die katholischen Wohltätigkeitsanstalten und -vereine sowie das katholisch-soziale Vereinswesen. – Neben der Organisationsform des DCV half der „Jurist aus Überzeugung“, die Rechtsgrundlagen verschiedener Vereine, z. B. des Verbands Arbeiterwohl, zu gestalten. Vgl. Liese, Lorenz Werthmann und der Deutsche Caritasverband 76-77, 80-93; dazu ergänzend den Nachruf von Franz Hitze 665-674; Heitzer, Der Volksverein für das katholische Deutschland 74, 234 Anm. 50; Kall, Katholische Frauenbewegung 201-202; Hopmann, Agnes Neuhaus 121.

[41] Ludwig Camill Aloys von Werner Dr. jur. (1852-1921) aus Inzigkofen b. Sigmaringen, seit 1888 Regierungsassessor, dann 1900 Dirigent der Kirchen- und Schulabteilung bei der Regierung in Düsseldorf, eine für einen Katholiken ungewöhnliche Laufbahn und Position; 1903 Ehrung mit dem Roten Adlerorden III. Klasse mit Schleife. Vgl. Knopp, Die preußische Verwaltung des Regierungsbezirks Düsseldorf 66; dazu ergänzend Hopmann, Agnes Neuhaus 121.

Schwierigkeiten übernahmen und durch ihre Arbeit der ganzen Bewegung einen unschätzbaren Dienst erwiesen haben. Die Satzungen, in welchen alle unsere Wünsche in tadellos juristischer Form niedergelegt waren, wurden auf unserer ersten Generalversammlung in Düsseldorf im Oktober 1907 einstimmig angenommen.[42] Seitdem sind wir ein Gesamtverein für Deutschland, und ich kann nur sagen, daß diese Organisationsform sich glänzend bewährt hat und für uns fast eine Vorbedingung für gemeinsames erfolgreiches Wirken geworden ist. Darum hüten wir sie sorgsam und vermeiden jede Zwischengrenze. Wir haben daher auch keine Diözesanverbände, sondern anstatt dessen in jeder Diözese einen Diözesanbeirat. Ich brauche wohl nicht zu betonen, daß in dieser Organisationsform auch der Anschluß an unsere heilige Kirche vollkommen gesichert worden ist. Jede Ortsgruppe hat satzungsgemäß ihren geistlichen Beirat; den Diözesanbeirat erwähnte ich bereits, und außerdem hat die Zentrale ihren besonderen, vom Bischof ernannten geistlichen Beirat, damit auch in der Leitung des Gesamtvereins der direkte Einfluß unserer heiligen Kirche gewahrt ist.[43]

---

[42] Nach Hopmann und Wollasch konstituierte sich der KFV als „Gesamtverein" für das Deutsche Reich mit Zentrale Dortmund und Agnes Neuhaus als Vorsitzender auf der 2. Generalversammlung am 18. Oktober 1907 mit Satzung und Geschäftsordnung (Agnes Neuhaus 121; Der Katholische Fürsorgeverein 41). Damit war bei aller Ausrichtung auf die Zentrale (Aufgaben: etwa Gründung und Betreuung der Ortsgruppen, Ausbildung von Fachkräften, Schulung ehrenamtlicher Mitarbeiterinnen) die Selbständigkeit der einzelnen Ortsgruppen e. V. in der praktischen Fürsorgearbeit gesichert.

[43] Der Grundsatz von Agnes Neuhaus und des KFV, alle Fürsorgearbeit in enger Anbindung an die Kirche, als Kirche zu leisten (Anm. 11), ist in den verschiedenen Satzungen des KFV festgeschrieben. So bestimmen etwa die ersten Statuten von 1902, daß dem nur von Frauen besetzten Vorstand ein Präses beigeordnet werden soll, der den Verein nach außen vertritt und in Vereinsangelegenheiten berät. Die Satzung von 1903 benennt bereits anstelle des Präses einen Geistlichen Beirat mit Entscheidungsfunktion in religiösen bzw. theologischen Fragen und Beratungsfunktion in Vereinsangelegenheiten. Die Vertretung des Vereins nach außen obliegt der Vorsitzenden. Mit der Satzung von 1907 steht das Gesamtwerk unter dem Protektorat der Oberhirten von Paderborn. Vgl. Hopmann, Agnes Neuhaus 128-131. – Die Bischöfe Dr. Wilhelm Schneider (1847, 1900-1909) und Dr. Karl Joseph Schulte (1871, 1910-1920), die Erzbischöfe Dr. Caspar Klein (1865, 1920-1930-1941) und Lorenz Kardinal Jaeger (1892, 1941-1965-1973) bestellten als besonderen Geistlichen Beirat der Zentrale 1907 Domkapitular Richard Heinekamp (1842-1912), 1912 Domkapitular Christian Bartels ([1856-1939] u. a. 1915-1924 Vorsitzender des DiCV Paderborn, vgl. Liebes Lebensbild von Bartels, in dieser Festgabe erstmals veröffentlicht und kommentiert von Hans Jürgen Brandt; Ders. Chronik des Paderborner Diözesan-Caritasverbandes 43-47) und 1939 Domkapitular Dr. Aloys Braekling ([1881-1965] u. a. 1937-1961 Vorsitzender des DiCV Paderborn; vgl. Brandt, Chronik des Paderborner Diözesan-Caritasverbandes 48-51); dazu ergänzend Hopmann, Agnes Neuhaus 130-131.

Wenn ich die Frage der Organisation etwas ausführlich behandelt habe, so war für mich bestimmend die außerordentlich große Bedeutung der Sache für unsere Entwicklung, für die Wirkungsmöglichkeiten und für die Erfolgsaussichten für unsere Arbeit. Unsere Organisationsform ist aus der lebendigen Arbeit heraus *gesucht* und *herausgewachsen* und unterstützt wieder diese Arbeit, vervielfältigt ihre Erfolge und befestigt insbesondere diese Erfolge für das einzelne Menschenkind.[44]

Hilfe zur Selbsthilfe leisten

Über den vierten Punkt meines Berichtes, unsere *Zufluchtshäuser*[45], kann ich mich kurz fassen, da das Erkennen ihrer Notwendigkeit und ihres Wirkens fast Allgemeingut geworden ist. Diese Erkenntnis hatte damals, als wir mit der Arbeit anfingen, niemand. Unserem Bedürfnis genügten auch damals die Klöster vom Guten Hirten, die in umfassender Weise die Mitarbeit aufnahmen, vollkommen, da ja, wie ich ausführte, die auf der Magdalenenstation angetroffenen Mädchen längere Zeit zu ihrer geistigen Genesung brauchten. Andererseits hatten wir auch dadurch, daß die Mädchen lange auf der Station blieben, Zeit genug, um die notwendigen Schritte zu ihrer Unterbringung nach der Entlassung übernehmen zu können. Das blieb aber nicht so. Ich sagte schon, daß die Polizei uns sehr bald die aufgegriffenen Mädchen zuführte, die nicht krank waren und sonst einfach wieder entlassen worden wären mit der üblichen Warnung, um dann nach kurzer Zeit wiederholt aufgegriffen und unter Kontrolle gestellt zu werden. Diese standen nun oft einfach auf der Straße, wußten nicht wohin. Damals ist mir klar geworden, wie viele Mädchen zugrunde gehen, weil sie abends kein schützendes Dach über ihrem Haupte haben. Da war guter Rat teuer. Wir suchten und fanden Hilfe bei der damaligen Oberin des Johanneshospitals, Schwe-

---

[44] In Konsequenz wurden Satzungsänderungen auf den Generalversammlungen vorgenommen. Der Gesamtverein tagte 1905 in Dortmund, 1907 in Düsseldorf, 1910 in Münster, 1913 in Wiesbaden, 1921 in Bingen, 1924 in Bamberg und 1928 in Essen. Neben satzungsmäßigen Zwecken dienten diese Konferenzen auch der Schulung der Mitglieder und der Belebung des Vereinsethos. – Zur Entwicklung der Satzungen als „rechtlich fixierte Erfahrung" alltäglicher Fürsorgearbeit vgl. allgemein HOPMANN, Agnes Neuhaus 124-132; WOLLASCH, Der Katholische Fürsorgeverein 62-66.

[45] Zu Idee, Entstehung, Organisation und Arbeitsweise dieser Einrichtungen vgl. NEUHAUS, Die Aufgaben der Fürsorgevereine 135-137; DIES., Unsere Arbeit für die uneheliche Mutter und ihr Kind 81-84; dazu ergänzend Anm. 9 u. 48.

ster Laurentia[46], die, voll mütterlichen Verständnisses für unsere armen Mädchen, uns ein großes Zimmer im Hospital zur Verfügung stellte. Aber auch das war bald gefüllt. In dieser Verlegenheit kam uns nun die frische Unternehmungslust unseres Herrn Propst zu Hilfe, der den Bau eines Zufluchtshauses beschloß und dann in der Ausführung durch den leider viel zu früh verstorbenen Pfarrer Cloidt[47] tatkräftig unterstützt wurde. So entstand das erste Zufluchtshaus in Dortmund, das Vincenzheim, das Oktober 1903, also vor 25 Jahren, eingeweiht und bezogen wurde, inzwischen aber schon wiederholt wesentlich vergrößert worden ist. Ihm folgten die anderen. Bei jeder Gründung in einer großen Stadt zeigte sich alsbald dieselbe Ratlosigkeit und Verlegenheit, die zur Errichtung eines Heimes drängte. So entstand eines nach dem anderen. Heute hat der Verein 101 Zufluchtshäuser mit 6 431 Betten.[48]

Unsere Häuser unterscheiden sich von den Klöstern vom Guten Hirten durch eine größere Beweglichkeit und Leichtigkeit in der Aufnahme, Zeitdauer usw., durch freieren Verkehr der Schützlinge mit der Außenwelt, in die sie ja wieder zurückkehren sollen; vor allem aber dadurch, daß sie jede Art von Hilfsbedürftigen aufnehmen, während die Klöster vom Guten Hirten Mädchen, die ein Kind erwarten oder Mädchen mit einem Kind nach ihrer Ordensregel nicht aufnehmen können. Den Schwestern vom Guten Hirten übergeben wir gewöhnlich die Mädchen, die eine besonders lange Zeit und ungestörte Ruhe und Abgeschlossen-

46 Schwester Laurentia geb. Franziska Montag (ca. 1840-1917) aus Paderborn, Kongregation der Barmherzigen Schwestern vom hl. Vincenz von Paul Paderborn, 1862 eingekleidet, übernahm am 27. Januar 1890 das Amt der Oberin am Johannes-Hospital in Dortmund. Vgl. Geschichte der Genossenschaft der Barmherzigen Schwestern des hl. Vincenz v. Paul aus dem Mutterhause in Paderborn ‹Paderborn 1909› 209-219 u. 438, hier 212.

47 Klemens Franz Cloidt (1866-1919) aus Meschede Kr. Arnsberg/Sauerland, 1889 Priester, 1906 Mitbegründer und 1907 Stellvertretender Vorsitzender des OCV Dortmund, Geistlicher Beirat des KFV Ortsgruppe Dortmund. Vgl. Liese, Necrologium 146.

48 Nach vielfältigen Widrigkeiten, die eine derartige Errichtung mit sich bringt, begannen am 29. Oktober 1903 Welt- und Ordensfrauen ihre gemeinsame Fürsorgearbeit im ersten Zufluchtshaus Vinzenzheim in Dortmund. Gerade dieses „Ineinandergreifen von Schwestern im Kloster und religiösen Frauen in der Welt würde [. . .] Erfolge hervorbringen, die auf andere Art nicht zu erzielen wären" (Neuhaus, Die Aufgaben der Fürsorgevereine 136). Zur Entstehungsgeschichte des ersten Zufluchtshauses unter der Leitung der Vinzentinerinnen vgl. Hopmann, Agnes Neuhaus 87-98. – Nach Dortmund entstanden 1904 das Antoniusstift in Münster unter der Leitung der Augustinerinnen und das St. Josefshaus in Köln-Bayenthal unter der Leitung der Töchter vom heiligen Kreuz (vgl Kall, Katholische Frauenbewegung 240-241). 1910 verfügte der KFV bereits über 13, 1916 über 40, 1930 über 132 Zufluchtshäuser. Vgl. Neuhaus, Die Aufgaben der Fürsorgevereine 136-137; Pankoke-Schenk, Agnes Neuhaus 135; Wollasch, Der Katholische Fürsorgeverein 53, 379 Anm. 197; dazu ergänzend Anm. 9 u. 45.

heit zu ihrer sittlichen Heilung brauchen und solche, die sich draußen überhaupt nicht hoch halten können und durch die liebevolle Behandlung seitens der Schwestern dann häufig veranlaßt werden, ganz bei ihnen zu bleiben.

In der Weiterentwicklung unserer Zufluchtshäuser hat sich eine gewisse Spezialisierung herausgebildet. Wohl die meisten unserer Häuser dienen zur Aufnahme der unehelichen Mütter; diese werden vor der Niederkunft und nach der Geburt des Kindes mit dem Kinde aufgenommen. In den größeren Zufluchtshäusern sind neben der Mütterstation von dieser getrennte Abteilungen zur Aufnahme von schulentlassenen Fürsorgezöglingen geschaffen. Mehrere Häuser haben eine eigene Krankenstation für die geschlechtskranken Mädchen. Das Haus Konradshöhe, Berlin-Tegel, ist nur für geschlechtskranke Mädchen da, die wir vor dem geradezu zerstörenden Aufenthalt in den syphilitischen Stationen der Großstadt bewahren wollen. Die über 130 Plätze sind immer voll besetzt; die erzieherischen Erfolge sind neben den medizinischen sehr befriedigend. Das Katharinenstift bei Dülmen nimmt ältere Mädchen auf; es ist hauptsächlich im Hinblick auf das kommende Bewahrungsgesetz errichtet. Das Vincenzwaisenhaus in Handorf bei Münster nimmt gefährdete schulpflichtige Kinder auf. Es werden dort zur Zeit 300 Kinder erzogen. Infolge der Aufnahme von unehelichen Müttern mit ihren Kindern sind in verschiedenen Zufluchtshäusern große Säuglingsstationen entstanden, von denen mehrere über 100 Betten verfügen. Vier von ihnen haben zugleich staatlich anerkannte Säuglingspflegeschulen.[49]

Der Segen, der von diesen Häusern ausgeht, ist unbeschreiblich groß. Keines ist ohne Kapelle. Der geistliche Leiter ist unser Erlöser, dem wir alle mit unserer Arbeit dienen. Mit ganz wenigen Ausnahmen, die sich auf kleine Heime in der Diaspora beziehen, werden unsere Häuser geleitet von Ordensschwestern, die in treuer, opferfreudiger Erziehungsarbeit einen sehr wichtigen und sehr schweren Teil unserer Vereinsarbeit tragen.

Ein Wort muß ich noch sagen über unsere *Vorasyle;* denn sie stehen augenblicklich im Vordergrunde des Interesses, weil im Vordergrunde

---

[49] Vgl. das Verzeichnis von Fürsorgeerziehungsanstalten und Rettungshäusern bei Liese, Wohlfahrtspflege und Caritas 347-348; Kall, Katholische Frauenbewegung 238-241, vor allem zu den divergierenden Zahlenangaben von Zufluchtshäusern und Vorasylen 241; Wollasch, Der Katholische Fürsorgeverein 52-62. – Allgemein dazu ergänzend vgl. die Zusammenschau katholischer sozialcaritativer Einrichtungen und Vereine sowie ihre Verteilung im deutschsprachigen Raum bei Liese, Wohlfahrtspflege und Caritas 275-417, in der sich die gewaltige sozialcaritative Leistung der katholischen Kirche widerspiegelt.

der Not. Es sind ganz kleine Zufluchtsstätten mit oft nur zwei bis drei Betten, meist aber mehr, die sofort und bedingungslos jedes Mädchen, das kommt oder uns zugeführt wird, aufnehmen nur für kurze Zeit, nur so lange, bis der neue Aufenthaltsort gefunden und die Wege dahin geebnet sind. Wir können diese Vorasyle in unserer Arbeit nicht entbehren. Wenn wir unser Kind einmal in Händen haben, müssen wir es festhalten; schlechte Elemente und die eigene Schwäche stellen sich zu oft hindernd zwischen Entlassung und Wiederkommen. Die Mädchen bleiben auch meist gern, wenn ihnen in mütterlicher Weise gleich Verpflegung und ein behagliches Heim geboten wird. Die Leitung dieser Heime erfordert sehr viel Erfahrung und sehr viel Liebe.

Die Notwendigkeit sozialcaritativer Arbeit nachweisen

Zum Schluß – und damit bin ich beim letzten Punkt angelangt – möchte ich noch einen kurzen *Überblick über den jetzigen Stand* des Vereins und seine Arbeit geben. Der Verein ist jetzt über ganz Deutschland ausgebreitet von Ostpreußen bis an den Bodensee. Er hat jetzt 415 Ortsgruppen und über 4 300 tätige Mitglieder. Das ist vielleicht das Schönste an unserer Organisation, daß so viele Frauen in der Arbeit stehen und den armen gefährdeten und verwahrlosten Kindern und jungen Menschen helfen wollen. Helfen, nicht in dem Gedanken: „Wir sind besser als sie", sondern nur in dem Gedanken: „Wir haben es so viel besser als sie. Wie großen Dank sind wir unserem Gott dafür schuldig". Gestützt wird die Arbeit durch 181 in der Organisation angestellte Berufskräfte, unsere unermüdlichen und treuen Mitarbeiterinnen.[50] Unsere 101 Zufluchtshäuser habe ich schon genannt. Erwähnen muß ich noch die Fürsorgerinnenschule, die wir 1916 hier an unserer Zentrale zur Ausbildung unserer beruflichen Kräfte eingerichtet haben. Seit 1927 hat diese

[50] Zur Entwicklung hauptberuflicher Mitarbeiter im KFV von 1917 bis 1944 vgl. Tabelle 1 bei Wollasch, Der Katholische Fürsorgeverein 353. Das offensichtliche „Mißverhältnis" von ehren- und hauptamtlichen Mitarbeitern (so belegt die Statistik etwa für 1929 nur 213 Berufsarbeiterinnen von 4 708 tätigen Mitgliedern) verweist auf eine Besonderheit in der Vereinsstruktur: Selbst wenn Fürsorgearbeit ohne Berufskräfte nicht zu leisten ist, bleibt dennoch das Ehrenamt ihr tragfähiges Fundament. Infolgedessen gehört die Ausbildung und Schulung von ehrenamtlichen Mitarbeitern zu den Hauptaufgaben des KFV. Vgl. Hopmann, Agnes Neuhaus 142-148; Arnold, Agnes Neuhaus und ihr Werk 199-200; Zillken, Der Mensch und das Werk 53; dazu ergänzend Anm. 51.

Schule den Charakter einer staatlich anerkannten Wohlfahrtsschule erhalten. Sie bildet mit der von unserer Ortsgruppe Münster errichteten Wohlfahrtsschule eine gemeinsame Schule unter dem Titel: „Westfälische Wohlfahrtsschule". Die Schule in Münster übernimmt die Ausbildung für die Gruppen „Gesundheits- und Wirtschaftsfürsorge", unsere Schule an der Zentrale die Ausbildung für die Gruppe „Jugendwohlfahrtspflege".[51]

Unsere Arbeit hat sich im Laufe der Jahre in erfreulicher Weise immer mehr der vorbeugenden Tätigkeit zugewandt. Es wäre ja mit einer weitschauenden und auf den Grund gehenden Auffassung unserer Rettungsarbeit unvereinbar gewesen, wenn wir uns immer nur mit der Hilfe für arme, tief gefallene Menschen, für schon stark Verwahrloste beschäftigt hätten, ohne nach dem Grunde des Fallens, nach den Quellen der Verwahrlosung zu forschen. Das Erkennen all der Nöte, aus denen dieses sittliche Elend entspringt, hat uns immer tiefer in die *Jugendfürsorgearbeit* hineingeführt; sie ist unzertrennlich mit der Rettungsarbeit verbunden.[52] Aber darum dürfen und wollen wir diese direkte Rettungsarbeit

---

[51] Das Lehrangebot umfaßte Volkswirtschaft, Hygiene, Recht, Psychologie, Pädagogik sowie Armen- und Wohlfahrtspflege. 1919 beendeten 14, 1920 bereits 22 Frauen die einjährige Ausbildung an der Fürsorgerinnenschule. Zu Organisation und Konzept dieser Ausbildungseinrichtung für „Sozialarbeiterinnen" vgl. Hopmann, Agnes Neuhaus 142-148; Pankoke-Schenk, Moderne Not als institutionelle Herausforderung kirchlicher Sozialarbeit 80-81. – Allgemein zur Professionalisierung sozialer Arbeit im Kontext einer umfassenden Sozialreform, insbesondere zur Ausbildung des sozialen Frauenberufs vgl. Salomon, Die Ausbildung zum sozialen Beruf; Sachsse, Mütterlichkeit als Beruf 250-271; Ders./Tennstedt, Fürsorge und Wohlfahrtspflege 42-45, 221-222 Anm. 127.

[52] Die aus der Praxis gewonnene Erkenntnis, daß „aller Verwahrlosung frühzeitig vorzubeugen ist, weil in den Familien der Gefährdeten die jüngeren Geschwister leben, die vor dem gleichen Schicksal bewahrt werden sollen, und weil die Sorge für die uneheliche Mutter die Sorge um ihr Kind umschließen muß" (Blijdenstein, Vom Werden und Wirken des Katholischen Fürsorgevereins 105), erschloß dem KFV zwangsläufig neben der „rettenden" Fürsorge das weite Arbeitsfeld „vorbeugender" Jugendfürsorge. Bereits die Vereinssatzung von 1913 nennt vorrangig Aufgaben präventiver Art, etwa die Jugendgerichtshilfe, die Übernahme von Vormundschaften, die Zusammenarbeit mit den zuständigen Ämtern (z. B. der Armenverwaltung, dem Gemeindewaisenrat, der Polizei, den örtlichen Zentralen der Jugendfürsorge) und Rechtsinstanzen (z. B. dem Vormundschafts- bzw. Jugendgericht). – Zur Entwicklung der Arbeitsgebiete, näherhin von der rettenden zur vorbeugenden Fürsorge vgl. Neuhaus, Die Aufgaben der Fürsorgevereine 129-140; Kopp, Der Katholische Fürsorgeverein; Pankoke-Schenk, Moderne Not als institutionelle Herausforderung kirchlicher Sozialarbeit 101-109; Baron (Hg.), Sozialarbeit und Soziale Reform; Wollasch, Der Katholische Fürsorgeverein 52-62; dazu ergänzend Liese, Handbuch des Mädchenschutzes; Ders., Wohlfahrtspflege und Caritas; Handbuch für Jugendpflege, hg. v. der Deutschen Zentrale für Jugendfürsorge; Anm. 30 u. 32.

doch immer als erste Aufgabe unseres Vereins fest im Auge behalten. Da, wohin wir zuerst gerufen wurden, da ist doch auch heute noch infolge des Verfalles aller sittlichen Begriffe, den uns der Krieg gebracht hat, die größte Not, das brennendste Bedürfnis nach Hilfe. Und wir sind überzeugt, daß gerade diese Hilfe erwachsen muß aus dem Boden religiöser Weltanschauung und darum auf konfessioneller Grundlage, und wir fühlen voller Dankbarkeit, daß gerade deshalb, weil wir auch die in der Konfession liegenden Kräfte für diese Arbeit ausschöpfen können, wir besonders wertvolle Arbeit auf diesem Gebiete leisten können.[53]

Es gab und gibt viel Arbeit und viel Sorge, besonders drücken uns beständig schwere Geldsorgen; sie bringen uns manche schlaflose Nacht und wirken auch oft hemmend auf unsere Arbeit.[54] Aber wir verzagen nicht. Unser Mut und Vertrauen gründen sich nicht auf Zufälligkeiten, sie gründen sich auf Gott. Wir haben erkannt, daß jährlich tausende von jungen Menschenleben an Leib und Seele zugrunde gehen, nur weil in der Stunde der Not, der Gefahr, der Ratlosigkeit keine helfende Hand sich ihnen entgegenstreckt; nun suchen wir helfende Hände, suchen Mütter, Mütter nach dem Herzen Gottes. Wir wissen, daß noch so vieles in unserm Verein verbesserungsbedürftig ist auf allen Gebieten; aber unser unentwegtes Streben nach Verbesserung und Vervollkommnung soll nicht erlahmen.

Wir suchen in unserer Arbeit nichts als Gott, die Ausbreitung seines Reiches auf Erden. Und er hält sein ewiges Wort, daß er das übrige zugeben will. In seinem Dienst gibt er Kraft und Ausdauer zu liebevoll-

---

[53] Diese unbeirrbare Sicherheit und überzeugende Kraft, die jede soziale und politische Arbeit trugen, präzisiert Gertrud Bäumer (1873-1954), die streitbare Frauenrechtlerin und engagierte Abgeordnete im Reichstag für die DDP von 1919 bis 1933, waren „die innerste Essenz eines ganzen Lebens der Hingabe [. . . Da] bleibt als der schließlich wesentliche Eindruck: ein Glaube, klar und unbedingt erfaßt mit dem ganzen Leben und seinen Kräften, prägt und erfüllt ein Werk, ganz einheitlich, ganz unbeirrt bis in jede Auswirkung hinein". Nachwort zu ZILLKEN, Frau Agnes Neuhaus 427; ergänzend dazu Anm. 11 u. 55.

[54] Finanziert wurden der KFV und seine vielfältigen Aufgabenbereiche von privater und öffentlicher Hand, etwa Mitgliedsbeiträgen, Spenden, kirchlichen und staatlichen Geldern. Am Ende der Weimarer Republik kam zusätzliche Unterstützung aus der Volkswohl-Lotterie und den Hauskollekten. Zur Subventionierung des KFV und ihren Problemen vgl. WOLLASCH, Der Katholische Fürsorgeverein 108-115; dazu ergänzend die aus der Gesamtheit erschlüsselten zahlenden Vereinsmitglieder von 1917 bis 1944 der Tabelle 1 (ebd. 353) sowie die anteilmäßig aufgelisteten verschiedenen Geldquellen zur Finanzierung der Zentrale von 1922 bis 1934 der Tabelle 5 (ebd. 361).

ster Betreuung unserer Schutzbefohlenen, zur Wahrung und Förderung lebenswichtiger Interessen von Kirche und Staat, finden wir reichsten Segen auch für uns selbst.[55]

[55] Von dieser zutiefst durchlebten Idee ganzheitlicher Fürsorge in Kirche, Staat und Gesellschaft zeugen Leben und Werk von Agnes Neuhaus mit dem unbedingten Ziel, „im Dienste Gottes, im Dienste des Guten Hirten Menschen zu helfen, die in die Irre gegangen waren, oder in Gefahr standen, in die Irre zu gehen, [. . .] katholische Frauen in die Arbeit zu ziehen und sie zu einer gründlichen Hilfe auf diesem Gebiet zu befähigen". Zillken, Der Mensch und das Werk 53, 55.

Christian Bartels 1856–1939

von Hans Jürgen Brandt

Wenn es nach der Prophezeiung eines Festartikels von 1932 über den bleibenden Nachruhm Christian Bartels' gegangen wäre, müßten vom Gründervorsitzenden des Paderborner DiCV heute landauf, landab Gedenksteine stehen: „Und wenn immer wieder das große Buch der christlichen Caritas und der praktischen Nächstenliebe im Dienste des Schutzes der Jugend vor Verwahrlosung, der liebevollen Betreuung auch der gestrauchelten Jugend und vieler anderer Erfolge auf dem Gebiete der caritativen Fürsorge aufgeschlagen wird, bis in die fernste Zeit hinein, werden die großen Verdienste dieses seltenen Mannes in goldenen Lettern entgegenleuchten und dies auch noch dann, wenn wir alle aufgehört haben werden, dieser Welt einmal angehört zu haben."[1] Außer einem kleinen Kreis von Eingeweihten sagt der Name Bartels heute nichts mehr. Die von Bartels jüngerem Zeitgenossen Wilhelm Liese anhand von Archivquellen und aufgrund persönlicher Erlebnisse verfaßte und hier erstmals im Druck veröffentlichte Biographie[2] läßt die Persönlichkeit des leidenschaftlichen Caritaspriesters und bedeutenden Jugendfürsorgers in der Art eines westfälischen Don Bosco[3] von neuem lebendig werden. Wie sein Lebenslauf fiel auch der Aufbau seines Lebenswerkes aus dem konventionellen Rahmen. Ohne ein abgeschlossenes Theologiestudium empfing der junge Diakon wegen des Kulturkampfes 1882 die Priesterweihe fern von Paderborn in Bayern auf den Weihetitel des nordamerikanischen Erzbistums Detroit. Eine plötzliche Krankheit während des Abschiedsbesuchs bei den El-

---

[1] Domkapitular Prälat Bartels im goldenen Jubelkranze seines gesegneten Priestertums, in: Heimatbote 5 ‹Paderborn 1932› Nr. 5, o.S.

[2] Bearbeitet von Hans Jürgen Brandt.

[3] Giovanni Bosco (1815-1888) aus Becchi, Gründer eines weltumspannenden sozialen Jugendwerkes, Stifter der Salesianer, gest. und begraben in Turin, 1929 selig-, 1934 heiliggesprochen, Fest am 31. Januar. – Kranz Gisbert: Sie lebten das Christentum ‹Regensburg ^{3}1878› 60-77.

tern gab ihn der Heimat zurück, in der er als staatlich nicht registrierter Seelsorger im Sauerland den Kulturkampf überlebte. Ab 1884 wurde Bartels als Vikar an der Dortmunder Liebfrauenkirche mit der sozialen und religiösen Not der Arbeiter im rheinisch-westfälischen Ruhrgebiet vertraut und 1888 als Pfarrverwalter in Althaldensleben mit der harten Diaspora der Katholiken im sächsischen Anteil des Bistums, bevor dem gerade 32jährigen 1889 das Pfarramt der völlig mittellosen St. Jodokusgemeinde in Bielefeld übertragen wurde. In Bielefeld, wo Pfarrer Bartels ein freundschaftliches Verhältnis zu Pastor von Bodelschwingh, dem „Vater der Brüder von der Landstraße"[4] fand, setzte er 1898 mit der Errichtung eines Fürsorgeheims für gefährdete Kinder die erste Wegemarke seiner Initiativen im Rahmen der Jugendfürsorge, der er sich zeitlebens besonders verpflichtet fühlte. Weitere Gründungen von Institutionen für Kinder und Jugendliche begründeten seinen Ruf als katholischer Sozialpraktiker über die Grenzen Westfalens hinaus. Die Einrichtung einer Sonderpädagogischen Anstalt, damals Hilfsschule genannt, in Verbindung mit einem Fürsorgeheim, die erste Einrichtung ihrer Art in Preußen überhaupt, entsprang seiner Initiative. 1899 übernahm Bartels zusätzlich zu seinem Pfarramt die Leitung des „Katholischen Erziehungsvereins im Bistum Paderborn", das sich damals wie über die Regierungsbezirke Arnsberg und Minden in der Provinz Westfalen auch über die preußische Provinz Sachsen mit den Regierungsbezirken Magdeburg, Merseburg und Erfurt samt einer Anzahl kleinerer Fürstentümer erstreckte. Nachdem sich der Bielefelder Pfarrer mit einer vielbeachteten Rede über „Die Notlage der Katholiken im Inlande"[5] auf dem Würzburger Katholikentag 1907 den Vertretern des organisierten deutschen politischen und sozialen Katholizismus vorgestellt hatte, erhielt er 1909 aufgrund

---

[4] Friedrich von Bodelschwingh (1831-1910) aus Tecklenburg, zunächst evangelischer Deutschenseelsorger in Paris, 1864 Pastor in Dellwig b. Unna, in den Kriegen 1866 und 1870/1871 Feldprediger, 1872 Leiter der Anstalten in Bethel b. Bielefeld, „überall ein Freund der Armen und der Kinder", einer der bedeutendsten Vertreter der Inneren Mission, des diakonischen Hilfswerkes der evangelischen Kirche Deutschlands, „wenn nicht der größte Held der Nächstenliebe, den die evangelische Kirche Deutschlands zu verzeichnen hat, sicherlich der sympathischste". – Liese, Caritativ-soziale Lebensbilder 54f.

[5] Wortlaut des Textes s. in diesem Band, bearbeitet von Karl Hengst.

Christian Bartels

des königlichen Nominationsrechts von Kaiser Wilhelm II. die Bestallung zum Domkapitular in Paderborn. In seinem neuen Amt wuchsen ihm weitere verantwortliche Caritasaufgaben zu, unter denen er sich die des geistlichen Leiters des Diözesanrats der Vinzenzvereine im Bistum Paderborn besonders angelegen sein ließ. Angeregt von Frau Agnes Neuhaus[6] mit der ihn ein von gegenseitiger Hochachtung geprägtes persönliches und der gemeinsamen Aufgabe verpflichtetes Verhältnis verband, gründete Bartels 1912 mit Zustimmung des Kölner Kardinals Fischer[7] den „Katholischen Männerfürsorgeverein Deutschlands" zum Schutz und zur Rettung gefährdeter Männer und Knaben, dessen Leitung er 1915 wegen Übernahme einer neuen Pionieraufgabe in andere Hände legte. Bischof Schulte[8] übertrug ihm nämlich am 8. Dezember 1915 den Vorsitz des in Dortmund errichteten DiCV für das Bistum Paderborn, der sich in den folgenden Kriegsjahren und der schweren Nachkriegszeit bis 1924 unter seiner Federführung zu einem der bedeutendsten Diözesan-Caritasverbände Deutschlands entwickelte. Dabei stand Bartels' hohe Auffassung von der Eigenverantwortlichkeit der sozialcaritativen Institutionen im Bistum nicht selten in einem Spannungsverhältnis zu den entgegengesetzten Ansichten in der Freiburger Caritaszentrale unter Lorenz Werthmann[9]. Das Andenken an seine Person und sein Lebenswerk wären sicher gebührender in Ehren gehalten worden, wenn er wie sein großes Vorbild, der Jugendpatron Don Bosco, eine geistliche Gemeinschaft im Dienste der Jugendfürsorge gegründet hätte. Solche Überlegungen scheint Bartels nie ernsthaft angestellt zu haben. Der Westfale Bartels ähnelte in mancher Hinsicht dem Italiener Don Bosco mehr als man es für

[6] S. Beitrag von Irmingard Böhm: Agnes Neuhaus, in diesem Band.

[7] Antonius Fischer (1840-1912) aus Jülich, 1903-1912 Erzbischof von Köln, seit 1903 Kardinal. - Hegel Eduard: Fischer Antonius, in: Gatz, Die Bischöfe 192-194. - Das Gespräch Bartels' mit Kardinal Fischer hatte bereits 1910 stattgefunden.

[8] Karl Joseph Schulte (1871-1941) aus Oedingen im Sauerland, 1910-1920 Bischof von Paderborn, 1915 Gründer des DiCV Paderborn, 1920-1941 Erzbischof von Köln, seit 1921 Kardinal. - Brandt/Hengst, Die Bischöfe von Paderborn 327-333.

[9] Lorenz Werthmann (1858-1921) aus Geisenheim a. Rh., 1880 Dr. phil. in Rom, 1883 dort Priester und 1884 Dr. theol., 1897 Gründer und bis zu seinem Tod Präsident des DCV in der Zentrale Freiburg i.Br. - Liese, Lorenz Werthmann. - Brandt, Chronik 24 Anm. 25.

möglich halten sollte. Beide erfreuten sich einer kraftstrotzenden körperlichen Vitalität, beide wucherten mit einem angeborenen Humor, vor allem aber verband beide ein väterliches Charisma für gestrandete oder gefährdete Kinder und Jugendliche. „Sollen sie doch auf meinem Rücken Holz hacken, Hauptsache sie sündigen nicht!", gilt als geflügeltes Wort Don Boscos. Der Satz hätte auch von Bartels stammen können, wenn er von seiner Domherrenkurie mit sichtlicher Freude dem Lärmen und Spielen der Kinder während der großen Pause auf dem nahen Schulplatz zuschaute. Wie Don Bosco mühte sich Bartels nicht zuletzt um die Förderung von Priesterberufungen, auch solchen aus den Reihen seiner Fürsorgezöglinge und sogenannter Spätberufener. Dabei teilte Bartels mit dem Jugendheiligen aus Turin die ernüchternde Erfahrung, daß sein menschenfreundliches, weitsichtiges Urteil in dieser Frage zeitweise nicht in gleichem Maße von seinem Bischof und der Mehrzahl seiner Mitbrüder im Paderborner Klerus geteilt wurden. Von Don Bosco heißt es, daß er bis zum Ende seiner Tage der Kraftmensch blieb, „der Walnüsse mit zwei Fingern aufknackte". Letztere Gnade war Christian Bartels nicht in gleichem Maße beschieden. Sein vom Verfall der Kräfte überschatteter Lebensabend wurde lang. Er kündigte sich bereits 1924 an, als er den Vorsitz des Caritasverbandes niederlegte, zog sich dann mehr als ein Jahrzehnt hin und neigte sich 1935 einem absehbaren Ende zu, als er auch die Leitung seines überaus geliebten „Katholischen Erziehungsvereins" aus den Händen geben mußte. Kraftakte konnte Bartels aber mitunter auch in diesen Jahren noch setzen wie 1926, als er zufällig Zeuge eines Suizidversuchs beim Besuch eines Fürsorgeheims wurde und blitzschnell die Situation erfaßte. Mit einem beherzten Klammergriff holte der 70jährige das tobsüchtig gestikulierende lebensmüde Mädchen auf den rettenden Boden zurück, nachdem zuvor viele Hände vergeblich versucht hatten, es am Fenstersturz zu hindern. Zur eigenen Verwunderung und zum Staunen der Anwesenden hatte er den Rettungsakt mit seinem gelähmten rechten Arm vollzogen, mit dem er sonst nicht einmal mehr das Weihrauchfaß zu schwenken vermochte.[10]

---

[10] Als Gewährsmann für die Glaubwürdigkeit dieser Episode benennt Wilhelm Liese in seiner Bartels-Biographie (s. nachfolgend in diesem Band) Christian Bartels selbst.

Worte wie Schicksal oder Zufall gehörten nicht zum Vokabelschatz des Caritaspriesters und Jugendfürsorgers Bartels. Zu oft hatte er im eigenen Leben erfahren, daß die Liebe zum Nächsten Berge versetzt, zu sehr war er von der Einmaligkeit einer jeden Menschenseele überzeugt. Die innere Gewißheit, selbst geführt zu werden, wird ihm die Passionszeit seines Lebens erträglicher gemacht haben, aus der ihn der Tod am Karsamstag, dem 8. April 1939, erlöste.

Was hätte Christian Bartels wohl gesagt, wenn ihm jemand von Bartelsdenkmälern gefaselt hätte? Wahrscheinlich hätte er diesem nicht nur wortlos, sondern auch energisch die Tür gewiesen. Was der Kinder- und Jugendfreund Bartels tat, tat er selbstlos. Als ein begnadeter Dilettant in des Wortes ursprünglicher Bedeutung (von lateinisch diligere, lieben) war Bartels Seelsorger, Sozialarbeiter und Pädagoge von seltenem Format. Selbst da, wo er sich in Sachfragen, wie am Beispiel des Bielefelder Fürsorgeheims bis zur Starrköpfigkeit festbeißen konnte[11], glaubte ihm jeder, daß es ihm allein um das Wohl der ihm anvertrauten Kinder ging. An zukünftige Denkmäler denken? In seinen Mußestunden habe der alternde Domherr Bartels, wie sein Biograph berichtet, Rosen veredelt und allmorgendlich im Dompfarrgarten dem ersten Anschlagen der Vögel gelauscht. Wie hätte ein solcher Menschen- und Blumenfreund von leblosen Gedenksteinen träumen können?

[11] Vgl. Das Katholische Fürsorgeheim in Bielefeld, bearbeitet von Karl Hengst (s. in diesem Band).

Domherr Christian Bartels – Ein großer Jugendfreund

von Wilhelm Liese

Das Material zu diesem Lebensbild[1] mußte mühsam aus zahlreichen Akten und Briefen zusammengesucht werden, die hauptsächlich im Archiv des Paderborner DiCV aufbewahrt sind. Erleichtert wurde die Arbeit durch Christian Bartels' Gewohnheit, über wichtige Begebenheiten und Pläne persönliche Aufzeichnungen anzufertigen. Sie finden sich in größerer Anzahl im erwähnten Archiv sowie im Besitz seiner Familie und sind hier als „Erinnerungen" zitiert. Für die Darstellung der caritativen Tätigkeit Bartels erwiesen sich zudem mehrere Aktenbände im Archiv des Erzbischöflichen Generalvikariats als sehr aufschlußreich.[2]

---

[1] Gleichlautende Kopien des zwischen 1952 und Lieses Tod 1956 erstellten maschinenschriftlichen Manuskripts von 62 Seiten befinden sich sowohl im Nachlaß Lieses in der EAB als auch im Archiv des DiCV Paderborn. Die Abfassungszeit nach 1952 ergibt sich u. a. aus Lieses Bemerkung, daß das Bielefelder Fürsorgeheim aufgegeben sei. Der hier für den Druck aufbereitete Text folgt der Originalvorlage in Gliederung und sprachlicher Eigenart des Verfassers. Da die Vorlage über weite Passagen hin einen Entwurf darstellt, wurden vom Bearbeiter (Hans Jürgen Brandt) sinngemäße Ergänzungen sowie sprachliche oder syntaktische Korrekturen ohne einen diesbezüglichen Anmerkungsapparat vorgenommen. Wo Liese Anmerkungen gesetzt hat, sind diese als solche ausgewiesen. Wenn im Text Zitate ohne Nachweis gelassen werden, stammen sie aus dem schriftlichen Nachlaß Bartels, den Liese als „Erinnerungen" bezeichnet.

[2] Die Bibliographie Christian Bartels' umfaßt folgende Schriften, Artikel oder gedruckte Reden: 1. Die Herz-Jesu-Kirche in Brackwede, in: Bonifatiusblatt ‹1893› Nr. 7, S. 102-103. – 2. Wie hat die katholische Caritas bei der Ausführung des Fürsorgeerziehungsgesetzes mitgewirkt und welches sind ihre weiteren Aufgaben? ‹Dortmund 1905›. – 3. Die kirchliche Notlage der Katholiken im Inlande, in: Verhandlungen der 54. Generalversammlung der Katholiken Deutschlands in Würzburg vom 25. bis 29. August 1907, hg. v. Lokalkomitee ‹Würzburg 1907› 282-292 (mit Foto). – 4. Gründung eines katholischen Fürsorgeerziehungsseminars, in: Caritas 15 ‹1909/1910› 215-217. – 5. Die Notwendigkeit eines Fürsorge-Erzieher-Seminars, in: Caritas 15 ‹1909/1910› 251-257. – 6. Verpflichtung des Fiskus infolge Aufhebung eines Klosters, in: ThGl 2 ‹1910› 314-318. – 7. Der Katholische Erziehungsverein (Sitz Paderborn in Westfalen) e. V., in: ThGl 2 ‹1910› 617-632. – 8. Organisierte und systematische Arbeit in unseren weiblichen Vereinen, in: Der Jungfrauenverein. Organ für die Leiter katholischer weiblicher Jugend-Vereine 1 ‹Bochum 1911› 94-96. – 9. Winke und Richtlinien für kirchlichen und pfarrlichen Religionsunterricht ‹Paderborn 1912›. – 10. Der katholische Männer Fürsorge-Verein, in: ThGl 6 ‹1914› 441-448. – 11. Der Standpunkt des Katholischen Fürsorgevereins für Mädchen, Frauen und Kinder zu den vom Caritasverbande vorgeschlagenen Richtlinien über das Verhältnis des Caritasverbandes und seiner Zweigverbände zu den Fachorganisationen ‹Paderborn 1917› 10.-12. Auf dem Märkischen Katholikentag in Dortmund (28. u. 29. September

Familie, Kindheit und Schule

Christian Christoph Bartels wurde am 27. September 1856 in Altenbeken bei Paderborn geboren und am 2. Oktober im Pfarrort Buke getauft. Paten waren der Großvater, Schneider Christoph Bartels, und Dorothea Finke, eine Schwester der Großmutter Antonia Finke. Der Geburtsort ist weitbekannt durch die schöne Lage am Eggegebirge und wegen seines ungewöhnlich großen Bahnhofs. Über die Bedeutung des Namens Bartels hinterließ der Domkapitular eine Aufzeichnung aus dem Jahre 1936. Er hielt Bartels für eine Kurzform von Bartholomäus: „Das wurde mir klar, als wir 1868 bis 1870 im Rheinland wohnten, wo ich oft den Ausspruch hörte, ‚Ich will ihm zeigen, wo Barthel den Most holt!'." Bartholomaeus hieß nach dem Johannesevangelium bekanntlich zunächst Nathanael, auf Griechisch Theodor. Wenn die Familie Bartels einen Wahlspruch wählen müßte, so war er überzeugt, könnte er nur lauten: ‚nil falsi – ohne falsch!'.[3] Beide Elternteile stammten aus Buke. Der Vater, Franz Bartels, wurde 1824 in Engelbrachts Haus geboren, das den Eltern mit einigen Morgen Land gehörte. Er wird in den Kirchenbüchern als Tagelöhner bezeichnet. Franz Bartels hatte „keinen Kopp für die Bücher", war aber sehr praktisch veranlagt und besaß eine humoristische Ader, die sein Sohn Christian erbte. Er war von gesunder Natur und starb am Ende eines arbeitsreichen Lebens.[4] Nach der Hochzeit war er nach Altenbeken gezogen, wo 1850 die großen Bahnbauten begannen. Er half zunächst als einfacher Tagelöhner, arbeitete sich aber rasch empor. Als Schachtmeister leitete er die Aufsicht über die Strecke Altenbeken-Neuenbeken mit den großen Viaduktbauten ab 1852 und machte sich nach und nach selbständig. Als 1860 der große Tunnel durch den Rehberg gebaut wurde, übernahm er die Ausführung des großen Voreinschnitts, wobei er bereits an die 200 Arbeiter mit einem beachtlichen Fuhrpark von rund 60 Pferden beschäftigte. Er baute sich in Altenbeken ein eigenes Haus, das heute noch steht. Die Mutter, Maria Tilmann, war eine Tochter des Schusters Heinrich Tilmann und der Christine Oenhau-

---

1919), in: Caritas 4 ‹1919/1920› 1. – 13. Sittlicher Wiederaufbau, in: Kirchliches Korrespondenzblatt ‹Berlin 19. Februar 1925› Nr. 327. – 14. Die Förderung der Priesterberufe nach den Anweisungen des Hl. Vaters Pius XI. ‹Paderborn 1926› 53 S. – 15. Der Fürsorgeverein, in: Leo ‹1927› Nr. 50. – 16. Die katholische Jugend- und Gefährdeten-Fürsorge im Erzbistum Paderborn, in: Die Erzdiözese Paderborn 118-123.

[3] Joh 1,47: Als Jesus den Nathanael auf sich zukommen sah, sagte er über ihn: „Das ist ein echter Israelit, an dem kein Falsch ist!"

[4] Anmerkung Lieses: Starb im Oktober 1886 bei seinem Sohn Aloys in Warendorf, wo er auch begraben liegt.

sen aus Buke, die Franz Bartels 1849 geheiratet hatte. Die Mutter zog später zu ihrem Sohn Christian und starb 1902 in Bielefeld. Die Eltern waren tief religiös. Der Domherr erzählte gern, wie es zum Beispiel in Eisleben, wo sie einige Zeit gewohnt hatten, öffentliches Aufsehen erregte, wenn die Familie Bartels sonntags zur Kirche zog. Vater und Mutter gingen voraus, dann folgten die Kinder und alle Arbeiter, über deren Religiosität der Vater sehr wachte. Einmal, es war in der Osterzeit, zeigte ein Arbeiter keine Lust zum Sakramentenempfang. Da mußte Christian ihn im Auftrag des Vaters mit der Anweisung begleiten: „Du bringst den Kerl zur Kirche, gehst aber mit bis in den Beichtstuhl“.

Christian stammte aus einer kinderreichen Familie. Daher rührten wohl seine große Kinderfreundlichkeit und das große Interesse an der Familienerziehung. Er war das fünfte von zehn Kindern. Zu den älteren Geschwistern zählten Antonia und Franz, zwei Kinder waren jung gestorben. Auf Christian folgten, wiederum von zwei Frühverstorbenen abgesehen, Alois, Theodor und Maria. Alle Kinder waren in Altenbeken geboren, nur Theodor[5] in Sangerhausen. Von den sechs Kindern Theodors wurde ein Sohn Priester[6], eine Tochter Ursuline[7].

Schon früh regte sich im kleinen Christian der Drang zum Priestertum. Als er etwa sechs Jahre alt war, bekam er einmal ein Bildchen geschenkt, das einen Missionar bei der Kindertaufe darstellte. Von diesem Bildchen, so erzählte Bartels später des öfteren, habe er nicht lassen können. Immer wieder sei in ihm der Wunsch aufgekommen, so etwas

---

[5] Lebensdaten der Geschwister nach Liese: Antonia (1851-1915) aus Altenbeken, später Frau des Sanitätsrats Dr. Scholand in Meschede, Franz (1853-1909) aus Altenbeken, gestorben als Kreiswegebaumeister in Hamm i. W., Aloys (1859-1913) aus Altenbeken, später Brauerei- und Gasthofbesitzer in Werl i. W., Theodor (1866-vor 1939) aus Sangerhausen, später Kaufmann in Paderborn, und Maria (1868-1909) aus Altenbeken, die ihrem Bruder Christian den Haushalt führte.

[6] Das Paderborner Klerusverzeichnis kennt außer Christian Bartels noch zwei Priester mit dem Familiennamen Bartels. Der ältere Namensträger, Franz Anton Bartels (1803-?) aus Paderborn, der 1836 nach Amerika ging und dort spurlos verschollen ist, scheidet aus zeitlichen Gründen aus. Vgl. Liese, Necrologium 98. Der hier gemeinte Neffe dürfte der jüngere Namensträger sein: Albert Bartels (1906-1944) aus Bielefeld, 1930 Priester in Paderborn, ab 1931 Pfarrvikar in Görzig, Dekanat Dessau, als Vikar in Hagen zur Wehrmacht eingezogen, gestorben in russischer Kriegsgefangenschaft. – PSchemP ‹1935› 105 u. 180. – Totenkalendarium ‹1981› 176.

[7] Nicht zu ermitteln. Auf Anfrage im St. Ursula-Stift der Ursulinen in Werl i. W. antwortete freundlicherweise (24. Januar 1995) Schwester Oberin Magareta Lütteken, daß weder der 107 Jahre alte und in Treue geführte Nekrolog noch die Grabkreuze auf dem 1919 errichteten Schwesternfriedhof eine Schwester namens Bartels kennten, obgleich es in der Stadt ein Hotel Bartels gebe. Auch seien ihr viele Ursulinenklöster der deutschsprachigen Föderation bekannt, ohne daß ihr dort der Name Bartels je begegnet sei.

auch einmal zu werden und tun zu dürfen. Ostern 1863 kam Christian in die Schule. Es waren ganz bescheidene Verhältnisse. So mußten zum Schulbeginn alle Kinder, säuberlich in Papier gewickelt, zehn Silbergroschen als „Wiängeld" (Gewöhngeld) dem Lehrer zum Unterhalt mitbringen. Bald wurden die Verhältnisse noch ungünstiger, da der Vater in die Provinz Sachsen zog. Dort hatte nämlich der Unternehmer Lex aus Meschede, der den Vater von den bisherigen Bahnarbeiten kannte und schätzte, den Bahnbau Nordhausen-Eisleben übernommen. Der Unternehmer veranlaßte Bartels zur Übersiedlung nach Eisleben, damit er dort den Bau einer Teilstrecke ausführe. Der Umzug erfolgte im Herbst 1864. Es war eine umständliche Sache mit den vielen Pferden und Gerätschaften, aber für die zwei Buben, Franz und Christian, anscheinend eine „Hauptgaudi". Als sie in Buke auf den Zug warteten, konnten sie ihre Unruhe nicht meistern. Stolz zogen sie in ihren Überziehern, die sie zum ersten Mal trugen, auf dem Bahnsteig auf und ab und sangen aus Leibeskräften: „Habt ihr den Kerl mit dem langen Rock nicht gesehn, er war so besoffen, er konnt' nicht mehr stehn?" Die Fahrt ging dann am ersten Tag über Kassel, wo sie den großen Bahnhof bewunderten, bis Halle a. d. Saale, am zweiten mit dem Landauer bis Eisleben. Dort mietete der Vater zunächst eine Wohnung in der Nußbreite, wo es zahlreiche ehemalige Militärstallungen gab. In Eisleben wirkte erst seit einigen Jahren ein katholischer Geistlicher, Missionar Kemper[8], und zwar unter großen Schwierigkeiten. Werktags fand der Gottesdienst in einem Zimmer des Missionars, sonntags in einer Brauerei statt, deren Braumeister katholisch war. Durch den Zuzug so vieler Katholiken im Gefolge von Bartels reichte bald der Raum nicht mehr aus, worauf die Militärbehörde die Reitbahn zur Verfügung stellte. Aber alle Gegenstände für den Gottesdienst mußten immer hin und her geschleppt werden. Deshalb dachte man bald an den Bau einer eigenen Kapelle, für die Bartels einen Großteil des Materials und viele Arbeitskräfte zur Verfügung stellte. Christian nahm an allem den regsten Anteil. „Der Tag der Einweihung der neuen Kapelle war der größte Festtag meiner Kindheit"[9], so erinnerte sich Bartels später. „Ich durfte als Meßdiener dabeisein. Ich begriff die Be-

---

[8] Die Lutherstadt Eisleben (1821-1994 Bistum Paderborn, heute Magdeburg) besaß seit 1854 eine katholische Privatschule und ab 1858 einen eigenen Geistlichen: Anton Kemper (1827-1896) aus Berghof b. Dorlar, 1858-1885 erster Missionar in Eisleben. Die Pfarrerhebung erfolgte 1891. Die neue Pfarrkirche St. Gertrud wurde 1914 bis 1916 gebaut und 1924 geweiht. – BRAUN Johannes/KIEL Elfriede (Hg.): Kirche gestern und heute. Ein Magdeburgbuch ‹Leipzig ^{2}1989› 195. – LIESE, Necrologium 303.

[9] Anmerkung Lieses: Mit zwei Brüdern war er dabei Meßdiener.

deutung des Ereignisses noch nicht, ich freute mich nur, daß die Katholiken nicht mehr hinter den Protestanten zurückzustehen brauchten. Aber aus den leuchtenden Augen meines Vaters und der Freude unseres Pastors schloß ich, daß es für eine Gemeinde wohl ein großes Glück sein müsse, eine eigene Kirche zu haben.“[10] Als später in Eisleben eine neue Kirche eingeweiht wurde, erschien Domkapitular Bartels persönlich zur Feier. Fast jeden Abend kam Pastor Kemper mit dem Lehrer Fuest, den Bartels später in Bielefeld wiedertreffen sollte, in die elterliche Wohnung. Auf diese Weise ergab sich die engste Verbindung zwischen Schule und Kirche. Von Eisleben bewahrte Bartels zeitlebens die besondere Verehrung der heiligen Gertrud[11].

Schon im Frühjahr 1866 zog der Vater zur Übernahme einer neuen Teilstrecke der Bahnlinie weiter nach Sangerhausen.[12] Hier waren die Verhältnisse noch ungünstiger, besonders in der Schule, die der Geistliche nebenher mitversorgen mußte. Zum Glück ging es nach einem halben Jahr weiter nach Nordhausen mit seinem altehrwürdigen Dom.[13] Dort mußte Christian die ganze Küsterarbeit übernehmen und nicht selten schon in der Frühe den Dom aufschließen. Bartels erinnerte sich später gerne daran, wie er sich als Kind an dunklen Wintermorgen in der fremden Stadt fürchtete und ihn deshalb oft die Großmutter begleitete.

---

[10] Anmerkung Lieses: Aus einer Ansprache Bartels auf dem Katholikentag zu Würzburg 1907. – Bartels, Die kirchliche Notlage der Katholiken im Inlande, s. Wiederabdruck in diesem Band. – Vgl. auch Bibliographie Bartels in Anm. 2.

[11] Gertrud die Große (1256-1302) aus Thüringen, Zisterzienserin in Helfta, dort Schülerin der Äbtissin Gertrud von Hackeborn, bedeutende deutsche Mystikerin, Verfasserin von Schriften, die zu den besten der mystischen Literatur zählen und nachhaltig die Herz-Jesu-Verehrung beförderten, 1677 Aufnahme in das Römische Martyrologium, Fest am 17. November, in der darstellenden Kunst mit dem Jesuskind im Herzen abgebildet (in corde Gertrudis invenietis me – im Herzen Gertruds werdet ihr mich finden). – Schütz Lieselotte: Gertrud die Große, in: Braunfels Wolfgang: Lexikon der christlichen Ikonographie 6 ‹Rom u.a. 1974› 404f.

[12] In Sangerhausen (1821-1994 Bistum Paderborn, heute Bistum Magdeburg), das kirchlich zunächst von Eisleben versorgt wurde, erfolgte 1864 mit der Anstellung des ersten Missionspfarrers, des Neupriesters Julius Albers aus Godelheim (gest. 1865), die Gründung einer katholischen Schule. Die Familie Bartels erlebte während ihres Aufenthalts in Sangerhausen den zweiten Missionar, Klemens Josef Bergmann (1839-1922) aus Wehrden, der von 1865 bis 1889 die Stelle innehatte. Die Weihe der Herz-Jesu-Kirche erfolgte 1894, die kanonische Erhebung zur Pfarrei 1900. – Liese, Necrologium 65, 86 u. 112f.

[13] Zum Dom Heilig Kreuz in Nordhausen (1821-1930 Bistum Paderborn) vgl. Kirchen, Klöster und ihre Kunstschätze in der DDR (o. Hg.) ‹München ^{2}1984› 285-290 u. 384. Pfarrer war dort in diesen Jahren Heinrich Baumhöer (1815-1897) aus Delbrück, 1856-1871 Dompfarrer in Nordhausen, ab 1857 auch Dechant, gest. in Paderborn. – Liese, Necrologium 101.

In allen diesen Jahren wuchs in ihm die große Liebe zur Diaspora, die ihm später als Priester sehr zustattenkam und die ihn in Paderborn gern im Bonifatiusverein tätig sein ließ. Im Jahre 1868 war der Bahnbau vollendet. Die Familie lebte dann wieder einige Zeit im alten Haus in Altenbeken. Von dort aus beaufsichtigte der Vater den Bau des Bahnhofs Lippstadt. Doch schon im Herbst ging es abermals in die Ferne, diesmal zur Mitarbeit am Bau der Kyllbahn in der Eifel. Ihre Wohnung nahm die Familie in Speicher bei Trier, wo Vater Bartels ein Haus erworben hatte. Hier[14] empfing Christian 1870 die erste heilige Kommunion. Seinen Schulunterricht erhielt er zeitweise auch in der Rektoratsschule zu Bitburg. Alsbald zogen die Bartels jedoch wieder nach Altenbeken, wo der Vater Erweiterungarbeiten am Bahnhof in Lippstadt übernahm.

Endlich kam die Familie 1871 zur Ruhe. Der Vater kaufte ein Haus in Paderborn, offenbar auch in der Absicht, die Ausbildung der Kinder zu erleichtern. Im Sommer 1871 erhielt Christian von Bischof Konrad Martin[15] die heilige Firmung. Die älteren Buben besuchten jetzt das Theodorianum[16], Christian ab 1872. Das Bartelsche Haus lag an der Kasselerstraße, nahe beim Bischöflichen Palais.[17] Auf diese Weise konnte Christian höchst interessiert die Zeit des bald einsetzenden Kulturkampfs miterleben. Er sah die vielen Abordnungen, die dem Bischof ihre Treue bekundeten, und erlebte den 4. August 1874, an dem Bischof Konrad Martin verhaftet wurde. Um alles genau beobachten zu können, schwänzte er die Schule, meldete sich aber nachher freiwillig zur Bestrafung. Im September 1877 bestand er das Abitur.[18] Auf dem Gymnasium hatten ihm die beiden Paderborner Mitschüler, Eduard Köppelmann und Karl Engelhardt, besonders nahegestanden. Letzterer sandte dem Domherrn noch zum 80. Geburtstag Glückwünsche, in denen er seine Mitfreude über das hohe Alter Bartels ausdrückte. Dabei rief er scherz-

---

14 Pfarrkirche St. Philippus und Jakobus.

15 Konrad Martin (1812-1879) aus Geismar i. Eichsfeld, 1856-1879 Bischof von Paderborn, im Kulturkampf vom preußischen Staat seines Amtes enthoben, gefeiert als „Athanasius von Deutschland“, starb im Exil in Belgien. – Vgl. Stamm Christian: Dr. Conrad Martin, Bischof von Paderborn ‹Paderborn 1892›. – Liese, Konrad Martin, s. Hengst, Bibliographie Liese. – Naarmann Margit: Die Bischofsstadt Paderborn im Kulturkampf 1871-1882 (= Paderborn. Geschichte in Bildern, Dokumenten, Zeugnissen 7) ‹Paderborn 1992›.

16 Das Gymnasium Theodorianum wurde im Schuljahr 1872/73 von 578 Schülern besucht. – Vgl. Hohmann Friedrich Gerhard: Von der Jesuitenschule zum Staatlichen Altsprachlichen Gymnasium Theodorianum, in: Honselmann, Von der Domschule 320.

17 Anmerkung Lieses: Jetzt dem Metzger Honervogt gehörig, neben dem Bürgerverein.

18 Die Abiturienten von 1877 und 1878 feierten 1928 den 50. Gedenktag. Es konnten außer Bartels aber nur sechs Ehemalige teilnehmen.

haft gemeinsame Jugenderinnerungen wach, die als lebensverlängernde Übungen oft gering geachtet werden, wenn er schrieb: „Neben anderen Umständen mag auch die einjährige Dienstzeit [in der königlich-bayerischen Armee] und der Kursus beim Tanzmeister Schäfer sein Gutes gehabt haben." Bartels engster Freund aber war Graf Joseph Stolberg zu Westheim[19], der Sohn des unvergeßlichen Beförderers[20] des Bonifatiusvereins. Beide waren ein Herz und eine Seele, auch in religiöser Hinsicht.[21] Noch in späteren Jahren verkehrte Bartels regelmäßig in der gräflichen Familie. Kurz, Christian Bartels hatte eine glückliche Kindheit, von der er bis ins hohe Alter oft und gern erzählte. An ihr hatte ihm das unstete Hin- und Herziehen der Familie besonders gefallen, das auch der Grund für seine Lebensoffenheit gewesen sein dürfte. Überhaupt hatte es ihm an Freuden, wie echte Jungen sie lieben, offenbar nie gefehlt. In der Eifel beispielsweise war er oft mit dem kurz zuvor erfundenen Dynamit fischen gegangen, wobei ihm in Bitburg sogar der Rektoratslehrer geholfen hatte. „Ohne einige Dynamitpatronen ging ich", so der Domherr später schmunzelnd, „damals nie zur Schule." Das hatte ihm natürlich großen Respekt bei den anderen Kindern eingebracht. Die glückliche Kindheit überstrahlte sein ganzes Leben. Der Krieg von 1866 und mehr noch der von 1870 hatten Christian erstmals die große Tragik des Lebens gezeigt. Der Anblick der vielen Verwundeten war ihm tief zu

---

19 Joseph II. Maria Albertus Aloysius Hubertus (Ordensname Ludwig Maria) Graf von Stolberg-Stolberg zu Westheim (1859-1888) aus Westheim Kr. Büren, zehntes und letztes Kind des Grafen Joseph I. Theodor von Stolberg-Stolberg zu Westheim und dessen Ehefrau Gräfin Karoline Robiano von Gumillies i. Belgien (s.u.), Schüler der Dichterin Luise Hensel, nach Reifeprüfung am Theodorianum in Paderborn Jurastudium in Bonn und Innsbruck, 1880 Dominikaner in Venlo i. Holland, Theologiestudium in Löwen i. Belgien, 1881 einfache Profeß in La Sarthe i. Belgien, 1885 Priester in Mecheln, 1887-1888 Novizenmeister, gest. nach Ablegung der feierlichen Gelübde im Ruf der Heiligkeit im Dominikanerkloster St. Joseph in Düsseldorf. – Archiv der Dominikaner-Provinz Teutonia, Köln: Personalbogen. – Totenbildchen. – Der gottselige Ludwig Maria von Stolberg, aus: Ordensmartyrologium 270f. – Freundliche Mitteilung und Unterlagen (17. Januar 1995) von Archivar P. Titus M. Braun OP und Provinzialvikar P. Gerfried A. Bramlage OP, Köln.

20 Joseph I. Theodor Graf von Stolberg-Stolberg zu Westheim (1804-1859) aus Lütkenbeck b. Münster, vermählt mit Gräfin Karoline Maria Albertina Robiano aus Belgien, Vater des Joseph II.(Ordensname Ludwig Maria) Stolberg-Stolberg zu Westheim (s.o.) und der Aachener Franziskanerin und Bielefelder Stadtschwester Leopolda (Taufname Anna) Gräfin von Stolberg-Stolberg zu Westheim (s.u.), bedeutender Katholikenführer in Westfalen, 1849 Gründer des Bonifatiusvereins für das Katholische Deutschland mit Sitz in Paderborn. – Zuletzt Kresing Bruno (Hg.): Graf Stolberg. Ein Laie im Dienst der Diaspora ‹Paderborn 1989›.

21 Anmerkung Lieses: Beide gingen jeden Sonn- und Feiertag zu den hl. Sakramenten.

Herzen gegangen. Wie geweckt der Bub damals war, zeigt eine Bemerkung in seinen „Erinnerungen“: „Im Kriege 1870 hatten unsere Truppen große Schwierigkeiten bei der Eroberung der Festung Metz. Da kam mir schon der Gedanke, daß wenn man mit einem Luftballon in die Höhe stiege und sich durch günstige Windrichtung in die Stadt treiben ließe, man durch Abwurf einiger Patronen gewiß die Stadt erobern könnte.“ Dem Vater hatte er schon früh bei Erledigung schriftlicher Angelegenheiten helfen müssen. Er erhielt dann die Leitgedanken angegeben, die er in die rechte Form bringen mußte. Auf diese Weise lernte er früh, selbständig zu arbeiten. Hin und wieder gebrauchte der Vater gern kräftige Ausdrücke wie, „do mak en Fragezeichen bi, do soll hei op ruken“[22].

Die Stätten und Gefährten seiner Kinderjahre hielt der Domherr in guter Erinnerung. Wie er als Schüler in der Gymnasialzeit regelmäßig nach Altenbeken zum Vetter Theodor Nolte[23] und zum Klassenkameraden Johann Höschen[24] gefahren war, so zeigte er seinem Geburtsort bis ins hohe Alter die Verbundenheit durch immer wiederkehrende Besuche. Zuletzt war er für den 19. März 1938 zum 40jährigen Jubiläum der Pfarrei nach Altenbeken eingeladen. Selbst zur Eifel brach der Kontakt nicht ab. Von seinem dortigen alten Schulfreund Julius Kappes in Speichermühle erhielt er noch im Juli 1938 einen Brief.[25]

Studium, Militärdienst und Priesterweihe

Nach erfolgreichem Abitur war sich Christian seiner Berufswahl nicht sicher. Er hatte zwar seit langem an das Priestertum gedacht, doch verspürte er eine starke Neigung zur Jurisprudenz. Er half zunächst einige Monate seinem Vater und ging dann, um Abstand und berufliche Klarheit zu gewinnen, zum Studium der Rechtswissenschaft nach Ber-

---

22 Anmerkung Lieses: Das soll ihm unter die Nase gestoßen werden.

23 Theodor Nolte (1860-1944) aus Altenbeken, nach Reifeprüfung in Warburg 1881 Jesuit, 1891 Priester in Dittonhal b. Liverpool USA, 1897 Gymnasialprofessor für Geschichte und klassische Sprachen am Jesuitengymnasium Stella Matutina in Innsbruck, zeitweise dort auch Gymnasialdirektor, 1934 Assistent des Novizenmeisters, zunächst in St. Blasien, dann in Feldkirch, 1938 Spiritual der Niederdeutschen Provinz der Jesuiten, gest. in Percha b. Starnberg. – Archiv der Oberdeutschen Provinz der Jesuiten in München, Abt. 6 (Sammlungen). – Freundliche Mitteilung (18. Dezember 1994) von Archivar P. Hans Grünewald SJ, München.

24 Anmerkung Lieses: Ging 1876 nach Amerika, besuchte mit seiner Familie 1911 Christoph Bartels und sandte ihm in der schweren Nachkriegszeit viele Unterstützung.

25 Liese spielt hier auf den baldigen Tod des 83jährigen Bartels am 8. April 1939 an.

lin. Die Klarheit sollte sich schon nach wenigen Wochen einstellen. Bartels Vetter Nolte[26] gab darüber folgende Schilderung[27]: „Ein früherer Mitschüler glaubte, ihm auch einen Einblick in die nächtlichen Vergnügungslokale der Stadt verschaffen zu sollen und führte ihn spät abends in ein „Café chantant". Die Art der Unterhaltung, die dort als Zugabe zu den üblichen Erfrischungen geboten wurde, verriet der unberufene Mentor seinem ahnungslosen Begleiter nicht. Bald nach ihrer Ankunft im vollbesetzten Saale hob sich ein Bühnenvorhang an der Langseite. Es erschien eine Schar ausgelassener Tänzerinnen auf der Bühne, begrüßte unter lautem Beifall das schaulustige Publikum und begann sogleich ihr unanständiges, aufreizendes Gebärdenspiel. Bartels warf einen erstaunten und entrüsteten Blick auf die Bühne, erhob sich sofort und verließ mit dem scharfem Ausdruck seines Unwillens das Lokal. Sein Begleiter folgte ihm und mußte draußen die bittersten Vorwürfe über sich ergehen lassen: ‚Das hätte ich von Dir nicht erwartet! Schäm Dich, mich da hineinzuführen, ohne mir zu sagen, was da los ist! Da ist ja der Teufel los! Nie mehr werde ich ein solches Lokal betreten!' Auf seinem Zimmer angekommen, überdachte er noch einmal das peinliche Erlebnis, fügte es in den Rahmen des Großstadtbildes ein und durchschaute deutlicher als je sowohl die sittlichen Gefahren des Großstadtlebens als auch die Verdorbenheit und Lasterhaftigkeit so vieler Weltkinder, selbst der heranwachsenden Jugend. Sein edles Herz war von dieser Erkenntnis tief ergriffen, seine reine Seele bäumte sich auf gegen das unsittliche Treiben der bösen Welt. Nein, sagte er endlich zu sich selbst, in dieser Atmosphäre halte ich es nicht aus. Mit dieser Welt kann und will ich nicht leben. In solche Gefahren darf ich mich nicht stürzen, aber ich kann und will gegen diese Welt, gegen diesen Geist, gegen diese Gefahren Stellung nehmen und zeitlebens kämpfen. Darum will ich Priester werden." So stand seine Priesterberufung klar und leuchtend vor seiner Seele. Er faßte den unabänderlichen Entschluß, sein Leben als Priester für die Rettung der Seelen einzusetzen, insbesondere für die der gefährdeten Jugend. Er verließ umgehend Berlin und verbrachte den Winter im Elternhaus. Da wegen des Kulturkampfs in der Heimat die theologischen Studienanstalten geschlossen waren, fuhr er mit seinem erwähnten Vetter Nolte zu Ostern 1878 nach Innsbruck. Bartels wohnte dort im theologischen Konvikt der Jesuiten und hörte drei Semester Philosophie. Nach den drei Semestern mußte er seiner Militärpflicht nachkommen, da im Gefolge des Kulturkampfs auch Priesteramtskandidaten

[26] Gemeint ist der erwähnte P. Theodor Nolte SJ.

[27] Zitat Lieses aus einem Brief von P. Theoder Nolte SJ.

dienen mußten. Er suchte zwar, vom Militärdienst befreit zu werden, indem er einen Arzt in München aufsuchte, der dafür bekannt war, daß er alle Theologen untauglich schrieb. Als aber der Arzt den stark entwickelten Studenten sah, erklärte er es als unmöglich, ihn in der üblichen Weise freizuschreiben. Bartels wurde den Jägern zugeteilt, bei denen bereits mehrere Theologen dienten. Durch geschickte Bemühungen erreichte er es, nach Eichstätt gehen zu dürfen. Er wohnte dort im Priesterseminar und konnte sogar einen Teil der Vorlesungen hören. Zeitlebens hat er dem Eichstätter Haus ein gutes Andenken bewahrt.[28] Nachdem er das Offiziersexamen bestanden hatte, ging er als Oberjäger ab. Er kehrte nach Innsbruck zurück und studierte vier Semester Theologie. Seine Lieblingsfächer waren Moral und Pastoral. Wegen der Innsbrucker Studienordnung und der Unterbrechung durch das Militärjahr erhielt er allerdings keinen vollen Studienabschluß. Von den Konviktoristen stand ihm vor allem der Kommilitone Reuter[29] freundschaftlich nahe, der nachmalige Generalminister der Franziskanerkonventualen. Als dieser später auf einer Visitationsreise durch Deutschland auch seinen Innsbrucker Studienfreund Bartels, damals Pfarrer in Bielefeld, besuchte, staunte er nicht wenig über dessen soziale Tätigkeit insbesondere auf dem Gebiet der Jugendfürsorge. Nach Rom zurückgekehrt, berichtete der Generalminister darüber begeistert Papst Pius X.[30] „Dieser hatte solche Freude, daß er aus sich sagte, dann muß er aber ein Bild haben." Der Papst widmete ihm daraufhin ein großes Porträt mit dem Päpstlichem Segen[31], das Bartels zeitlebens als seinen wertvollsten Besitz ansah.

---

[28] Romstöck Franz Sales: Personalstatistik und Bibliographie des Bischöflichen Lyzeums in Eichstätt ‹Ingolstadt 1894›.

[29] Dominikus (Taufname ?) Reuter (1856-1933) aus Hoxel Kr. Bernkastel a. d. Mosel, als Kind mit den Eltern nach Nordamerika ausgewandert, 1875 Franziskanerkonventuale, Studium in Trenten USA und in Innsbruck, 1881 Priester in Innsbruck, 1903 Prokurator und 1904-1910 Generalminister der Franziskanerkonventualen in Rom, 1907 Visitationsreise in Deutschland mit Besuch seines ehemaligen Innsbrucker Studienkollegen Christian Bartels in Bielefeld, gest. im St. Joseph Hospital in Syracuse i. New York. – Freundliche Mitteilung (22. Januar 1995) von Archivista Generale P. Arthur Saliba OFMConv., Rom.

[30] Giuseppe Sarto (1835-1914) aus Riese b. Treviso, 1858 Priester, 1884 Bischof von Mantua, 1893 Patriarch von Venedig und Kardinal, 1903-1914 Papst unter dem Namen Pius X., 1954 heiliggesprochen, Fest am 3. September.

[31] Laut Anmerkung Lieses trug das später im Warburger Fürsorgeheim aufbewahrte Papstbild die Widmung: „Dilecto filio Sacerdoti Christiano Bartels Curatori in loco Bielefeld in Westfalia et pueris orphanis vel a parentibus derelictis ejus curae commissis fausta omnia in opere verae caritatis a Domino adprecantes Apostolicam Benedictionem pera-

Christian Bartels besaß eine ausgesprochene Anlage für Humor. Deshalb hatten ihm die Konviktoristen in Innsbruck auch die Leitung ihrer häuslichen Bierzeitung übertragen. Im „Floh", so ihr Name, fanden nicht nur festliche Ereignisse, Ausflüge und sonstige herausragende Ereignisse launige Kommentare. Selbstredend wurden auch die Professoren, Präfekten und Studenten auf ihre Weise karikiert. Er selbst machte mit sich keine Ausnahme.

Die Priesterweihe empfing Bartels am 30. Mai 1882[32] in Eichstätt durch Bischof Freiherr von Leonrod[33]. Seine Primiz feierte er am nachfolgenden 8. Juni in Innsbruck. Bartels wurde ein glücklicher Priester. Dankbar verhalf er später vielen jungen Männern zum Priestertum. Dabei empfand er es als bitter, daß aus seiner eigenen Familie nur wenige Priester hervorgingen. Bartels blieb während des Sommers 1882 noch in Innsbruck. Er ergänzte sein Studium und genoß, wie er bis ins hohe Alter erzählte, sein junges Priesterglück in vollen Zügen, so daß er immer wünschte, es möge allen jungen Priestern eine solche Frühlingszeit des ruhigen Einlebens in den hohen Beruf beschieden sein.[34] Wegen der wirren Verhältnisse in Deutschland beabsichtigte der Neupriester, ins Ausland zu gehen. Auf Vermittlung von Regens Noldin[35] hatte er sogar die Zusage zur Übernahme in den Klerus des Bistums Detroit in den USA bereits in Händen, als ihm ein Zwischenfall den Plan vereitelte. Denn beim Abschiedsbesuch von den Eltern, die damals in Kassel wohnten, fühlte er im rechten Handgelenk einen empfindlichen Schmerz. Als die üblichen Hausmittel versagten, zog er seinen Schwager Dr. Scholand[36] in Meschede zu Rate, der einen hochgradigen Gelenk-

manter impertimus. Ex Aedibus Vaticanis, 2 Martii 1908. Pius P.P. X. – In deutscher Übersetzung: Dem geliebten Sohn, dem Priester Christian Bartels, Seelsorger zu Bielefeld in Westfalen, und den seiner Sorge anvertrauten Jungen, die verwaist oder von ihren Eltern verlassen sind, erbitten Wir vom Herrn alles Gute für das Werk wahrer Caritas und erteilen Wir liebevoll den Apostolischen Segen. Gegeben im Vatikan am 2. März 1908. Papst Pius X.

[32] Anmerkung Lieses: Nicht am 29. Mai 1882.

[33] Franz Leopold Freiherr von Leonrod (1827-1905) aus Ansbach, 1867-1905 Bischof von Eichstätt. – Bauch Andreas: Leonrod, in: Gatz, Die Bischöfe 445-447.

[34] Anmerkung Lieses: Im Bistum Paderborn hatte man lange Zeit etwas Ähnliches mit der Einrichtung der sog. Seminarpriester.

[35] Hieronymus Noldin (1838-1922) aus Salurn/Südtirol, 1861 Priester in Trient, 1863 Dr. theol. und Jesuit, 1867-1975 Professor für Philosophie in Preßburg, 1875 Regens am Theologenkonvikt in Innsbruck, 1890-1909 Professor der Moraltheologie in Innsbruck, von 1900-1922 auch Professor in Linz a. d. Donau und Wien, Verfasser einer dreibändigen „Summa theologiae moralis" ‹Innsbruck 1897, [22]1927/1928›. – Koch, Jesuiten-Lexikon 1302.

[36] Emil Scholand (1848-1934) aus Ober-Alme Kr. Brilon, Sanitätsrat, Dr. med., über 50

rheumatismus feststellte. Bartels mußte sofort für mehrere Wochen ins Krankenhaus. Danach blieb er noch einige Zeit zur Erholung in Meschede und fuhr mit dem Schwager wiederholt zu Krankenbesuchen in die ländliche Umgebung. Bei einer solchen Fahrt trafen beide eines Tages in Freienohl zufällig Pfarrer Berens[37] von Rumbeck, der Freienohl mitverwaltete. Mit Hinweis auf die zwischen dem Heiligen Stuhl und der preußischen Regierung in Rom laufenden Verhandlungen zur Linderung der Kulturkampfgesetze bat Pfarrer Berens den Neupriester Bartels mit Erfolg zum Verbleiben, und zwar als Seelsorger in Freienohl. Bartels selbst hat 1883 im „Floh", in der erwähnten Innsbrucker Bierzeitung, humorvoll mit Anspielung auf seine kräftige Statur über seine vereitelte Amerikafahrt berichtet: „Christian Bartels ist der Sohn seiner Eltern, die augenblicklich in Cassel wohnen. Schon früh gewahrten die Eltern in dem kleinen Christian Anlagen zur Fettleibigkeit, was sie auf den Gedanken brachte, er möchte Beruf zum geistlichen Stande haben. Sie schickten den Sohn deshalb nach Paderborn auf das Gymnasium, das er mit vieler Ausdauer lange Jahre besuchte. Nach Absolvierung des Gymnasiums bezog der bereits ins Jünglingsalter getretene Jüngling die Universität Berlin, wo er zwar nichts hörte, aber viel sah. Nach halbjährigem Verweilen in Berlin hatte er bereits die juridischen Studien beendet und ging nun nach Innsbruck [. . .], um dort den theologischen Studien obzuliegen. Hier nahm er bald die Leitung unseres Blattes in die Hand und hat dann in der Folge viel zur Hebung der österreichischen Presse beigetragen. Letzten Sommer verließ er Innsbruck, um sich nach Amerika einzuschiffen. Da aber kein Schiff eine so schwere Ladung übernehmen wollte, so ging er nach Paderborn, wo ihn der Generalvikar für geeignet erklärte, die Lücke auszufüllen, die der Kulturkampf in den Klerus der Paderborner Diözese gerissen hat." Christian Bartels hat Innsbruck und die Jesuiten zeitlebens in guter Erinnerung gehalten. Bis ins hohe Alter fuhr er nach Innsbruck oder in das benachbarte Georgenberg zu Exerzitien. Auf das Urteil der Jesuiten, besonders in Fragen von Priesterberufen, gab er außerordentlich viel. Wiederholt bemühte er sich als Domherr, sie nach Paderborn zu holen. Insbesondere hätte er gern das Amt

---

Jahre praktischer Arzt, Belegarzt am Mescheder Krankenhaus und Bahnarzt, 1926 Ehrenbürger der Stadt Meschede, Namengeber einer Straße in Meschede: „Er verkörperte den klassischen Haus- und Landarzt wie kein anderer. Nicht Geldverdienst, sondern Nächstenliebe bestimmte sein Leben". – Freundliche Mitteilung (25. Januar 1995) des Stadtdirektors von Meschede i. Hochsauerland.

[37] Kaspar Berens (1836-1912) aus Cruberg b. Welschenennest, 1870-1912 Pfarrer von Rumbeck. – Liese, Necrologium 110.

des Spirituals im Theologenkonvikt von einem Pater der Gesellschaft Jesu verwaltet gesehen. Für das Konvikt in Innsbruck schickte er wiederholt größere Summen aus eigener Tasche oder aus Sammlungen bei ehemaligen Konviktoristen, zumal während des Neubaus des Canisianums. Noch am 13. November 1937 dankte ihm der damalige Regens Michael Hofmann[38] innig: „Wenn ich auch selten Ihnen schreibe, so sind meine Gedanken doch oft bei Euer Hochwürden, weil Sie unserm Hause eine so goldene Treue bewahrt haben." Am 28. September 1882 erhielt Bartels dank der Bemühung von Pfarrer Berens mündlich von der bischöflichen Behörde die Berufung nach Freienohl. Er konnte sehr selbständig arbeiten, mußte aber alles allein erledigen. Mit großer Freude begann er die Seelsorgearbeit. Nebenher förderte er vor allem solche Knaben, die Priester werden wollten. Da er alsbald auch in der Öffentlichkeit hervortrat, geriet er in Schwierigkeiten mit der Polizei. So erstattete ein Sekretär des Amtmanns, der selbst allerdings keinen Spaß an der Verfolgung hatte, höheren Orts Anzeige gegen Bartels, weil er ohne staatliche Seelsorgeerlaubnis in Freienohl amtierte. Es erfolgte eine amtliche Vernehmung, worauf Bartels vorübergehend zu Pfarrer Berens nach Rumbeck ging. Der Amtmann berichtete an den Landrat wahrheitsgemäß, daß Bartels Freienohl verlassen habe. Nach vierzehn Tagen kehrte er friedlich zurück und blieb ab da etwa zwei Jahre unbehelligt. 1884 zeigte der eifrige Sekretär ihn erneut an, worauf Bartels wieder nach Rumbeck ging. Pfarrer Berens fuhr umgehend nach Paderborn, wo ihm berichtet wurde, daß Dortmund unter außerordentlichem Priestermangel leide. Bartels solle sich für vier Wochen dorthin zur Aushilfe begeben. Dort wohnte Vikar Bartels bei Kaplan Löhers[39]. Es war gerade vor Mariä Himmelfahrt, so daß er sofort sieben Stunden Beichte hören mußte. Danach fragte ihn Löhers, ob er das gern täte. Er bejahte es freudig. Löhers fuhr alsbald nach Paderborn und brachte Bartels Ernennung für Liebfrauen in Dortmund mit. Aus vier Wochen wurden vier Jahre. Der Abschied von Freienohl fiel ihm schwer, doch fühlte er sich in Dortmund bald glücklich. Dortmund hatte damals für rund 30 000

[38] Michael Hofmann (1860-1946) aus Kundl i. Tirol, 1887 Priester in Rom für das Erzbistum Salzburg, nach Tätigkeit im Erzbistum Salzburg 1895 Jesuit, 1897 Professor für Philosophie und 1899 für Kirchenrecht in Innsbruck, 1900 Regens des Theologenkonvikts Nikolaihaus in Innsbruck, 1911 Regens des dortigen Canisianums, 1919-1925 Rektor des Germanicum in Rom, dann bis 1938 wieder Regens am Canisianum in Innsbruck, ab 1938 in Sitten i. Wallis, wo er auch starb. – Koch, Jesuiten-Lexikon 818. – Freundliche Mitteilung (18. Dezember 1994) von P. Hans Grünewald SJ, München.

[39] Johannes Christoph Löhers (1835-1904) aus Geseke, 1861 Kaplan in Dortmund, 1889-1904 Propst in Dortmund. – Liese, Necrologium 357.

Katholiken nur eine einzige Pfarrei. Aber seit 1883 wurde eine zweite große Kirche, die Liebfrauenkirche[40], genutzt. An ihr wirkte Bartels zusammen mit Bernhard Walter[41] und Josef Schulte[42]. Er wohnte bei Buchhändler Doll. Es waren Jahre voll ernster Arbeit in der großen Industriestadt. Hier gewann er auch die ersten Erfahrungen in der Fürsorge, die später sein wichtigstes Arbeitsgebiet werden sollte. Über ein besonders an- und aufregendes Erlebnis in dieser Hinsicht erzählte er in einem Briefe von 1926: „Als ich Kaplan in Dortmund war, wurde ich 1886 zu einer Kranken gerufen. Ich nahm das Allerheiligste gleich mit und versah die Kranke. Ich hatte ein unbestimmtes, unheimliches Gefühl bei der heiligen Handlung. Bald wurde mir klar, daß ich in einem öffentlichen Hause war. Ich erklärte daher der Kranken: ‚Besuchen, wie ich es bei andern Kranken tue, werde ich Sie in diesem Hause nicht. Wenn Sie aber ein anderes Leben anfangen wollen, bin ich bereit, Ihnen zu helfen, dann kommen Sie zu mir!‘ Nach vier Wochen kam eine vornehm gekleidete Dame und stellte sich als die Kranke vor. Sie wolle nach Brüssel, ein Herr werde sie abholen. Ich machte ihr dann mit tiefernsten, aber freundlichen Worten klar, daß sie dann wohl heute zum letztenmale bei einem katholischen Geistlichen gewesen sei. Ich sei aber noch bereit zu helfen, wenn sie wolle. Ich gab ihr auf ihre Zustimmung hin einen Brief ans Kloster zum Guten Hirten in Münster und das Reisegeld. Sie fuhr hin in der Annahme, daß sie in eine Art Pension komme. Ihr Erstaunen in Münster war daher anfangs groß. Sie blieb aber doch, um sich die Sache anzusehen, und ist dann freiwillig geblieben, bis sie nach etwa acht Jahren starb. Das war mein erster Fürsorgefall – zugunsten einer Prostituierten.“

Das gleiche Jahr brachte ihm einen herben Verlust, worüber er selbst berichtet: „Im Oktober 1886 hatte ich die Rosenkranzpredigten abends um sechs Uhr zu halten. An einem der Sonntage war ich sehr in Anspruch genommen und wollte daher nachmittags keinen Besuch haben. Aber um fünf Uhr kam Fräulein Doll mit einem Telegramm: Vater schwer erkrankt – mußt gleich kommen – Mutter. Ich hielt erst die Andacht und erreichte dann noch einen geeigneten Zug nach Warendorf. Es handelte sich um eine schwere Lungenentzündung. Zuerst haben wir dann gemeinsam für den Vater gebetet, bis die Mutter mich zum Schla-

---

40 Die kanonische Pfarrerrichtung erfolgte 1891.

41 Bernhard Walter (1848-1920) aus Höingen, 1889 Rektor, 1891 Pfarrverweser, 1892 Pfarrer an Liebfrauen in Dortmund. – Liese, Necrologium 565.

42 Josef Schulte (1859-1904) aus Suttrop, 1883-1894 Kaplan an Liebfrauen in Dortmund, 1898 Eintritt in die Genossenschaft der Eucharistiner. – Liese, Necrologium 505.

fen nötigte. Gegen zwei Uhr weckte sie mich: ‚Christian, steh auf, der Tod kommt wie ein Dieb in der Nacht, Vater ist sterbend'. Schnell war ich bei ihm. Bei klarem Bewußtsein, vollkommen ergeben, ging er hinüber, wohl versehen. Das war gewiß der Lohn für sein praktisches Christentum." Trotz der vielen Arbeit vergaß er in Dortmund das Studium nicht. Da er manche Lücken fühlte, wandte er sich 1888 nach Paderborn, man möge ihm noch einen Studienaufenthalt in Rom gestatten, was auch geschah. An Dortmund bewahrte Bartels stets eine gute Erinnerung. Als er dort 1908 einmal im Männerfürsorgeverein zu reden hatte, begann er mit dem Ausdruck der Freude: „Die vier Jahre, die ich als Kaplan an der Liebfrauenkirche zugebracht, sind mir noch in frischem Gedächtnis."

Aber bei dem großen Priestermangel kam der Plan nicht zur Ausführung. Am 8. Juni 1888 erhielt er unerwartet die Ernennung zum Pfarrverweser in Althaldensleben bei Magdeburg. Er fügte sich willig und hatte dafür die Freude, Mutter und Schwester Maria zu sich in den Haushalt nehmen zu können. Am 26. Juni schon trat er die Stelle an.[43] Sie brachte ihm neue Liebe zur Diaspora. Da er hier bald zum Pfarrer ernannt zu werden hoffte, so bereitete er sich sofort auf das Pfarrexamen vor und meldete sich für das folgende Jahr. Er hatte beim Examen großes Glück, da die wichtigste schriftliche Arbeit gerade ein Thema betraf, das er kurz vorher in einer Predigt nach längerer Vorbereitung behandelt hatte. Wie sehr aber war Bartels erstaunt, als er beim Besuch des Generalvikars[44] gefragt wurde, ob er bereit sei, nach Bielefeld zu gehen, wo ein junger Pfarrer vonnöten sei. Er kannte Bielefeld gar nicht. Aber da er gewohnt war, sich der Behörde unbedingt zur Verfügung zu stellen, sagte er zu. Auf diese Weise kam er alsbald an die Stelle, wo er die zwanzig schönsten Jahre seines Lebens verbringen und insbesondere in die weit verzweigte Fürsorgeerziehungstätigkeit eingeführt werden sollte.

[43] Anmerkung Lieses: Bezeichnend für seine rassige Art ist folgendes. Als ihn der Generalvikar beim Pfarrexamen fragte, was er bei der unerwarteten Versetzung gedacht habe, antwortete er: Dasselbe, was Onkel Braesig sagte, als man ihm das Portemonnaie gestohlen hatte: Hi – Donnerwetter! Lachend sagte der Generalvikar, das glaube ich schon.

[44] Es wird nicht deutlich, mit wem Bartels das Gespräch führte. Generalvikar Dr. Johann Georg Berhorst (1829-1890), der seit 1884 im Amt war, erhielt am 7. Juni 1889 in Dr. Franz Xaver Schulte (1833-1891) einen Nachfolger. – Liese, Necrologium 113 u. 502f.

Pfarrer in Bielefeld

Pfarrer Schöne[45] von Bielefeld starb am 6. April 1889. Er hatte 18 Jahre dort gewirkt, aber seit längerer Zeit gekränkelt, so daß viel Arbeit unerledigt geblieben war. Im August des Jahres erhielt Bartels den Ruf als Nachfolger und wurde am 22. des Monats durch Domvikar Hagemann[46] in Vertretung des Generalvikars investiert. Am 29. August erfolgte in St. Jodokus zu Bielefeld die feierliche Einführung durch Propst Réen[47] aus Minden. In der Predigt sagte Réen unter anderem: „Ihr bekommt einen guten Pastor, er sucht nichts, die Stelle bringt nichts ein, kein einziger Bewerber hat sich gemeldet. Der Bischof hat Gewalt gebrauchen müssen, daß ihr einen Pastor wiederbekommt." Und der, dem diese Worte galten, saß dabei, das Gesicht zum Volk gewendet. Alle schauten auf ihn. Es war eine merkwürdige Einführung. Aber sie paßte zu der schwierigen Lage, die ihn erwartete. Die Arbeit in der Industriestadt, die nur zum kleinsten Teil katholisch war, erforderte großen Mut. Die Pfarrgemeinde, die mit sechzehn Orten im Landkreis weit über die Stadt hinausgriff, zählte 10 000 Katholiken unter 120 000 Protestanten, durchweg „kleine" Leute. Nicht einmal Kirchensteuern konnten erhoben werden. Die kirchliche Behörde hatte Bartels gleich die Weisung mitgegeben, auf die Gründung von Filialen mit eigenem Geistlichen bedacht zu sein. Das galt mit besonderer Dringlichkeit für den Industrieort Brackwede.[48] Es gelang ihm, in Brackwede 1891 einen regelmäßigen Sonntagsgottesdienst einzurichten, bis 1893 eine Kapelle und bis 1896 ein Missionshaus mit Schule fertigzustellen, so daß ein Geistlicher[49] angestellt werden konnte. Das Geld für den Bauplatz bekam er auf geheimnisvolle Weise. „Eines Abends", so erzählte er selbst, „schickte die Oberin des Krankenhauses, er möge doch kommen. Es sei eine Dame dort, die etwas bringen wolle. Es war Frau Hümler aus Münster, gebürtig aus Bielefeld. Sie erzählte, daß sie von der Gründung der neuen Filiale gehört habe und gern den Bauplatz zahlen wolle. Was er koste? Ich sagte

---

[45] Franz Hermann Schöne (1824-1889) aus Salzkotten, 1871-1889 Pfarrer von St. Jodokus in Bielefeld. – Liese, Necrologium 489.

[46] Ludwig Hagemann (1859-1941) aus Frohnhausen, 1886-1892 Domvikar, gest. als Propst in Niedermarsberg. – PSchemP ‹1935› 141.

[47] Friedrich Klemens Réen (1823-1893) aus Geseke, 1881-1893 Dompropst in Minden. – Liese, Necrologium 440f. – Brandt/Hengst, Victrix Mindensis Ecclesia 104.

[48] Vgl. Bibliographie Bartels in Anm. 2 Nr. 1.

[49] Als erster Rektor wirkte dort von 1901-1902 Heinrich Schrepping (1870-1924) aus Querenburg b. Bochum, gest. als Pfarrer in Winterberg. – Liese, Necrologium 13 u. 494.

etwas zaghaft, 7 000 Mark. Gerade das wollte ich geben. Sie reichte mir ein Sparbuch mit dieser Summe. Dann fragte sie noch, wem die Kirche geweiht werden solle. Ich sagte erschrocken, das sei schon festgelegt, dem Heiligsten Herzen Jesu. Sie erklärte, dafür bin auch ich ganz." Die Baukosten kamen auf etwa 22 000 Mark. Der Bonifatiusverein in Paderborn gab 3 000 Mark, der Ludwig-Missionsverein in München 4 000 Mark. Über seine diesbezügliche Bettelfahrt nach München berichtete er später unter der Überschrift „Der bestbezahlte Witz meines Lebens" wie folgt. Der Münchener Domherr habe ihn zunächst etwas verwundert angeschaut und gefragt, „so jung noch und schon Stadtpfarrer?". „Ach", habe Bartels erwidert, „ich wiege 182 Pfund. Es geht bei uns nach dem Lebendgewicht. Mit 180 Pfund wird man Stadtpfarrer, mit 200 Pfund Domkapitular." Der Domherr habe herzlich lachen müssen und ihm die erwähnten 4 000 Mark gegeben. Viel Geld kam aus Österreich, wo seine Innsbrucker Freunde für ihn die Werbetrommel rührten. Die neue Gemeinde entwickelte sich so gut, daß sie 1920 zur Pfarrei erhoben werden konnte. Als 1929 ein Neubau beziehungsweise eine Erweiterung des Missionshauses erfolgte, nahm Bartels daran regen Anteil und erteilte praktische Ratschläge. Noch 1938 bedankte sich Pfarrer Kampmann[50] herzlich bei ihm mit folgenden Worten: „Ihre Gründung ist sicher von Gottes Segen begleitet gewesen. Und wenn wir unserer Wohltäter im Gebete gedenken, stehen Sie an erster Stelle." Dabei berichtete er ihm über die blühende Entwicklung der Gemeinde. Noch zwei weitere Filialen konnte Bartels ins Leben rufen. Die eine war St. Joseph in Bielefeld, deren Gründung als zweite Bielefelder Stadtpfarrei ihm 1896 die bischöfliche Behörde angeraten hatte. Den Bauplatz hatte Pfarrer Bartels umgehend erworben. Die Gemeinde erwuchs aus dem Katholischen Fürsorgeheim, dessen Rektor zunächst die Seelsorge für den Bezirk ausübte, bis 1910 ein eigener Geistlicher[51] angestellt wurde. Schwieriger gestaltete sich die Entwicklung der anderen Filiale, St. Marien in Sieker, für die 1906 ein Vikar ernannt wurde. Er fand aber derart unklare Verhältnisse vor, daß er 1911 in Bielefeld Wohnung nahm. Noch heute wird die Filiale von dort aus versehen.

Pfarrer Bartels begann mit großem Eifer die Seelsorge in Bielefeld und glaubte, Erfolge zu sehen. Es kamen aber auch über ihn dunkle Stunden,

---

[50] Kaspar Kampmann (1884-1939) aus Sundern, 1911 Priester in Paderborn und Kaplan an St. Jodokus in Bielefeld, 1918 Pfarrvikar und 1921-1931 Pfarrer in Brackwede. – PSchemP ‹1935› 20. – EAP Personalkarte.

[51] Anton August Franke (1879-1928) aus Bochum, 1910-1928 Rektor an St. Joseph in Bielefeld. – Liese, Necrologium 198.

wie über viele treue Diener Gottes. Am 11. Juli 1893 bat er die bischöfliche Behörde, sich wegmelden zu dürfen. „Es bietet sich die Gelegenheit", so schrieb er nach Paderborn, „eine Stelle als Militär- bzw. Marinepfarrer zu bekommen. Bisher habe ich mich nicht um eine Stelle beworben. Seit vier Jahren bin ich Pfarrer in Bielefeld. In den ersten drei Jahren zeigte sich eine erfreuliche Zunahme des religiösen Lebens. Seit einem halben Jahr geht alles so zurück, daß ich nur mit Schrecken an die Zukunft denke. Zumal gerade bei einem Großteil der Schulkinder sich ein derart religionsloser Geist zeigt, daß ich mir von der Zukunft nur Schlimmes erwarten kann." Wenn auch das Anwachsen der Sozialdemokratie daran nicht ganz schuldlos sei, hege er doch die Überzeugung, daß es hauptsächlich an ihm persönlich liege. Vor allem mangele es ihm an tiefer Frömmigkeit. Es handele sich keineswegs um eine vorübergehende Mutlosigkeit, sondern um einen wohlerwogenen Entschluß. Generalvikar Wigger[52] erwiderte Pfarrer Bartels sehr freundlich: „Wir haben das beruhigende Bewußtsein, daß sich die Seelsorge in Bielefeld in guten Händen befindet. Wir wünschen dringend, daß Sie bleiben, solange Gott will." Bartels gehorchte ohne Einwand. Die Art, wie er die Krise meisterte, stärkte seine Ausdauer bei der Bewältigung der noch häufiger auftretenden Schwierigkeiten. Überaus wichtig war es, die finanzielle Grundlage der Pfarrgemeinde zu sichern. Denn Pfarrer Schöne hatte ihm einen großen Prozeß gegen den Fiskus hinterlassen, den Bartels mit aller Energie weiterführte. Nach zehnjähriger Arbeit war ihm ein voller Erfolg in allen drei Instanzen beschieden. Bartels hat darüber berichtet.[53] Zum Verständnishintergrund sei hier nur gesagt, daß infolge der Reformation das reiche katholische Leben in Bielefeld fast ganz untergegangen war. Nur das kleine Franziskanerkloster mit der Jodokuskirche hatte sich als religiöser Mittelpunkt der wenigen Katholiken erhalten, von dem aus aufgrund des Rezesses von 1672 seitdem die Franziskaner die Pfarrseelsorge in vollem Umfang ausübten. In dem besagten Prozeß wurde der Fiskus zur Übernahme aller Personal- und Kultuskosten verurteilt. Nach zwölf Jahren gelang es Bartels ebenso, die Stadt Bielefeld zur Übernahme der katholischen Schule zu verpflichten. Überhaupt zeigte er stets ein großes Interesse für das Schulwesen und für die Lehrerschaft. Schon 1890 hatte er sich erfolgreich um bessere Zuschüsse

---

[52] Heinrich Wigger (1827-1908) aus Sendschotten b. Drolshagen, 1892-1900 Generalvikar, gest. als Dompropst. – Liese, Necrologium 581.

[53] Vgl. Bibliographie Bartels in Anm. 2. – Zum Bielefelder Franziskanerkloster St. Jodokus s. Rüthing Heinrich/Schirmeister Olaf: Bielefeld-Franziskaner, in: Hengst, Westfälisches Klosterbuch 1, S. 76-81.

von der Stadt für die katholische Schule eingesetzt und 1899 einen Frühstücksverein gegründet, der im Winter gegen ein geringes Entgelt warme Milch an Kinder lieferte. Als er Bielefeld schon verlassen hatte, schrieb er 1910: „Zwanzig Jahre war ich Pfarrer in Bielefeld. Es war mein Bemühen, einen tüchtigen Lehrerstand aufzubauen und zu erhalten. Ich bin für die Forderungen der Lehrer, soweit sie berechtigt erschienen, stets eingetreten." In Bielefeld verlor Bartels 1902 seine Mutter, die er auf dem Pfarrfriedhof beerdigte. Als er 1937 zum letzten Mal Bielefeld mit seiner Anwesenheit beehrte, erlaubten es ihm seine Kräfte nicht mehr, das Grab der Mutter aufzusuchen. Statt seiner ging Pfarrer Schmidt[54] zum Grab und ließ es ihn zum Namenstag im Dezember wissen: „Den Gang zum Grabe Ihrer Mutter, den Sie so schmerzlich bei der Abreise entbehrten, habe ich gemacht und auch das Grab in Ihrem Namen gesegnet. So ist nichts ausgefallen von dem, was Ihnen bei der Bielefelder Reise unerläßlich erschien."

Im allgemeinen war Bartels sehr gesund, so daß er jährlich nur wenig Urlaub nahm. Im Juli 1895 bat er jedoch die Behörde um einen längeren Urlaub, den er im Sauerland verbringen wollte. Er hatte nämlich im Vorjahr wegen einer mehrwöchigen Regenbogenhautentzündung von der Regierung 200 Mark für eine Kur erhalten, die er jedoch wegen der vorgerückten Jahreszeit nicht hatte antreten können. In seinen Bielefelder Jahren konnte er sich den lang gehegten Wunsch erfüllen, Rom und den Heiligen Vater zu sehen. Das Jubeljahr 1900 gab ihm dazu den erwünschten Anlaß. Um sicher zu gehen, eine Papstaudienz zu erhalten, bat er am 7. August 1900 das Generalvikariat, ihm die Überreichung des sogenannten Peterspfennigs der Diözese in Rom anzuvertrauen. Es wurde ihm aber abgeschlagen, da der neue Bischof[55] die Spende überbrachte. Über die Romreise, die er am 1. September 1900 antrat, finden sich keinerlei Notizen von seiner Hand. Als Geschenk für Papst Leo XIII. wählte er kostbare Altartücher mit religiösen Motiven aus, die eine Bielefelder Weberei hergestellt hatte.

Auch nach seinem Weggang aus Bielefeld kümmerte sich Bartels gern um die Pfarrei, die er sehr geliebt hatte. Noch 1929 nahm er sich des Neubaus des Pfarrhauses in Brackwede an, indem er praktische Vorschläge erteilte. Im selben Jahr fand in Bielefeld die große Feier zum 100jährigen Bestehen der Pfarrei statt. Kurz vor dem Festtag schrieb

---

[54] Johannes Schmidt (1872-1959) aus Haaren, seit 1909 Pfarrer an St. Jodokus in Bielefeld. – PSchemP ‹1935› 19.

[55] Wilhelm Schneider (1847-1909) aus Gerlingen, ab dem 15. August 1900 Bischof von Paderborn. – Brandt/Hengst, Die Bischöfe 321-326.

ihm sein Nachfolger, der erwähnte Pfarrer Schmidt, daß sich alle auf seinen Besuch freuten. Zugleich dankte er ihm für die Beiträge zu den Festartikeln. Bartels wurde jedoch an der Teilnahme verhindert und schrieb zur Entschuldigung: „Ich höre, daß Ihre Jahrhundertfeier einen schönen Verlauf genommen hat. Es war gut, daß ich nicht gekommen bin. Schon Samstagabend fühlte ich mich nicht gut, am Sonntag ging es noch schlechter. In Gedanken war ich dauernd bei Ihnen und habe durch mein Gebet das Fernbleiben zu ersetzen versucht." 1931 schenkte er der St. Jodokuskirche in Bielefeld in einer kleinen Monstranz eine Reliquie vom heiligen Kreuz, die er aus dem Franziskushospital bekommen hatte. Schon 1912 hatte er für die Josephskirche einen Kreuzweg gestiftet.

In einem Brief vom 11. Februar 1911 bemerkte er, daß seine schöne Erinnerung an Bielefeld nicht zuletzt auf seine erfreuliche Zusammenarbeit mit dem Kirchenvorstand zurückzuführen sei. Diese Tatsache werde ihm ein Trost bleiben vor dem Richterstuhle Gottes. Der Kirchenvorstand hatte ihn in der Tat sehr unterstützt, besonders durch Gewährung finanzieller Beihilfen für seine großen Pläne und Unternehmungen zugunsten der gefährdeten Jugendlichen. Wie Bartels einmal bemerkte, war die Fürsorgearbeit aus dem kleinen „Klösterchen"[56] der Armen Franziskanerinnen hervorgegangen. Zunächst von einer frommen Schwester getragen, übernahm bald darauf Bartels den Gedanken der Fürsorgearbeit und wurde mit voller Gewalt von ihm gepackt, als ihn 1899 der Bischof[57] zum Präses des neuen Erziehungsvereins ernannte. In Bielefeld verkehrte Bartels mit dem bekannten evangelischen Pastor und Vertreter der Inneren Mission, von Bodelschwingh[58]. 1910 bemerkte er einmal zu Werthmann[59]: „Leider fehlt mir die Zeit, über Bodelschwingh etwas zu schreiben, was mir sonst sympathisch wäre, da ich ihn außerordentlich hochschätze." Beide haben oft miteinander verkehrt und bei der Fürsorgearbeit sich gegenseitig unterstützt. Über die innere Arbeit in Bielefeld unterrichtet gut die Mitteilung einer Lehrerin,

---

56 Als „Klösterchen" wird in Bielefeld volkstümlich das St. Franziskus-Hospital bezeichnet. Pfarrer Bartels hatte das Hospital 1892 erweitert.

57 Hubertus Theophilus Simar (1835-1902) aus Eupen i. Rheinland, 1891-1899 Bischof von Paderborn, ab 1899 Erzbischof von Köln. – Brandt/Hengst, Die Bischöfe 317-320.

58 Friedrich von Bodelschwingh (1831-1910) aus Tecklenburg, „Vater der Brüder von der Landstraße", 1872 Leiter der Anstalt Bethel b. Bielefeld, eine Säule der Inneren Mission, des diakonischen Hilfswerks der deutschen evangelischen Kirche. – Liese, Caritativ-soziale Lebensbilder 54f.

59 Lorenz Werthmann (1858-1921) aus Geisenheim a. Rh., 1897 Gründer und erster Präsident des DCV.

die lange mit ihm zusammen war: „Im Jahre 1898 kam Pfarrer Bartels nach Bielefeld. Mit frischer Kraft und großem Eifer begann der erst 32jährige Priester seine Arbeit in der Gemeinde. In seiner ersten Predigt erklärte er, sich besonders zwei Aufgaben gestellt zu haben: die Förderung der Herz-Jesu- und der Marienverehrung. Die Feier des Herz-Jesu-Freitags wurde damals in Bielefeld nur wenig beachtet. Es waren kaum zehn Personen, die sich am ersten Freitag an der Kommunionbank einfanden. Pfarrer Bartels war aber für diese wenigen immer pünktlich am Donnerstag vorher im Beichtstuhl und gab ihnen, wenn er einmal zur gewohnten Zeit verhindert war, immer besondere Nachricht. Durch die Einführung der Herz-Jesu-Bruderschaft vermehrte sich bald die Zahl der Herz-Jesu-Verehrer, und immer wieder ermahnte der eifrige Pfarrer seine Pfarrkinder, doch diese segensreiche Andacht zu pflegen. Dasselbe galt von der Marienverehrung. Im Maimonat wurde die Maiandacht, die bisher nur in der Kapelle der Schwestern gehalten war, in der Pfarrkirche eingeführt. Im Oktober wurde an den Sonntagen Rosenkranzandacht mit Predigt gehalten. Die Marianische Kongregation wurde auch in der Bielefelder Gemeinde errichtet. So erlebte auch die Verehrung der Gottesmutter bald einen großen Aufschwung. Wie die erste Predigt von Pfarrer Bartels eine Marienpredigt war, so auch seine Abschiedspredigt im Jahre 1909. Der scheidende Pfarrer gab seinen Pfarrkindern das Sprüchlein zum Gedenken: „Drückt dich ein Weh, zur Mutter geh. Und sag es ihr, dann hilft sie dir." Für die Verschönerung der altehrwürdigen Pfarrkirche hat Bartels viel getan. Kanzel und Beichtstühle, die im Stil nicht zum Gotteshaus paßten, ließ er erneuern sowie Gaslicht und später auch eine Heizung anlegen. Auch wurde der Kreuzgang durchbrochen. Der damit gewonnene Raum diente zur Anbringung neuer Kreuzwegbilder und zur Aufstellung eines Herz-Jesu-Altares. Zu Weihnachten wurde hier auch die Krippe aufgebaut.

Für die Schule zeigte Pfarrer Bartels stets großes Interesse. Damals war der Pfarrer auch Ortsschulinspektor. Schon beim ersten Besuch der Schule erkannten die Kinder, daß in dem neuen Pastor ein Kinderfreund zu ihnen kam. Wenn er sich auf dem Klosterplatz zeigte, war er gleich von Kindern umringt. Gern nahm er an den Schulausflügen teil. Dann war er ganz Kind mit den Kindern, machte mit ihnen Kreis- und andere Spiele. Sein Lieblingsspiel war der „Plumpsack". Noch im hohen Alter erzählte er mit besonderem Vergnügen, er habe damals Steine in das Sacktuch gebunden und damit die Lehrerinnen „verhauen". Als im Herbst 1889 zum erstenmal der Kommunionunterricht beginnen sollte, erklärte der neue Pastor, daß die 13jährigen Kinder am Weißen Sonntag auch schon mit zur heiligen Kommunion gehen sollten. Sie sollten sich dann im letzten Schuljahr an den regelmäßigen Empfang der heiligen Sakramente gewöhnen und zu guter Vorbereitung angeleitet werden. In der Mädchenoberklasse waren sechs Kinder, die erst zwölf Jahre alt waren. Auch diese durften am Kommunionunterricht teilnehmen. In den folgenden Jahren wurde die Zulassung der zwölfjährigen Kinder zur Erstkommunion in der Bielefelder Gemeinde überhaupt üblich.

Pfarrer Bartels war ein eifriger Förderer des Vereinswesens. An einem Vereinsabend wurde in einem Liede der Vers gesungen: „Ein Pastor und zwei Kapläne/Für Vereine sind's Haupthähne." Vor allem lagen ihm die Wohltätigkeitsvereine am Herzen. An den Konferenzen des Elisabeth- und des Vinzenzvereins nahm er regelmäßig teil. Als in Bielefeld auch ein Zweigverein des Katholischen Deutschen Lehrerinnenvereins gegründet wurde, übernahm er gern das Amt des Geistlichen Beirats und hielt in den Versammlungen äußerst anregende und interessante Vorträge. Pfarrer Bartels war ein Freund und Helfer der Armen und aller, die in irgendeinem Anliegen bei ihm Rat und Hilfe suchten. Das waren nicht wenige. Der Pastor hatte trotz seiner vielen Arbeit immer Zeit für seine Pfarrkinder und half in jeder Not. „Man darf nicht fragen", äußerte er einmal, „ob die Not verschuldet ist, sondern nur sehen, hier ist Not, also muß geholfen werden!"

Der Katholische Erziehungsverein

Das eigentliche Lebenswerk Bartels ist der „Erziehungsverein für das Bistum Paderborn"[60]. Bartels hat ihn nicht gegründet, seinen Anfängen nicht einmal nahegestanden. Aber er hat ihn zur Blüte gebracht und unter Betonung des Vorrangs der Familienpflege jenes vorbildliche Zusammenarbeiten von Anstalt und Familie geschaffen, wodurch sich der Erziehungsverein stets auszeichnete. Dabei kam ihm freilich die Gunst der Zeit entgegen. Kaum hatte er die Leitung des Vereins übernommen, erließ Preußen das Fürsorgeerziehungsgesetz, dessen Ausführung Bartels im Auftrag des Bischofs und der Provinz für die katholischen Kinder des westlichen Bistumsanteils übernahm. Dadurch erhielt er umfangreiche Hilfsmittel seitens der Provinz Westfalen zur Ausführung seiner Pläne. Die Anfänge des Erziehungsvereins liegen im östlichen Teil des Bistums, in Erfurt. Wie die Akten des Erzbischöflichen Generalvikariats in Paderborn zeigen, begann dort um 1885 der Pfarrer an Allerheiligen,

60 Vgl. Brandt, Chronik 37 Anm. 71. – Der Katholische Erziehungsverein 31-35.

Schnitz[61], sich der verwahrlosten Kinder in besonderer Weise anzunehmen. Im September 1887 richtete Pfarrer Schnitz eine Eingabe an das Generalvikariat mit der Bitte, ihm zur Errichtung eines Erziehungsvereins für die katholischen Kinder der Provinz Sachsen die Erlaubnis zu erteilen. Im beigefügten Statutenentwurf wurde als Zweck des Vereins genannt, verwahrlosten oder gefährdeten Kindern eine gute Erziehung in Anstalten oder in Familien zu ermöglichen und ihnen nach der Schulentlassung einen geeigneten Lebensberuf zu verschaffen. 1889 übersandte Schnitz den ersten gedruckten Jahresbericht[62] des „Erziehungsvereins für katholische Kinder der Provinz Sachsen zu Erfurt“ für das Jahr 1888. Dem Vorstand gehörten Pfarrer Schnitz, Propst Schauerte[63] in Magdeburg und Kaufmann Bode in Erfurt an. Die Leistungen des Vereins waren bei den geringen Mitteln der Diaspora sehr bescheiden. Er sollte aber zum Senfkorn für den großen Diözesanerziehungsverein werden. Vermutlich hat Dr. Woker[64], damals noch Pfarrer in Halle a.d. Saale, Bischof Simar auf die Bedeutung eines gemeinsamen Erziehungsvereins aufmerksam gemacht. Einen Anstoß gab 1893 ein Brief des Landeshauptmanns der Provinz Sachsen, auf den der Bischof näher einging. Am 18. Mai 1894 rief Bischof Simar den „Erziehungsverein für das Bistum Paderborn“ ins Leben, dessen Statuten er im Kirchlichen Amtsblatt[65] veröffentlichte. Als Vorbild diente unter anderem die Bruderschaft vom heiligen Vinzenz in Münster. Als Zweck des Diözesanvereins wurde angegeben: 1. Nachweis verwahrloster und erziehungsbedürftiger katholischer Kinder, 2. Vermittlung von Unterbringungsstellen für dieselben sowohl vor als nach Entlassung aus der Schule sowie Hilfeleistung bei der Pflege und Erziehung. Mitglied konnte jeder werden, der die Zwecke des Vereins förderte und jährlich wenigstens 50 Pfennige zahlte. Es wurden zwei selbständige Abteilungen gebildet, je eine für den West- und für den Ostteil des Bistums, eine jede mit mehreren Bezirken. Die östliche blieb unter Leitung von Pfarrer Schnitz mit vier Bezirken. Als deren Präsides wurden neben Pfarrer Schnitz für den

---

61 Josef Schnitz (1847-1912) aus Elsen, 1882-1897 Pfarrer an Allerheiligen in Erfurt, 1901-1912 Generalvikar, seit 1908 auch Dompropst. – LIESE, Necrologium 488f.

62 Anmerkung Lieses: Es erschienen fünf Jahresberichte für den östlichen Anteil, für den westlichen keiner.

63 Franz Schauerte (1848-1910) aus Oberberndorf, Dr. theol., 1901-1910 Propst und Bischöflicher Kommissar in Magdeburg. – LIESE, Necrologium 472.

64 Wilhelm Franz Woker (1843-1921) aus Brilon, Dr. theol., 1874-1892 Pfarrer in Halle a. d. Saale, 1892 Domkapitular in Paderborn, 1913 Dompropst, „einer der bedeutendsten Priester des Bistums“. – LIESE, Necrologium 586f.

65 KAB ‹1894› Nr. 11, Beilage.

Bezirk Erfurt der Bischöfliche Kommissar Herold[66] für Heiligenstadt, Propst Schauerte für Magdeburg und Pfarrer Schulte[67] für das Dekanat Halle a.d. Saale bestimmt. Die Führung der westlichen Abteilung übertrug der Bischof Propst Harbort[68] in Bochum, der sich als ehemaliger Pfarrer von Oschersleben mit der Gründung des dortigen Mentana-Waisenhauses in Erziehungsfragen eingearbeitet hatte. Die drei Bezirke Minden, Arnsberg-Nord und Arnsberg-Süd wurden hintereinander geleitet von Dechant Kühlmann[69] bis 1918, Pfarrer Menne[70] in Paderborn, Dechant Walter[71] in Dortmund, Pfarrer Bömer[72] in Hamm und ab 1935 von Pfarrer Lepper[73] in Dortmund bzw. durch Pfarrer Balkenhol[74], dann von Müting[75] in Neheim bis 1921, von Pfarrer Keespe[76] in Warstein und ab 1935 von Propst Bömer in Arnsberg. Da Propst Harbort sich nur wenig um den Verein kümmern konnte, legte er am 3. November 1899 den Vorsitz nieder. An seine Stelle trat am gleichen Tag Pfarrer Bartels aus Bielefeld, den der Bischof von dessen Tätigkeit in der Familienerziehung her kannte. Bartels hatte sich zwar der Erziehungsaufgabe erst in

---

66 Christoph Herold (1836-1901) aus Rengelrode, seit 1893 Pfarrer von St. Ägidii in Heiligenstadt und Bischöflicher Kommissar. – Liese, Necrologium 263.

67 Johannes Schulte (1839-1906) aus Berghausen, 1869 Missionar in Weißenfels, 1892 dort Missionspfarrer und Dechant des Dekanates Halle a. d. Saale. – Liese, Necrologium 505.

68 August Peter Franz Harbort (1839-1911) aus Halle i.W., 1866 Missionar in Oschersleben, 1893 Pfarrer in Egeln, 1893-1906 Propst in Bochum, Gründer des Mentana-Waisenhauses in Oschersleben. – Liese, Necrologium 240.

69 Ferdinand Kühlmann (1842-1929) aus Neuenkirchen, 1871 Vikar in Verl, 1886 dort Pfarrer, 1893 Dechant des Dekanates Rietberg, 1897 Paderborner Ehrendomherr. – Liese, Necrologium 339.

70 Albert Menne (1870-1939) aus Daseburg, 1910-1939 Pfarrer an der Marktkirche in Paderborn. – PSchemP ‹1935› 11.

71 Bernhard Walter (1848-1920) aus Höingen, 1883 Kaplan an der Propstei in Dortmund, 1889 Rektor der Liebfrauenkirche in Dortmund, 1891 dort Pfarrverweser und 1892 erster Pfarrer, 1903-1919 Dechant des Dekanates Dortmund. – Liese, Necrologium 565.

72 Josef Bömer (1881-1942) aus Brüllingsen b. Soest, 1911 Kaplan und 1920 Pfarrer in Hamm, ab 1930 Propst in Arnsberg, 1933 Dechant des Dekanates Arnsberg. – PSchemP ‹1935› 14 u. 158.

73 Theodor Lepper (1878-1953) aus Werne, 1919 Pfarrer an Dreifaltigkeit in Dortmund. – PSchemP ‹1935› 38.

74 Bernhard Balkenhol (1880-1967) aus Altenbüren, ab 1932 Pfarrer der Stadtpfarre in Geseke. – PSchemP ‹1935› 52.

75 Anton Müting (1856-1941) aus Menne, 1907-1933 Pfarrer in Neheim. – PSchemP ‹1935› 140.

76 Engelbert Keespe (1876-1949) aus Attendorn, ab 1920 Pfarrer in Warstein, 1933 Dechant des Dekanates Rüthen. – SchemP ‹1935› 80, 82 u. 152.

Bielefeld zugewandt, doch schon in Dortmund entsprechende Erfahrungen gesammelt. Wie er später einmal erzählte, fand er im Krankenhause der Aachener Franziskanerinnen in Bielefeld eine überaus rege Stadtschwester, Leopolda von Stolberg[77], die Schwester seines alten Paderborner Studienfreundes Graf Joseph von Stolberg. Wo immer Schwester Leopolda Kinder entdeckte, die körperlich oder geistig gefährdet waren, gab sie davon Nachricht an die zuständigen Seelsorger. Dann machte sie mit Hilfe von Schwestern, die auf dem Lande kollektierten, geeignete Familien ausfindig, die solche Kinder in Pflege nahmen. Die ersten Versuche waren durchaus erfolgreich, doch zeigte sich bald, daß die meisten Kinder nicht sogleich in Pflegefamilien gegeben werden konnten. Sie mußten erst unter fachkundiger Aufsicht „familienfähig" werden. Deshalb stellte die Oberin[78] des Krankenhauses, eine nahe Verwandte der Schwester Leopolda, ein Zimmer zur Verfügung. Doch war es nur ein Notbehelf. Man dachte daher bald an die Gründung eines eigenen Heimes. Der Kirchenvorstand stellte den Platz bereit und nahm eine Anleihe auf. Besonders behilflich war Fräulein Waldeck[79], die Toch-

[77] Leopolda vom hl. Franziskus (Taufname Anna) Gräfin von Stolberg-Stolberg zu Westheim (1872-1925) aus Gimborn Kr. Gummersbach i. Rheinland, Tochter des Grafen Joseph I. Theodor von Stolberg-Stolberg zu Westheim und der Gräfin Karoline Maria Albertina Robiano, ältere Schwester des P. Ludwig Maria (Taufname Joseph I. s.o.) Graf Stolberg-Stolberg zu Westheim OP, 1872 Aachener Armen-Schwester zum hl. Franziskus, 1873 Einkleidung, 1875 einfache und 1883 feierliche Gelübde, Stadtschwester in Bielefeld (genaue Jahre nicht zu ermitteln), 1895 Pfarrschwester in Eschweiler, gest. in Eschweiler. – Freundliche Mitteilung (19. Januar 1995) von Schwester Maria Amabilis, Generalsekretärin der Armen-Schwestern vom hl. Franziskus, Aachen.

[78] Veronica vom hl. Franziskus (Taufname Julia) Gräfin von Stolberg-Stolberg zu Westheim (1844-1892) aus Westheim Kr. Büren, Tante der Schwester Leopolda von Stolberg-Stolberg und des Dominikaners P. Ludwig Maria Stolberg-Stolberg (s.o.), 1864 Aachener Armen-Schwester vom hl. Franziskus, 1865 Einkleidung, 1867 einfache und 1874 feierliche Gelübde, Oberin des Franziskushospitals in Bielefeld (genaue Jahre nicht zu ermitteln), gest. in Bielefeld. – Freundliche Mitteilung (19. Januar 1995) von Schwester Maria Amabilis vom hl. Franziskus, Generalsekretärin der Armen-Schwestern vom hl. Franziskus, Aachen.

[79] Josephine Waldeck (1838-1909), Tochter des Politikers Franz Leo Benedikt Waldeck (s. u.), Schwester des in Bielefeld tätigen Bauinspektors Adolf Waldeck, laut Adreßbücher 1894-1909 wohnhaft in Bielefeld, langjährige Vorsitzende des Elisabethvereins von St. Jodokus in Bielefeld, verdient um die Kinder- und Jugendfürsorge, gest. im Clemens-Hospital in Münster. – Nachruf, in: Caritas 14 ‹1908/1909› 288-289. – Schmidt Johannes: Die katholischen Gemeinden Minden-Ravenbergs, in: Minden-Ravensberg. Ein Heimatbuch ‹Bielefeld 1929› 349-354, bes. 353. – Freundliche Mitteilung (23. Januar 1995) von Frau Dr. Monika Minninger, Stadtarchiv und Landesgeschichtliche Bibliothek in Bielefeld.

ter des bekannten Politikers Benedikt Waldeck[80], die seit langem in Bielefeld lebte. 1898 veranstaltete sie einen großen Bazar, um die notwendigen Mittel zu gewinnen. Ende des Jahres waren 54 Bielefelder Kinder in Familien untergebracht. Als im folgenden Jahr Bartels Präses des Erziehungsvereins wurde, dachte er sofort daran, dieses Heim nicht bloß für die Kinder der eigenen Pfarrei, sondern auch für die anderer Orte des Bistums zu nutzen. Er plante deshalb eine bauliche Erweiterung, die jedoch das preußische Fürsorgeerziehungsgesetz von 1900 überholte. Am 25. Januar 1901 teilte der Landeshauptmann von Westfalen, Dr. Holle[81], dem neuen Paderborner Bischof Wilhelm Schneider mit, daß er sich bei der Durchführung des Fürsorgeerziehungsgesetzes gerne des Katholischen Erziehungsvereins bedienen wolle, da dieser auf die Familienerziehung großes Gewicht lege. Er bat um eine Empfehlung des Vereins und um Mithilfe der Geistlichkeit. Bischof Schneider antwortete am 11. Februar 1901: „Gern und mit Freuden werde ich die Hand bieten, um die aus dem Gesetze erwachsenden Aufgaben erfüllen zu helfen. Ich kann und will dies um so mehr, als es sich hier um eine Pflicht handelt, welche mir, meinem Klerus und allen meinen Diözesanen sowieso obliegt. Ich werde den Präses des Erziehungsvereins auffordern, mit Euer Hochwohlgeboren in Beziehung zu treten.“ Mit größter Freude ging Bartels auf die Angelegenheit ein, weil er bis dahin auf große Schwierigkeiten gestoßen war. Als Präses hatte er umgehend alle Pfarrer des westlichen Bistumsanteils angeschrieben, allerdings ohne entsprechenden Erfolg. Nur wenige hatten sich zur Einführung des Vereins bereit erklärt, manche gar nicht geantwortet. Als im Frühjahr das neue

---

[80] Franz Leo Benedikt Waldeck (1802-1870) aus Münster, Sohn des dortigen Domorganisten, Studienfreund des Dichters Heinrich Heine, 1828-1832 Assessor am Oberlandesgericht Paderborn, 1832 Heirat mit Julia Langen, Tochter des letzten Vizekanzlers des Hochstifts Paderborn, 1836 Richter in Hamm, 1844 Richter am Geheimen Obertribunal in Berlin, 1846 Geheimer Obertribunalsrat, 1848 Führer der demokratischen Linken und Vizepräsident der Preußischen Nationalversammlung, 1861-1869 Mitglied des preußischen Abgeordnetenhauses, 1862 Votum für die Errichtung eines Königreichs Italien und die Wiedererrichtung eines polnischen Staates, 1867-1869 Mitglied des Norddeutschen Reichstags, dann Rückzug aus der Politik, gest. in Berlin, Grab auf dem St. Hedwigsfriedhof. – Biermann Wilhelm: Benedikt Waldeck ‹Paderborn 1928›. – Rempe Heinrich: Paderborner Gerichtswesen und Juristen im neunzehnten Jahrhundert ‹Paderborn 1970› 59-76.

[81] Ludwig August Hugo Holle (1855-1909) aus Schwelm, 1900 Landeshauptmann der Provinz Westfalen, 1904 Unterstaatssekretär im Ministerium der öffentlichen Arbeiten, 1907-1909 Minister der geistlichen Unterrichts- und Medizinalangelegenheiten in Berlin. – Lüdicke Reinhard (Bearb.): Die preußischen Kultusminister und ihre Beamten 1817-1917 ‹Stuttgart/Berlin 1918› 12f.

Gesetz in Kraft trat, schrieb er erneut die Pfarrer an. Trotz des abermaligen Mißerfolgs begann jedoch die Zentrale ihre Arbeit. Nach Rücksprache mit dem Landeshauptmann wurde eine große Versammlung nach Soest einberufen, an der von der Provinzialverwaltung Landeshauptmann Dr. Holle und Landesrat Schmedding[82] teilnahmen. Aus dem Klerus erschienen außer Dr. Woker und Präses Bartels etwa zehn Pfarrer und der Religionslehrer von der Brede, Ferdinand Gabriel[83]. Der Landeshauptmann las die Grundsätze zur Ausführung der Fürsorgeerziehung samt der Dienstanweisung für die Fürsorger vor, welche die Familien mit Zöglingen betreuten. Nach dem Willen des Ministers sollte möglichst die Familienerziehung der Zöglinge angestrebt werden, ohne daß die Waisenhäuser ihren Dienst an hilfsbedürftigen Kindern aufgeben sollten. Nach geraumer Zeit fanden erneut Werbeversammlungen in Wiedenbrück, Lippstadt, Bielefeld, Warburg, Beverungen und Olpe statt. In jeder Stadt meldeten sich 30 bis 50 Familien. Die Bereitschaft dieser Familien zur Mitarbeit war wichtiger als die Gewinnung zahlender Vereinsmitglieder, weil die Finanzierung größtenteils von der Provinz getragen wurde. Im Jahre 1902 erfolgte die Weihe des Erweiterungsbaus des Katholischen Fürsorgeheims in Bielefeld durch Dr. Woker. Das Heim wurde auf die Pfarrei Bielefeld eingetragen, die es durch eine bedeutende Anleihe und eine Hauskollekte finanziert hatte. Es war lediglich Durchgangsheim, in dem die Zöglinge einige Wochen beobachtet wurden. Alsbald wuchs die Zahl der Fürsorgezöglinge derart stark an, daß das Bielefelder Fürsorgeheim nicht mehr ausreichte. So ließ sich weder die Trennung der Geschlechter noch jene der „Sonderarten" durchführen. Besonders wichtig erschien es Bartels, wie für die zurückgebliebenen Kinder auch für gut begabte Kinder eigene Schuleinrichtungen zu schaffen. Seit 1902 bemühte er sich daher um den Bau eines neuen Heimes. Es boten sich verschiedene Möglichkeiten an. Schließlich wählte er Warburg, vor allem im Hinblick auf das Gymnasium und auf die ländliche Umgebung, in der schon viele Familien Kinder des Vereins angenommen hatten. Am 20. Januar 1903 fand die entscheidende Sitzung des Kirchenvorstands von Warburg Neustadt unter Leitung

[82] Adolf Schmedding (1856-1937), Dr. med. h. c., Dr. phil. h. c., bis 1919 Landesrat, ab 1919 Oberfinanzpräsident. – Freundliche Mitteilung (7. Februar 1995) von Ltd. Landesarchivdirektor Dr. phil. Norbert Reimann, Münster.

[83] Ferdinand Gabriel (1866-1945) aus Eslohe, 1895-1901 Vikar und Religionslehrer an der Brede b. Brakel, gest. als Domkapitular und Dompfarrer bei einem Bombenangriff in Paderborn. – PSchemP ‹1935› 2 u. 142.

des Dechanten Degenhardt[84] statt. Als Hospitant war mit Pfarrer Bartels auch Bürgermeister von Schildt[85] anwesend. Der Kirchenvorstand beschloß einstimmig die Errichtung eines katholischen Fürsorgeheims[86] und kaufte dafür mehrere Grundstücke am Landfurtweg, in der Nähe des Bahnhofs, zusammen etwa 2,25 ha. Ebenso wurde die Aufnahme eines Kapitals von 100 000 Mark bei der Landesbank unter der Bedingung genehmigt, daß der Erziehungsverein die Verzinsung und Amortisation des Kapitals sowie die bauliche Unterhaltung übernehme. Umgehend wurde eine Baukommission zusammengestellt. Noch am gleichen Tag stimmte die kirchliche Gemeindevertretung zu und sandte zwei Vertreter in die Baukommission. Nachdem alles in bester Ordnung zu sein schien, erhob sich aus der Bevölkerung unerwartet starker Widerstand. Man stellte sich unter Fürsorgezöglingen offenbar gefährliche Elemente vor, die eine sittliche Gefährdung der eigenen Kinder bedeuteten. Obwohl in einer öffentlichen Versammlung dargelegt wurde, daß die Heimkinder keine städtischen Schulen besuchten und für die Bürger auch finanziell nichts zu befürchten sei, setzte die Opposition namentlich in den höheren Ständen verstärkt ein. Es wurden Proteste an den Bischof und an den Regierungspräsidenten gerichtet. Daher verzichtete Bartels auf die Mitwirkung der Warburger Kirchengemeinde und wandte sich wieder an Bielefeld, und zwar mit Erfolg. Kirche und Staat stimmten nach einigen Bedenken zu. Die Kirchengemeinde Bielefeld nahm die Anleihe von 100 000 Mark bei der Landesbank auf. Es konnte zwar nicht gleich die ganze Anstalt gebaut werden, aber es wurde sofort ein einheitlicher Plan von Regierungsbaumeister Moritz in Köln aufgestellt, der die spätere Erweiterung planmäßig ermöglichte. Alsbald wurden auch noch Grundstücke angekauft, um landwirtschaftliche Beschäftigung zu ermöglichen. Im Juli 1905 wurde das Heim eingeweiht. Für seine Leitung hatte Bartels zunächst Schulbrüder ins Auge gefaßt. Er nahm daher Fühlung mit den Franziskanerbrüdern in Blyerheide[87] auf,

---

84 Eduard Kaspar Degenhardt (1837-1904) aus Eversberg, ab 1888 Pfarrer in Warburg Neustadt, ab 1892 auch Dechant des Dekanates Warburg. – Liese, Necrologium 154.

85 Franz Wilhelm von Schildt (1867-1914) aus Lennep i. Rheinland, 1894 Bürgermeister und Kurdirektor in Königstein i. Taunus, 1901-1914 Bürgermeister in Warburg, u.a. verdient um die Wiedererrichtung des Dominikanerklosters in Warburg (Grundsteinlegung 1905, aufgegeben 1994). – Mürmann Franz (Hg.): Die Stadt Warburg 1 ‹Warburg 1986› 341.

86 Vgl. Greiner Peter: Die Petrus-Damian-Schule für Erziehungshilfe in Warburg, in: Mürmann Franz (Hg.): Die Stadt Warburg 2 ‹Warburg 1986› 311-315.

87 In Blyerheide Provinz Limburg/Holland hatten im Kulturkampf die Franziskaner der Sächsischen Provinz nach ihrer Vertreibung aus Deutschland eine Bleibe gefunden. –

die eine größere Erziehungsanstalt in Dormagen am Rhein leiteten. Doch erkannte er bald, daß es dann mit der Oberleitung durch den Erziehungsverein Schwierigkeiten geben würde. Deshalb beschloß er, ähnlich wie in Bielefeld, einen Priester als Präses und Schwestern für die Erziehung und den Haushalt zu bestellen. Es gelang ihm bald, Schwestern aus der Genossenschaft der Schwestern der Christlichen Liebe in Paderborn zu gewinnen, an deren Stelle ab 1923 allmählich Salvatorianerinnen traten. Mehr Sorge hatte er um einen geeigneten Präses. Obwohl das Generalvikariat zuvor einen Priester bereitwillig zugesagt hatte, hieß es im September 1905, daß dies vorläufig noch nicht möglich sei. „Die Lage", so schrieb Bartels selbst, „in die wir durch diese Verfügung versetzt wurden, war eine von denen, die nicht oft, aber manchmal in meinem Leben sich gebildet haben, wo ich rückhaltlos anerkennen mußte: jetzt weiß ich keine Hilfe mehr, jetzt muß Gott außergewöhnlich helfen." Er nahm dann den kranken Kaplan Pieper[88] ins Haus, der sich wieder erholte und noch fünf Jahre wirkte. Als er am 26. August 1911 starb, trauerten alle, besonders die Kinder.

Alsbald besserten sich auch die schulischen Verhältnisse, vor allem als der Staat den Lehrern zugesagt hatte, deren Tätigkeit im Heim voll anzurechnen. Neben einer Normalschule wurde eine dreiklassige Hilfsschule eingerichtet, die erste in einem preußischen Fürsorgeheim. Mit einem Lehrer unterrichteten zwei Ordensschwestern. Da die Hilfsschule sich sehr bewährte, dachte Bartels schon bald an eine Erweiterung. Er war zuvor mit mehreren anderen Provinzen in Verbindung getreten, die gern versprachen, ihm ihre Zöglinge katholischer Konfession zu überweisen. Bartels war zunächst für eine völlige Absonderung der Hilfsschüler gewesen. Aber Direktor Pieper vertrat die Ansicht, daß es für diese sehr anregend sei, zusammen mit gesunden Kindern zu leben. Entscheidend sei allerdings die rechte Aufsicht. „Ich stimmte zu. Es haben sich bis jetzt merkliche Schwierigkeiten nicht gezeigt." Die wichtigsten Helfer in den Anstalten waren in der zu Bielefeld zuerst die Kapläne Weber[89] und Janssen[90], von denen letzterer insbesondere bei

---

Freundliche Mitteilung (7. Februar 1995) von Herrn Dipl. theol. Peter Häger, München. – Bartels dürfte wohl eher an die Franziskanerbrüder von Waldbreitbach Kr. Neuwied gedacht haben. – SCHÜTZ Jacob Hubert: Das segensreiche Wirken der Orden und Kongregationen der katholischen Kirche in Deutschland samt Ordenstrachten 1 ‹Paderborn 1926› 115-118.

[88] Clemens Pieper (1872-1911) aus Grafschaft, 1901-1905 Kaplan an St. Jodokus und Religionslehrer in Bielefeld, ab 1905 Rektor des Fürsorgeheims in Warburg, im Sommer 1905 beurlaubt zu Anstaltsstudien. – LIESE, Necrologium 426.

[89] Anton Weber (1875-1941) aus Olpe, 1902-1908 Rektor des Fürsorgeheims und Reli-

schriftlichen Arbeiten half. Nach einigen behelfsmäßigen Jahren wurde Wilhelm Ochse[91] zum ersten Direktor des Hauses ernannt, dem 1915 Dr. Friedrich Bartmann[92] folgte. Als Bartmann wegging, übernahm Friedrich Bornemann[93] die Leitung des Bielefelder Heims, der einer der vertrautesten Helfer Bartels wurde. Als man das Haus 1952 aufgeben mußte, zog Bornemann mit den Kindern nach Warburg, wo er Wilhelm Grawe[94] als Direktor ablöste. In Warburg waren seit 1912 auch wiederholt Präfekten tätig, ab 1938 sogar zwei. Nach dem Bericht aus dem Sterbejahr Bartels lebten am 1. Januar 1938 im Warburger Fürsorgeheim 123 Knaben und 96 Mädchen, dazu in Außenstellen, das heißt in Familien, 287 Knaben und 380 Mädchen, zusammen 886 Kinder und Jugendliche.[95] Als allmählich viele ältere schulentlassene Zöglinge überwiesen wurden, mußte Bartels besonderes Gewicht auf eine planmäßige Beschäftigung legen. Dafür empfahlen sich vor allem landwirtschaftliche Arbeiten. Seit 1913 dachte er daran, in der Senne ein größeres Areal zu erwerben, um Siedlerarbeit auf dem Neuland zu beginnen. Deshalb ließ er in Klausheide bei Hövelhof ein großes Heim für schulentlassene Knaben mit 220 Plätzen errichten. Bei Ausbruch des Weltkriegs 1914 war ein Stockwerk fertiggestellt. Zunächst kamen dann 125 Kriegsgefangene aus dem nahen Sennelager, um die Kultivierung des Sandbodens

---

gionslehrer an der Realschule in Bielefeld. – PSchemP ‹1904› 30. – Totenkalendarium ‹1981› 122.

[90] Alexander Janssen (1875-1931) aus Essen, 1902-1909 Kaplan im Franziskushospital in Bielefeld, 1911 Sekretär am Generalvikariat in Paderborn. – PSchemP ‹1935› 191. – Totenkalendarium ‹1981› 57.

[91] Wilhelm Ochse (1876-1960) aus Melsungen, 1912-1915 Rektor des katholischen Fürsorgeheims in Bielefeld, 1915-1921 Rektor des katholischen Fürsorgeheims in Warburg, gest. als Pfarrer i. R. von St. Marien in Siegen . – PSchemP ‹1935› 157.

[92] Friedrich Bartmann (1884-?) aus Bigge, 1908 Kaplan in Iserlohn, 1910 Vikar in Helden, 1915 Dr. jur. utr., 1915 Rektor des katholischen Fürsorgeheims in Bielefeld, verließ 1918 (nicht 1923, wie Liese angibt) den geistlichen Stand. – EAP Personalbogen Bartmann Friedrich. -PSchemP ‹1909› 124. – Nicht im Totenkalendarium ‹1981›.

[93] Friedrich Bornemann (1895-1978) aus Hohenlimburg, 1923-1932 Rektor des katholischen Fürsorgeheims in Bielefeld, ab 1932 Direktor des katholischen Fürsorgeheims in Warburg, gest. als Pfarrer in Borgholz und Dechant des Dekanates Warburg. – PSchemP ‹1935› 94 u. 171. – Totenkalendarium ‹1981› 104.

[94] Wilhelm Grawe (1881-1967) aus Wehrden, 1907 Priester in Paderborn, 1926-1932 Rektor des katholischen Fürsorgeheims in Warburg, ab 1933 Pfarrer in Rheda. – PSchemP ‹1935› 160 (die Angaben ebd. auf S. 98 bezüglich Geburts- und Weihejahr Grawes sind falsch). – Totenkalendarium ‹1981› 118.

[95] Anmerkung Lieses: Am 1. Januar 1939 lebten im Warburger Fürsorgeheim 138 Knaben und 94 Mädchen, dazu draußen in Familien 295 Knaben und 375 Mädchen, zusammen 902 Kinder und Jugendliche.

vorzubereiten. Im Herbst 1915 wurde die Erziehungsanstalt eröffnet. Nach dem Kriege pachtete Bartels noch 100 Morgen Ödland, hauptsächlich vom Gutsbesitzer Osdiek in Hövelhof.[96] Die durch eine Feuersbrunst zerstörten Wirtschaftsgebäude wurden 1926/27 wieder aufgebaut. Die Leitung des sogenannten Klaushofs gedachte er einer männlichen Genossenschaft zu übertragen, weil verstärkte Aufmerksamkeit nebst pädagogischer Tüchtigkeit erforderlich waren. Nach reiflicher Überlegung wählte er die Salvatorianer. Es war ihm nämlich Pater Hansknecht[97], ein Sauerländer, näher bekannt geworden, der in der Schweiz eine ähnliche Arbeit geleistet hatte. Obwohl die Salvatorianer als jesuitenverwandt galten, gelang es Bartels, bei einem Besuch in Berlin vom Minister des Innern[98] ohne Schwierigkeiten für die Patres Dispens zu erwirken. Als nach Kriegsende die Überweisung schulentlassener Zöglinge sehr zurückging, verpachtete Bartels 1934 die Anstalt an die Genossenschaft für deren eigene Zwecke. Sie mußte die Erhaltung der Erziehungsanstalt und die Zahlung der Zinsen übernehmen, bekam dafür aber die selbständige Verwaltung des Anstaltsvermögens. Da es sich bei den Zöglingen größtenteils um Schwererziehbare handelte, machte ihm Klausheide oft Sorge, zumal die Kommunisten einzelne Vorkommnisse auszubeuten suchten. Großes Aufsehen erregte ein Prozeß gegen zwei Zöglinge. Sie hatten eine Ladenbesitzerin mit einem Revolver, den sie zuvor dem Leiter des Hauses entwendet hatten, bedroht und erschossen. Auch finanziell gab es große Schwierigkeiten, bei deren Bewältigung das Warburger Heim oft half.

Da die Bielefelder Anstalt ganz aus den dortigen Verhältnissen hervorgegangen war, und die Kirchengemeinde alle Aufwendungen für die Gründung getragen hatte, war die Pfarrei als Eigentümerin eingetragen. Auch hatte die Absicht bestanden, das Haus der neuen Filialgemeinde St. Joseph zu überschreiben, mit deren Kirche es gleichzeitig erbaut und durch einen besonderen Gang verbunden war. Bartels hat selbst wieder-

---

96 Anmerkung Lieses: Später wurde Bartels hier wegen des Verwalters Georg Schmidt noch in einen unangenehmen Prozeß hineingezogen.

97 Konrad Hansknecht (1867-1939) aus Röhre b. Sundern Kr. Arnsberg, 1892 Salvatorianer in Rom, 1899 Priester in Noto auf Sizilien, 1915-1934 Leiter des Erziehungsheims Klausheide b. Hövelhof, gest. in Drognens i. d. Schweiz. – Freundliche Mitteilung (2. Januar 1995) von Provinzsekretär P. Michael Rustige SDS, Münster. – Vgl. 100 Jahre Verein für Jugendhilfe 193 u. 197.

98 Es wird nicht gesagt, in welchem Jahr dieser Berlinbesuch stattfand. Als Innenminister können zeitlich infrage kommen: Klemens von Delbrück (1909-1916), Karl Helffrich (1916-1917), Max Wallraf (1917-1918), Karl Trimborn (1918) und Hugo Preuß (1918-1919).

holt das Haus als ein Vermächtnis an die Kirchengemeinde St. Joseph bezeichnet. Weil der Erziehungsverein damals noch ein Privatverein war, kam er als juristischer Träger der Anstalt nicht in Betracht. Der Erziehungsverein beschloß 1909 seine juristische Selbständigkeit und wurde am 9. Juni des Jahres als „Katholischer Erziehungsverein für Westfalen" eingetragen. Gleichzeitig wollte der Verein die beiden Anstalten juristisch übernehmen. In Warburg erteilte die Kirchengemeinde bereitwillig ihre Zustimmung, nicht jedoch die in Bielefeld. Bartels scheint das damals völlig anerkannt zu haben. Als er der Gemeinde im Frühjahr 1911 die am 10. Februar erfolgte Überschreibung des Warburger Heims mitteilte, bedankte er sich herzlich für die Mitwirkung, ohne das Bielefelder Heim auch nur zu erwähnen: „Ohne Ihre Mithilfe wäre das große Werk nicht zustande gekommen . . . Unser Zusammenwirken während der zwanzig Jahre meiner Anwesenheit in Bielefeld ist mir heute noch in der angenehmsten Erinnerung. Mit besonderer Freude erinnere ich mich an unser Zusammenarbeiten für die gefährdete Jugend und hoffe, daß diese Tätigkeit Ihnen und mir Trost gewähren wird, wenn wir vor dem Richterstuhl Gottes erscheinen." Hätte Bartels geglaubt, daß ihm die Bielefelder Gemeinde das dortige Heim widerrechtlich vorenthalte, hätte er sich nicht auf diese Weise bedankt, sondern auch das Bielefelder Haus erwähnt. Im Lauf der Jahre aber änderte Bartels, möglicherweise wegen der wirtschaftlichen Not in der Kriegszeit, seine Meinung und versuchte nach zehn Jahren, das Haus für den Verein einzufordern. Die Gemeinde lehnte erneut ab, war aber auf seine Bitte hin bereit, sich einer Entscheidung der bischöflichen Behörde zu unterwerfen. Der Spruch erfolgte am 27. August 1921 durch das Bischöfliche Offizialat, welches das Eigentumsrecht der Bielefelder Gemeinde anerkannte: „Nach unserer Ansicht reichen die Behauptungen der Kirchengemeinde Bielefeld, die durch anliegende Urkunden erwiesen werden, völlig aus, um das alleinige Eigentumsrecht der Gemeinde zu begründen. Wir vermögen dem Verein keinerlei Erfolg anderweiten Vorgehens zu versprechen." Daraufhin pachtete der Erziehungsverein auf zehn Jahre die Anstalt. Nach Ablauf dieser Zeit griff Bartels seinen Plan wieder auf. Denn innerlich hatte er die kirchliche Entscheidung nicht anerkannt. Er behauptete, daß der Spruch nicht nach kirchlichen, sondern nach den Grundsätzen des staatlichen Rechts, des Allgemeinen Landrechts, erfolgt sei. Damit räumte er indirekt ein, daß der Erziehungsverein vor dem staatlichen Gericht kein anderes Urteil erwarten konnte, als es die kirchliche Behörde schon festgestellt hatte. Dennoch bestand er trotz Abratens der Behörde und verschiedener Freunde darauf, das Äußerste zu versuchen. Er bat das Generalvikariat um die

Erlaubnis, gegen seine frühere Pfarrgemeinde einen Prozeß vor dem Landgericht führen zu dürfen. Wie zu erwarten war, hatte Bartels keinerlei Erfolg mit seiner Klage und mußte obendrein die nicht unbedeutenden Prozeßkosten übernehmen. Einer seiner engsten Mitarbeiter[99], der ihn dringend vor dem Prozeß gewarnt hatte, bemerkte zu den Folgen: „Die Bielefelder Freunde haben ihrem alten Pfarrer diesen Prozeß übelgenommen und ihn nicht begriffen. Wer jedoch miterlebt hat, wie er innerlich um diese Dinge rang, kann begreifen, wie er aus seiner ganzen charakterlichen Eigenheit heraus nicht sterben wollte, ohne eine letzte Klärung und Entscheidung durch eine neutrale Instanz herbeigeführt zu haben.“ Der Ursprung der Schwierigkeiten lag wohl darin, daß Bartels in seinen Bielefelder Jahren Vorsitzender des Kirchenvorstands und des Erziehungsvereins in ein und derselben Person gewesen war. Das ganze Unterfangen wurde übrigens dadurch hinfällig, daß infolge des Rückgangs der Überweisungen zur Fürsorgeerziehung nicht alle Heime gehalten werden konnten. Schon 1932 mußte Bartels die Anstalt in Bielefeld aufgeben. Er hat damals Furchtbares gelitten und alles versucht, um das Unheil zu wenden. Aber es gelang ihm nicht. Im Frühjahr 1932 schrieb er einem Mitarbeiter, wie schmerzlich ihm diese steten Verhandlungen seien. Er hoffe, daß die „Versetzung ins Jenseits“ nicht mehr fern sei.

Bartels nahm die Unterbringung von Kindern sehr ernst. Vor allem suchte er sich mit hohem Verantwortungsgefühl möglichst gut abzusichern. Wenn ihm eine Familie gemeldet wurde, die ein Kind übernehmen wollte, sandte er dem zuständigen Pfarrer einen umfangreichen Fragebogen zu. In ihm wurde eingehend gefragt, ob die Familie geeignet sei und in geordneten Vermögensverhältnissen lebe, ob sie eigene Kinder und bereits ein Waisen- oder Pflegekind angenommen habe, wie weit der Weg zur Kirche und zur Schule sei oder ob die Gefahr der Ausnutzung bestehe. Wenn die Auskunft günstig ausfiel, wurde ein Fürsorger bestimmt, der die Pflegschaften regelmäßig zu überwachen hatte. Die besondere Aufgabe des Fürsorgers bestand nach Bartels darin, darauf zu achten, daß der Zögling eine zufriedene und glückliche Jugend verbringt. Denn Menschen mit einer freudenarmen oder unglücklichen Jugend behielten, wie er überzeugt war, meist ein Leben lang einen häßlichen Zug im Charakter. Mit jeder Pflegefamilie wurde ein gesonderter Vertrag geschlossen.

[99] Vermutlich ist gemeint: Aloys Braekling (1881-1965) aus Merklinde b. Castrop, Paderborner Priester, 1917 Sekretär, 1924-1935 Direktor und 1937-1961 Vorsitzender des DiCV Paderborn. – Brandt, Chronik 48f. Anm. 114.

Am Jahresende 1919 schrieb er einmal an einen Landwirt, der sich zur Übernahme eines Kindes bereit erklärt hatte: „Die Annahme eines Kindes ist ein so wichtiges und bedeutungsvolles Werk, daß es sorgfältig vorbereitet und allseitig geprüft werden muß, wenn es guten Erfolg haben soll.“ Wiederholt äußerte Bartels, daß ihm die Familienpflege fast in allen Fällen mißlang, wo er nicht vorher die Verhältnisse hatte prüfen können. Gleiches bestätigte für Bartels der Direktor des Warburger Fürsorgeheims, Bornemann, wenn er schrieb: „Aus all seinen Ansprachen an die Kinder, aus seiner Korrespondenz mit uns sprach immer die Sorge um den Einzelnen. Das merkte man besonders, wenn es sich um die Unterbringung eines Kindes in eine Pflegestelle handelte. Schriftlich und mündlich hat er uns immer wieder ermahnt, bei Auswahl des Kindes und der Familie die höchst mögliche Sorgfalt und Gewissenhaftigkeit aufzuwenden, damit durch unsere Arbeit auch die Rettung des Kindes für Zeit und Ewigkeit erreicht werde. Die Familienerziehung war ihm Herzenssache. Mehr als einmal hat er gesagt: Selbst wenn unsere Anstalten entvölkert würden, sei die Förderung der Familienpflege die erste Pflicht.“ Wegen der Fülle wichtiger Arbeiten, welche die Familienpflege mit sich bringt, richtete Bartels 1926 eine eigene „Abteilung für Familienpflege“ ein, die er seiner Nichte, der Lehrerin Cäcilie Bartels, anvertraute.[100] Bei der Errichtung der Anstalten war er stets bemüht, gesunde und freundliche Räume zu schaffen. Auch hielt er darauf, den Sinn für Reinlichkeit und Schönheit bei den Kindern zu pflegen. Aber im übrigen sollte in den Anstalten große Einfachheit herrschen, wie er 1927 einmal schrieb, weil sie Wohltätigkeitsanstalten seien. „Ich habe mich“, so Bartels wörtlich, „als ich Pfarrer in Bielefeld war, erbaut an dem mit Recht so hoch geehrten protestantischen Pastor von Bodelschwingh. Er hat in allen Anstalten die Einfachheit gewahrt, am meisten in seiner eigenen Wohnung.“

Bezüglich der inneren Organisation der Häuser vertrat er die Differenzierung nach Geschlecht, Alter und Grad der Verwahrlosung. Die Gruppenbildung allein genügte ihm nicht. Höchst wichtig erschien es ihm, schulentlassene Zöglinge nicht mit noch schulpflichtigen Zöglingen in einem Hause unterzubringen. Für Schwererziehbare foderte er unbedingt eigene Häuser. Seiner Meinung nach besaß die Arbeit bei den schulentlassenen Zöglingen eine grundsätzlich andere Bedeutung als bei den Schulkindern. Es sei, davon war er überzeugt, geradezu verhängnisvoll, wenn Schulentlassene nicht geeignet beschäftigt würden. Für Tren-

---

100 Anmerkung Lieses: Ging 1926 in den Schuldienst.

nung nach Konfessionen trat er ebenfalls ein, und zwar aus Gründen der gegenseitigen Duldung und Liebe. Denn anderenfalls gäbe es, wie er meinte, stets Anlässe zu unnützen Streitigkeiten. Er empfahl damit aber keineswegs die konfessionelle Abschließung, sondern vielmehr das Motto: „Getrennt organisieren, vereint arbeiten!" Entsprechend dieser Devise nahm Bartels regen Anteil am „Allgemeinen Fürsorge-Erziehungs-Tag".

Über alles aber betonte Bartels, daß der Erzieher die Kinder lieb haben, ein Herz für sie haben müsse. Er dürfe sie niemals als Spielzeug betrachten und nicht dauernd an ihnen herumkommandieren. Untergebenen Befehle zu erteilen, sei, wie er sagte, leicht. Es sei aber zwecklos, wenn es zu häufig oder in verkehrter Weise geschehe. Deshalb behagte es ihm wenig, daß häufig ausgediente Soldaten, sogenannte Kapitulanten, den Erziehungsanstalten zugewiesen wurden. Als Vorbild und Schützer seiner Jugendarbeit verehrte er insbesondere die Heiligen Johannes Bosco[101], Joseph von Calasanza[102] und Peter Damiani[103]. Über die beiden ersteren hat er des öfteren gesprochen, dem letzteren weihte er das Damianeum, die große Anstalt in Warburg, die nun allein noch sein Werk aufrecht erhält. Die Gesamtzahl aller Schützlinge des Vereins betrug beim Silberjubiläum des Vereins im Jahre 1919 über 8 000, zwei Jahrzehnte später etwa 15 000.

Bartels hat in der Fürsorgearbeit viel Niederdrückendes erfahren, aber noch mehr Frohes und Erhebendes. Er war sonnig genug, mehr auf das letzere zu sehen als auf die Enttäuschungen. Fast romanhaft mutet das Erlebnis mit Kesa Weiss an, das er selbst ausführlich beschrieben hat: „Auf Veranlassung des Regierungspräsidenten von Minden wurde am 11. Mai 1905 eine Zigeunerbande (drei Männer, zwei Frauen, sechs Kinder) bei Brakel festgenommen. Für alle Kinder wurde Fürsorgeerziehung angeordnet, da sie ganz verwahrlost waren. Von keinem konnte Alter und Herkunft festgestellt werden. Am 5. Juli wurden sie an das Fürsorgeheim Bielefeld überwiesen. Das älteste der Kinder, ein Mädchen von elf bis zwölf Jahren, eben jene Kesa Weiss, konnte weder lesen noch schreiben. Die Kinder waren nicht unartig, aber leisteten eine Art

---

101 Johannes Don Bosco (1815-1888) aus Becchi, Gründer eines weltumspannenden sozialen Jugendwerkes, Stifter der Salesianer, 1934 heiliggesprochen, Fest am 31. Januar.

102 Joseph von Calasanza (1556/57-1648) aus Peralta de la Sal i. Spanien, Stifter der Kongregation der Piaristen, gründete 1597 im Pfarrhaus von Santa Dorotea im römischen Trastevere die erste unentgeltliche Volksschule Europas, 1767 heiliggesprochen, Fest am 27. August.

103 Petrus Damiani (1007-1072) aus Ravenna, erhielt von seinem älteren Bruder das Theologiestudium finanziert, Benediktiner, Kirchenlehrer, Fest am 23. Februar.

passiven Widerstand. Sie gaben mir z. B. nie die Hand, nahmen auch keine Geschenke an. Mehr als vier Wochen vergingen, ehe sie überhaupt auf eine Frage antworteten. Allmählich aber wurde es anders. Kesa zeigte besonderes Interesse für Religion; am 16. Februar 1906 sollte sie zur ersten Beichte; vorher mußte sie getauft werden und bekam den Namen Maria. Leider war sie schwindsüchtig und mußte bald ins Krankenhaus. Aber je mehr die körperlichen Kräfte abnahmen, um so mehr wuchs das Verständnis für die Glaubenswahrheiten und die Bereitwilligkeit, sich ganz Gott zu weihen. Ich habe die kleine Kranke oft besucht, sie freute sich jedesmal sichtlich. Sobald ich anfing, von göttlichen Dingen zu reden, leuchteten ihre Augen. Sie feierte ihre erste hl. Kommunion auf dem Krankenbett mit einer solchen Andacht, ich möchte sagen Verklärung, wie ich sie nur selten beobachtet habe. Ihre Kräfte schwanden immer rascher; gern sprach sie vom nahen Tode und freute sich, zu Gott zu kommen. Sie wurde aber nicht ernst oder traurig, zeigte vielmehr oft kindliche Freude. Am 27. Juli 1906 starb sie. Kurz vor dem Tode fragte ich sie: ‚Maria, was soll ich dir von Gott erflehen, die Wiedergenesung oder die Aufnahme in den Himmel?‘ Mit wahrhaft freundlichem Lächeln antwortete sie: ‚Ich will nur, was Gott will, ich glaube, es ist besser für mich, wenn ich jetzt sterbe.‘ Zehn Jahre später – ich war schon in Paderborn – kam eines Tages eine vornehm gekleidete Dame, um Rat zu holen in einer Berufsangelegenheit. Ich kannte sie nicht; da erinnerte sie mich daran, daß sie eines von den Zigeunerkindern war, die wir seinerzeit in Bielefeld aufgenommen hatten; sie wolle gern Ordensschwester werden. Ich gab ihr Rat, was zu tun sei, erkundigte mich aber inzwischen über die Entwicklung dieses jungen Mädchens in den letzten zehn Jahren. Ich bekam beste Auskunft, so daß ich sie der Ordensgenossenschaft wohl empfehlen konnte.“ Erwähnt sei noch, daß Bartels gegen Ende des Krieges einen Kotten mit etwa 30 Morgen Land in Mülsborn bei Calle als Kinderheim angeboten erhielt. Er nahm das Angebot bedingungsweise an, weil die Schenkerin, Elisabeth Willmes, im Kotten wohnen bleiben wollte. Leider konnte er die Besitzung wenig nutzen und verpachtete die Äcker zugunsten des Vereins, der für die Schenkerin sorgte. Als Frau Willmes 1936 starb, wurde der Kotten verkauft.

Als Vertreter des Erziehungsvereins nahm Bartels regen Anteil an der 1909 in Limburg vom Caritasverband gegründeten „Vereinigung für katholische caritative Erziehungstätigkeit“, zu deren Vorsitzenden Direktor Rhiel[104] aus Steinfeld und als Stellvertreter Bartels berufen wur-

[104] Wilhelm Rhiel (1859-1929) aus Erfurtshausen, 1882 Priester in Fulda, 1900 Direktor der Fürsorge-Erziehungsanstalt in Steinfeld/Eifel, Päpstlicher Ehrenkämmerer, gest. in

den. Über die Entwicklung und Arbeit des Erziehungsvereins hat Bartels ausführlich berichtet.[105]

Domkapitular, Dompfarrer, Gründungsvorsitzender des DiCV

Wie Bartels in seinen „Erinnerungen" festhielt, verdankte er den Sitz im Paderborner Domkapitel seiner Bielefelder Fürsorgearbeit. Denn letztere hatte die Provinzialbehörde in Münster genau beobachtet. Als 1909 eine Stelle königlichen Patronats im Paderborner Kapitel zur Erledigung kam, ließ der Oberpräsident[106] bei ihm anfragen, ob er zu deren Übernahme bereit sei. Da Bischof Schneider seine Zustimmung gab, nahm Bartels die Kapitelsstelle an. Am 15. März 1909 erhielt er die königliche Benennung. Ende Mai des Jahres übersandte der Oberpräsident dem Bischof die Ernennungsurkunde des Kaisers[107] nebst Provista und die römische Einführungsbulle. Daraufhin wurde Bartels am 15. Juni durch Dompropst Schnitz, den ehemaligen Pfarrer der Allerheiligenkirche in Erfurt, installiert. Eine seiner ersten Amtshandlungen war die Leichenrede auf Bischof Schneider am 6. September 1909. Wenn Bartels durch den Ortswechsel von Bielefeld nach Paderborn auch ein wenig Abstand von der unmittelbaren Fürsorgearbeit nehmen mußte, konnte er aufgrund seiner neuen, gehobenen Stellung aber um so mehr Gewicht für sie in die Waagschale werfen. Darüber hinaus konnte er als Domherr freier als im Bielefelder Pfarramt über seine Zeit verfügen, was vor allem seinen Verkehr mit den Provinzial- und Staatsbehörden erleichterte. Bartels wucherte mit seinen Talenten in Paderborn noch erfolgreicher als in Bielefeld. Allerdings blieb er nicht ganz unbeschwert, weil ihn das Domkapitel als seinen Vertreter zum Dompfarrer bestimmte. Bartels

Fulda. – Freundliche Mitteilung (3. Februar 1995) von Bibliothekar Dr. Franz Josef Busch, Bonn/Köln. – Auf Anfrage beim Provinzialat der Salvatorianer in Köln wurde (31. Januar 1995) von Provinzsekretär P. Michael Rustige freundlich mitgeteilt, daß die Salvatorianer 1923 die Pfarrseelsorge in Steinfeld übernahmen und zu Ostern 1924 die Ordensschule für spätberufene Priesteramtskandidaten von Sennelager b. Paderborn nach Steinfeld verlegten.

[105] Vgl. Bibliographie Bartels in Anm. 2.

[106] Gustav Wilhelm Eberhard Freiherr von der Recke von der Horst (1847-1911) aus Berlin, 1899-1911 Oberpräsident der Provinz Westfalen. – WEGMANN, Die leitenden staatlichen Verwaltungsbeamten der Provinz Westfalen 318f.

[107] Wilhelm II. (1859-1941) aus Berlin, evangelisch, 1888-1918 König von Preußen und deutscher Kaiser, gest. in Doorn b. Utrecht i. Holland. – Die königliche Ernennung trug das Datum vom 15. März 1909. – HOHMANN Friedrich Gerhard: Domkapitel und Bischofswahlen in Paderborn von 1892 bis 1910, in: WZ 123 ‹1973› 215-263, hier 253.

bezog das Dompfarrhaus und widmete sich mit Eifer der Dompfarrgemeinde mit ihren fast 6 000 Seelen. Die Seelsorgearbeit nahm mit dem Kriegsausbruch 1914 erheblich zu. Als Dompfarrer bemühte sich Bartels vorrangig um die Neuordnung der Pfarrseelsorge und plante zielstrebig den Ausbau der „Stadtheide", des großen Außenbezirks, zu einem selbständigen Pfarrbezirk. Wegen des Krieges konnten jedoch nur die nötigen Vorbereitungen getroffen werden wie die Aufstellung einer Baracke aus dem Sennelager als vorläufigem Kirchenraum. Obgleich später nicht mehr dafür zuständig, nahm er am Bau der neuen St. Bonifatiuskirche regen Anteil. Beispielsweise sorgte er dafür, daß der Kirchbau mit einem preiswerten, dauerhaften Rabitzgewölbe ausgeführt wurde. Das Gotteshaus kostete mit 350 Sitzplätzen zwar nur 140 000 Mark, bot allerdings auch keinen besonders festlichen Anblick.

Lebhaft beschäftigte ihn weiterhin die Schulfrage. So verfaßte er 1912 „Winke und Richtlinien für kirchlichen bzw. pfarramtlichen Religionsunterricht" zur Ergänzung und Vertiefung des schulischen Religionsunterrichts und empfahl sie den Dechanten auf einer Diözesankonferenz. Auch verwandte er sich beim Bischof für die Lehrerin Fuest, die sich schulentlassener Hilfsschülerinnen annahm. Mit Stadtdechant Müer[108] in Münster und Pfarrer Kemper[109] in Warburg unterstützte er die „Organisation zur Verteidigung der katholischen Schule". Die Sache war veranlaßt durch das Vorgehen der Regierung, die im Herbst 1909 mit einem Schlag die Ortsschulinspektion der Geistlichen für alle Schulen mit Rektorsystem aufhob. Es entstand darüber eine allgemeine öffentliche Beunruhigung. Am 20. Oktober 1909 fand eine große Versammlung für den Regierungsbezirk Arnsberg in Hagen i.W. statt, am folgenden 26. Oktober für den Regierungsbezirk Minden in Paderborn. Auf beiden Versammlungen wurde eine Kommission zur weiteren Vertretung der Sache gewählt, zu der auch Bartels gehörte. Er sandte das Protokoll der Versammlung unter anderen an Stadtdechant Müer in Münster und an Pfarrer Bornewasser[110] in Essen. Ersterer erklärte sich bereit, für das

---

108 Bernhard Müer (1957-1915) aus Ottmarsbocholt, 1881 Priester (wegen des Kulturkampfs außerhalb Münsters), 1909 Stadtdechant in Münster, 1914 Ehrendomherr in Münster. – Freundliche Mitteilung (25. Januar 1995) von Archivoberrat Dr. Peter Löffler, Bistumsarchiv Münster.

109 Franz Anton Kemper (1850-1914) aus Tietelsen, 1882-1891 Religionslehrer an der Höheren Bürgerschule in Schalke, 1892-1904 erster Pfarrer von St. Josef Schalke, gleichzeitig 1899-1907 erster Diözesanpräses der Arbeiter- und Knappenvereine im Bistum Paderborn, 1904-1914 Pfarrer in Warburg Neustadt, ab 1905 auch Dechant des Dekanates Warburg. – Brandt, Schalke '91, S. 421-424.

110 Richard Gustav Bornewasser (1855-1911) aus Kirschsiepen b. Hückeswagen, Bis-

Bistum Münster mitzuwirken und hielt am 14. Januar 1910 in Münster eine ähnliche Versammlung unter Teilnahme von Bartels. Im April 1911 nahm Bartels an einer größeren Konferenz der Schulorganisation in Frankfurt a.M. teil, über die er dem Bischof am 3. Mai 1911 berichtete. Wie schon in Bielefeld stand er auch in Paderborn den Lehrpersonen sehr nahe, was diese dankbar anerkannten. Anläßlich seines Verzichts auf das Dompfarramt richtete er einen besonderen Abschiedsgruß an die Lehrerschaft. Rektor Krömeke erwiderte am 7. November 1918 im Auftrag aller: „Wir Lehrpersonen der Domschule empfinden es freudig, daß Euer Hochwürden beim Niederlegen des Pfarramtes sich unser erinnerten und sprechen herzlichen Dank aus für die Mitteilung, daß sie unser auch in Zukunft am Altare gedenken. Mit diesem Dank verbinden wir das Versprechen, auch Sie recht oft und gern in unser Gebet einzuschließen und Gott zu bitten, Er möge auch fernerhin Ihre mühevolle Arbeit segnen zum Wohl der zahlreichen Kinder, die ihr Lebensglück Ihrer unermüdlichen und gewissenhaften Sorge verdanken. Besonderen Dank schulden wir Ihnen für das bei jeder Gelegenheit bewiesene Wohlwollen, sei es uns Lehrpersonen des Domsystems oder der gesamten Lehrerschaft der Stadt gegenüber. Wir handeln sicher im Einverständnis aller, wenn wir bei dieser Gelegenheit auch ihren Dank zum Ausdruck bringen."

In die Paderborner Pfarrzeit fiel der große Krieg mit den nachfolgenden schweren Jahren. Schon am 4. August 1914 erließ Bartels im Namen der Pfarrgeistlichen einen Aufruf an die Soldaten: „Jeden Abend von 8 bis 10 Uhr ist bis auf weiteres Gelegenheit zur Beichte; auch zu jeder andern Tageszeit steht ein Geistlicher dazu zur Verfügung; der oberste Kriegsherr hat euch zur Fahne gerufen; er hat zugleich auch das deutsche Volk ermahnt, in innigem Gebet sich zu Gott zu wenden; ihr katholischen Soldaten könntet dieser Aufforderung nicht besser nachkommen als durch andächtigen Empfang der heiligen Sakramente, bevor ihr in den Krieg zieht." Am gleichen Tage veranlaßte er auf der Konferenz der Dekanatsgeistlichen eine Sammlung, die 92 Mark einbrachte und die er dem Bischof für die Kriegsfürsorge überreichte. Auch die Fürsorge für die Familien der Eingezogenen ließ er sich angelegen sein. Gleich nach Beendigung des Krieges wandte er sich in einem Rundschreiben an die Müttervereine, ihm bei der Gewinnung guter Pflegestellen für kleine Kinder von alleinstehenden Vätern behilflich zu sein. Am 22. Oktober

tum Trier, 1878 Priester, 1896-1909 Pfarrer an St. Gertrud in Essen, 1909-1911 Pfarrer an St. Johann Baptist/Münsterkirche in Essen, Dechant. – Handbuch der Erzdiözese Cöln ‹1911› 153.- Handbuch des Bistums Essen 221 u. 224.

1915 erklärte er sich auf Anfrage bereit, dem Ausschuß für die Kriegsbeschädigtenfürsorge in der Provinz Westfalen beizutreten: „Wenn wir bereit sind, Hilfsbedürftigen zu helfen, die mehr oder weniger durch eigene Schuld in bedrängte Lage gekommen sind, so werden wir uns eine Ehre daraus machen, jenen beizustehen, die im Kampf für das Vaterland hilfsbedürftig geworden sind." Ebenso wurde er 1919 Mitglied des Provinzialausschusses der Nationalstiftung für Hinterbliebene. Von der großen Not, die der unglückliche Ausgang des Krieges für Deutschland im Gefolge hatte, wurden die Anstalten noch stärker betroffen als die einzelnen Familien. Bartels war auf das äußerste bemüht, Hilfe aus dem Ausland zu vermitteln. Im September 1919 sandte ihm sein alter Schulkollege John Hoeschen aus Los Angeles in Kalifornien 2 000 Mark zur Verteilung an Bedürftige, wobei auch Altenbeken nicht vergessen werden sollte. Besondere Hilfe leisteten ihm außer Verwandten und näheren Landsleuten Prälat Schlatter[111], der im Auftrag des Bonifatiusvereins ein Hilfsbüro in New York eröffnet hatte, Prälat Kaufmann[112] in Detroit

[111] Friedrich Schlatter (1878-1927) aus Grafenhausen b. Bonndorf/Baden, 1901 Priester in Freiburg i. Br., nach Seelsorgetätigkeit in verschiedenen Pfarreien seines Heimatbistums Freiburg i. Br., 1912 Herausgeber der Paderborner Kirchenzeitung „Leo", 1913 Generalsekretär des Bonifatiusvereins in Paderborn, Berater der Bonifatiusdruckerei und Redakteur des Bonifatiusblattes, 1914-1918 Divisionspfarrer mit erstem Kapellenauto, Gründer und Redakteur der Soldatenzeitschrift „Am Lagerfeuer", verdient um die Kirchliche Kriegshilfe in Paderborn, mit Hedwig Dransfeld Anreger des Baus der Frauen-Friedenskirche in Frankfurt a. M., Inhaber hoher Orden, Päpstlicher Hausprälat, 1920 Übersiedlung nach New York mit Aufbau eines Hilfswerks für Deutschland, Kollektant von millionenfachen Summen zum Unterhalt der Waisenhäuser und Kinderwerke der deutschen Diaspora, gest. in New York, begraben nach Überführung des Leichnams unter Teilnahme einer Delegation aus Amerika und unter Ehrenbezeugung des Auswärtigen Amtes der Reichsregierung in Art eines Staatsbegräbnisses auf dem Ostfriedhof in Paderborn. – The Father of Orphans, published by The Monsignor Schlatter Memorial Committee ‹New York 1927› 21 S. - Freundliche Mitteilung (30. Januar 1995) von Prälat Georg Walf, Generalsekretär des Bonifatiuswerks der deutschen Katholiken, Paderborn.

[112] Heinrich Joseph Kaufmann (1871-1958) aus Würdinghausen/Sauerland, wanderte 1886 ohne die Eltern mit drei älteren Geschwistern nach Detroit aus und wurde dort kaufmännischer Lehrling, 1892 Theologiestudium in Detroit und in Milwaukee, 1899 Priester in Milwaukee und Vikar in Detroit, dann Pfarrer an St. Edward in Mendon i. Michigan, 1912-1917 Pfarrer an St. Joseph in Detroit, 1917-1947 Chaplain am St. Mary's Hospital und am Receiving Hospital für Blinde und Taubstumme in Detroit, 1934 Päpstlicher Geheimkämmerer, 1952 letztmaliger Aufenthalt in der sauerländischen Heimat mit Ernennung zum Geistlichen Rat E. h. durch den Paderborner Erzbischof Lorenz Jaeger, sammelte nach dem Ersten und dem Zweiten Weltkrieg in Amerika Kleidung, Lebensmittel und Medikamente in unglaublicher Menge für die Notleidenden in seiner sauerländischen Heimat und im Erzbistum Paderborn, erfaßte auf Bitten Wilhelm Lieses 539 Namen von Paderborner Diözesanen, die zwischen 1830 und 1930 nach Nordamerika ausgewan-

und sein alter Freund Reuter, aber auch solche, denen er zum Priestertum geholfen hatte, wie der polnische Priester Paul Kaczyk[113]. H. Heide[114] teilte ihm 1922 mit, daß er 200 000 Mark für die Fürsorgevereine zur Verfügung gestellt habe. Ein eindringliches Bittschreiben für seine Anstalten richtete Bartels im September 1922 nach Amerika: „Unser Verein hat gegenwärtig für 480 Kinder zu sorgen; mit Schrecken sehe ich dem kommenden Winter entgegen. In Klausheide haben wir z. B. 140 Knaben; die gehen in Lumpen gehüllt. Und nun kommt die Kälte. Im Namen des göttlichen Kinderfreundes bitte ich Sie um eine Gabe. Es sind meist solche, die vor ihren eigenen Eltern geschützt werden müssen, damit sie nicht auch an der Seele zugrunde gehen." Im Jahre zuvor hatte er für den Dortmunder Fürsorgeverein ein ähnliches Rundschreiben an Landsleute in Amerika gerichtet. Bei Gründung der Verteilungsstelle für Auslandsgaben in Paderborn am 1. Januar 1921 wurde auch Bartels hinzugezogen.

Während des Krieges entstand in Paderborn ein Diözesan-Caritasverband. Die Gründungsversammlung fand im Dezember 1915 in Dortmund statt, bei der P. Konstantin Noppel S. J.[115] die Hauptrede hielt. Zum Vorsitzenden des Verbandes berief der Bischof Domkapitular Bartels, der dadurch auch Mitglied des Zentralrates im allgemeinen Caritasverband wurde. Er hatte früher schon wiederholt an den Caritastagen teilgenommen. 1905 sprach er in Dortmund über das Thema: „Wie hat die katholische Caritas bei der Ausführung des Fürsorgeerziehungsgesetzes mitgewirkt und welches sind ihre weiteren Aufgaben?" Besonders rege war seine Anteilnahme 1910 am Caritastag in Essen, wo er zum Vorsitzenden der Kommission für das Laienapostolat bestellt wurde, ferner 1912 am Caritastag zu Nürnberg und 1913 an dem zu Münster sowie an den damit verbundenen Jugendfürsorgekonferenzen. In Nürnberg wurde nach einem Referat Bartels eingehend über die für die Erzie-

---

dert waren und dort als Priester wirkten, verdient um den Bonifatiusverein durch Stiftung zahlreicher Diasporakirchen, war sechs Sprachen mächtig, darunter des Polnischen, außerdem der Taubstummensprache, das Sauerländer Platt hatte er nie verlernt, gest. und begraben in Detroit. – Krause Jochen: Menschen der Heimat. Kreis Olpe 3 ‹Kirchhundem 1989› 568-572. – Freundliche Mitteilung (26. Januar 1995) von Frau Margret Reideling, Kirchhundem.

113 Nicht zu ermitteln.

114 Nicht zu ermitteln.

115 Konstantin Noppel (1883-1945) aus Radolfzell/Baden, 1908 Priester in Rom, Dr. phil., Dr. theol, 1909 Jesuit, 1913-1919 Seelsorger in Berlin, 1919 in München, 1922 erster geistlicher Landes-Caritasdirektor in Bayern, 1932 Rektor des Collegium Germanicum in Rom, bedeutender Pastoraltheologe. – Brandt, Chronik 33 Anm. 62.

hung geeigneten Familien gesprochen, in Münster über Fragen der Vormundschaft. Mit dem Thema Vormundschaft befaßte sich Bartels damals eingehend. Er wünschte vor allem, daß die sogenannte Berufsvormundschaft nur subsidiär eintrete, also solange kein geeigneter Einzelvormund vorhanden sei. Die Konferenzen wurden von der Vereinigung für katholische caritative Erziehungstätigkeit getragen. Im Rahmen dieser Vereinigung bemühte er sich um die Gründung eines katholischen Seminars für Fürsorgeerzieher, das 1910 in Bonn ins Leben trat. Im April 1910 hatte Bartels im Ministerium des Innern einen Vortrag zu halten über die Fragen: a. Liegt ein Bedürfnis zur Ausbildung katholischer Erzieher bzw. Fürsorger vor? b. Wie groß ist der Jahresbedarf? c. Welche Anstalten befassen sich mit der Ausbildung und wieviele Fürsorger bilden sie aus? Zur Gewinnung von Material schickte er eine Rundfrage an die in Betracht kommenden Anstalten. Er berichtet dann über die Pläne der Vereinigung für katholische caritative Erziehungstätigkeit, die vom Minister[116] voll gebilligt wurden. Wiederholt hat Bartels über das Erzieherseminar an der Anstalt St. Joseph bei Bonn geschrieben.[117] Der erste Kursus in dem neuen Seminar fand im November 1910 statt, bei dem Bartels zwei Vorträge hielt: „Zweck und Bedeutung der Ausbildung, Notwendigkeit der pädagogischen Schulung der Anstaltserzieher" sowie „Begriff und Wesen der Erziehung, ihre Bedeutung, Möglichkeit und Notwendigkeit". Er hielt auch die einleitende Andacht mit Predigt. Ebenso sprach er auf der im Januar 1911 einberufenen ersten Direktorenkonferenz.

Während des Weltkriegs nahm Bartels regen Anteil an der Diskussion über die Stellung des Caritasverbandes zu den Fachvereinen. Im März 1917 veröffentlichte er als Erstunterzeichneter mit dem Dortmunder Fürsorgeverein eine Denkschrift[118]. Sie ist stark polemisch gehalten und vertritt eine von der Freiburger Auffassung ganz abweichende Meinung über die beiderseitigen Aufgaben, insbesondere über die des Caritasverbandes. Die Denkschrift zielte auf eine Konferenz ab, die am 6. Juli 1917 in Frankfurt a. Main stattfand und das lebhafteste Interesse Bartels fand. Ihr Thema lautete: „Ausbau der Caritasorganisation und Verhältnis der Diözesan- und Ortsverbände sowie der Fachorganisationen zum allgemeinen Caritasverband und untereinander".[119] 1917 erließen die

[116] Friedrich von Moltke (1852-1927) aus Ranzau i. Holstein, 1907-1910 Innenminister in Berlin.

[117] Vgl. Bibliographie Bartels in Anm. 2.

[118] Vgl. Bibliographie Bartels in Anm. 2.

[119] Vgl. Liese, Lorenz Werthmann 162-178.

Bischöfe dann endgültige Richtlinien. Bartels beteiligte sich auch 1918 namens des Männerfürsorgevereins an der „Denkschrift des Deutschen Caritasverbandes [...] zum preußischen Jugendfürsorgegesetzentwurf", über die auf dem Caritastag in Koblenz im Oktober 1918 beraten wurde. Er sprach dabei über „Die Entscheidungsstunde der katholischen Jugendfürsorge in Deutschland". Der Entwurf kam nicht zur Ausführung. Statt dessen wurde am 14. Juni 1922 ein Reichsjugendwohlfahrtsgesetz (RJWG)[120] angenommen. Auf dem Caritastag im November 1920 in Paderborn trat Bartels kaum noch in Erscheinung. Allerdings übernahm er mit Frau Neuhaus[121] die Leitung des dort gegründeten Fachausschusses für Jugendfürsorge. Obgleich ihn die Sorge für den Erziehungsverein und für seine Anstalten immer ausschließlicher in Anspruch nahm, war er noch einmal bedeutsam für die Förderung der Caritas und des Caritasverbandes tätig, und zwar auf der Paderborner Diözesansynode im Oktober 1922. Zur Vorbereitung wurde eine Reihe von Kommissionen bestellt, darunter auch eine für kirchliche Wohlfahrtspflege und Caritas unter der Leitung von Bartels.[122] Als neue Aufgaben wurden bezeichnet der Ausbau des DiCV durch Gewinnung neuer Mitglieder, die Bildung örtlicher Caritasausschüsse bzw. Caritassekretariate, die Zusammenarbeit mit Staat und Gemeinde sowie die Stellungnahme gegenüber den Sozialisierungs- und Kommunalisierungsbestrebungen. Aus den Beschlüssen sind folgende von besonderer Bedeutung: 1. in jeder Pfarrei, auch auf dem Lande, ist ein Caritasausschuß aus den Mitgliedern der Vereine zu bilden; 2. wo ein Amtsgericht oder ein Jugendamt besteht, sind auch die beiden Fürsorgefachvereine einzurichten, die mit den Zentralen in Paderborn und Dortmund ständig Fühlung halten. Die Notwendigkeit der caritativen Schulung wurde stark betont, und zwar für Priester durch den Besuch von Vorlesungen und für die hauptamtlichen Helfer durch den von Fachschulen. Dabei wurde auf die neue Fürsorgeschule des Dortmunder Vereins besonders hingewiesen. Schon im Mai 1922 hatte er ein Werbeblatt an alle Pfarrer gesandt, um die Bildung von Caritasausschüssen anzuregen.

Nachdem Bartels das Dompfarramt neun Jahre verwaltet hatte, bat er am 2. Juni 1918 das Domkapitel unter Hinweis auf seine umfangreichen fürsorgerischen Arbeiten um Entbindung von demselben. Das Kapitel versuchte ihn zwar umzustimmen, doch blieb Bartels bei seinem Ent-

120 Vgl. den entsprechenden Beitrag in: Karstedt, Handwörterbuch der Wohlfahrtspflege.

121 Vgl. den Beitrag von Irmingard Böhm über Agnes Neuhaus in diesem Band.

122 Vgl. Brandt, Chronik 53-55.

schluß. Nach längerer Überlegung antwortete er dem Domkapitel am 3. September 1918: „Ich bin bereit, auf der Kanzel und im Beichtstuhl nach Möglichkeit mitzuarbeiten, kann aber die Verantwortung für die mehr als 6 000 Seelen zählende Domgemeinde nicht mehr tragen, weil die mir vom Bischof übertragenen Fürsorgearbeiten einen solchen Umfang angenommen haben, daß diese meine ganze Kraft in Anspruch nehmen.“ Daraufhin wurde am 16. Oktober 1918 Domkapitular Rosenberg[123] zum Dompfarrer designiert. 1924 entschloß sich Bartels auch zur Niederlegung des Vorsitzes im DiCV. Am 25. Februar 1924 bat er mit Verweis auf seine angeschlagene Gesundheit den Bischof um Entpflichtung. Es sei ihm physisch unmöglich, das Amt weiterzuführen. Seit Wochen leide er an einer solchen Schlaflosigkeit, daß er mit dem völligem Zusammenbruch rechnen müsse. „Den Rest meiner Kräfte möchte ich gern auf die Rettung der gefährdeten Jugend verwenden, weil diese Tätigkeit am meisten übereinstimmt mit dem Priesterideal, wie es mir immer vorgeschwebt hat.“ Der Bischof entsprach seinem Wunsche mit herzlichem Dank und ernannte Dr. Braekling zum Nachfolger. Bartels besuchte noch die Sitzung des Zentralrates des DCV im Oktober 1926 in Osnabrück. Bartels, dem Büroarbeit ohnehin wenig lag, konnte sich nun frei der Caritas und der Fürsorge widmen. Die ihm übertragenen neuen Ämter eines Wirklichen Geistlichen Rates am Generalvikariat und am Offizialat nahmen ihn erträglich in Anspruch. Er hatte inzwischen das 60. Lebensjahr überschritten, und die Vorboten des Alters, das Abnehmen der geistigen Kräfte, meldeten sich immer stärker. Ab etwa 1925 wurde der bis dahin gesunde Mann anfällig für ernste Krankheiten. Stärker als diese aber lasteten auf ihm die nach Kriegsende einsetzenden wirtschaftlichen Sorgen. Sie betrafen nicht nur seine Anstalten, sondern die Armen im allgemeinen, von deren Not er im Vinzenzverein regelmäßig erfuhr. Seine Arbeit der folgenden Jahre war deshalb mit der Anstrengung ausgefüllt, die Nöte zu lindern, besonders durch Hilfen aus Amerika. Als die größten Notjahre überstanden waren, war auch seine Kraft gebrochen. Schwer traf ihn eine Blutvergiftung im Herbst 1925, die ihn zwang, über ein halbes Jahr, bis Mitte April 1926, im Krankenhaus zu verbringen. Er war derart schwach, daß er während der ganzen Zeit des Krankenhausaufenthaltes nicht zelebrieren konnte. Auch nach einer längeren Kur in Bad Oeynhausen blieb sein Gesundheitszustand recht angegriffen. Vor allem litt er unter der starken Abnahme des Ge-

[123] Josef Arnold Rosenberg (1865-1930) aus Olpe, 1890 Priester, 1916 Domkapitular, 1918 auch Dompfarrer und Dechant des Dekanates Paderborn, 1920 Generalvikar, 1924 Apostolischer Protonotar. – Liese, Necrologium 456f.

dächtnisses und einer Schwäche im rechten Arm, so daß er diesen kaum noch gebrauchen konnte. Wie sehr ihn die Krankheit packte, sieht man wohl am besten daraus, daß er sich entschloß, von seinen Fürsorgekindern förmlich Abschied zu nehmen. Am 25. November 1925 richtete er einen rührenden Brief folgenden Inhalts an sie: „Liebe Kinder! Mein zunehmendes Alter und die damit verbundenen Beschwerden sowie andere mir außer der Erziehungstätigkeit übertragenen Aufgaben haben mich leider verhindert, in den letzten Zeiten euch in den Anstalten so oft zu besuchen, wie ich es wünschte. Ich hätte euch vieles zu sagen gehabt aus meinem langen Leben, euch zum Nutzen und zur Warnung, denn groß ist die Zahl der Kinder, deren Gefährdung und Entbehrungen ich gesehen habe. Nun nehmt von mir an, was ich im Leben deutlich erkannt habe. Der Weg zum wahren Glück hier auf Erden und in der Ewigkeit ist der, den der göttliche Heiland uns gezeigt hat. Haltet treu Gottes Gebote, bewahret euren katholischen Glauben und in den Stürmen des Lebens haltet fest am regelmäßigen Empfang der heiligen Sakramente. Nicht in der Befriedigung der Leidenschaften besteht das Glück, sondern in der Entsagung und Entbehrung, wie es der Heiland selbst uns gelehrt hat. Zur größeren Ehre Gottes meinen Mitmenschen zu dienen, das war der Grundsatz meines Lebens. Darin bin ich glücklich geworden auch hier auf Erden und darin werde ich mein Glück finden in der Ewigkeit. Haltet auch daran fest, dann werdet auch ihr schon hier auf Erden glücklich sein, namentlich in dem innigen religiösen Zusammenleben der katholischen Kirche. Und dann werden wir uns wiedersehen dort, wo es keine Trennung, keinen Schmerz und keine Klagen mehr gibt. So grüße ich euch alle recht herzlich als Euer Domkapitular Bartels." Der erwähnte Kuraufenthalt in Bad Oeynhausen beraubte ihn übrigens der großen Freude, den Apostolischen Nuntius Pacelli[124] persönlich begrüßen zu dürfen, der zum Liborifest 1926 einige Tage in Paderborn verweilt und dabei auch die Anstalt Klausheide besucht hatte. Dafür entschädigte ihn die große Anteilnahme, die er während seines Krankenlagers fand. Wie die Generalversammlung des Fürsorgevereins zu Beginn der erwähnten Erkrankung seiner herzlich gedachte, sandten ihm gegen Ende derselben mehrere Vorstandsmitglieder Grüße der Anteilnahme aus Dortmund: „Mit großer Dankbarkeit und Liebe gedenken wir unseres verehrten Geistlichen Beirates, freuen uns

[124] Eugenio Pacelli (1876-1958) aus Rom, 1899 Priester, 1901 Dr. jur. can. und Professor an der Päpstlichen Diplomatenakademie, 1917 Titularerzbischof und Päpstlicher Nuntius in Bayern, 1920-1929 auch beim Deutschen Reich in Berlin, 1929 Kardinalstaatssekretär, 1939 Papst unter dem Namen Pius XII.

seiner beginnenden Genesung und bitten den lieben Gott, daß er bald wieder in alter Kraft und Frische mit uns arbeiten, mit uns zusammensein möge." Auch der 70. Geburtstag im Oktober brachte ihm viele Glückwünsche, obwohl er ihn still feiern mußte. Das Westfälische Volksblatt und die Kölnische Volkszeitung brachten Gedenkartikel. Letztere schrieb u.a.: „Als eine echte und kernige Westfalennatur, voll Offenherzigkeit, Leutseligkeit und urwüchsigen Humors, als Mann rastloser Arbeit für Staat und Kirche steht er vor uns." Überaus herzlich schrieb ihm besonders Frau Neuhaus namens des Fürsorgevereins in Dortmund: „Ich wünsche von Herzen, daß Gott Sie behüte. Ich weiß ja, daß Sie in allem nur ihn suchen . . . Wir wollen Ihnen heute von Herzen danken für alle treue Hilfe und Mitarbeit; wir fühlen, daß Sie als Geistlicher Beirat nicht nur ein Amt ausüben, sondern mit warmem Herzen und aus ganzer Seele uns helfen und fördern." 1928 mußte Bartels erneut für längere Zeit ins Krankenhaus. Ende August ging er zu den Barmherzigen Brüdern nach Dortmund, um sich einer Blasenoperation zu unterziehen. Er hatte mit vier Wochen gerechnet, doch wurden vier Monate daraus. Trotzdem raffte er sich immer wieder auf. So schrieb er am 28. Januar 1929: „Nach einer fünfmonatigen Krankheit fange ich jetzt wieder an, etwas zu arbeiten." Zwei Jahre später, im Juli 1931, bemerkte er: „In den letzten fünf Jahren habe ich zwei schwere Krankheiten durchgemacht und leide noch etwas unter den Folgen. Dazu kommt das Alter. Aber ich kann noch arbeiten und bin sehr zufrieden." Dennoch ging es unübersehbar abwärts mit ihm. Zur geschwächten Gesundheit kamen die großen neuen Sorgen um die Existenz seiner Anstalten. War es in den 20er Jahren die allgemeine wirtschaftliche Not gewesen, die den Anstalten das Durchkommen erschwert hatte, so wurden diese jetzt durch die staatlichen Sparmaßnahmen in ihrem Lebensnerv getroffen, indem die Zahl der Zöglinge stark zurückging. Die Sorgen trübten stark die Freude über sein goldenes Priesterjubiläum[125], das er Ende Mai 1932 feierte. An der Wende 1934/1935 sah sich Bartels gezwungen, mit seinen letzten Ämtern auch die Leitung des Erziehungsvereins aufzugeben.

---

[125] Vgl. die Festartikel: Domkapitular Prälat Bartels im goldenen Jubelkranze seines gesegneten Priestertums, in: Heimatbote 5 ‹Paderborn Mai 1932› o.S. sowie in: Westfälisches Volksblatt vom 28. Mai 1932.

Als Förderer von Priesterberufen

Nächst dem Erziehungsverein hat Bartels nichts so sehr am Herzen gelegen wie die Förderung von Priesterberufen, ein Anliegen, das ihn seit seinen ersten Priesterjahren bewegte. In einer seiner Veröffentlichungen[126] erzählte er darüber näheres. Am 28. September 1882 habe er seine erste Seelsorgestelle angetreten und zwei Tage später die erste Predigt im Sonntagshochamt halten müssen. Am Nachmittag sei eine Frau zu ihm gekommen und habe ihm von ihrem Sohn berichtet. Er habe das Abitur bestanden und beabsichtige, Philologie zu studieren. Bei der Sonntagspredigt sei ihr der Gedanke gekommen, ob ihr Sohn nicht besser Theologe werden solle. Bartels habe den jungen Mann zu sich bestellt und ihn, da er einen guten Eindruck von ihm gewonnen hatte, nach Innsbruck geschickt, damit er dort seine Berufung prüfe. Nach den Exerzitien habe ihm der Kandidat im Januar 1883 mitgeteilt, daß er sich für berufen glaube. 1886 sei er zum Priester geweiht worden.[127] Bartels hatte in Freienohl bereits vier Knaben Privatunterricht erteilt, von denen später drei Priester wurden. Auch in Dortmund verfolgte er das Anliegen und widmete sich deshalb besonders der Meßdienerarbeit. „Nicht alle meine dortigen Schüler sind Priester geworden; manche erklärten später, es sei nicht ihr Beruf. Trotzdem habe ich weiter geholfen. Der Beruf ist die ureigenste Angelegenheit eines jeden Menschen. Da dürfen andere nicht hineinreden." Desgleichen setzte er in Bielefeld seine Bemühungen um den Priesternachwuchs fort, wie aus einem Brief an Vikar Kniewel[128] aus dem Jahre 1934 hervorgeht: „Obschon ich in Bielefeld für kirchliche und Armensachen viel betteln mußte, fand ich doch ein beglückendes Entgegenkommen bei den Sammlungen für Priesterberufe. Ob nicht auch jetzt noch dort Hilfe zu haben ist?" Als er die zweite Anstalt des Erziehungsvereins gründete, wählte er bewußt Warburg, weil es dort ein katholisches Gymnasium gab, an dem begabte Zöglinge studieren konnten. Die Hauptarbeit für diese seine Lieblingsidee fiel aber in die Paderborner Zeit. Am 30. April 1912 richtete Bartels

---

[126] Vgl. Bibliographie Bartels in Anm. 2.

[127] Nach der Anmerkung Lieses handelte es sich um: Georg Roether (1863-1916) aus Freienohl, 1886 Priester und Domvikar in St. Gallen/Schweiz, 1890-1892 Kaplan bei Pfarrer Bartels in Bielefeld, 1899-1916 Pfarrer in Gelsenkirchen-Ückendorf. – LIESE, Necrologium 455.

[128] Johannes Kniewel (1904-1956) aus Bochum, 1932 Priester in Paderborn und Kaplan an St. Joseph in Bielefeld, gest. als Pfarrer in Massen b. Unna. – PSchemP ‹1935› 20. – Totenkalendarium ‹1981› 166.

an Bischof Schulte[129] eine Promemoria, in der er ausführte, daß manches Talent mit Priesterberufung nicht zur Ausbildung kommt, weil es zu wenig Anregung erhält. Gewiß sei Vorsicht geboten, damit streberische Elemente die Sache nicht ausnutzen, aber es sei ebenso bedauerlich, wenn die guten Jungen keine Hilfe fänden. Der Krieg brachte einen neuen Anstoß für das Anliegen, weil viele Theologen ins Feld mußten und nicht wenige dort fielen, so daß die Zahl der Priester bedenklich zurückging. Nach einer von Bartels für die Jahre 1910 bis 1914 angefertigten Statistik standen 232 Neupriestern 144 Sterbefälle gegenüber. Dagegen verhielt sich die Statistik für die Kriegsjahre von 1915 bis 1919 mit 87 Neupriestern und 121 Todesfällen gerade umgekehrt. Darüber hinaus bildete die jahrelange Beschäftigung mit Zerstören und Töten keinen guten Boden für neue Berufe. Wegen der dringenden Angelegenheit gab Bischof Schulte Domkapitular Bartels den Auftrag, das Thema auf der Diözesankonferenz der Dechanten 1919 zu behandeln. Bartels hatte sich zuvor eingehend über ähnliche Bestrebungen in andern Bistümern kundig gemacht wie beispielsweise im Oktober 1918 bei Pfarrer Doerner[130] in Bonn, dem Gründer eines Apostolats für Priester- und Ordensberufe. Aufmerksam verfolgte er auch die Tätigkeit der Salvatorianer für sogenannte Spätberufene. Bartels plante einen besonderen „Verein für Förderung der Priesterberufe", über den mehrere Statutenentwürfe bei den Akten liegen. Einer von ihnen bestimmte als Vereinszweck die Unterstützung bedürftiger Knaben und Jünglinge mit vermutlicher Priesterberufung durch Geld und die Gründung von Anstalten für Spätberufene. Ein außerplanmäßiger Unterricht für solche Knaben sollte höchstens bis zur Untertertia erteilt werden, ab der Obertertia sei geordneter Schulunterricht nötig. Als Berufszeichen betrachtete Bartels 1. den Geist des praktischen Christentums und eine gesunde Frömmigkeit in der Familie, 2. die Neigung zum Allerheiligsten Altarssakrament und zum Dienst im Heiligtum sowie 3. die Gemütsanlage, andere zu achten und ihnen zu helfen. Nüchterne Verstandesmenschen hielt Bartels für nicht sehr geeignet. Er war davon überzeugt, daß man dort, wo

---

[129] Karl Joseph Schulte (1871-1941) aus Oedingen/Sauerland, 1910-1920 Bischof von Paderborn, 1915 Gründer des DiCV Paderborn, 1920-1941 Erzbischof von Köln, seit 1921 Kardinal. – Brandt/Hengst, Die Bischöfe 327-333.

[130] August Doerner (1874-1951) aus Hinhausen b. Niederfischbach, 1901 Priester in Trier, 1906-1918 Pfarrer in Reinsfeld Kr. Trier, 1918 als Pfarrer i. R. Direktor des Apostolats für Priesterberufe in Bonn, ab 1919 Herausgeber der Zeitschrift „Quatemberbote für das katholische Volk". – Doerner August: Sentire cum Ecclesia. Ein dringender Aufruf und Weckruf an die Priester ‹München-Gladbach 1941›. – Freundliche Mitteilung (1. Februar 1995) von Bibliothekar Dr. theol. Franz Josef Busch, Bonn/Köln.

alle Zeichen vorhanden sind, auch helfen müsse. Auf keinen Fall dürfe die wirtschaftliche Lage der Eltern eine größere Rolle spielen. Dabei sollte die Hauptarbeit zur Gewinnung der Beihilfen in den Dekanaten liegen. Tatsächlich riefen beispielsweise die Geistlichen des Dekanates Brilon im April 1918 einen „Aloysiusverein zur Unterstützung katholischer Schüler aus dem Dekanat Brilon" ins Leben. Bartels wandte sich an verschiedene Priester und Lehrerinnen um gutachtliche Äußerungen und Hilfen. Im Februar 1919 antwortete ihm unter anderen Rektor Hillebrand[131] aus Steinheim, der spätere Weihbischof, zustimmend. Entscheidend sollte selbstredend letztlich die Zustimmung des Bischofs sein. Im Mai 1919 hatte Bartels eine längere Unterredung mit Bischof Schulte, die ihn glauben ließ, daß sein Plan gesichert sei. Es kam aber anders. Als er im Oktober 1919 der Dechantenkonferenz die Angelegenheit vortrug und eine eigene Organisation vorschlug, erhob sich großer Widerspruch. Der Regens des Priesterseminars[132] hielt entgegen, daß auf solche Weise das Theologiestudium zu leicht gemacht und zu vielen Bewerbern der Zugang zum Priesterberuf eröffnet würde. Generalvikar Klein[133] gab außerdem zu bedenken, daß dadurch die Unterstützungsaktion des „Josefspfennig"[134] leiden würde. Der Bischof schloß sich den vorgetragenen Bedenken an und wollte stillschweigend zu einem andern Tagungspunkt übergehen, als Bartels eine Abstimmung forderte. Diese fiel eindeutig gegen ihn aus, und zwar niederschmetternd. Bartels meinte später, ihm sei zumute gewesen wie einem, den man aus dem Fenster geworfen hatte und der nachsah, wieviele Knochen ihm noch heil geblieben waren. Bartels bat den Bischof am anderen Tag, die Abstimmung nicht ins Protokoll aufzunehmen: „Ich befürchte, daß dann die Sache, für die ich mich zu interessieren nicht aufhören werde, leidet. Die gestrige Verdemütigung nehme ich dankbar an. Nur möchte ich verhindern, daß die Sache leidet; denn ich beabsichtige, trotz des gestrigen Beschlusses mich auch weiterhin der Förderung der Priesterberufe zu widmen. Nur die Form werde ich ändern. Die gestern gemachten

---

[131] Johannes Hillebrand (1874-1931) aus Steinheim, 1898 Priester, 1901 Rektor in Steinheim, 1926-1931 Weihbischof in Paderborn. – BRANDT/HENGST, Die Weihbischöfe 163-166.

[132] Bernhard Rasche (1866-1950) aus Obermarsberg, 1891 Priester in Paderborn und Kaplan in Wehrden, 1891 Vikar und 1899 Pfarrer in Langerfeld, 1909 Regens des Paderborner Priesterseminars, 1915 Domkapitular, 1924 Päpstlicher Hausprälat. – PSchemP ‹1935› 2, 6 u. 142.

[133] Caspar Klein (1865-1941) aus Elben/Sauerland, 1912-1920 Generalvikar, 1920 Bischof und 1930 Erzbischof von Paderborn. – BRANDT/HENGST, Die Bischöfe 334-340.

[134] Fonds aus freiwilligen Spenden zur Unterstützung bedürftiger Theologiestudenten.

Erfahrungen werden mir eine Lehre, aber kein Hindernis sein." Am 11. Dezember 1919 berichtete er dem Bischof in Ausführung eines Vorstandsbeschlusses des Erziehungsvereins, daß er in diesem eine Abteilung zur Unterstützung von Priesterberufen zu gründen gedenke. Auf die Rückfrage des Bischofs, ob das eine Aufgabe des Erziehungsvereins sei, antwortete Bartels, daß er unter den armen Knaben manche Berufungen kenne. Auf die Bedenken des Bischofs hinsichtlich der Spätberufenen erklärte er offen, daß er eine gegenteilige Erfahrung besitze. So hätten die Salvatorianer gerade unter den Spätberufenen hervorragende Männer gefunden. Er werde, so Bartels gegenüber dem Bischof, zum Generalvikar gehen und sich entsprechend seinem Vorhaben entschließen. Die Unterredung fand nach wenigen Tagen statt, wobei der Generalvikar Interesse, ja eine gewisse Begeisterung für die Aktion zugunsten der Priesterberufe zeigte. Die Mitglieder der neugegründeten Abteilung erhielten einen Aufnahmezettel mit Gebeten für Priester, darunter das Vereinsgebet „Herr, du allein hast das Recht, zum Priestertum zu berufen", das sich an das gleiche Gebet des von Kardinal Pompili[135] gegründeten römischen Vereins anschloß. Die Bestrebung erhielt durch das Rundschreiben Papst Pius XI.[136] über die Seminare und das Studium der Priesteramtskandidaten[137] einen starken Anstoß. Trotz seiner abnehmenden Gesundheit dachte Bartels daran, sich ausschließlich der Förderung des Priesternachwuchses zu widmen. Folgende Worte des Papstes beeindruckten ihn tief: „Unter allen Aufgaben des Apostolischen Amtes ist keine wichtiger als dafür zu sorgen, daß der Kirche gute Priester in genügender Zahl zur Verfügung stehen. Das Priestertum ist mit der Kirche wesentlich verbunden. Deshalb kann nicht bezweifelt werden, daß Gott zu jeder Zeit genügend Priesterberufe gibt: sonst würde er der Kirche in einer so wichtigen Sache seinen Beistand entziehen."

Bartels war von Herzen gern Priester. Es schmerzte ihn zeitlebens, daß aus seiner eigenen Familie nur ein Priesterberuf hervorging, der schon erwähnte Sohn seines Bruders Theodor. In diesem Sinne klagte er 1924 über seine vergeblichen Bemühungen um seine zahlreichen anderen Neffen gegenüber einer Nichte in Kanada: „Für Priesteramtskandidaten

[135] Basilio Pompili (1858-1931) aus Spoleto, 1911 Kardinalbischof von Velletri, Kardinalvikar für die Diözese Rom. – Annuario Pontificio per l'anno 1924 ‹Città del Vaticano 1924› 37f. u. ebd. ‹1932› 63.

[136] Achille Ratti (1857-1939) aus Desio b. Mailand, 1879 Priester, 1882 Professor, 1912 Präfekt der Vatikanischen Bibliothek, 1919 Titularerzbischof, 1921 Erzbischof von Mailand, 1922-1939 Papst unter dem Namen Pius XI.

[137] Vom 1. August 1922.

und Klosterberufe interessiere ich mich überhaupt und habe im Lauf der Zeit einer nicht geringen Zahl junger Leute helfen können, diesen Beruf zu erreichen. Ich bin im Priestertum sehr glücklich geworden und will meinen Dank Gott dem Herrn dadurch bestätigen, daß ich auch anderen dies Glück vermittle. Vor vier Jahren hatte ich sogar vor, meine übrige Tätigkeit einzuschränken und mich an erster Stelle dieser Aufgabe zu widmen." Der Erfolg mit den Kandidaten in Warburg befriedigte ihn nicht. Zu Ostern 1932 stellte er angesichts der immer größer werdenden wirtschaftlichen Schwierigkeiten das Unternehmen ein. Bartels unterstützte in der Folgezeit Einrichtungen, die von anderer Seite ausgingen, vor allem den sogenannten Förderkursus im Knabenseminar[138]. Ab 1927 arbeitete er deshalb eng mit Präses Brockmann[139] zusammen. Gemeinsam empfundene Schwierigkeiten, wie die Schulreform mit dem Vordringen der realen Lehrpläne und eine starke Abwanderung zu den Aufbau- und Klosterschulen, führten zu gemeinsamen Plänen. Aufgrund des vorgelegten Materials verfügte der Bischof am 15. November 1927 die Einrichtung der Förderkurse. Bartels eröffnete zu Ostern 1928 in seinem Auftrag den ersten Kursus, in dem 14jährige Knaben vom Land in zwei Jahren für die Aufnahme in die Obertertia vorbereitet wurden. In einem gedruckten Rundschreiben vom 1. Mai des Jahres teilte er mit, daß sich insgesamt 74 Schüler gemeldet hatten, von denen 55 als geeignet befunden wurden, unter Leitung des Präfekten Dr. Hamm[140] den Kursus zu beginnen. Anfangs wohnten 18 von ihnen im Knabenseminar und 22 im Waisenhaus, die übrigen privat in der Stadt. Nach Ausbau eines Schlafsaales fanden alle Unterkunft im Knabenseminar, wo sie die gleiche Erziehung erhielten wie die Gymnasiasten. Bartels bemühte sich mit Erfolg um die Finanzierung, indem er regelmäßige Dekanatskollekten veranlaßte und dafür sorgte, daß einzelne Dekanate oder Pfarreien die Kosten für Schüler übernahmen. Zeitweise konnten die Kurse sogar

---

[138] Zum Paderborner Knabenseminar Liborianum vgl. zuletzt HENGST Karl: Paderborn – Knabenseminare, in: GATZ Erwin: Priesterausbildungsstätten der deutschsprachigen Länder zwischen Aufklärung und Zweitem Vatikanischem Konzil (= Römische Quartalschrift, Supplement 49) ‹Rom u.a. 1994› 170f.

[139] Josef Brockmann (1890-1975) aus Beverungen, 1916 Priester in Paderborn, 1918-1924 Präses des Konvikts in Warburg, 1924-1939 Präses des Bischöflichen Knabenseminars Liborianum in Paderborn, 1942 Pfarrer in Brakel Kr. Höxter, 1947-1971 Dompropst in Paderborn, verdient um den Wiederaufbau des Paderborner Domes. – PSchemP ‹1935› 8. – Totenkalendarium ‹1981› 187.

[140] Peter Friedrich Hamm (1901-1970) aus Dortmund, Dr. phil., 1927 Priester in Paderborn und Vikar in Dessau, 1928-1931 Präfekt im Paderborner Knabenseminar und Leiter des Förderkursus, gest. als Propst in Werl. – PSchemP ‹1935› 103 u. 178.

zu einer von der Regierung in Minden anerkannten Erzbischöflichen Rektoratschule mit dem Ziel der Aufnahme in die Untersekunda am Gymnasium ausgebaut werden. Nachdem die Einrichtung viel Gutes geleistet hatte, mußte sie 1941 auf staatliche Anordnung hin geschlossen werden.

Bartels interessierte sich sehr für die Arbeit des Rektors Zimmermann[141], der, selbst Spätberufener, als Vikar von Allagen begonnen hatte, das sogenannte „Klemens-Hofbauer-Hilfswerk für Priesterspätberufe“ zu organisieren. Nachdem Zimmermann 1922 zunächst ein entsprechendes Haus in Belecke eröffnet hatte, folgte in den Jahren 1927 und 1928 der Bau des großen Klemensheims zu Driburg als gymnasiale Vorbereitungsanstalt. In Belecke und Driburg hatte Zimmermann dann insgesamt etwa 200 Schüler. Zur feierlichen Einweihung des großen Neubaus durch den Bischof am 26. September 1926 wurde auch Bartels als Freund und Gönner eingeladen. Bartels hatte seit 1919 enge Verbindung mit Zimmermann und ihn 1922 zur Gründung des ersten Hauses ermuntert. Zimmermann bekannte Bartels gegenüber 1925: „Wenn ich keinen Rat mehr weiß, muß ich mich immer wieder an Sie wenden.“ Aus seiner Erfahrung heraus mahnte Bartels ihn zu Vorsicht sowohl in finanzieller wie auch in sachlicher Hinsicht. Beispielsweise schrieb er 1927 an Rektor Zimmermann: „Wenn sich Spätberufe melden, ist es Ihre Aufgabe, den Beruf zu prüfen. Das geht nicht durch eine Besprechung, sondern nur durch längere Beobachtung.“ Er versicherte ihm: „Was ich für Sie tun kann, tue ich gern.“

Im Vinzenzverein sowie im Fürsorgeverein für Männer und Frauen

Seinen caritativen Sinn von Anfang an belegt Bartels' reges Interesse am Vinzenzverein, den er des öfteren seine „erste Liebe“ nannte. Schon als Kaplan in Freienohl hatte er dort eine Vinzenzkonferenz ins Leben gerufen. In der kleinen Biographie zu seinem 80. Geburtstag hieß es ähnlich wie später auf dem Totenzettel: „Von Anfang seines Priestertums an hat seine Liebe dem Vinzenzverein gehört; er gründete eine Konferenz zu Freienohl, half mit bei der Gründung in Dortmund, stand in Bielefeld und Paderborn treu in den Reihen der Vinzenzbrüder und

---

141 Bernhard Zimmermann (1880-1969) aus Bad Driburg, als Spätberufener 1916 Priester in Paderborn und Vikar in Allagen a. d. Möhne, 1922 Gründer und Rektor des Klemensheims für Spätberufene in Bad Driburg. – PSchemP ‹1935› 29 u. 170. – ZIMMERMANN Bernhard: Klemens-Hofbauer-Hilfswerk, in: LThK 6 ‹²1961› 333.

gehörte in Paderborn zum Diözesanrat, den er mehrere Jahre geleitet hat." In Bielefeld hatte Dechant Schöne[142] 1883 die erste Konferenz zum heiligen Franziskus gegründet. Bartels rief als Pfarrer 1891 die zweite ins Leben, benannt nach dem Bielefelder Kirchenpatron St. Jodokus, und 1902 eine dritte, dieses Mal in der Filiale St. Joseph. Unter Pfarrer Schmidt[143] kamen zwei weitere Vinzenzkonferenzen hinzu. Nach einem Bericht im Westfälischen Volksblatt zum Goldenen Jubiläum gab es 1933 nach Abtrennung von Brackwede in Bielefeld fünf Konferenzen mit 46 tätigen und 350 beitragenden Mitgliedern.[144] Die Konferenzen werden noch heute durch einen örtlichen Verwaltungsrat zusammengehalten, den Bartels 1892 ins Leben gerufen und dem er zugleich die Fürsorge für den neuen Lehrlingsverein übertragen hatte. Mehr als an der äußeren Ausbreitung lag ihm an der inneren Haltung der Vereine: „Pfarrer Bartels war es, der den Konferenzen den rechten Geist mit auf den Weg gab. Die Teilnahme an den sonntäglichen Konferenzsitzungen war ihm eine liebe Gewohnheit geworden. Sein Wunsch in der Abschiedsversammlung vom 18. Juli 1909, daß mit dem katholischen Leben auch die christliche Caritas weiter blühen und gedeihen möge, konnte sich denn auch restlos erfüllen. Eine durch freiwillige Sammlung aufgebrachte und ihm als äußeres Zeichen der Liebe und Dankbarkeit überreichte Summe von 1 500 Mark vermachte er beim Scheiden dem Vinzenzverein." In Paderborn setzte Domkapitular Bartels seine Tätigkeit für den Vinzenzverein fort. Er gehörte wie dem örtlichen so auch dem Diözesanverwaltungsrat an und hat mit seinem Freund, Amtsgerichtsrat Hüffer[145], Großes geleistet, nicht zuletzt bei den regelmäßigen Generalversammlungen der 160 Konferenzen des Bistums. Auf der Tagung am 4. November 1913 beispielsweise hielt er eine programmatische Rede, die einen tiefen Einblick in seine caritativen Anschauungen gewährt. Einer Prinzipienrede über den Vinzenzverein, so meinte er einleitend, bedürfe es nicht. Er

[142] Franz Hermann Schöne (1824-1889) aus Salzkotten, 1871-1889 Pfarrer in Bielefeld, seit 1882 auch Dechant. – Liese, Necrologium 189.

[143] Johannes Schmidt (1872-1959) aus Haaren, 1902 Präses des Paderborner Knabenseminars Liborianum, 1909 Pfarrer von St. Jodokus in Bielefeld, gest. als Pfarrer i. R. und nichtresidierender Domkapitular von Paderborn. – PSchemP ‹1935› 19 u. 146. – Totenkalendarium ‹1981› 47.

[144] Vgl. 50 Jahre Vinzenzverein in Bielefeld, in: Westfälisches Volksblatt vom 17. Juni 1933.

[145] Alfred Hüffer (1818-1899) aus Münster, 1848 Heirat mit Bertha von Mallinckrodt, 1852 Kreisrichter in Wiedenbrück, 1860 Kreisrichter und 1879 Landgerichtsrat in Paderborn. – Auffenberg Karl/Wegener Wilhelm: Bedeutende Juristen des Paderborner Landes (= Heimatkundliche Schriftenreihe 24) ‹Paderborn 1993› 43f.

wolle als Ersatz der geistlichen Lesung nur einige Worte sprechen. „Wir haben nicht den Ehrgeiz, eine Spezialität in der katholischen Kirche zu sein. Unsere Aufgabe ist nur, die christliche Religion namentlich auf dem Gebiete der Caritas so zu betätigen, wie der göttliche Richter will. Die Werke der Nächstenliebe sind uns nur ein Mittel, Gott zu dienen. Der Vinzenzverein soll uns ein Jungbrunnen des religiösen Lebens sein, soll uns zum Bewußtsein bringen, daß wir Werke der Nächstenliebe üben müssen, um das Wesen unserer Religion zu erfassen." Bartels wies dann auf das Beispiel des Tagesheiligen Karl Borromäus[146] hin und sprach weiter über Ziel und Grenzen der Unterstützung. „Die einzige Grenze ist die Ehre Gottes und das Heil der Menschen. Nur in Fällen, wo die Unterstützung nicht zur Ehre Gottes gereicht, wo sie einen nur in der Schlechtigkeit, Trägheit, Trunksucht oder Liederlichkeit bestärkt, müssen wir diese entziehen und festhalten an dem Gedanken, daß für viele Menschen nur die Not ein Mittel ist, sie wieder zu Gott zu führen. Auch Armen, die durch persönliche Schuld in Not und Elend gekommen sind, und deren sind viele, helfen wir." Ein anderes Mal meinte er in ähnlicher Weise: „Wo wir auf Not stoßen, fragen wir nicht gleich nach der Schuld; zunächst muß geholfen werden! Wir unterstützen die Armen zunächst in materieller Hinsicht; das ist ja der erste Zweck bei den Werken der Barmherzigkeit. Wir geben die Unterstützung möglichst in Form von Lebensmitteln, damit die Gaben vor Mißbrauch bewahrt bleiben." Bei aller Vorsicht könnten, wie er meinte, Fehler vorkommen, aber man sei nur dafür verantwortlich, den Mißbrauch möglichst zu mindern. Ein Gedanke, der uns heute besonders beschäftigen wird, ist die Unterstützung in geistiger Hinsicht. Das betrachten wir als das Ziel unserer Bestrebungen, den Armen dahin zu bringen, daß er seine Not geduldig erträgt und sein Seelenheil in Sicherheit bringt." In der Diskussion wurde viel über die Beteiligung der Priester, insbesondere auch die der jungen Theologen gesprochen. Abschließend bemerkte Bartels dazu: „Es ist heute viel die Rede davon gewesen, die Geistlichen müßten sich mehr um den Vinzenzverein kümmern. Dabei müssen wir aber bedenken, daß der Vinzenzverein ein Laienverein ist. Trotzdem sind wir uns klar, daß wir der Unterstützung der Geistlichen wohl bedürfen." Bartels schlug in diesem Zusammenhang vor, den Bischof zu bitten, im Theologenkonvikt das Anliegen der Vinzenzvereine zu empfehlen. Tatsächlich beteiligten sich in Paderborn die Theologen alsbald rege im Sinne des

[146] Carlo Borromeo (1538-1584) aus Ancona, 1560 Kardinal und Erzbischof von Mailand, bedeutender Reformbischof im Sinne des Trienter Konzils, gest. bei der Pflege von Pestkranken, 1610 heiliggesprochen, Fest am 4. November.

heiligen Vinzenz. Sie gehen seitdem in die einzelnen Pfarrkonferenzen, haben aber eigene Versammlungen für Anregung und Weiterbildung. Domkapitular Bartels wurde nicht müde, seine religiöse Auffassung von der Caritas im Gegensatz zur rein humanitären Hilfe zu betonen. Deshalb legte er bei den Generalversammlungen ein großes Gewicht auf den Gottesdienst und auf den Empfang der heiligen Kommunion. Anläßlich der Sitzung des Diözesanrates am 11. November 1929 hielt er seine wohl letzte Vinzenzrede. Sie galt dem Vinzenzverein als religiösem Verein zur Selbstheiligung. Der Vinzenzverein sei kein bloßer Unterstützungsverein, kein Glied der Wohlfahrtspflege, sondern ein Mittel, die eigene Person zur Ehre Gottes in den Dienst der Armen zu stellen. Von diesem Standpunkt aus lehnte er auch die Unfallversicherung der Vinzenzbrüder ab, als 1931 diese Frage an ihn herangetragen wurde. Der Vinzenzverein sei nicht eine Einrichtung der freien Wohlfahrtspflege, so betonte er, sondern ein kirchlicher Verein, der in erster Linie auf die Heiligung seiner Mitglieder abzielt und als vorzüglichstes Mittel dazu die Werke der Nächstenliebe empfiehlt. Dadurch unterscheide er sich wesentlich von der freien Wohlfahrtspflege. Aufgrund dieser Überzeugung pochte Bartels auch auf den Anschluß der Vinzenvereine an das Bistum und stand der Zentrale in Köln zurückhaltend gegenüber. Noch 1928 schrieb er an Amtsgerichtsrat Hüffer: „Ich fürchte, daß die alte einfache Form der Leitung des Vinzenzvereins gestört wird, wenn die Zentrale in Köln mit den Ortsgruppen direkt verhandelt, da hierbei die geschäftliche Seite zu sehr in den Vordergrund tritt." Als der Erste Weltkrieg ausbrach, schickte er im September 1914 an alle Konferenzen ein Zirkular, in dem er angesichts der zu erwartenden Kriegsfolgen zu verstärkter Arbeit für die Armen aufrief. Er selbst mühte sich mit Erfolg, für den Vinzenzverein Hilfsgaben aus Amerika zu erlangen. Wenig Glück hatte er mit einer großen Aktion, die er Ende 1920 über den Generalrat des Vinzenzvereins in Paris einleiten wollte. Die Generalversammlung der Diözesankonferenzen hatte ihn am 8. Dezember 1920 unter lebhafter Zustimmung des Bischofs aufgefordert, sich an den Pariser Generalrat zu wenden, um dessen Unterstützung gegen die stetig steigenden Forderungen Frankreichs zu erhalten. Am 30. Dezember des Jahres ließ er durch die Kölner Zentrale ein Schreiben folgenden Inhalts abschicken: „Wir nehmen von Woche zu Woche steigende Verelendung wahr; es fehlt immer mehr an den notwendigen Nahrungsmitteln, an Wäsche, Kleidung und Heizung. Besonders leiden die Kinder, vor allem die kleinsten, unter dem Mangel an Milch. Da ist es schmerzlich, wenn nun noch Ablieferung von Kühen, Ziegen, Geflügel verlangt wird. Da glauben die Vinzenzkonferenzen nicht nur berechtigt, sondern verpflichtet zu sein, sich an den Generalrat und durch ihn an die Vinzenzbrüder der weiten Welt, besonders Frankreichs, zu wenden. Wir Paderborner halten uns für besonders berechtigt, weil in unserer Stadt die „Kirchliche Kriegshilfe"[147] im Geist christlicher Nächstenliebe für beide kriegführenden Parteien gearbeitet hat." Der Generalrat antwortete am 12. Januar 1921 völlig ablehnend. Es komme ihm nicht zu, so der Kern der abweisenden Antwort, sich namens des Vinzenzvereins in die politische Angelegenheit des Friedensvertrages einzumischen. Er sähe sich auch deshalb zu einem Schritt nicht in der Lage, weil in Frankreich ebenfalls eine gewaltige Not herrsche. Bartels erwiderte am 22. Januar 1921 persönlich und am folgenden 9. März namens des Diözesanrats mit dem Hinweis auf die Fürsorge, die der deutsche Vinzenzverein den französischen Kriegsgefangenen zugewandt habe, nicht zuletzt durch direkte Eingaben an die Militärbehörden. Die Paderborner hätten übrigens vom Generalrat keine politische Einmischung verlangt, sondern nur gebeten, „von diesen Mitteilungen den Gebrauch zu machen, den die Gesinnungen des Vinzenzvereins fordern". Aus Paris erfolgte auf keinen dieser Briefe eine Antwort.

Aus dem Vinzenzverein erwuchs der Männerfürsorgeverein. Die erste Anregung erging durch Frau Agnes Neuhaus[148] auf dem Caritastag 1910 in Essen. Frau Neuhaus führte damals aus, daß sie in ihrer Arbeit für die gefährdeten Mädchen oft die Erfahrung gemacht habe, daß auch für Jünglinge und Männer eine ähnliche Arbeit notwendig sei, wie sie im Frauenfürsorgeverein geleistet werde. Eine größere Anzahl von Fachleuten schloß sich daraufhin unter dem Vorsitz von Bartels zur Beratung des Themas in einer eigenen Sektion des Caritastages zusammen. Bei der Diskussion ergaben sich nicht wenige Schwierigkeiten. Zunächst wollten einige die Arbeit dem Vinzenzverein überlassen, da sich einige Gruppen wie beispielsweise in Köln schon der Aufgabe widmeten. Nach eingehender Beratung gewann jedoch die Überzeugung Oberhand, eine eigene Organisation ins Leben zu rufen, und zwar in enger Verbindung mit dem Vinzenzverein. Am 24. Oktober 1910 schrieb Bartels als Vorsitzender der besagten Sektion an Werthmann in Freiburg, daß sich die Diskussion um zwei Fragen gedreht habe, nämlich: 1. sind ähnlich dem Frauen-Fürsorgeverein auch Einrichtungen für die männliche Jugend notwendig? und 2. wie sind sie durchzuführen? Zur letzten Frage standen sich mehrere Auffassungen schroff gegenüber. Man wollte jedoch nicht gleich eine allgemeine Entscheidung treffen, da der Vinzenzverein

[147] Vgl. Brandt, Chronik 30-34.
[148] Vgl. den Beitrag von Irmingard Böhm über Agnes Neuhaus in diesem Band.

in einigen Städten schon in dieser Richtung arbeitete. So verschob man die weitere Beratung auf das folgende Jahr. Inzwischen wurde eine Kommission zur Vorbereitung der weiteren Schritte gewählt. Sie hielt am 12. Dezember 1910 in Essen eine Besprechung, zu der Pfarrer Dr. Hilt[149] eingeladen hatte. Außer Bartels waren Landesrat Dr. Horion[150], Oberregierungsrat von Werner[151], Frau Neuhaus und als Vertreter von Pfarrer Hilt Kaplan Witte[152] aus Essen zugegen. Man einigte sich auf die Gründung einer eigenen Organisation und beschloß, den Kardinal von Köln[153] um eine Audienz für Bartels, Dr. Horion und Frau Neuhaus zu bitten. Am 13. Dezember 1910 schrieb Bartels in diesem Sinne an den Kölner Erzbischof. Die neue Organisation solle sich hauptsächlich auf dem Gebiete der Jugendgerichtshilfe, der Vormundschaft und der Gefangenenfürsorge betätigen. Die Audienz fand am nachfolgenden 22. Dezember statt, bei der sich Kardinal Fischer gegen die Übernahme des Anliegens durch den Vinzenzverein aussprach. Damit war der Weg für die Neugründung offen.[154] Sie zog sich jedoch bis 1912 hin und erfolgte dann durch Bartels in Paderborn, wohin auch der Sitz des Vereins verlegt wurde.[155] Den Vorsitz führte zunächst Bartels, ab 1915 Pfarrer Ostermann[156] in Lünen, der schon längere Zeit mit Frau Neuhaus zu-

---

[149] Franz Karl Maria Hilt (1866-1916) aus Luisenthal Kr. Völklingen, 1891 Priester in Köln, Dr. theol., 1909-1916 Pfarrer an St. Gertrud in Essen. – Handbuch der Erzdiözese Cöln ‹1911› 153. – Handbuch des Bistums Essen 224.

[150] Johannes Horion (1876-1933), Dr. jur., Dr. med., Dr. phil. h. c., 1904 Landesrat, 1922 Landeshauptmann im Rheinland. – Knopp, Die Verwaltung 38 u. 365 Anm. 133f. – Freundliche Mitteilung (7. Februar 1995) von Ltd. Landesarchivdirektor Dr. phil. Norbert Reimann, Münster.

[151] Ludwig Camill Aloys von Werner (1852-1921) aus Inzigkofen b. Sigmaringen, katholisch, 1875 Referendar, 1880 Gerichtsassistent, 1900-1903 Oberregierungsrat und Dirigent der Kirchen- und Schulabteilung bei der Regierung in Düsseldorf, Träger hoher preußischer Auszeichnungen, gest. in Düsseldorf. – Knopp, Die Verwaltung 66f. mit Anm. 242.

[152] Wilhelm Karl Witte (1877-1950) aus Aachen, 1905 Priester in Köln und Kaplan in Mausbach, 1907 Kaplanverwalter und 1911 Kaplan an St. Gertrud in Essen, 1914 Pfarrer in Schwarz-Rheindorf. – Handbuch der Erzdiözese Cöln ‹1911› 153. – Handbuch des Erzbistums Köln ‹1933› 841.

[153] Antonius Fischer (1840-1912) aus Jülich, 1903-1912 Erzbischof von Köln, seit 1903 Kardinal. – Hegel Eduard: Fischer, Antonius, in: Gatz: Die Bischöfe 192-194.

[154] Vgl. Bibliographie Bartels in Anm. 2.

[155] Anmerkung Lieses: Auf Wunsch des Kölner Erzbischofs Schulte wurde 1928 der Sitz von Paderborn nach Düsseldorf verlegt.

[156] Franz Ostermann (1866-1942) aus Ehringhausen, 1891 Priester in Paderborn, 1897 Pfarrektor und 1904 Pfarrer in Lünen, 1911 Pfarrer an St. Marien in Hagen, seit 1919 auch Dechant. – Ostermann Franz: Die Aufgaben des katholischen Männer-Fürsorge-Vereins,

sammengearbeitet hatte. Als Ostermann 1919 die große Pfarrei St. Marien in Hagen übernahm, trat vorübergehend Bartels wieder an seine Stelle, übergab aber nach seiner schweren Erkrankung den Vorsitz 1926 an Dr. Braekling. Für das Büro stand zunächst nur eine nebenamtliche Hilfe zur Verfügung wie die in der Person des Domvikars Marx[157] und dann des Caritassekretärs Franz Schulte[158]. Nach den Statuten, die Bischof Karl Joseph Schulte am 2. Mai 1912 bestätigt hatte, beabsichtigte der Katholische Männerfürsorgeverein die Betreuung von Knaben, Jünglingen und Männern, die sich in geistig-sittlicher Notlage befinden. Seine Hauptarbeitsgebiete waren von Anfang an das Vormundschaftswesen, die Fürsorgeerziehung und die Jugendgerichtshilfe. In der Folgezeit kamen noch die soziale Gerichtshilfe, die Gefangenen- und die Entlassenenfürsorge und der Bahnhofsdienst hinzu. Große Einbußen brachte dem Verein der Erste Weltkrieg. Ende 1924 gab es 68 Ortsgruppen, davon 23 im Bistum Paderborn. Damals setzte sich der Episkopat auf Bitten Bartels an Fürstbischof Bertram[159] von Breslau für finanzielle Unterstützung des Vereins ein. Unter der neuen Leitung, die von 1927 an auch „Mitteilungen an die Ortsgruppen des Männerfürsorgevereins" herausgab, erfolgte ein starker Aufschwung. Die Zahl der Ortsgruppen stieg von 88 im Jahre 1926 auf 162 im Jahre 1929 und 220 im Jahre 1930. Das Bistum Trier stand 1927 noch mit fast 50 Ortsgruppen an der Spitze, wurde aber bald von Köln überholt. An dritter Stelle folgte Paderborn mit 35 Ortsgruppen. In den Sekretariaten der größeren Städte arbeiteten hauptberufliche Kräfte. Nach dem Bericht von 1929 zählte der Verein in 162 Ortsgruppen rund 8 000 Mitglieder, davon zur Hälfte beitragende Mitglieder, sowie 80 hauptberufliche Helfer. Insgesamt wurden in jenem Jahr 54 000 Personen betreut.

---

insbesondere die durch den Krieg geschaffenen, in: ThGl 7 ‹1915› 617-628. – PSchemP ‹1935› 55 u. 142. – Totenkalendarium ‹1981› 35.

157 Heinrich Marx (1885-1971) aus Henkenbrink i. Lippe, 1909 Priester in Paderborn, nach Seelsorgetätigkeit in Artern, Gerbstedt und Olpe 1924-1933 Domvikar in Paderborn und Diözesanpräses der Knappen- und Arbeitervereine, 1933 Pfarrer in Bödefeld, dort gest. als Pfarrer i. R. – PSchemP ‹1935› 99 u. 161. – Totenkalendarium ‹1981› 117.

158 Friedrich Franz Schulte (1891-1975) aus Dortmund, 1924 Diözesan-Caritassekretär, 1925-1928 Generalsekretär des SKM, 1928 Vikar an der Gaukirche in Paderborn, 1935 Vikar an St. Josef in Bochum, 1940 Pfarrer in Bergkamen, 1964 Pfarrer i. R. – PSchemP ‹1935› 24 u. 171. – Totenkalendarium ‹1981› 123.

159 Adolf Bertram (1859-1945) aus Hildesheim, 1906-1914 Bischof von Hildesheim, 1914-1945 Fürstbischof bzw. (ab 1930) Erzbischof von Breslau, seit 1916 Kardinal, ab 1920 Vorsitzender der Fuldaer Bischofskonferenz, gest. und begraben in Jauernig/Mährisch-Schlesien, 1991 umgebettet in den Dom zu Breslau/Wroclaw. – Stasiewski Bernhard: Bertram, in: Gatz, Die Bischöfe 43-47.

Zusätzlich zur Tätigkeit im Vinzenz- und im Männerfürsorgeverein beteiligte sich Bartels rege an der großen Aktion gegen die Unsittlichkeit in der Nachkriegszeit. Als Vertreter des letzteren Vereins war er am 15. Dezember 1924 bei der Besprechung über Sittlichkeitsfragen im Erzbischöflichen Palais zu Köln, auf der die bekannten Leitsätze der Bischöfe über Körperpflege den Vereinen zur Beachtung und Förderung empfohlen wurden. Am 24. Januar 1925 dankte er dem Erzbischof[160] für die Zusendung der Leitsätze: „Namens des Katholischen Männerfürsorgevereins gebe ich mit Freuden die nachdrückliche Versicherung, daß unser Verband die nachdrückliche und beharrliche Durchführung der aufgestellten Grundsätze bei all seinen Zweigvereinen und Mitgliedern sich angelegen sein lassen will. Am 20. des Monats waren alle Vorsitzenden der Ortsgruppen in Hagen zusammen und gaben begeisterte Zustimmung.“ Ende Februar 1925 bot er durch die Zentrale allen Pfarrern und Pfarrvikaren Material an für entsprechende Versammlungen und für Andachten in der Kirche, bei denen die feierliche Erneuerung des Taufgelöbnisses und ein Aufruf zum Kampf für die Sittlichkeit erfolgten. In der am 1. März 1925 stattfindenden Generalversammlung des Vinzenzvereins der Stadt Paderborn ließ Bartels ebenfalls die „Leitsätze“ durchberaten. Die Versammlung erklärte sich einstimmig zur Befolgung im privaten und öffentlichen Leben bereit, verlangte aber, daß auch die Abgeordneten und die Behörden wirksamer als bisher für den Schutz der Sittlichkeit einträten. Im Anschluß an die genannte Versammlung in Hagen verfaßte Bartels einen eingehenden Bericht, der in gekürzter Form veröffentlicht wurde.[161] Darin wurden insbesondere jene Gefahren behandelt, die von schlechten Zeitschriften, von der Schundliteratur, vom Radio und von den Freibädern drohen, gegen die man mit weit höheren Strafen als bisher vorgehen müsse.

Wie Frau Neuhaus den Katholischen Männerfürsorgeverein angeregt hatte und stets mit großem Interesse begleitete, so widmete Bartels ihrem Werke, dem Katholischen Frauenfürsorgeverein, seine dauernde Anteilnahme. Bartels war nicht nur bischöflich ernannter Geistlicher Beirat ihres Vereins, die Mitarbeit entsprang seinem Herzensbedürfnis. Vor allem stand er der Paderborner Ortsgruppe stets mit Rat und Tat zur Seite. Mit der Dortmunder Zentrale unterhielt er eine rege Korrespon-

---

[160] Gemeint ist der Kölner Erzbischof Karl Joseph Schulte, vormals Bischof von Paderborn. – Vgl. auch Trippen Norbert: Der Bischof im Zeitalter der Industrialisierung, des Nationalismus und der Weltkriege, in: Berglar Peter/Engels Odilo (Hg.): Der Bischof in seiner Zeit. Festschrift für Joseph Kardinal Höffner ‹Köln 1986› 397-427, bes. 413-418.

[161] Vgl. Bibliographie Bartels in Anm. 2.

denz und fuhr oft zu Besprechungen dorthin, wie umgekehrt die Dortmunder Zentrale mit jener in Paderborn verkehrte. Bartels war Mitglied des Zentralrates des Dortmunder Vereins und nahm, so oft er konnte, an dessen Generalversammlungen teil. Auf der Jubiläumstagung 1925 feierte er zu Beginn der Beratungen am 23. September das heilige Opfer und hielt eine Ansprache über das Wort des heiligen Paulus: „Ich bete zu Gott, daß Christus durch den Glauben in euren Herzen wohne und ihr in der Liebe fest gewurzelt seid“ (Eph 3,17). Er wies dabei auf das Beispiel des Apostels Matthäus[162] und des heiligen Thomas von Villanova[163] hin, deren Festtage gerade voraufgegangen waren. Am Nachmittag sprach er in der Vereinsversammlung über das Thema: „Wie erhalten wir unsere Ortsgruppen lebens- und leistungsfähig?“ Dabei verwies er auf die Beobachtung der Satzungen, vor allem aber auf den erforderlichen Geist der Mitglieder. „Es kommt darauf an, ob sie Herz und Verstand für die Jugend haben und bereit sind, in selbstloser Weise an deren Rettung zu arbeiten.“ Wichtig sei die Schulung der Mitglieder, besonders die Erziehung zur Selbständigkeit. Vor 25 Jahren habe man nur an ehrenamtliche Arbeit gedacht, jetzt seien Berufskräfte nicht mehr zu entbehren. „Das darf natürlich nicht dahin führen, daß die Ortsgruppe gewissermaßen eine Behörde wird, in der büromäßig die Geschäfte erledigt werden. Die Rettungsarbeit und die Buchführung müssen ein Ganzes bilden, wobei die Rettungsarbeit von Person zu Person das Wichtigste ist.“ Auch an der folgenden Generalversammlung in Essen 1929 hatte er noch teilnehmen wollen, aber das Krankenhaus in Dortmund aufsuchen müssen. Für ihn sprang Domkapitular Dr. Lenné[164] aus Köln ein. Frau Neuhaus widmete dem kranken Beirat herzliche Worte: „Herr Domkapitular Bartels, der im Geiste zu uns gehört wie keiner und zur Zeit schwer erkrankt daniederliegt, ist im Geist unter uns. Er hat Fräulein Zillken[165] seinen

[162] Fest des Apostels und Evangelisten Matthäus am 21. September.

[163] Thomas von Villanova (um 1487-1555) aus Fuenlana i. Spanien, 1544 Erzbischof von Valencia, berühmt durch seine asketische Lebensweise und caritative Tätigkeit, 1658 heiliggesprochen, in der Kunst als Bischof mit einem Almosenbeutel inmitten von Bettlern dargestellt, Fest am 22. September.

[164] Albert Emil Lenné (1878-1958) aus Straßburg, 1903 Priester in Köln und Kaplan in Burtscheid, 1905 Kaplan an der Münsterkirche in Bonn, 1910 Kaplan in Köln Herz-Jesu, 1911 beurlaubt, Dr. phil., 1914 Rektor der Maria-Hilf-Erziehungsanstalt und des Bernardus-Hauses in Köln, 1915 Pfarrer in Happerschoß, 1920 Pfarrer an Maria Lyskirchen in Köln, 1921 Pfarrer an Mariä Himmelfahrt in Köln und Diözesan-Caritasdirektor, 1925 Generalvikariatsrat und Stiftsherr in Aachen, 1925-1944 Vorsitzender des DiCV Köln, 1928 Domkapitular und 1956 Domdechant in Köln. – Handbuch des Erzbistums Köln ‹1958› 993. – Kirchlicher Anzeiger für die Erzdiözese Köln 98 ‹Köln 1958› 139.

[165] Elisabeth Zillken (1888-1980) aus Wallerfangen, Diplom-Handelslehrerin, 1916

Segen für uns alle und für unsere Arbeit in diesen Tagen mitgegeben. Wir danken ihm dafür. Wir wollen ihm ein Telegramm schicken, damit er weiß, daß wir auch in diesen Tagen von Herzen an ihn denken." Danach bemerkte Dr. Lenné: „Das ist wohl das Schönste, was wir in dieser Zeit tun können, daß wir betend unsere Hände für ihn emporheben, der fast sein ganzes Leben sein Bestes gegeben hat für diesen Verein und mit solch lauterer und reiner Liebe für ihn gewirkt hat." Vor allem verband Bartels mit dem Dortmunder Fürsorgeverein seine treue Fürsorge für dessen Mädchenheim Haus Widey bei Scharmede. Das Haus mit dem zugehörigen Grundeigentum war ihm persönlich von dem Besitzer angeboten worden, doch hatte er es der Paderborner Ortsgruppe des Frauenfürsorgevereins zur Einrichtung eines großen Fürsorgeheims mit Säuglingsheim übergeben. Er überwachte dann den Neubau der Anstalt und bemühte sich, Schwestern für die 1915 eröffnete Anstalt zu gewinnen.[166] Wie sehr Bartels am Leben der Anstalt Anteil nahm, zeigt eine kleine Szene, über die er am 1. Dezember 1926 berichtete: „Gestern war ich mit Frau Peters, Paderborn, und den beiden Nichten in Haus Widey. Oben im Neubau hörte ich Rufe: ‚Ich kann nicht mehr halten!' Ich sah, daß mehrere Mädchen ein anderes zu halten sich bemühten, das sich abstürzen wollte. Ich kam dazwischen, um es festzuhalten. Es schlug um sich wie eine Tobsüchtige. Erst im Bett beruhigte sie sich. Merkwürdigerweise konnte ich das Mädchen mit dem rechten Arm halten, obwohl ich seit meiner Krankheit damit nicht einmal ein Rauchfaß schwenken konnte." Nach dem Krieg beteiligte er sich auch längere Jahre lebhaft an den Bemühungen des Vereins zur Gründung einer katholischen Arbeiterinnenkolonie und unterzeichnete 1921 einen Aufruf dafür. Der Plan zerschlug sich jedoch. Im Jahre 1927 widmete er dem Frauenfürsorgeverein, insbesondere der Ortsgruppe Paderborn, einen Jubiläumsartikel, in dem er auch von den guten Erfolgen in Haus Widey berichtete, sowohl in religiöser wie in gesundheitlicher Hinsicht.[167] Ende 1931 richtete er an alle Mitglieder einen herzlichen Abschiedsbrief: „Da ich wegen meines Alters an den Versammlungen und Beratungen des Katholischen Fürsorgevereins nicht mehr teilnehmen kann, möchte ich als Geistlicher Beirat allen Mitgliedern einen Gedanken schriftlich übermitteln, der mich in letzter Zeit viel beschäftigt hat, den Gedanken über das gemeinsame

Generalsekretärin und 1948 als Nachfolgerin von Agnes Neuhaus Vorsitzende des SKF, 1930-1933 Reichstagsabgeordnete. – Brandt, Chronik 23.

[166] Anmerkung Lieses: Seit 1926 Herz-Jesu-Schwestern aus Hiltrup.

[167] Vgl. Bibliographie Bartels in Anm. 2.

Gebet. Seit 25 Jahren mache ich beim heiligen Meßopfer jeweils Meinung für alle Schützlinge und alle, die an der Rettung arbeiten." Er schloß mit einem herzlichen Gedenkwort für Frau Neuhaus, „die Mutter des Vereins". Als Frau Neuhaus 1929 ihren 75. Geburtstag feierte, forderte Bartels vorher durch ein Rundschreiben alle Ortsgruppen zu Spenden für die Zentrale auf. Ebenso veranlaßte er den Protektor des Vereins, Bischof Caspar Klein von Paderborn, ein gedrucktes Bittschreiben zu unterzeichnen, das an geeignete private Geber gesandt wurde. Tief gerührt antwortete die Altersjubilarin am 30. März 1929: „Ich weiß nicht recht, wo ich anfangen soll zu danken für alles Gute und alle Treue, die Sie wieder zum 75. Geburtstage mir erwiesen haben. Die Sammlung hat jetzt schon 13 000 RM ergeben." Nochmals veranlaßte ihn ihr 80. Geburtstag 1934 zu einer weitgehenden Hilfsaktion, indem er u.a. vom Erzbischof eine Kirchenkollekte für ihren Verein erbat.

Vom Fürsorgeverein ging sein Interesse nahtlos auf die Klöster vom Guten Hirten über, da die ständige Zusammenarbeit zwischen beiden unerläßlich war. Des öfteren hielt er Vorträge, besonders im Kloster zu Münster, um die Arbeit der Schwestern zu unterstützen und auf der Höhe der Zeit zu halten. So sprach er beispielsweise 1913 über das Thema: „Wie sichern wir den Erfolg der Erziehung nach der Entlassung?" 1925 veranstaltete er in Münster einen mehrtägigen Fortbildungskursus, bei dem er selbst über „Die Fürsorgeerziehung im Lichte der Lehre des hl. Paulus" sprach. Es lag ihm außerordentlich daran, daß die wichtige Arbeit der Schwestern nicht nur mit dem Herzen, sondern auch mit einem klugen Kopf geleistet wurde. Oft nahm er sich persönlich gefallener Mädchen an, die ein Kind erwarteten, und verlangte von den Vätern die Zahlung der Alimente. Am 23. August 1915 schrieb er darüber an einen Justizrat in Minden: „Es ist nicht ohne Bedenken, wenn wir Geistlichen uns der gefallenen Mädchen annehmen. Wir geben dadurch leicht Grund zu der Behauptung, dadurch würde die Schlechtigkeit gefördert. Dennoch tue ich es im Interesse der unehelichen Kinder, deren unglückliche und hilflose Lage zu beobachten in der Seelsorge ich oft Gelegenheit hatte." Anhangweise sei noch erwähnt, daß Bartels für den Katholischen Frauenbund[168] stets eine große Anteilnahme zeigte. Er stand schon der Gründung nahe und wohnte 1903 in Köln der entschei-

[168] Katholischer Deutscher Frauenbund, 1903 in Köln gegründet als Zusammenschluß katholischer Frauen aller Stände, Berufe und Altersgruppen zur Förderung der katholischen Frauenbewegung, Zentrale in Köln. Die Zeitschrift „Christliche Frau" des Frauenbundes gab ab 1905 die Lehrerin am Ursulinenlyzeum in Werl und spätere Reichstagsabgeordnete, Hedwig Dransfeld (1871-1925), heraus. – Brandt, Chronik 23 Anm. 19.

denden Sitzung im Hause Bachem[169] bei. In Bielefeld gründete er alsbald einen Zweigverein. Später wurde er in Paderborn Geistlicher Beirat der dortigen Ortsgruppe, die er nach Kräften förderte. 1920 ließ er durch den Prior der Abtei Maria Laach[170] für die Mitglieder eine „Liturgische Woche“ halten, besonders über die Liturgie der heiligen Messe und die der Fastenzeit. Zum Abschluß hielt er am Sonntag, dem 7. März 1920, in der Kirche der Paderborner Vinzentinerinnen eine Kommunionmesse und am Nachmittag im Hohen Dom einen Vortrag über „Liturgie und Leben“ mit anschließender Komplet, Prozession und Segen.

Letzte Lebensjahre, Tod, Persönlichkeit

Gewissermaßen der Anfang vom Ende seines Lebens war für Domkapitular Bartels der 26. Februar 1935, als er den Paderborner Erzbischof um Entpflichtung vom Vorsitz des Erziehungsvereins bitten mußte. Er begründete sein Gesuch mit der angeschlagenen Gesundheit und mit den großen wirtschaftlichen Schwierigkeiten der Anstalten, deren Leitung eine jüngere Kraft erfordere. Ergreifend klang sein Rückblick: „Wir haben alljährlich über 300 gefährdete Kinder in guten katholischen Familien untergebracht. Bei dieser Tätigkeit habe ich ein Glück und geistige Freude gefunden, wie ich sie nie geahnt hätte. Ich werde fortfahren, für die Rettung gefährdeter Kinder zu beten bis zum letzten Atemzug.“ Mit ungewöhnlicher Herzlichkeit antwortete ihm Erzbischof Klein am 7. März 1935: „Ihre Verdienste um das von Ihnen seit 1899 bekleidete

[169] Julius Bachem (1845-1918) aus Mülheim a. d. Ruhr, Redakteur der Kölnischen Volkszeitung und Zentrumspolitiker, Mitbegründer der Görres-Gesellschaft, 1906 Verfasser des Aufsatzes „Wir müssen aus dem Turm heraus“ zur Überwindung der konfessionellen Abgeschlossenheit des Zentrums, gest. in Köln.

[170] Albert (Taufname Heinrich) Hammenstede (1876-1955) aus Köln, 1895 Benediktiner in Maria Laach, 1898-1902 Theologiestudium in Rom, 1900 als Diakon anwesend bei der Grundsteinlegung der Dormitiokirche auf dem Berge Sion in Jerusalem in Anwesenheit Kaiser Wilhelms II., 1901 Priester in Trier, 1902 Dr. theol. in Rom, dann Dozent der Philosophie in Maria Laach, 1904 Studienaufenthalt in Erdington/England, 1906 Studium der Kirchen- und Kunstgeschichte sowie der lateinischen Philologie in Bonn, 1908-1915 Studentenseelsorger in Bonn, 1915-1938 Prior in Maria Laach, von 1916-1919 auch Cellerar, von 1921-1933 auch Novizenmeister, ausgedehnte Vortragstätigkeit im deutschen Sprachgebiet zu Themen der liturgischen Bewegung, feierte als erster deutscher Priester eine Gemeinschaftsmesse, ab 1938 Aufenthalt in Amerika, 1946 Rückkehr nach Maria Laach, dort gest. – Quellen: R. P. Albert Hammenstede, gestorben am 12. März 1955, in: Totenchronik aus Maria Laach ‹Andernach 1955› 1-11. – Freundliche Mitteilung (22. Januar 1995) von P. Prior Drutmar Cremer OSB, Abtei Maria Laach.

Amt sind so groß, daß ich Sie nur mit lebhaftestem Bedauern scheiden sehen kann und nur unter ausdrücklicher Hervorhebung meiner oberhirtlichen Anerkennung und Dankbarkeit. Welche Unsumme von hingebender, opferfreudiger Liebe und von unermeßlichen Erfolgen schließen die Worte in sich, die in Ihrem Schreiben zu lesen sind, ‚300 Kinder jährlich!' Gott lohne es Ihnen mit zeitlicher und ewiger Vergeltung, was Sie mir und meinen Vorgängern zum Schutz der lieben Kleinen mit stets freudigem Sinn und in selbstloser Weise geleistet haben!" Was Bartels nie angezielt hatte, die dankbare Anerkennung seitens seines Bischofs, empfing er nun in reichem Maße. Die Überzeugung wurde von anderen Oberhirten geteilt. Bereits 1924 hatte ihn beispielsweise der Fürstbischof von Breslau, Kardinal Bertram, in einem Rundschreiben an die Bischöfe der Fuldaer Bischofskonferenz einen Mann genannt, der sich „seit Jahrzehnten um die Fürsorge- und Jugendrettungsarbeit hohe Verdienste erworben" habe. Der Erzbischof ernannte am 13. April 1935 Dr. Aloys Braekling als Nachfolger Bartels zum Präsidenten des Erziehungsvereins. Vizepräsident wurde am gleichen Tag der verdiente Leiter des Warburger Heims, Friedrich Bornemann. Der Vorstand des Vereins rechnete es sich zur Freude an, Bartels zum Ehrenpräsidenten zu ernennen. Da dieser den Verein in guten Händen wußte, konnte er gelassener von seinem Werk Abschied nehmen. Obgleich er für die großen Schwierigkeiten, von denen die Existenz des Vereins immer stärker bedroht wurde, keine Verantwortung trug, lasteten die Sorgen schwer auf ihm. Sie ließen das Leben des verdienten Jugendfreundes fast tragisch enden. Überaus hart traf ihn zudem am 20. November 1935 der Tod seiner Nichte Hedwig Bartels. Sie hatte ihm seit vielen Jahren mit hingebender Bereitschaft den Haushalt geführt, ihn gepflegt und an seinen Arbeiten regen Anteil genommen. Die letzte große Freude bereitete ihm sein 80. Geburtstag am 27. September 1936. Er brachte ihm eine Fülle von Glückwünschen. Hatte er schon den 70. Geburtstag nach der eben überstandenen schweren Krankheit still feiern müssen, so erst recht den 80. Der Erziehungsverein widmete ihm ein gedrucktes Gedenkblatt mit einer Übersicht über sein reiches Wirken. Eine kleine Niederschrift von Bartels Hand enthält die biblischen Sätze: „Des Menschen Jahre sind 70, und wenn es hoch kommt 80" (Ps 89,10) und „Laß mich doch heimkehren" (2 Kön 19,35-39). Die Aufzeichnungen waren wie ein letztes Aufleuchten. Das gesegnete Leben ging langsam dem Ende zu. Seine Füße trugen ihn kaum noch. Am meisten bedrückte ihn das zunehmende Schwinden des Augenlichtes und das Nachlassen der geistigen Kräfte, besonders des Gedächtnisses. Wenn ihm auch die letzten Jahre sehr schwer wurden, half ihm doch seine zähe Natur, das große Abendopfer seines Lebens zu bringen. Am Karsamstag, dem 8. April 1939, ging Prälat Christian Bartels still und ergeben hinüber zum großen Osteralleluja. Die Beisetzung auf dem Kapitelsfriedhof im Schatten des Hohen Domes fand am nachfolgenden 12. April statt. Aus den zahlreichen Nachrufen seien nur einige erwähnt. Die Anzeige des Metropolitankapitels lautete: „Christus der Hohepriester rief seinen treuen Diener, den hochwürdigsten Domkapitular Christian Bartels, Päpstlichen Hausprälaten, Senior unseres Kapitels, heim zum Alleluja des ewigen Ostertages. Der Verstorbene stand im 83. Jahre seines Lebens, im 57. seines Priestertums, im 31. seiner Zugehörigkeit zum Domkapitel. Sein Priesterleben gehörte der Seelsorge und der Caritas, insbesondere der Fürsorge für die gefährdete Jugend." Der Kölner Erzbischof Kardinal Schulte schrieb: „Ein musterhaftes Priesterleben hat da seinen Abschluß gefunden, ein Priesterleben, das nach menschlichem Ermessen um der Caritas willen, die es erfüllte, die beglückende Gnade des ewigen Richters gefunden haben wird." Bischof Dr. Petrus Legge[171] von Meißen kondolierte mit den Worten: „Die Erzdiözese Paderborn kann mit Recht stolz sein, durch Jahrzehnte hindurch in der Erziehung der gefährdeten Jugend einen Priester gehabt zu haben, der so unermüdlich und opferfreudig sich der jungen Menschen angenommen hat; ich weiß aus Erfahrung, wie gerade die Jugendarbeit des Verblichenen vom besonderen Segen des Allerhöchsten begleitet war." Caritasdirektor Dr. Kuno Joerger von der Zentrale des Deutschen Caritasverbands in Freiburg i. Br. schrieb: „Prälat Bartels hat sich um die Förderung und den Ausbau der kirchlichen Liebestätigkeit sehr große und vielseitige Verdienste erworben. Sein Andenken wird in der kirchlichen Caritasarbeit Deutschlands allzeit mit Dankbarkeit und Hochschätzung gepflegt werden."

Es ist nicht leicht, ein abgerundetes Charakterbild des Verstorbenen zu zeichnen. Christian Bartels war als typischer Westfale entsprechend kompliziert. Er besaß in reichem Maß die sprichwörtliche westfälische Zähigkeit und einen harten Schädel, mit denen er – mitunter bis zur Starrköpfigkeit – alle Schwierigkeiten meisterte. Ein natürliches Gegengewicht boten ihm sein schlichter, kindlicher Sinn und die ausgeprägte Neigung zum Humor. Mit der Zähigkeit hing offensichtlich sein ausgeprägtes Bewußtsein vom Wert der eigenen Meinung zusammen. Nach Aussage seiner Mitarbeiter mußte man schon ein starkes Geschütz auffahren, um ihn umzustimmen, zumal wenn es sich um unsympathische

[171] Petrus Legge (1882-1951) aus Brakel Kr. Höxter, 1907 Priester in Paderborn, 1924 Propst in Magdeburg, 1932-1951 Bischof von Meißen. – Brandt, Chronik 145 Anm. 325.

Persönlichkeiten handelte. Man mußte erst längere Zeit mit ihm verkehren, sich über das bisweilen fast erschreckend Zähe, das Kurzangebundene, das Rauhe seines Wesens hinweggearbeitet haben, um schließlich vor einem Mann mit einer Kinderseele zu stehen, voll Gottvertrauen und Opfersinn. Sein urwüchsiger Humor, der gern in der Lektüre von Fritz Reuter[172] Nahrung fand, bewährte sich oft in geradezu köstlicher Weise. So schrieb er im März 1928 beispielsweise an den Fürsorgeverein in Dortmund: „Justizrat Diekamp[173] wollte mich bei der letzten Vorstandssitzung in Dortmund treffen. Er kam nicht. Jetzt erhalte ich Aufklärung. Er hat eine Viertelstunde an der Haustür gestanden und alle Schellen versucht, aber keinen Einlaß bekommen. Mir ging es am selben Tage ähnlich; ich nahm schließlich meinen Fuß zu Hilfe, und das war deutlicher als die Schelle. Entweder müssen Sie nun dieses Mittel auf ihrem Briefbogen angeben, oder aber Ihre Hausschelle in Fürsorge nehmen." Bartels verstand auch über sich selbst zu scherzen, wenn er beispielsweise einmal bemerkte: „Die Sache ist so kompliziert, daß ich sie in meiner Dämlichkeit nicht vollständig erfasse." Als eines Tages Beamte der Provinz zur Revision kamen, hatte das Heim gerade eine reiche Kartoffelernte eingebracht. Die Herrn sprachen sich überaus anerkennend aus. Bartels aber meinte trocken: „Ich lehne jede Verantwortung ab; die Herren könnten sonst in Versuchung kommen, meine Intelligenz äußerst niedrig einzuschätzen." Dabei spielte er auf das bekannte Sprichwort an, daß die dümmsten Bauern die dicksten Kartoffeln ernten. Bartels war vor allem Priester, und zwar Seelsorger und Caritasmann. Man kann ihn mit Fug und Recht als Caritaspriester bezeichnen. Vor allem sah er die Seele des Menschen. Überaus wichtig nahm er die Seelen der Kinder. Wie wußte er die Verantwortung zu schildern, wenn jemand ein Pflegekind aufnehmen wollte! Auch der beschmutzten Seele widmete er sich mit grenzenloser Teilnahme, wie sein Wirken im Frauenfürsorgeverein zeigte. Über die Sorge für die gefährdeten Seelen vergaß er keineswegs die gewöhnliche Seelsorge. Beichtstuhl und Religionsunterricht lagen ihm auf dem Gewissen, solange es ihm die Kräfte erlaubten. Es war ihm unbegreiflich, wie ein Priester ohne die Verwal-

[172] Fritz Reuter (1810-1874) aus Stavenhagen, niederdeutscher Mundartdichter und Schriftsteller voll hintergründigem Humor, gest. in Eisenach.

[173] Sigismund Diekamp, Justizrat in Bochum, seit 1903 Vorsitzender des Katholischen Fürsorgevereins in Bochum, Mitbegründer des Bochumer Caritasverbandes. – Katholische Kirche in Bochum, hg.v. Katholikenausschuß ‹Bochum o.J.› 84.

tung des Bußsakraments wirken konnte. Trotz der vielen Arbeit lebte er in Gott und liebte das Gebet. Ergreifend war es, ihn beim Domhochamt in seinem Chorstuhl ganz ins Gebet versunken zu sehen. Er war stets in erster Linie der praktische Mann der Fürsorge. Für die große, umfassende Arbeit des zentralen Caritasverbandes hegte er nicht immer das nötige Verständnis. Deshalb betätigte er sich bevorzugt in den Fachvereinen, obgleich er als Vorsitzender des Diözesanverbandes Mitglied des Zentralrates war. Das mindert aber nicht seine Größe als Caritasmann. Deshalb sind sich Bartels und Werthmann, obwohl sie große Achtung voreinander hatten und viel zusammenarbeiteten, innerlich nie recht nahegekommen. In einem sehr wichtigen Punkte allerdings hat Bartels die Bestrebungen des Caritasverbandes tief in sich aufgenommen und beispielhaft vorangetrieben, nämlich in der Sorge um die caritative Aus- und Weiterbildung. Besondere Erwähnung verdient noch seine große Kinderliebe. Er sorgte nicht bloß für Kinder, hatte sie nicht nur gern, sondern auch ein großes Verständnis für ihre Eigenheiten. Auf einem Kurs der Horthelferinnen sagte er einmal: „Es gibt Leute, die können Kinder nicht ertragen, wenn sie spielen und etwas laut werden. Fröhliche Kinder sind ihnen lästig oder doch gleichgültig; die haben kein Herz für Kinder." Bei ihm galt das Gegenteil. An seine Domherrenwohnung grenzte ein Schulplatz, und es machte ihm geradezu ein Vergnügen, dem lärmenden Spiel der Kinder zuzuschauen. Sein väterlicher, gütiger Sinn kam vor allem darin zur Geltung, daß er weitest mögliche Freiheit ließ. Wie er persönlich selbständig zu arbeiten gewohnt war, ließ er die anderen selbständig arbeiten. Bartels war ein begnadeter Redner, der gern in öffentlichen Versammlungen das Wort ergriff, besonders aber auf den alljährlichen Caritastagen. Seine Stärke aber war die Leitung von kleineren Konferenzen. Hier konnte er sich ganz entfalten und die Kraft seiner Persönlichkeit wirken lassen. Als Schriftsteller ist Bartels nicht besonders hervorgetreten. Es handelt sich nur um einige kleine Gelegenheitsschriften und Aufsätze in Zeitschriften. Nicht zuletzt war Christian Bartels ein großer Naturfreund, der Vögel und Blumen besonders liebte. Es gibt eine Aufstellung von seiner Hand aus dem Jahr 1925, in die er genau die Zeiten eingetragen hat, zu denen in der Frühe in seinem Garten die Drosseln ihren Gesang begannen. Er liebte es, Blumen zu pflegen und Rosen zu veredeln. Zusammenfassend sei das Charakterbild Bartels festgehalten, wie es jene Menschen schildern, die ihm besonders nahestanden: Er war ein gesunder, kräftiger, höchst aktiver und dabei ein innerlicher, wirklich väterlicher Mann und tieffrommer Priester, der nicht viele Worte machte. Die schlichte und selbstverständliche Art seines Priesterlebens kam in jedem Wort, in jedem Rat, in jeder Entscheidung, in seiner ganzen Haltung zum Ausdruck. Nie ging man von ihm fort, ohne Anregung und Kraft für die Arbeit mitgenommen zu haben.[174]

[174] Nachrufe u.a. in: Korrespondenzblatt des Katholischen Fürsorgevereins Dortmund ‹1939› Nr. 3. – Braekling Aloys, in: Jugendwohl ‹1939› Nr. 5. sowie in: Caritas 44 ‹1939› 132f.

Die kirchliche Notlage der Katholiken im Inlande

von Christian Bartels[1]

Exzellenz! Hochwürdigste Herren Bischöfe! Hochansehnliche Versammlung!

Das Bürgerliche Gesetzbuch bestimmt in § 1666, daß in den Fällen, wo das leibliche oder geistige Wohl eines Kindes durch die Eltern selbst gefährdet wird, das Vormundschaftsgericht Anordnungen treffen soll zur Abwehr der Gefahr. Das vormundschaftliche Gericht kann anordnen, daß ein solches Kind zum Zwecke der Erziehung in einer geeigneten Familie, einer Erziehungs- oder einer Besserungsanstalt untergebracht wird. Hiermit hat das Gesetz hingewiesen auf eine gefährliche Wunde am großen Staatskörper: die zunehmende Verwahrlosung der Jugend. Nähere Bestimmungen darüber, wann das Wohl eines Kindes als gefährdet gilt, wer die Erziehung des Kindes leiten und die Kosten tragen soll, hat das BGB nicht gegeben, sondern die Regelung dieses Gegenstandes den einzelnen Staaten überlassen. Bald nach Inkrafttreten des BGB sind deshalb in den Bundesstaaten Gesetze erlassen, welche Hülfe bringen sollen in den Fällen, wo Eltern ihre heiligste Aufgabe, die Erziehung der Kinder, gröblich vernachlässigen. So in Preußen das Gesetz über Fürsorgeerziehung Minderjähriger vom 2. Juli 1900. Dieses Gesetz bestimmt, daß Kinder und Jugendliche bis zum 18. Lebensjahre, die in Gefahr sind zu verwahrlosen, anderweitig untergebracht werden sollen. Die Leitung der Erziehung hat der Landeshauptmann, die Kosten trägt zu 1/3 die Provinz, zu 2/3 der Staat. In Westfalen hat der damalige Landeshauptmann, der jetzige Kultusminister Holle[2] zur Erledigung dieser Aufgabe die kirchlichen Einrichtungen in größerem Umfange herangezogen. Der katholische Erziehungsverein der Diözese Paderborn[3], dessen Präses ich

[1] Die Rede wurde gehalten am 27. August 1907 auf der Generalversammlung der Katholiken Deutschlands in Würzburg. – Vgl. Verhandlungen der 54. Generalversammlung der Katholiken Deutschlands in Würzburg vom 25. bis 29. August 1907 ‹Würzburg 1907› 282-292. – Hier für den Druck kommentiert von Karl Hengst.

[2] Ludwig August Hugo Holle (1855-1909) aus Schwelm, 1900-1904 Landeshauptmann der Provinz Westfalen in Münster. – Lüdicke, Die preußischen Kultusminister 12f.

[3] Vgl. dazu die Festschrift: 100 Jahre Verein für Jugendhilfe.

bin, und der evangelische kirchliche Erziehungsverein[4] wirken in größerem Umfang mit bei der Erziehung der staatlichen Fürsorgezöglinge. Diejenigen Kinder, die noch für eine Familie geeignet erscheinen, werden, soweit sie katholisch sind, zum größten Teile mir zur Erziehung überwiesen.

Der Erziehungsverein hat zwei Anstalten gegründet, die eine für die Knaben[5], die andere für die Mädchen.[6] Hier werden die Kinder, wenn sie aus den Familien entfernt sind, zunächst aufgenommen. Sie werden hier, soweit notwendig, gereinigt, sauber gekleidet, etwas an Ordnung gewöhnt und in vielen Fällen müssen ihnen allerdings auch erst die allerersten religiösen Begriffe beigebracht werden; nicht selten erhalten wir Kinder von 12 Jahren, die niemals gebeichtet, 15jährige, die noch nicht kommuniziert haben. Der Aufenthalt der Kinder in der Anstalt ist aber nicht von langer Dauer. In drei bis vier Monaten sind die Eigenarten des Kindes ermittelt und inzwischen ist Umschau gehalten nach einer Familie, die geeignet und gewillt ist, das schwere, aber auch erhabene Amt der Erziehung zu übernehmen. Nach drei bis vier Monaten gewöhnlich verlassen also die Kinder wieder unsere Anstalt, um nun eine neue Heimat zu finden in einem Dorfe oder einer kleinen Stadt. Gewöhnlich ist es eine Arbeiter- oder Handwerkerfamilie, die das Kind aufnimmt nicht um irdischen Lohn, sondern aus Liebe zu Gott. Aber, werden Sie vielleicht mich fragen, gibt es denn solche Familien in genügender Anzahl?

Es war mir möglich, in 6 1/2 Jahren 1 120 Kinder dieser Art in Familien unterzubringen (Bravo!) und diese Familien wohnen fast ausschließlich in dem westfälischen Anteil der Diözese Paderborn, also in den beiden Regierungsbezirken Minden und Arnsberg. Sie sehen, verehrte Herren, es liegt noch ein großer Schatz christlicher Charitas vergraben in unserm katholischen Volke, es kommt nur darauf an, daß er

---

[4] Der ‚Verein zur Erziehung armer, verlassener und verwahrloster Kinder in Familien' (kurz Neukirchener Erziehungsverein genannt) war 1845 von dem reformierten Pfarrer Andreas Bräm (1797-1882) in Neukirchen in der Grafschaft Moers gegründet worden. Sein Ziel war es, gefährdete Kinder aus dem Industriegebiet an Ruhr und Wupper in christliche Familien, besonders auf dem Lande, zu vermitteln. Später errichtete er auch Kinderheime und ein Diakonissenhaus. – Ruhbach Gerhard: Neukirchener Erziehungsverein. In: Burkhardt Helmut (Hg.): Evangelisches Lexikon für Theologie und Gemeinde 2 ‹Wuppertal 1993› 1427.

[5] Die erste Anstalt für Jungen war 1901 in Bielefeld entstanden. – Vgl. den Beitrag von Christian Bartels in diesem Bande: Das katholische Fürsorgeheim in Bielefeld.

[6] Ab 1903 waren im Fürsorgeheim in Bielefeld die Mädchen und ab da die Jungen in Warburg. – Vgl. den Beitrag von Christian Bartels in diesem Bande: Die katholische Jugend- und Gefährdetenfürsorge.

gehoben wird (Bravo!). Außer den Pflegeeltern erhält das Kind in seiner neuen Heimat einen Fürsorger, der in liebevoller Weise die Stelle der Eltern beziehungsweise des Vormundes vertritt. Auch mit dem Erziehungsverein bleibt ein Band bestehen: die Kinder werden einmal im Jahre besucht, zweimal im Jahre berichtet uns der Fürsorger eingehend über ihre körperliche und geistige Entwicklung. Seit Bestehen des Fürsorgeerziehungsgesetzes hat sich die Tätigkeit des Erziehungsvereins mehr und mehr erweitert. Wir nehmen jetzt Fürsorgezöglinge auf auch aus der Provinz Brandenburg, aus Berlin und aus anderen Städten und nicht nur Fürsorgezöglinge, sondern jedes Kind, das in Gefahr ist, zu verwahrlosen. Wir haben durchschnittlich in unseren beiden Anstalten[7] einen Bestand von 160 Kindern. Weil aber die Kinder nur drei bis vier Monate in der Anstalt sind, nehmen wir alljährlich jetzt zwischen 300 und 400 Kinder neu auf. Unsere Anstalten tragen nicht den Charakter von Zwangsanstalten, sie sind nicht von Mauern umgeben, ja die Türen nicht einmal verschlossen. Wer entweichen will, hat dazu Gelegenheit. Allerdings machen die Knaben auch zuweilen von dieser Gelegenheit Gebrauch mehr als uns lieb ist. Bei tunlichster Vermeidung der Strenge suchen wir, durch Liebe auf die Kinder Einfluß zu gewinnen, denn viele von ihnen haben wahre Liebe noch niemals genossen.

Ich habe mich hierüber etwas eingehender geäußert deshalb, weil ich eine bedeutungsvolle Gelegenheit nicht vorübergehen lassen wollte, ohne über das zu sprechen, was mir am meisten am Herzen liegt: die Rettung verwahrloster Kinder. Ich möchte gern den einen oder andern meiner Mitbrüder, der hier anwesend ist, veranlassen, sich auch einmal auf diesem modernen Gebiete der Seelsorge zu versuchen. Ich habe bei allen meinen seelsorglichen Arbeiten auch nicht annähernd solche Erfolge gehabt wie bei der Sorge für verwahrloste Kinder. Es ist geradezu staunenswert, welche Umwandlung oft mit den Kindern vor sich geht, wenn sie in ganz gut katholische Familien verpflanzt werden. Bei mehr als 80 Prozent der in Familien untergebrachten Kinder lauten die Berichte über ihre Führung durchweg gut. Ich glaube, hier gilt das Wort des Herrn: „Die Ernte ist groß."

Das Gesetz über Fürsorgeerziehung hat aber noch einen andern Erfolg. Es läßt uns einen Blick tun in die inneren Verhältnisse der Großstädte und Industriezentren, es lüftet ein wenig den Schleier und zeigt uns die Wirklichkeit in erschreckender Gestalt.

---

[7] Das Fürsorgeheim in Bielefeld und das Damianeum in Warburg. – Vgl. den entsprechenden Beitrag von Christian Christoph Bartels in diesem Bande. – Jugenddorf Petrus Damian, Warburg. In: 100 Jahre Verein für Jugendhilfe 69-174.

Ich bin hierher berufen, um nach den Wahrnehmungen meiner Praxis Ihnen die Verhältnisse der Großstädte und der Industriegegenden etwas zu schildern, damit die Besucher der Katholikenversammlung in der Überzeugung bestärkt werden, es ist not, daß wir alle, auch die Laien, Hand ans Werk legen, um die Ideale unseres Volkes zu verteidigen. Dieser Aufgabe könnte ich mich entledigen dadurch, daß ich Ihnen die Gerichtsverhandlungen der Fürsorgezöglinge vorlegte. Sie würden da einen Einblick gewinnen in die Verhältnisse der Großstädte und Industriegegenden. Vernehmen Sie wenigstens einige Andeutungen über diesen Gegenstand:

1. Ein siebzehnjähriges Mädchen wird in Fürsorge getan, weil die Mutter selbst eine große Gefahr für das Mädchen ist in sittlicher Hinsicht. 2. Ein sechzehnjähriges Mädchen kommt in Fürsorgeerziehung, weil beide Eltern dem Trunke ergeben sind und die Mutter versucht hat, ihr eigenes Kind auf schlechte Wege zu führen. 3. Ein fünfjähriges Kind wird seinen Eltern abgenommen, weil der Vater ein roher Trunkenbold ist und weil beide Eltern verdächtig sind des Kindermordes. 4. In einer andern Familie ist der Vater wegen Irrsinns entmündigt, die Mutter ist in sittlicher Hinsicht auf Abwege geraten, deshalb kommt das dreizehnjährige Mädchen in Fürsorgeerziehung.

Über 1 200 solcher Berichte sind durch meine Hände gegangen. So oft ich Fürsorgeverhandlungen gelesen und ein Kind mit einigen freundlichen Worten in die Anstalt aufgenommen habe, kommt mir der Gedanke: Welch ein Segen, daß wir ein Fürsorgeerziehungsgesetz haben, welch ein Glück ist es für das Kind, daß es dem Einfluß seiner Eltern entzogen ist (Sehr richtig!). Aber auch der Gedanke drängt sich mir auf: wie viel Dank schulde ich Gott dem Herrn dafür, daß er mir fromme Eltern gegeben hat, die mich durch Wort und Beispiel zum Guten ermahnten. Möchten doch diejenigen, die oft so hart und lieblos über ein Kind urteilen, das sich eines Fehlers schuldig gemacht hat, auch bedenken, in welchen Verhältnissen das Kind aufgewachsen ist, möchten sie sich einmal die Frage vorlegen: was wäre denn aus mir geworden, wenn ich solche Eltern gehabt hätte (Sehr richtig!).

Man wird vielleicht sagen wollen, das sind Einzelerscheinungen, Ausnahmefälle, diese traurigen Familien. Aber vernehmen Sie einige Zahlen; die werden Ihnen die Illusion zerstören. Im Jahre 1905 sind in die Fürsorgeerziehung gekommen in Westfalen 745 Minderjährige, in der Rheinprovinz 1 073, in Berlin 666 usw., in ganz Preußen 6 636, und in den ersten fünf Jahren des Bestehens des Erziehungsgesetzes sind in Preußen allein 33 600 Kinder in die Fürsorgeerziehung gekommen. Welch eine Unsumme moralischen Elends stellen diese Zahlen dar. Dabei ist zu beachten, daß infolge der Rechtsprechung des Kammergerichtes die Fürsorgeerziehung nur die ultima ratio, das letzte Mittel ist, das angewendet werden soll erst dann, wenn alle anderen Mittel vergeblich gewesen sind. Infolgedessen ist es schwer, gegenwärtig eine Fürsorgeerziehung durchzusetzen. Wenn auch in einem Falle der Lehrer, der Geistliche und der Magistrat erklären, daß Fürsorgeerziehung notwendig sei, dann wird sie doch in vielen Fällen noch abgelehnt. Deshalb sind die Städte neuerdings dazu übergegangen, diejenigen Kinder, bei denen die Voraussetzungen des § 1666 gegeben sind, ohne Anwendung des Fürsorgegesetzes auf Kosten der Stadt unterzubringen. Es hat neulich eine Stadt aus einer Industriegegend mit mir einen Vertrag abgeschlossen, wonach ich Kinder dieser Art aufnehmen soll. Es handelt sich, wie der Magistrat sagte, jährlich um 40 Kinder. Dabei ist das eine Stadt, die nicht einmal sehr groß ist. Bei all diesen Fällen handelt es sich um solche Kinder, bei welchen die Verwahrlosung schon in die Erscheinung getreten ist, [die sich] durch Vergehen gegen das Eigentum, gegen die Sittlichkeit usw. schuldig gemacht haben. Wer zählt aber die Familien in den großen Städten und in den Industriegegenden, in denen das religiöse Leben vollständig vernachlässigt oder gar positiv bekämpft wird!

Aus meiner Tätigkeit auf dem Gebiete der Fürsorge habe ich die Überzeugung gewonnen, daß die Zahl der Eltern, welche die Erziehung ihrer Kinder vernachlässigen oder gar verhindern, in den großen Städten erschreckend groß ist, daß ferner in den großen Städten die Ehe immer mehr ihres christlichen Charakters entkleidet wird. Nach der Statistik des Ministeriums waren im verflossenen Jahre 10% aller Fürsorgezöglinge Kinder solcher Eltern, welche geschieden sind oder getrennt leben. Grauenerregend ist die Zunahme der Unsittlichkeit und tief betrübend die beinahe vollendete Religionslosigkeit. Wenn ein Kind unserer Anstalt zugeführt wird, pflege ich mich auch nach dem religiösen Leben zu erkundigen. Ich frage das Kind: „Gingest Du sonntags auch zur hl. Messe?“ Antwort: „Nur selten.“ „Gingen Deine Eltern hin?“ „Nein, niemals.“ „Gingen Deine Eltern zu den hl. Sakramenten?“ „Ich habe es nicht gesehen, ich glaube nicht.“ Diese Antworten sind fast immer dieselben. Eine Familie, in der religiöses Leben herrschte, habe ich unter den 1 200 nicht gefunden.

Was sollen wir nun diesen Verhältnissen gegenüber tun? Sollen wir die Hände in den Schoß legen und denken, es nützt ja doch alles nichts? Soweit sind wir Gott sei Dank noch nicht. Wir leben in einer wichtigen, entscheidungsvollen Zeit. Während sich die religiös-sittlichen Verhältnisse auf dem Lande nicht wesentlich verändert haben, vollziehen sich in den großen Städten allerdings große Umwandlungen. Es ist interessant, aber auch verantwortungsvoll für uns, daß wir in dieser epochemachenden Zeit leben. Da muß jeder Katholik auf seinem Posten sein. Wenn ein Feldherr in der Schlacht sieht, daß der Feind auf einem Punkte einen heftigen Angriff unternimmt, dann sendet er dorthin Verstärkungen. Hilfstruppen und Reserven werden herangezogen. Nun, die gefährdeten Punkte in der Schlachtlinie der katholischen Kirche, wo Sturm gelaufen wird gegen die christlichen Wahrheiten, sind die großen Städte und die Industriegegenden. Da müssen Hilfstruppen herangezogen, Reserve herbeigeholt werden. Und das sind Sie, verehrte Damen und Herren, aus dem Laienstande (Beifall).

Es ist eine wesentliche Aufgabe der Katholikenversammlungen, miteinander zu beraten, was zur Förderung des katholischen Lebens geschehen kann. Wenn in den letzten Jahrzehnten auch die Laienwelt sich in hervorragender Weise mit in den Dienst der Kirche stellt, so ist das auch mit ein Verdienst der Generalversammlungen der Katholiken Deutschlands (Bravo!). Hier sind für die Laien viele Anregungen zur Betätigung des religiösen Lebens gegeben worden. Wenn der Vinzenzverein und der Elisabethenverein den heutigen Verhältnissen entsprechend ihre Tätigkeit ausgedehnt haben, wenn sich die katholischen Vereine in so großer Anzahl, vor allem auch der herrliche Frauenfürsorgeverein[8], an die Seite der Geistlichen stellen, dann ist das auch mit ein Verdienst der Katholikenversammlungen. Aber wir dürfen uns nicht in Ruhe des Erreichten freuen, wir müssen weiterstreben.

Zwei Umstände sind es vor allem, welche die Pastoration in den Städten sehr erschweren. Einmal sind die Seelsorgekräfte in vielen Fällen ungenügend, und zweitens sind die Städter zu wenig seßhaft. Ich beziehe in meiner Pfarrei Bielefeld[9] vom Meldeamt alle zehn Tage eine Liste der zugezogenen Katholiken. Die Pfarrei hat 10 000 Seelen. Da bekomme ich jeden Monat über 200 Namen von zugezogenen Katholiken, also in einem Jahre weit mehr als 2 000. Es kommt noch hinzu, daß der Wohnungswechsel innerhalb der Stadt wenigstens ebenso groß ist, wie der Domizilwechsel. Da ist ohne weiteres einleuchtend, daß ein Kennenlernen, ein persönliches Einwirken nur bei einem geringen Teil der Gemeindemitglieder möglich ist, und dieser geringe Teil bedarf dessen vielleicht am wenigsten. Hier ist uns Geistlichen die Mithilfe der Laien notwendig. Aus der Liste der Zugezogenen müssen den Vereinen die Namen der Standesgenossen mitgeteilt werden. Ich meine die Ver-

---

[8] Heute SKF.

[9] Bartels war dort von 1889-1909 Pfarrer. – Vgl. den Beitrag von Hans Jürgen Brandt über Christian Bartels in diesem Bande.

eine der kaufmännischen Gehilfen und Gehilfinnen, die Arbeitervereine, Gesellen- und Lehrlingsvereine. Zwei Mitglieder des Vereins müssen die neu Angekommenen besuchen, sie über die lokalen Verhältnisse unterrichten und sie veranlassen, einem katholischen Verein beizutreten. Lernen wir in dieser Hinsicht von den Studenten. Wie bemühen sich da die Korporationen, wenn das neue Semester beginnt, die Angekommenen für ihre Korporationen zu gewinnen (Heiterkeit). Wenn jeder Katholik, der in die Stadt abwandert, so „gekeilt" würde, dann würden nicht so viele zur feindlichen Kouleur abfallen.

Aber auch bei der Pastoration der Ansässigen können wir die Mithilfe der Laien nicht entbehren. Ich meine die Mithilfe nach Art der protestantischen Inneren Mission.[10] Ich habe zu Hause Gelegenheit, diese Tätigkeit zu beobachten. Ich achte sie und suche von ihr zu lernen (Bravo!).

Auf dem Charitastage in Dortmund[11] wurde vor zwei Jahren ein Vortrag über „Laienapostolat" gehalten. Der Vortrag fand einen solchen Anklang, daß eine Kommission gewählt wurde, welche die gegebenen Anregungen weiter verfolgen sollte. Der Redner legte seinen Ausführungen die Tätigkeit der protestantischen Inneren Mission und der Heilsarmee[12] zugrunde. Es wäre sehr wünschenswert, wenn die dort gegebenen Anregungen konkrete Gestalt bekämen. Denn wenn schon die Apostel in den ersten Tagen den christlichen Gemeinden erklärten: „Es ist nicht entsprechend, daß wir das Wort Gottes verlesen und Tische bedienen"; wenn auf ihren Vorschlag sieben Diakone gewählt wurden, zur Verrichtung derjenigen Arbeiten, die von einer echten Pastoration nicht getrennt werden können, die aber auch von Leuten verrichtet werden können, die nicht Priester sind; wenn also schon in Jerusalem die Hilfe von Nichtpriestern notwendig erschien, dann ist es heute gewiß notwendig, in den großen Städten, die Herrn Stadtpfarrer werden es mir gewiß bestätigen, daß ein großer Teil der Leute, die im Laufe des Tages ihre Hilfe erbitten, weltliche Angelegenheiten haben. Diese alle abweisen, geht nicht an, aber ebensowenig kann man allen willfahren, dazu reicht nicht die Zeit und auch nicht das Geld. Hier bedürfen wir der Mithilfe

[10] Der Begründer der ‚Inneren Mission' der Evangelischen Kirche Deutschlands war Johann Hinrich Wichern (1808-1881) aus Hamburg, der bereits 1833 in Horn b. Hamburg das ‚Rauhe Haus' zur Rettung gefährdeter Jugendlicher eröffnet hatte.

[11] Vgl. Brandt, Chronik 23-26. Das Referat über ‚Laien in der Caritas' hielt Professor Dr. Martin Faßbender (1856-1943) aus Berlin. – Ebd. 25.

[12] Der Prediger William Booth (1829-1912) gründete 1865 mit seiner Gattin Catharine geb. Mumford eine Organisation zur Rettung der verwahrlosten Massen, die ab 1878 den Namen Heilsarmee trägt.

der Laien, namentlich auch in bezug auf die soziale Gesetzgebung, wo so viele des Rates und der Hilfe bedürfen, die ihnen auch von Nichtpriestern gegeben werden können. Auf diese Weise erhält der Seelsorger Zeit für die Privatseelsorge, und die ist in den Städten absolut notwendig. Wo diese Privatseelsorge in den Städten nicht geübt wird, da geht das religiöse Leben zurück. Es kann heute nicht meine Aufgabe sein, ein Programm für dieses Laienapostolat zu entwerfen. Das wird Sache vieler Beratungen sein, die nur geführt werden können im Anschluß an die Kirche und unter ausdrücklicher Genehmigung der hochwürdigsten Herren Bischöfe.

So sehr nun auch diese Mithilfe der Laien zu schätzen ist, wichtiger, unvergleichlich wichtiger ist, daß die Riesenpfarreien der großen Städte geteilt, daß neue Kirchen gebaut, Seelsorger weiter angestellt, in der Diaspora neue Missionen gegründet werden, mit einem Wort, daß der Bonifatiusverein[13] mehr unterstützt wird, damit er seine Tätigkeit erweitern kann (Lebhafter Beifall). Seit 25 Jahren arbeite ich fast ausschließlich in der Industriegegend und in der Diaspora, die Frucht meiner Beobachtungen ist eine felsenfeste Überzeugung: Absolut sicher hebt sich das religiöse Leben, wenn die Zahl der Geistlichen in den großen Städten vermehrt wird, wenn neue Kirchen gebaut, wenn in der Diaspora neue Missionen errichtet werden.

Als neunjähriger Knabe besuchte ich die kurz vorher vom Bonifatiusverein gegründete katholische Schule in Eisleben. 28 Kinder hatte diese Schule. Einen Pastor hatten wir auch, aber keine Kirche. An den Wochentagen war die hl. Messe in der Wohnung des Pastors[14], an den Sonntagen in einer Brauerei. Ich erinnere mich noch deutlich, wie wir zwischen den Bierfässern uns hindurch arbeiteten, um in einen wenig beleuchteten, unbeschreiblich ärmlichen Raum zu kommen, wo die hl. Messe gefeiert wurde. Nach einigen Monaten zogen wir um, und zwar in die Militär-Reitbahn. Jeden Sonntag mußten wir Knaben uns in der Wohnung des Pastors einfinden, um die zur hl. Messe notwendigen Sachen zur Reitbahn zu tragen. Ich trug den Altarstein (ich war schon damals ein kräftiger Bursche), ein anderer das Meßbuch, ein dritter die Leuchter usw. Bei der hl. Messe fand das Lied: „Hier liegt vor Deiner

[13] Auf der 3. Generalversammlung der katholischen Vereine Deutschlands 1849 in Regensburg wurde der Bonifatiusverein ‚für die kirchliche Mission in Deutschland' gegründet. Erster Präsident war Joseph Graf von Stolberg-Stolberg. Der Verein hat seinen Sitz in Paderborn, und der jeweilige (Erz)Bischof von Paderborn ist Protektor des Vereins.

[14] Anton Kemper (1827-1896) aus Berghof b. Dorlar, war 1858-1885 erster Missionar in Eisleben. – Liese, Necrologium 303.

Majestät im Staub die Christenschar" buchstäbliche Erfüllung. Nach dem Gottesdienst trugen wir die Sachen wieder in die Wohnung des Pastors. Der sehr rührige Pastor benutzte die Zeit des Eisenbahnbaues, die in den damaligen industrielosen Verhältnissen sogenannte flotte Jahre bedeutete, um eine neue katholische Kirche zu bauen. Der Tag der Einweihung der Kirche ist einer der größten Festtage meiner Kindheit. Ich durfte Meßdiener sein. Ich begriff die Bedeutung des Ereignisses nicht, freute mich nur darüber, daß wir Katholiken jetzt nicht mehr hinter den Protestanten zurückzustehen brauchten. Aber aus den leuchtenden Augen meines Vaters, aus der Freude unseres Pastors schloß ich, daß es für eine Gemeinde wohl ein großes Glück sein müsse, eine eigene Kirche zu haben. Längere Zeit noch bildete jeden Sonntag die neue Kirche das Gesprächsthema bei Tisch in unserer Familie. „Hast du nicht gesehen, der und der war heute in der Kirche; daß der katholisch ist, habe ich gar nicht gewußt." Oder: „Heute war die Kirche mal besetzt! Früher waren nicht halb so viele in der hl. Messe." Viele kehrten zur Kirche zurück, und manche wurden sogar eifrig, seitdem das neue Gotteshaus fertig war. Daß der Bau der neuen Kirche in Eisleben nur durch die tatkräftige Unterstützung des Bonifatiusvereins möglich gewesen war, habe ich erst später erfahren. An vielen hundert anderen Orten hat sich in den letzten Jahrzehnten diese Erscheinung wiederholt. Zweimal hatte ich Gelegenheit, in meiner Pfarrei dasselbe zu beobachten, zuletzt vor zwei Jahren, wo durch Hilfe des Bonifatiusvereins auf einem Dorfe bei Bielefeld eine neue Mission gegründet wurde.[15] Es wohnte dort weit zerstreut eine Anzahl Katholiken; wieviel, ließ sich kaum angeben. Zur hl. Messe kam sonntags nicht ein Dutzend. Voriges Jahr wurde die Kapelle eingeweiht, und von da an fanden sich jeden Sonntag 120 Personen ein, um der hl. Messe beizuwohnen. Vor vier Wochen erkundigte ich mich nach dem Empfange der hl. Sakramente. Da hatten an dem Sonntage 27 Personen kommuniziert. So viele hatten dort früher im ganzen Jahre nicht kommuniziert. In Dortmund war bis zum Jahre 1883 nur eine katholische Kirche. Da wurde die zweite Kirche gebaut, und zwar groß, sehr groß.[16] Ältere Leute hatten Sorge wegen der Größe. „Woher sollen die Leute kommen für eine so große Kirche?" Die schöne Liebfrauenkirche wurde eingeweiht. Und siehe da: sie war jeden Sonntag voll

[15] Es dürfte sich um die Filiale Sieker handeln, die 1906 gegründet wurde. – RSchemP ‹1988› 174.

[16] Seit der Reformation übten die Dominikaner die Seelsorge aus; 1881/83 wurde die Kirche gebaut; 1890 erfolgte die erste Abpfarrung mit der Liebfrauen-Gemeinde. – RSchemP ‹1988› 359.

besetzt, selbst als vier hl. Messen gelesen wurden; und dann merkte man kaum, daß der Besuch der Mutterkirche nachgelassen hatte. Dabei ist zu beachten, daß in der Diaspora und in der Industriegegend der Besuch der hl. Messe der Maßstab ist für die Beurteilung des ganzen religiösen Lebens; in katholischen ländlichen Verhältnissen gilt das nicht im selben Maße. Das sind meine Beobachtungen; ich bin aber überzeugt, daß Hunderte von Priestern in Deutschland dieselbe Wahrnehmung gemacht haben und daß sie mir in vollster Überzeugung zustimmen, wenn ich sage: Das Ceterum censeo bei allen katholischen Beratungen muß sein: „Unterstützet den Bonifatiusverein!“ (Stürmischer Beifall und Händeklatschen).

Wenn unsere Diasporaverhältnisse in Deutschland jetzt auf dem Wege sind, geordnete zu werden, wenn in den Großstädten wenigstens der Anfang dazu gemacht ist, dann verdanken wir das vor allem der tatkräftigen Unterstützung des Bonifatiusvereins. Bis zum Jahre 1904 sind an 2 480 Orten durch den Bonifatiusverein Kirchen erbaut oder Missionsstellen errichtet worden. Wer zählt aber die Millionen, denen es durch den Bonifatiusverein ermöglicht wird, die heiligen Sakramente zu empfangen und den Frieden des Herzens wieder zu finden! Wer zählt die Tausende und Abertausende, die allein dem Bonifatiusverein es zu danken haben, daß sie auf ihrem Sterbebette die heiligen Sakramente empfangen konnten und in Frieden mit Gott hinübergingen in die Ewigkeit (Lebhafter Beifall).

In unserer Zeit nehmen die sozialen Fragen das Interesse in hohem Maße in Anspruch und das mit Recht. Denn diese Fragen sind akut. Aber das darf nicht soweit gehen, daß wir nun darüber den Bonifatiusverein vergessen. Denn die Grundlage für die Lösung der sozialen Frage ist die Stärkung des religiösen Lebens (Lebhafter Beifall). Wer da glaubt, die soziale Frage lösen zu können ohne das Christentum, der gleicht den Leuten, von denen die heilige Schrift sagt: „Sie gruben Zisternen, die kein Wasser hatten.“ Ja, wir Katholiken wollen auch in den wirtschaftlichen und sozialen Fragen nicht abseits stehen, aber wir wollen auch, daß das religiöse Leben gestärkt werde. Wir bewerten das religiöse Moment höher als viele andere, deshalb, weil wir Katholiken, weil wir gläubige Christen sind, denen als Richtschnur das Wort Christi gilt, das wir am letzten Sonntage im Evangelium hörten: „Suchet zuerst das Reich Gottes und seine Gerechtigkeit“ (Stürmischer Beifall und Händeklatschen). Und dieses Reich Gottes ausdehnen, das will vor allem der Bonifatiusverein.

Erlauben Sie mir, zum Schlusse noch einen Gedanken vorzutragen, der geeignet ist, uns zu überzeugen, daß wir gegenwärtig in besonderer

Weise den Bonifatiusverein unterstützen müssen. Eine katholische Mission errichten ohne eine katholische Schule hat wenig Wert. Deshalb sorgt der Bonifatiusverein für die katholischen Schulen in der Diaspora in gleicher Weise wie für die Kirchen. Bisher war man nur bei der Errichtung von Schulen vielfach auf das Wohlwollen der Gemeinden und der Bezirksregierungen angewiesen. Aber es gab doch Ministerialerlasse, die in etwa eine Norm waren für das, was man verlangen konnte. Da galt nun bisher die Praxis, daß, wenn in einer Schule 42 Kinder anderer Konfession vorhanden waren, für diese eine eigene konfessionelle Schule verlangt werden konnte. Das wird aber demnächst anders.

Am 1. April nächsten Jahres tritt in Preußen das neue Schulgesetz in Kraft, und dies bestimmt, daß nur, wenn 60 Kinder der konfessionellen Minderheit vorhanden sind, für diese eine Schule verlangt werden kann, und nur wenn fünf Jahre lang schon 60 Kinder da waren, und nur wenn sämtliche gesetzliche Vertreter dieser 60 Kinder die Errichtung einer besonderen Schule verlangen. Es wird zweifellos dem Bonifatiusverein eine große Aufgabe erwachsen durch diese Bestimmung; denn die meisten Missionen haben bei ihrer Gründung keine 60 Kinder. Deshalb wird der Bonifatiusverein in vielen Fällen gezwungen sein, Privatschulen zu errichten, und die werden ihm, von anderen Übelständen abgesehen, ganz zweifellos große Kosten verursachen. Wollen wir also, daß der Bonifatiusverein seine Tätigkeit in der bisherigen Weise fortsetzt, dann müssen wir ihn mehr unterstützen als bisher, weil neue Aufgaben ihm erwachsen. Ich meine aber, wir wollen nicht, daß er seine Tätigkeit in der bisherigen Weise fortsetzt, wir wollen, daß er seine Tätigkeit vermehrt, extensiv und intensiv (Beifall). Und darum geloben wir ihm wieder unsere Unterstützung, soweit unsere Kräfte es vermögen.

In letzter Zeit sind die großen Reklameschilder in Mode gekommen. An der Eisenbahn entlang, an der Landstraße, in den Städten wie in den Dörfern, überall liest man die großen Plakate: „Oetker's Backpulver", „Leibnitz Cakes" usw. Ich habe anfangs gedacht, die Methode muß doch eigentlich wenig Erfolg haben; es scheint aber, daß ich mich geirrt habe. Es muß sich doch wohl lohnen, sonst würden sie nicht soviel Nachahmung gefunden haben. Wenn diese Methode nun Erfolg hat, dann möchte ich wünschen, daß an dem Lebensweg jedes Katholiken recht viele solche Reklameschilder ständen mit der Aufschrift: „Bonifatiusverein" (Beifall). Auf jedem katholischen Gebetbuch müßte der Stempel stehen „Bonifatiusverein"; denn des Gebetes bedarf der Verein zur Erreichung seiner Ziele. Aus jedem Geldschrank heraus müßte aber auch dem glücklichen katholischen Besitzer, wenn er die schwere Türe öffnet, das Wort hervorleuchten „Bonifatiusverein“ (lebhafter Beifall), und diejenigen, die nicht glückliche Besitzer eines Geldschrankes sind, könnten vielleicht in ihrem Portemonnaie einen Zettel tragen mit dem Wort „Bonifatiusverein“ (Beifall und Heiterkeit). Vieleicht eignet sich auch als Biermerker auf dem Maßkrug ein Hütchen mit dem Wort „Bonifatiusverein“ (Heiterkeit) und den verehrten Damen möchte ich empfehlen, statt des Namens eines Kriegsschiffes auch an dem Hut das Wort „Bonifatiusverein“ zu tragen (Heiterkeit und Beifall).

Das Almosengeben hat der göttliche Heiland uns zu einer heiligen Pflicht gemacht; ein Gebot ist es, von dessen Erfüllung der letzte Urteilsspruch in der Ewigkeit abhängen wird. Sollte nicht der Erlöser, der sein Blut vergossen hat, um Menschenseelen zu retten, auch von uns verlangen, daß wir denen helfen, die in geistiger Not sind? Wir Katholiken schätzen die Gnadenmittel unserer heiligen Religion und wir kennen deshalb auch die Notlage unserer Glaubensbrüder, denen es so erschwert, ja nahezu unmöglich gemacht ist, die heiligen Sakramente zu empfangen. Sollten wir da nicht uns angetrieben fühlen, ihnen zu helfen? O wie mancher unserer Glaubensbrüder gleicht dem armen Wanderer, der halbtot am Wege lag. Er ist ausgezogen aus dem Elternhaus, gut ausgestattet in geistiger Hinsicht: gerüstet mit lebendigem Glauben, gestärkt durch Frömmigkeit und Tugend. Aber was ist aus ihm geworden in der Fremde, in der Diaspora? Anfangs war es nicht seine Schuld, wenn er nicht regelmäßig die heilige Messe besuchte. Aber er ist immer lauer geworden, und schließlich liegt er halbtot am Wege, all‘ seiner geistigen Güter beraubt. Sollen wir, verehrte Damen und Herren, sollen wir gefühllos an ihm vorübergehen? Nein, niemals! Wir wollen den Bonifatiusverein unterstützen, daß der ihm einen barmherzigen Samariter schickt, der seine Wunden verbindet und ihn zurückträgt in die Herberge, in die Kirche (Stürmischer, langanhaltender Beifall und Händeklatschen).

Es war mir eine Freude, daß ich in dem schönen Würzburg, durch dessen Straßen ich vor 27 Jahren marschierte, mit dem Raupenhelm auf dem Kopfe und dem Gewehr auf der Schulter[17], in so bedeutungsvoller Versammlung reden durfte über das, was mir das Teuerste ist; daß ich reden durfte in der Stadt, deren Bischofsstuhl der hl. Bonifatius errichtet hat, über das Werk, das seinen Namen trägt und in seinem Geiste wirkt. Möge der hl. Bonifatius am Throne Gottes auch in Zukunft seinem Vereine den Segen des Allerhöchsten erflehen!

---

[17] Christian Bartels diente 1879 als Einjähriger bei den Jägern in Bayern. – Vgl. Brandt, Chronik 43 Anm. 103.

Das katholische Fürsorgeheim in Bielefeld und der katholische Erziehungsverein

von Christian Christoph Bartels[1]

Die Gründung

Im Jahre 1889 wurde der Unterzeichnete zum Pfarrer der katholischen Gemeinde Bielefeld ernannt.[2] Die Pfarrei hatte damals rund 5 000 Seelen, die Stadt Bielefeld 40 000 Einwohner. Bielefeld stand im Zeichen der industriellen Entwicklung. Die dortige Industrie war eine vielgestaltige und deshalb auch in einer ziemlich beharrlichen Weiterentwicklung. Die Sozialdemokratie fand in Bielefeld verhältnismäßig mehr Anhang als in anderen gleich großen Städten des Westens. Die Entwicklung der Industrie brachte für das Familienleben und besonders für die Kinder große Gefahren. Die Zahl der gefährdeten Kinder nahm ständig zu. Ein Waisenhaus hatte die katholische Gemeinde nicht. Für die Unterbringung der gefährdeten Kinder in auswärtigen Anstalten fehlten die Mittel. Deshalb bemühte sich der damalige Pfarrer in Gemeinschaft mit den Schwestern des Krankenhauses[3], gefährdete Kinder in auswärtigen guten, katholischen Familien unterzubringen. Das hatte einen über Erwarten großen Erfolg. Deshalb tauchte der Plan auf, diesen Zweig der Seelsorge weiter auszubauen und ein bescheidenes Haus für die Pfarrei zu errichten, um die gefährdeten Kinder einstweilen unterzubringen, bis eine geeignete Familie ermittelt sei. Der Plan wurde dem hochwürdigsten Herrn Bischof Simar vorgelegt.[4] Dieser billigte ihn nicht nur, sondern bekundete sein besonderes Interesse und versprach, in jeder ihm möglichen Weise den Plan zu unterstützen.

Kurz darauf, im Jahre 1894, gründete der Bischof den katholischen

---

[1] Das Manuskript liegt im Archiv des DiCV-Paderborn (ohne Signatur). – Hier für den Druck kommentiert von Karl Hengst.

[2] Es handelt sich um Christian Christoph Bartels, der von 1889-1909 dort Pfarrer war. – Vgl. den Beitrag von Hans Jürgen Brandt über Bartels in diesem Bande.

[3] Seit 1869 betreuten Aachener Franziskanerinnen das Bielefelder Franziskushospital. – RSchemP ‹1931› 477.

[4] Hubertus Simar (1835-1902) aus Eupen, von 1891-1899 Bischof von Paderborn, ab 1899 Erzbischof in Köln. – Brandt/Hengst, Die Bischöfe 317-320.

Erziehungsverein für die Diözese Paderborn. Präses des Vereins wurde zunächst Propst Harbordt in Bochum[5] und dann am 3. November 1899 der Pfarrer von Bielefeld. Der Bau des Kinderheimes stand unmittelbar bevor. Der Plan wurde aber jetzt wesentlich geändert. Man entschied sich, ein größeres Haus zu bauen, das auch Raum für die Schützlinge des Erziehungsvereins hatte. Um die Mittel zu beschaffen, wurde zunächst unter allgemeiner Beteiligung der Pfarrei Bielefeld ein Bazar gehalten, der einen Reinertrag von M. 7000,- lieferte. In dieser Zeit hatte der Kirchenvorstand wiederholt den Bau einer zweiten Kirche beraten, der bei der andauernden Zunahme der Gemeinde immer notwendiger wurde. Es erschien sehr ratsam, auch an den Platz für eine zweite Schule schon jetzt zu denken. Für alle diese Projekte erschien ein Platz an der Kaiserstraße geeignet. Da inzwischen durch einen Prozeß erreicht war, daß die Stadt auch die katholischen Schulen auf ihren Etat übernahm, verhandelte der Pfarrer persönlich mit dem Oberbürgermeister[6], um zu erreichen, daß die neue Schule und die Kirche nahe zusammenlagen. Im Auftrage des Oberbürgermeisters wurde deshalb ein großes Grundstück vom Pfarrer gekauft und der für die Schule erforderliche Platz zum Selbstkostenpreis der Stadt überlassen. Mit dem Bau des Fürsorgeheims wurde begonnen, weil diese Sache dringend war. Unter dem 18. November 1898 wurde beim Oberpräsidenten von Westfalen eine Hauskollekte für die ganze Provinz beantragt mit der Begründung, „daß dieses Kinderheim nicht eine Einrichtung unserer Pfarrei, sondern des über die ganze Provinz ausgebreiteten Erziehungsvereins werden solle." Der Bonifatius-Sammelverein spendete M. 1000,-, der Generalvorstand des Bonifatiusvereins in Paderborn M. 4000,- mit der Auflage, katholische Kinder aus der ganzen Diaspora aufzunehmen. Am 2. Juli 1900 erschien das preußische Fürsorgeerziehungsgesetz, dessen Ausführung den Provinzialverwaltungen übertragen wurde. Am 21. Juli 1900 wandte sich der damalige Landeshauptmann Holle[7] auch an den Bischof von Pader-

---

[5] August Harbordt (1839-1911) aus Halle i. Westfalen, 1893-1906 Pfarrer und Propst in Bochum. – Liese, Necrologium 240.

[6] Gerhard Bunnemann (1842-1925) aus Locoum, Sohn des dortigen Stiftspredigers, Jurastudium in Göttingen und Heidelberg, 1872 Beigeordneter in Elberfeld, 1875 Bürgermeister in Bad Kreuznach, 1881 Bürgermeister und 1883 Oberbürgermeister in Bielefeld, gleichzeitig Abgeordneter des Preußischen Herrenhauses, 1910 i.R. – Vogelsang Reinhard: Geschichte der Stadt Bielefeld 2 ‹Bielefeld 1988› 157f.

[7] Ludwig August Holle (1855-1909) aus Schwelm, 1900-1904 Landeshauptmann in Münster, dann tätig in Berlin als Kultusminister und Staatsrat. – Schulte, Westfälische Köpfe 125f.

born[8] um Mitarbeit bei der Ausführung dieses Gesetzes. Der Bischof überreichte ihm die Satzung des 1894 gegründeten Erziehungsvereins und empfahl ihm, mit dem Präses des Erziehungsvereins, Pfarrer Bartels in Bielefeld, sich in Verbindung zu setzen. Der Landeshauptmann lud diesen mit einigen anderen katholischen Geistlichen nach Soest zu einer Besprechung ein. Hier wurde eine Vereinbarung dahin getroffen, daß die katholischen Fürsorgezöglinge der Bezirke Minden und Arnsberg dem katholischen Erziehungsverein zur Unterbringung überwiesen werden sollten. Das ist dann auch geschehen und der Erziehungsverein hat tatsächlich alle Fürsorgezöglinge übernommen. Von der Pfarrei Bielefeld war dabei keine Rede. Unterm 23. August 1900 wurden die Pläne für den Bau der Anstalt in Bielefeld der Bischöflichen Behörde zur Genehmigung eingereicht. In diesem Schreiben heißt es: „Es handelt sich nicht um den Bau eines Waisenhauses, sondern eines Kinderheims, in dem die Kinder des Erziehungsvereins vorübergehend untergebracht werden sollen ...

Was das rechtliche Verhältnis der neuen Gründung betrifft, so haben wir uns entschlossen, dieselbe Form zu wählen, die sich bei unserm Krankenhaus so gut bewährt hat. Die Kirchengemeinde ist das Rechtssubjekt; sie macht die notwendigen Anleihen, der Vorstand des Hauses sorgt für Verzinsung und Amortisation.“ Am 19. März 1901 begann der Bau. Unterm 4. April 1901 beantragte die Kirchengemeinde eine Anleihe von 50 000 M. bei der Landesbank in Münster. Dabei wurde betont, daß das Haus eine Einrichtung für die ganze Provinz sei gemäß der Vereinbarung mit dem Herrn Landeshauptmann. In dem Gesuch vom 17. April 1901 um Genehmigung dieser Anleihe durch die königliche Regierung wird wiederum auf den allgemeinen Zweck des Hauses hingewiesen. Alsdann heißt es: „Der Kirchengemeinde werden voraussichtlich durch die Anleihe keinerlei Ausgaben entstehen, da der Vorstand des Hauses bzw. der Erziehungsverein (eventuell unter Inanspruchnahme der Provinz) für die Zinsen und die Amortisation aufkommen muß.“ In derselben Weise wurde noch eine zweite Anleihe von 50 000 M. aufgenommen und dann am 19. Mai 1902 das Fürsorgeheim eingeweiht.

Das erworbene Grundstück genügte für den Bau des Fürsorgeheims, der neuen Schule und Kirche sowie eines Pfarrhauses. Der städtische Bebauungsplan war aber insofern störend, als die geplante neue Straße, später Josefstraße genannt, diagonal die quadratische Gesamtfläche durchschnitt. In langen Verhandlungen wurde erreicht, daß dieser Be-

[8] Zum Bischof von Paderborn war am 10. Mai 1900 Wilhelm Schneider (1847-1909) aus Gerlingen gewählt worden. – Brandt/Hengst, Die Bischöfe 321-326.

bauungsplan geändert und der Josefstraße die Richtung gegeben wurde, die sie jetzt hat. Von der für die Stadt erworbenen Besitzung lag ein nicht geringer Teil östlich der Josefstraße, Parzelle 1039/0,64 und 1035/73 stc. In der damaligen Zeit wirtschaftlichen Aufschwungs war die Auffassung der Stadt, diesen Teil zu Bauplätzen günstig zu verkaufen, gewiß berechtigt. Noch größeres Interesse an diesen Parzellen hatte aber die Kirchengemeinde. Der Pfarrer kaufte deshalb von der Stadt zurück die östlich der Josefstraße gelegenen Parzellen und bezahlte dafür aus den Mitteln des Erziehungsvereins 32 000 M.

Woher hatte der Erziehungsverein diese Mittel? Der Landeshauptmann bezahlte für jeden Fürsorgezögling täglich 1,25 M. Dieser Betrag genügte, lieferte der Anstalt aber keinerlei Überschüsse. Der Erziehungsverein erhielt seine Mittel auf folgende Weise: Die Fürsorgezöglinge waren damals verhältnismäßig kurze Zeit in der Anstalt. Schon in vier bis sechs Wochen wurden die meisten von ihnen in Familien untergebracht. Die Familien bekamen vom Landeshauptmann durch die Hände des Erziehungsvereins monatlich 9,– M. Pflegegeld. Nun verzichteten damals viele Familien unaufgefordert auf das Pflegegeld oder wenigstens auf einen Teil desselben und überwiesen den Betrag dem Fürsorgeheim zur Verwendung für andere arme Kinder. Aus diesen Gaben allein kommen die Mittel zur Gründung weiterer Einrichtungen für die Rettung gefährdeter Kinder.

Inzwischen wurde nun auch der Plan für die neue Kirche beraten. Aus praktischen Gründen legte man großen Wert auf eine Verbindung der Anstalt mit der Kirche. Eine Empore in der Kirche wurde für die Kinder bestimmt und der Gang dorthin vom Fürsorgeheim erbaut. Um der Kirchengemeinde entgegenzukommen und ein Recht auf Benutzung der Empore zu erwerben, zahlte der Erziehungsverein zum Bau der neuen Kirche 20 000,– M. und trug die Kosten der Überführung vom Fürsorgeheim zur Kirche (15 000,– M.).

Vor dem Inkrafttreten des BGB im Jahre 1900 bestand in Preußen bei Gründung caritativer Anstalten kaum eine andere Möglichkeit, als sie auf den Namen einer politischen oder Kirchen-Gemeinde einzutragen. Soviel ich mich erinnere, hatten damals in ganz Preußen nur drei Gesellenhäuser Korporationsrecht auf Grund einer besonderen Kabinettsordre. Es dauerte auch im neuen Jahrhundert noch einige Zeit, bis § 55 sq. des BGB bekannt wurden und Anwendung fanden. Daraus erklärt sich, daß in Bielefeld das Fürsorgeheim auf den Namen der Kirchengemeinde eingetragen wurde.

Als der Erziehungsverein schon bald nach Fertigstellung des Hauses in Bielefeld eine zweite Anstalt, nämlich die für schulpflichtige Knaben, zu gründen sich genötigt sah, wurde diese auf den Namen der Kirchengemeinde Bielefeld eingetragen, obschon sie in Warburg errichtet wurde.[9] Die Regierung erklärte aber hinterher, die Belastung der katholischen Kirchengemeinde Bielefeld sei zu groß, diese müsse von der Anleihe der zweiten Anstalt befreit werden. Deshalb beschloß der Erziehungsverein, mit Genehmigung des hochwürdigsten Herrn Bischofs, die Rechtsfähigkeit zu erwerben durch Eintragung in das Vereinsregister beim Amtsgericht Paderborn, und die Umschreibung in Warburg erfolgte.

Nachdem 1909 der Pfarrer Bartels nach Paderborn versetzt war, hörte man von Bielefeld zuweilen Andeutungen, als sei die Kirchengemeinde Eigentümerin des Fürsorgeheims. Der Kirchenvorstand der katholischen Gemeinde beanspruchte auch das Eigentumsrecht. Es wurde beraten und zwischen den Parteien verhandelt, aber ohne Erfolg. Schließlich wurde die Sache zur Entscheidung dem Bischöflichen Generalvikariat in Paderborn vorgelegt. Unter dem 27. August 1921 entschied die Bischöfliche Behörde: Haus und Inventar ist Eigentum der Kirchengemeinde Bielefeld. Diese Entscheidung wirkte niederschmetternd für den Vorstand, hat aber dessen Rechtsüberzeugung in keiner Weise geändert. Der Generalvikar[10] erklärte zwar: „Wir werden niemals unsere Zustimmung dazu geben, daß das Haus in Bielefeld zu anderen Zwecken benutzt wird als wozu es gegründet ist.“ Im Grunde genommen genügte dem Erziehungsverein diese Versicherung. Er hat nie dahingestrebt, ein großes Vereinsvermögen zu erwerben. Als ihm die Eisenfabrik Altenbeken mit 80 Morgen Land als Geschenk angeboten wurde, hat er dieses abgelehnt, weil es für die Zwecke des Vereins nicht verwendbar war.

Um einen Akt des Gehorsams zu üben und dem Wunsch der Bischöflichen Behörde zu entsprechen, stellte sich der Erziehungsverein auf den Standpunkt dieser Entscheidung und schloß unterm 28. Dezember 1921 einen Pachtvertrag mit der Kirchengemeinde Bielefeld. Es traten aber in der Folgezeit deutliche Anzeichen in Erscheinung, daß man nach Ablauf des Pachtvertrages, und zwar am 31. Dezember 1930, seitens der Kirchengemeinde eine andere Verwendung des Hauses plant. Eine Verfügung des Bischöflichen Generalvikariates kann, namentlich, wenn ein Personenwechsel in der Behörde erfolgt, abgeändert werden, und so

---

[9] Es handelt sich um das Damianeum in Warburg. – Vgl. zur Geschichte, Jugenddorf Petrus Damian, Warburg. In: 100 Jahre Verein für Jugendhilfe 69-174.

[10] Es handelt sich um Professor Josef Rosenberg (1865-1930) aus Olpe, Dr. theol., 1890 Priesterweihe, dann keine Anstellung, 1898 Oberlehrer an der Oberrealschule in Dortmund mit dem Titel Professor, 1912 Oberlehrer am Gymnasium Theodorianum in Paderborn, 1917 Domherr, von 1920-1930 Generalvikar in Paderborn, Apostolischer Protonotar. – SchemP ‹1909› 9. – Totenkalendarium ‹1981› 6.

würde dann vielleicht das Haus eine andere Verwendung finden als diejenigen beabsichtigt haben, die die Mittel für Gründung der Anstalt gewährten: Deshalb hat der Vorstand beschlossen, jetzt in rechtsgültiger Weise sein Eigentumsrecht geltend zu machen.

Um ein vollständiges Bild der Anstaltsgründung zu haben, muß noch erwähnt werden, welche Opfer der Erziehungsverein für die Kirchengemeinde brachte als Ersatz dafür, daß diese das Risiko der beiden Anleihen (zusammen 100 000,– M.) übernommen hatte. Er zahlte der Kirchengemeinde zum Bau der neuen Kirche 20 000,– M., für die Überführung vom Fürsorgeheim zur Kirche 15 000,– M., für Verpflegung armer Kinder aus der katholischen Gemeinde Bielefeld bis zum 1. März 1919 etwa 44 000,– M., vom 1. März 1919 bis 1. Oktober 1929 schätzungsweise 30 000,– M. In der Zeit von der Fertigstellung des Fürsorgeheims bis zur Fertigstellung der Kirche stellte die Anstalt das Lokal für den Gottesdienst der Katholiken des nördlichen Stadtteils, trug die Kultuskosten und stellte den Geistlichen. Bis auf den heutigen Tag haben die Schwestern unserer Anstalt die Sorge für die Kirchenwäsche, und unser Rektor ist zugleich Vikar an der Josefskirche.[11]

Die Rechtslage

Die Verfügung des Bischöflichen Generalvikariates vom 27. August 1921 ist erlassen auf Grund der staatlichen Gesetze (Allgemeines Landrecht) ohne Berücksichtigung des Kirchenrechts. Da es sich hier aber um einen Rechtsstreit unter Glaubensbrüdern handelt, kann nicht unbeachtet bleiben das Wort der hl. Schrift: „Untersteht sich einer von Euch, der einen Rechtsstreit mit einem anderen hat, sein Recht bei den Ungerechten anstatt bei den Heiligen zu suchen? Oder wißt Ihr nicht, daß die Heiligen die Welt richten werden? Wenn also die Welt von Euch gerichtet wird, seid Ihr da nicht gut genug für die geringfügigsten Rechtshändel? Wißt Ihr nicht, daß wir sogar über die Engel Richter sein werden? Um wieviel mehr über Dinge des täglichen Lebens.“ (I. Korinther 6,

[11] Friedrich Bornemann (1895-1978) aus Hohenlimburg, 1920 Vikar an St. Bonifatius in Paderborn, 1923 Rektor des Fürsorgeheimes in Bielefeld, 1932 Rektor des Damianeums in Warburg, 1943 Pfarrer in Borgholz. – PSchemP ‹1935› 94 u. 171. – Totenkalendarium ‹1981› 104. – Friedrich Mittrop (1886-1967) aus Dortmund, 1912 Pfarrvikar in Hagen-Vorhalle, 1913 Vikar in Finnentrop, 1914 Vikar in Gütersloh, 1928 Pfarrvikar und seit 1933 Pfarrer an St. Josef in Bielefeld. – PSchemP ‹1935› 20 u. 167. – Totenkalendarium ‹1981› 14.

1-4). Wenn das schon galt in den Tagen der Apostel, wieviel mehr dann in den späteren Jahrhunderten, wo die Kirche eine Rechtspflege eingerichtet hat, die dem Staat vielfach zum Vorbild diente. Die Kirche ist eine ‚societas perfecta'; sie ist von Gott ausgestattet mit allen Mitteln, die zur Erreichung ihrer Aufgaben notwendig sind. Dazu gehört auch die gesetzgebende Gewalt. Der Bischof ist in diesem Falle in letzter Linie das Rechtssubjekt des Vermögens beider Parteien.

Der Erziehungsverein ist eine Gründung des hochwürdigsten Herrn Bischofs von Paderborn. Dieser hat ihm mit der Gründung auch ‚eo ipso' die Rechtsfähigkeit verliehen, ebenso, wie wenn er ein ‚beneficium' oder eine ‚parochia' errichtet. Allerdings konnte der Verein in staatlichen Sachen diese Rechtsfähigkeit nicht ausüben. Für die Gründung der Anstalt mußten Anleihen gemacht werden. Das konnte der Verein aus formalen Gründen damals noch nicht. Um das Jahr 1900 oblagen verschiedene Aufgaben der Kirchengemeinde Bielefeld: Der Bau der zweiten Kirche ließ sich nicht länger hinausschieben. Ebenso war eine zweite katholische Schule notwendig, und erörtert wurden verschiedene Einrichtungen zur Bewahrung der Jugend. Deshalb wurde in geeigneter Lage durch lange Bemühungen ein großes Grundstück erworben. Auf diesem Grundstücke wurden der Reihe nach erbaut zuerst das Fürsorgeheim, dann die Kirche, endlich – von der Stadt – die katholische Schule. Ein Pfarrhaus war zugleich mit dem Grundstück durch die Kirchengemeinde erworben. Alle freuten sich dieses Erfolges. An einen Rechtsstreit zwischen der Kirchengemeinde und dem Erziehungsverein hat damals niemand gedacht. Der Erziehungsverein hat von Anfang an Eigentumsrecht ausgeübt. Er hat die Verzinsung und Amortisierung der 100 000,– M. Anleihe getragen. Er hat die Anstalt selbständig verwaltet, der Kirchengemeinde niemals die Rechnung zur Genehmigung vorgelegt sowie alle Anschaffungen, baulichen Erweiterungen und Veränderungen selbständig vorgenommen. Wenn der Erziehungsverein seine Tätigkeit auf Bielefeld und die nächste Umgebung beschränkt hätte, wäre es vielleicht dahin gekommen, daß die Anstalt eine Einrichtung der Pfarrei wurde. Es wurde ihm aber – ohne sein Zutun – vom Hochwürdigsten Herrn Bischof als Arbeitsfeld der ganze westliche Teil der Diözese zugewiesen. Er mußte weitere Anstalten gründen und Einrichtungen treffen. Deshalb sieht er sich genötigt, sein Eigentumsrecht an der Bielefelder Anstalt geltend zu machen durch eine kirchliche Rechtsentscheidung, wenn es nötig ist, bis zur höchsten Instanz.

In etwa wird bei Entscheidung der Rechtsfrage auch zu berücksichtigen sein a) was hat die Kirchengemeinde für die Anstalt geleistet und b) was hat der Erziehungsverein der Kirchengemeinde geleistet?

ad a) Die Kirchengemeinde hat nichts anderes geleistet als den Grund und Boden, auf dem die Anstalt steht, etwa 44 000 qm à 5,– M. = 220 000,– M.

ad b) Der Erziehungsverein hat der Kirchengemeinde folgende Zuwendungen gemacht: 1. Nach Fertigstellung der Anstalt wurde die südliche Hälfte des Erdgeschosses eingerichtet als Kapellenraum für den Gottesdienst der Katholiken im nördlichen Stadtteil; 2. Die Einrichtung trug der Verein; 3. Den Geistlichen stellte der Verein; 4. Gefährdete Kinder aus der Gemeinde Bielefeld wurden unentgeltlich verpflegt. Bis zum Jahre 1919 stellte das eine Zuwendung an die Kirchengemeinde dar von 44 000,– M. Seit 1919 wird dieser Betrag sich ungefähr auf das Doppelte erhöht haben. Ob nun allein nach den Rechtsgründen oder auch unter Berücksichtigung der Billigkeit entschieden wird! Das Fürsorgeheim Bielefeld ist unbeschränktes Eigentum des katholischen Erziehungsvereins, der nichts anderes erstrebt als Sicherheit dafür, daß die Anstalt dem Zwecke erhalten bleibt, wozu sie gegründet ist.[12]

---

[12] Vgl. zur weiteren Entwicklung dieses Rechtsstreites die Ausführungen von Wilhelm Liese in seiner Biographie über Christian Bartels, hier bes. S. 84 f.

Die Katholische Jugend- und Gefährdetenfürsorge im Erzbistum Paderborn

von Christian Christoph Bartels[1]

Die Zunahme der Industrie und der wirtschaftliche Aufstieg unseres Landes in den letzten Jahrzehnten des vorigen Jahrhunderts brachten der Jugend besondere Gefahren. Einerseits wurde das Familienleben arg gelockert, anderseits kamen die jungen Leute nach der Schulentlassung sehr rasch zum Verdienen und dadurch zur Unabhängigkeit von ihren Eltern. Die Geistlichen aus der Diözese berichteten [davon] wiederholt an die beschöfliche Behörde. Eine Prüfung der Sache führte dazu, daß Bischof Simar[2] am 18. Mai 1894 den Katholischen Erziehungsverein für die Diözese Paderborn gründete. „Der Zweck des Vereins ist: a) die Nachweisung verwahrloster und erziehungsbedürftiger Kinder, b) die Vermittlung von Unterbringungsstellen für dieselben, sowohl vor als auch nach der Entlassung aus der Schule, sowie Hilfeleistung bei deren Pflege und Erziehung." Der Verein hat zwei Abteilungen, die eine für den westlichen, die andere für den östlichen Teil der Diözese Paderborn. Die Leitung der westlichen Abteilung wurde zunächst dem Propst Harbordt[3] in Bochum übertragen, dann im November 1899 dem damaligen Pfarrer von Bielefeld.[4]

Nicht nur die führenden Persönlichkeiten der Kirche waren auf die moralischen Schäden der neuen Zeit aufmerksam geworden; auch diejenigen Personen, die im Staatsleben eine führende Rolle hatten, sahen der Zukunft mit Besorgnis entgegen, denn die Zahl der von den weltlichen Gerichten bestraften Jugendlichen wuchs in erschreckender Weise. Im Jahre 1882 waren 30 000 Jugendliche verurteilt, 1896 waren es schon

[1] Der Text wurde veröffentlicht in der Festschrift: Die Erzdiözese Paderborn 118-123. – Hier für den Druck kommentiert von Karl Hengst.

[2] Hubertus Simar (1835-1902) aus Eupen, von 1891-1899 Bischof von Paderborn, ab 1899 Erzbischof in Köln. – BRANDT/HENGST, Die Bischöfe 317-320.

[3] August Harbordt (1839-1911) aus Halle i. Westfalen, 1893-1906 Pfarrer und Propst in Bochum. – LIESE, Necrologium 240.

[4] Christian Christoph Bartels war von 1889-1909 dort Pfarrer. – Vgl. den Beitrag von Hans Jürgen BRANDT über Christian Bartels in diesem Bande.

43 000. Das Beklagenswerteste war aber, daß bei den verurteilten Jugendlichen so außerordentlich viele rückfällig wurden. Das führte zu dem Gedanken, daß die bisher geltenden Strafrechtsgrundsätze ihren Zweck nicht erreichten. Was kann geschehen, um dieser zunehmenden Verwahrlosung vorzubeugen? Das war die Frage, die viele einflußreiche Staatsbeamte beschäftigte. Bei den Beratungen über das Bürgerliche Gesetzbuch kam das zum Ausdruck. Der § 1666 des BGB lautet: „Wird das geistige oder leibliche Wohl des Kindes dadurch gefährdet, daß der Vater das Recht der Sorge für die Person des Kindes mißbraucht, das Kind vernachlässigt oder sich eines ehrlosen oder unsittlichen Verhaltens schuldig macht, so hat das Vormundschaftsgericht die zur Abwendung der Gefahr erforderlichen Maßregeln zu treffen“. Das für das ganze Reich geltende BGB konnte aber nicht bestimmen, wer die Kosten der Erziehung zu tragen habe. Deshalb wurde am 2. August 1900 für Preußen das Fürsorgeerziehungsgesetz erlassen, das am 1. April 1901 in Kraft trat. Die Ausführung dieses Gesetzes wurde den Provinzialverwaltungen übertragen. Der Landeshauptmann von Westfalen[5] wandte sich an den Generalsuperintendenten in Münster[6] und an die Bischöfe in Münster[7] und Paderborn[8], um deren Mitwirkung bei Ausführung des Gesetzes zu erlangen; denn das Gesetz selbst war und ist konfessionell aufgebaut. Der Bischof von Paderborn wies hin auf den katholischen Erziehungsverein[9], dessen Aufgabe sich vollständig deckte mit den Tendenzen des Fürsorgeerziehungsgesetzes. Der Landeshauptmann verhandelte mit dem Präses des Vereins, und es wurde eine Vereinbarung dahin getroffen, daß die katholischen Fürsorgezöglinge aus den Regierungsbezirken Minden und Arnsberg dem katholischen Erziehungsverein über-

---

5 Ludwig August Holle (1855-1909) aus Schwelm, 1900-1904 Landeshauptmann der Provinz Westfalen in Münster. – Lüdicke, Die preußischen Kultusminister 12f.

6 Gustav Nebe (1835-1919) aus Roßleben in Sachsen, 1862 ordiniert in Magdeburg und Pfarrer in Uichteritz/Sachsen, 1868 Oberpfarrer und Superintendent in Weißenfels/Sachsen, 1875 Oberdomprediger und Superintendent in Halberstadt, 1883 Generalsuperintendent für Westfalen in Münster, 1905 i.R. – Bauks Friedrich Wilhelm: Die evangelischen Pfarrer in Westfalen von der Reformationszeit bis 1945 (= Beiträge zur Westfälischen Kirchengeschichte 4) ‹Bielefeld 1980› 352 Nr. 4404.

7 Hermann Dingelstad (1835-1911) aus Bracht a. Niederrhein, von 1889-1911 Bischof in Münster. – Schröer Alois, Die Bischöfe von Münster (= Thissen Werner (Hg.), Das Bistum Münster I) ‹Münster 1993› 281-287.

8 Wilhelm Schneider (1847-1909) aus Gerlingen, 1900-1909 Bischof von Paderborn. – Brandt/Hengst, Die Bischöfe 321-326.

9 Vgl. dazu die Festschrift: 100 Jahre Verein für Jugendhilfe.

wiesen wurden. Dadurch entstand eine umfangreiche Tätigkeit des Vereins.

Der Erziehungsverein hatte von Anfang an die Unterbringung gefährdeter Kinder in Familien erstrebt und in entsprechender Weise auch durchgeführt. Das war der Hauptgrund, weshalb der damalige Landeshauptmann Holle sich für diesen Verein besonders interessierte. Der Erziehungsverein hatte schon 1900 angefangen, eine Anstalt in Bielefeld zu gründen für die vorläufige Aufnahme gefährdeter Kinder bis zu ihrer endgültigen Unterbringung in Familien.[10] Als am 1. April 1901 das Fürsorgegesetz in Kraft trat, war der Verein in der Lage, die ersten Fürsorgezöglinge in das neue Heim aufzunehmen. Das St. Josephshaus in Bielefeld war das erste katholische Fürsorgeheim in Preußen. Es war für 70 Kinder berechnet. Der Durchschnittsaufenthalt der Kinder in der Anstalt war zwei bis drei Monate. Es entstand sogleich ein reger Betrieb. In der Zeit vom 1. April 1901 bis 1. Januar 1907 hat der Verein schon über 1 000 Kinder in Familien untergebracht. Schon am 24. September 1903 beschloß der Vorstand, ein zweites katholisches Fürsorgeheim zu errichten und zwar in Warburg[11], so daß von da an in Bielefeld die Mädchen und in Warburg die Knaben waren. In dem einen Jahre 1906 wurden in Familien untergebracht 96 Knaben und 137 Mädchen. Diese Tätigkeit fand eine solche Anerkennung, daß sich mehrere Provinzen an den Verein wandten um Aufnahme der Fürsorgezöglinge. Soweit es sich um katholische Kinder aus der Diaspora handelte, wurde dem Antrag entsprochen. Das Fürsorgeheim war kaum fertiggestellt, als auch eine Erweiterung schon notwendig schien, weil für die ganze Provinz eine Hilfsschule für katholische Kinder eingerichtet werden sollte. Die Anstalt Warburg war die erste katholische Hilfsschule für Fürsorgezöglinge in Preußen. Sie hat zur Zeit durchschnittlich 200 schulpflichtige Knaben.

1913 gründete der katholische Erziehungsverein die Anstalt ‚Klausheide' bei Hövelhof für schulentlassene Knaben mit 220 Plätzen.[12]

Nach dem letzten Jahresbericht betreute der Verein zu Anfang 1930 in seinen drei Anstalten 536 Zöglinge, in Familien 512, zusammen 1048 Kinder ...[13]

---

[10] Vgl. dazu den Beitrag von Christian BARTELS in diesem Bande: Das katholische Fürsorgeheim in Bielefeld.

[11] Vgl. Jugenddorf Petrus Damian, Warburg. In: 100 Jahre Verein für Jugendhilfe 69-174.

[12] Vgl. Salvator Kolleg, Hövelhof. In: 100 Jahre Verein für Jugendhilfe 177-303.

[13] Es folgt hier von Bartels eine kurze Darstellung des Katholischen Fürsorgevereins für

Für die Mädchen war nun, soweit möglich, gesorgt. Die Erfahrung lehrte, daß für schulentlassene Knaben und Jünglinge von Männern die Fürsorge ausgeübt werden müsse. Es wurde lange überlegt, ob diese Aufgabe nicht dem Vinzenzverein[14] zufalle. Es schien aber den in der Arbeit stehenden Personen notwendig, einen eigenen Männerfürsorgeverein zu gründen, der allerdings seine Mitarbeiter vorzüglich aus den Vinzenzkonferenzen erhalten sollte. So wurde 1912 der Katholische Männerfürsorgeverein gegründet mit Sitz Paderborn, der gegenwärtig sein Generalsekretariat in Düsseldort hat. Nach dem letzten Jahresbericht zählte der Verein Mitte 1930 bereits 220 Ortsgruppen, davon die größte Zahl von 196 in Rheinland und Westfalen.

Satzungsgemäße Aufgabe des Vereins ist es, in geistig-sittlicher Not und Gefahr befindliche Knaben, Jugendliche und Männer zu betreuen. Diesem Ziele diente der Verein von Anfang an auf den Arbeitsgebieten des Vormundschaftswesens, der Fürsorgeerziehung und der Jugendgerichtshilfe, der Gefangenen- und Entlassenenfürsorge und der Wandererfürsorge in Form des Bahnhofsdienstes. Grundsatz des Vereins ist: freilich ehrenamtliche, aber möglichst sachkundige Zusammenarbeit seiner Mitglieder mit den in Betracht kommenden Behörden (Vormundschafts-, Jugend- und Strafgericht, Jugend- und Wohlfahrtsamt, Fürsorgeerziehungsbehörde, auch Polizei und Gefängnisverwaltung) sowie mit den Anstalten und sonstigen Vereinen der katholischen freien Liebestätigkeit. Als Arbeitsmittel dienen dem Verein Geschäftsstellen, die an größeren Orten mit hauptberuflichen Kräften besetzt werden, zur Beratung und Betreuung der Hilfsbedürftigen, zur Arbeitsentlastung und Schulung der ehrenamtlichen Helfer; ferner caritative Stellenvermittlung, Bahnhofsdienststellen, und schließlich Vorasyle zur vorübergehenden Aufnahme obdachloser Schützlinge.

Nach dem Jahresberichte für 1929 zählte der Verein in seinen 199 Ortsgruppen fast 4 000 tätige und über 4 000 zahlende und Ehrenmitglieder sowie 79 hauptberufliche Kräfte. Insgesamt wurden über 54 000 betreute Personen gezählt; davon waren 8 994 Mündel, 5 745 Jugendliche und 309 Erwachsene unter Schutzaufsicht. Dem Verein stehen an 21 Orten Vorasyle mit 938 Betten zur Verfügung; etwa 42 000 Schützlinge

Mädchen, Frauen und Kinder. Siehe dazu den entsprechenden Beitrag von Irmingard Böhm über Agnes Neuhaus in diesem Bande.

[14] Die Vinzenzvereine, die sich nach dem hl. Vinzenz von Paul benannten und ab 1833 von Paris ausgehend in vielen Ländern entstanden, widmen sich in erster Linie der Hausarmenpflege. Als eigentlicher Gründer wird Friedrich Ozanam (1813-1853) aus Mailand betrachtet.

fanden an mehr als 107 000 Tagen Aufnahme. Aus 19 Orten konnte der vom Verein ausgeübte Bahnhofsdienst über mehr als 73 000 Hilfeleistungen berichten. Strafgefangene wurden in mehr als 4 700, Strafentlassene in mehr als 3 600 Fällen betreut.

Die Zentrale des Vereins ließ sich neben der Werbung für den Verein und seine Ausbreitung namentlich die Schulung der ehrenamtlichen Mitglieder und Helfer angelegen sein; diesem Zwecke dienten neben zahlreichen Versammlungen fünf mehrtägige Veranstaltungen mit insgesamt mehr als 280 Teilnehmern aus allen Ständen der katholischen Bevölkerung.

Da in diesen Blättern die Rede ist vom Erzbistum Paderborn[15], seien aus den Gesamtzahlen des Vereins noch die hauptsächlichsten Zahlen aus dem Bereich des jetzigen Erzbistums genannt: In 34 Ortsgruppen waren 832 Mitglieder tätig mit Hilfe von 1 339 zahlenden Mitgliedern; 14 hauptberufliche Kräfte stehen im Dienste dieser Ortsgruppen. Drei Vorasyle mit 43 Betten nahmen 1 999 Schützlinge an 3 696 Tagen auf. Die Gesamtzahl der von den 34 Ortsgruppen betreuten Männer und Jugendlichen betrug im Jahre 1929 7 766.

Wenn auch die wirtschaftlichen Verhältnisse des deutschen Volkes immer schwieriger, die allgemeinen kulturellen und politischen Zustände unserer Fürsorgearbeit immer ungünstiger werden, so halten wir doch die Hoffnung aufrecht, daß die echte christliche Nächstenliebe mit ihrer steten und zu allem bereiten Hilfs- und Opferwilligkeit diese Zeiten überwinden wird zum zeitlichen und ewigen Heil der Jugend und der Gefährdeten.

---

[15] Gemeint ist die Festschrift aus Anlaß der Erhebung des Bistums Paderborn zur Erzdiözese. – Vgl. Die Erzdiözese Paderborn.

Elisabeth Gnauck-Kühne 1850–1917

von Irmingard Böhm

Die via caritatis beginnt mit der Liebeserklärung Gottes an den Menschen, mit dessen Berufung in die Gemeinschaft des Glaubens und der Hoffnung. Im Wissen um die tiefe Nähe Gottes im notleidenden Menschen gingen unzählige Frauen und Männer konsequent den Weg tätiger Nächstenliebe, säumten ihn mit zeitlosen, sichtbaren Monumenten der Caritas. Eine der vielen war Agnes Neuhaus, die in und mit ihrer geliebten Kirche den Katholischen Fürsorgeverein baute, um das Reich Gottes in den Seelen schuldlos wie schuldhaft gefallener Menschen auszubreiten (Helene Weber). Eine der vielen war auch die Konvertitin Elisabeth Gnauck-Kühne. Bewegt von der Kraft des Glaubens und überzeugt von der Verpflichtung des Helfens, richtete sie ihr wissenschaftliches Engagement gegen die Diskriminierung und auf die Gleichberechtigung der Frau in Staat und Gesellschaft. Sehr verschieden waren Agnes Neuhaus und Elisabeth Gnauck-Kühne: ihr Leben, ihr Wirken, ihr Nachruhm. So lebendig, greifbar das Werk der Politikerin im Sozialdienst katholischer Frauen dasteht, fast vergessen, verborgen scheint die Arbeit der Soziologin, obgleich die Frauen heutzutage deren Erfolge ganz unbewußt und selbstverständlich leben.

Wer die neuere Literatur zu Elisabeth Gnauck-Kühne recherchiert, findet sie unangemessen vernachlässigt. Frauen unterschiedlicher Wissenschaftsdisziplinen, die mit wachsendem Interesse ihre Geschichte suchen, über Generationen zurück die Ursprünge weiblicher Emanzipation ergründen, eine neue Frauenrolle in Familie und Gesellschaft definieren, beachten Elisabeth Gnauck-Kühne kaum, stellen sie allenfalls in die endlose Reihe namhafter Persönlichkeiten der deutschen Frauenbewegung, verweisen ihr Werk in die Fußnote. Überblicksdarstellungen zur Frauenfrage im allgemeinen und zur Arbeiterinnenfrage im besonderen geben ihr zwangsläufig mehr Raum. Ihr Referat über

„Die soziale Lage der Frau“ zeitigte bereits 1895 epochemachende Wirkung hinsichtlich sozialer Fragen, setzte den Anfang eines religiös motivierten Engagements von Frauen für Frauen. Die sachlich aufklärende, statistisch fundierte sowie sozialpolitisch bezogene Studie über „Die deutsche Frau um die Jahrhundertwende“ gehört seit 1904 zu den klassischen Texten der Frauenbewegung. Ihre programmatischen Schriften zur Arbeiterinnenfrage gaben mit der Losung „Nicht Almosen, sondern Hilfe zur Selbsthilfe“ eine deutliche Antwort auf die soziale Frage der Industriearbeiterinnen. Selbst die Beiträge, die ein Stück vernachlässigter Kirchengeschichte zu erhellen suchen, erwähnen nur ihre wegweisende Funktion für die evangelische wie katholische Frauenbewegung. Als Protestantin war sie 1899 Mitbegründerin des Deutsch-Evangelischen Frauenbundes, nach ihrer Konversion dem 1903 gegründeten Katholischen Deutschen Frauenbund über ein Jahrzehnt wertvolle Programmatikerin. Daneben zeichnen einige wenige biographische, in ihrer Prägnanz aber äußerst aussagekräftige Skizzen Elisabeth Gnauck-Kühne als zielstrebige Wissenschaftlerin, streitbare Frauenrechtlerin und engagierte Sozialpolitikerin. Dabei betonen sie unermüdlich das wissenschaftliche Desiderat ‚Elisabeth Gnauck-Kühne‘, das sich auszufüllen lohnte.

Wer sich die Mühe macht und Zeitzeugen nach Elisabeth Gnauck-Kühne befragt, wird reich belohnt. Ihre frauenspezifischen und sozialpolitischen Themen standen im Mittelpunkt des öffentlichen Interesses. So diskutierte etwa die Fachwelt zum Teil heftig und kontrovers Elisabeth Gnauck-Kühnes Konzept von der Einordnung und nicht Unterordnung der Frau, von deren Gleichwertigkeit und nicht Gleichartigkeit oder von der Mutterschaft als deren Naturaufgabe. Ihr Plädoyer für die Frauendienstpflicht und das weibliche Dienstjahr provozierte in der kirchlichen wie politischen Öffentlichkeit Widerspruch. Vereine und Gewerkschaften debattierten über ihre Vorschläge zu Arbeiterorganisation und Arbeiterschutz. Bereits zu Lebzeiten würdigten namhafte Persönlichkeiten aus Kirche, Politik und Gesellschaft ihre sozialpolitische Arbeit, die von der Macht des Glaubens und der Liebe bewegt wurde und den Menschen zum Ziel hatte. Die große Anteilnahme an ihrem Tod 1917 ließ hoffen, daß Elisabeth Gnauck-

Elisabeth Gnauck-Kühne

Kühne über ihre Zeit hinaus Bedeutung gewinnen wird (Hedwig Dransfeld). Bereits 1917 erwies ihr der Chefredakteur der Kölnischen Volkszeitung und langjährige Freund Karl Hoeber seine Referenz: er würdigte die Lehrerin, die Sozialpolitikerin, die Dichterin, zeichnete das Bild einer herausragenden Frau, der hochbegabten Verfechterin von Lebensidealen, der geistvollen Schriftstellerin, deren wissenschaftliches und literarisches Werk in religiös und politisch unterschiedlichen Kreisen Beachtung fand. Dem wissenschaftlichen Reiz, der von Elisabeth Gnauck-Kühnes Werk ausgeht, erlag 1926 Maria Speuser: In ihrer wirtschafts- und sozialwissenschaftlichen Dissertation sucht sie die Antwort Elisabeth Gnauck-Kühnes auf die soziale Frage der Arbeiterinnen zu erhellen. Die Sozialistin und Sozialreformerin Helene Simon stellte Ende der 20er Jahre in freundschaftlicher Verbundenheit aus dem literarischen, wissenschaftlichen und persönlichen Nachlaß eine zweibändige, faszinierende Biographie zusammen, die der wissenschaftlich noch ausstehenden Würdigung von Elisabeth Gnauck-Kühne entscheidende Impulse geben wird.

Wer sich letztlich an das Œuvre von Elisabeth Gnauck-Kühne wagt, steht vor einer Frau mit großer Impulsivität, unbeirrbarer Wahrheitsliebe und ausgesprochen pädagogischer Begabung, die ihr Leben der Kirche, der Wissenschaft, nicht zuletzt den Frauen verschrieb. In einer Epoche voller Umbrüche beeinflußte sie maßgeblich die wirtschaftlichen, politischen, gesellschaftlichen und geistig kulturellen Reformbewegungen der Zeit. Aus aufrichtiger sozialer Gesinnung reagierte sie ebenso mit Temperament wie mit Sachlichkeit auf soziales Unrecht, stritt für eine adäquate Bildung und die rechtliche Besserstellung der Frau, forderte auf zu Selbstbestimmung und Eigenverantwortung. Dabei betonte sie stets die religiöse Dimension der sozialen Frage, insbesondere der Frauenfrage, die nicht nur zuzulassen, sondern vor allem ins öffentlich weltliche Gespräch einzubringen ist.

Elisabeth Gnauck-Kühne steht für Einmaligkeit: ihr ungewöhnliches Leben mit den markanten Zäsuren einer späten Ehe und der Rückkehr in die katholische Kirche verband extreme Welten, ihre Persönlichkeit barg gegensätzliche Talente, ihr Wesen zeigte sich widerstreitende Kräfte. Sie liebte die Ruhe Blankenburgs und lebte im Flair der Großstadt. Sie war erfolgreiche Unternehmerin und glücklose Ehefrau, Arbeiterin und Studentin, Künstlerin und Wissenschaftlerin, Protestantin und Katholikin. Elisabeth Gnauck-Kühne wurde am 2. Januar 1850 als jüngstes von drei Kindern der Familie Kühne in Vechelde im Herzogtum Braunschweig geboren. Aufgewachsen in Blankenburg im Harz, fühlte sie sich zeitlebens dort zu Hause. Nach dem Examen am Königlich Sächsischen Lehrerinnenseminar in Liechtenstein-Callenberg arbeitete sie als Erzieherin in Paris und London. Nach ihrer Rückkehr gründete sie 1875 ein Erziehungsinstitut für höhere Töchter in Blankenburg, das ihr äußere und innere Unabhängigkeit gab. In dieser Zeit entstanden ihre ersten literarischen Arbeiten voll künstlerischer Empfindsamkeit, die später ihre Märchen vollkommen offenlegen. Die 1888 mit dem Nervenarzt Dr. Rudolf Gnauck geschlossene Ehe scheiterte, ihre Vorstellungen und Sehnsüchte von erfüllter Partnerschaft zerbrachen. Seit 1891 studierte Elisabeth Gnauck-Kühne Volkswirtschaftslehre zunächst privat bei dem Nationalökonomen Gustav Schmoller (1838–1917). Auf die Ablehnung des Reichstags, Frauen die Universität zu öffnen, antwortete sie 1891 mit der Streitschrift „Das Universitätsstudium der Frauen". Aus den Fakten der Statistik folgerte sie kurz und bündig: „Versorgt die Frau – oder gebt sie frei!" Gebt ihr bei gleichen Pflichten gleiches Recht auf Bildung und Arbeit, gewährt ihr den Zugang zur Universität! Als erste deutsche Frau wurde sie dann selbst 1895 mit ministerieller Sondergenehmigung zum Studium der Staatswissenschaften und der Volkswirtschaftslehre an der Universität Berlin zugelassen. 1893 erhielt ihre Studie über die „Ursachen und Ziele der Frauenbewegung" auf der Weltausstellung in Chicago die Bronzemedaille. Seit jenen ersten Arbeiten galt ihr vorrangiges, sachlich wie menschlich begründetes Forschungsinteresse der Frauen-, insbesondere der Arbeiterinnenfrage. Letztere studierte sie vor Ort. 1894 lernte sie als Arbeiterin in einer Berliner Kartonfabrik. Ihre Betroffenheit über die erschütternden Lebensverhältnisse und Arbeitsbedingungen dokumentieren die 1895 veröffentlichten „Lieder" bzw. „Erinnerungen einer freiwilligen Arbeiterin". Angeregt von den Erfahrungen als Fabrikarbeiterin, unternahm Elisabeth Gnauck-Kühne eine empirische Untersuchung über „Die Lage der Arbeiterinnen in der Berliner Papierwaren-Industrie", und zwar über die Wechselwirkung zwischen dem bestehenden Produktionssystem, der wirtschaftlichen Lage und dem sittlichen Verhalten der Arbeiterinnen, deren Ergebnis sie 1896 als erste Frau in Gustav Schmollers „Jahrbuch für Gesetzgebung, Verwaltung und Volkswirtschaft" veröffentlichte. Im selben Jahr wurde sie Gewerkschaftsmitglied im Verband der in Buchbindereien, der Papier- und Ledergalanteriewaren-Industrie beschäftigten Arbeiter und Arbeiterinnen, beteiligte sich am Streik der Konfektionsindustrie in Berlin. Ihr Lehrbuch über „Das soziale Gemeinschaftsleben im Deutschen Reich", das von 1909 bis 1920 dreißig zum Teil stark erweiterte Auflagen erlebte, prägte mehr als eine Frauengeneration, die sich für die Gestaltung des „bonum commune" verantwortlich wußte. Es war bereits 1895, als der Evangelisch-Soziale Kongreß mit dem „mulier taceat" brach, Elisabeth Gnauck-Kühne als erste Frau zum Vortrag bat und, wie es scheint, nicht bereute: Die sachlich ausgewogene, methodisch beispiellose und in klare Sprache gefaßte Darlegung über die soziale Lage der bürgerlichen wie arbeitenden Frau fand hohes Interesse und allgemeinen Beifall, nachhaltige, widersprüchliche Resonanz in der Öffentlichkeit. Bis 1899 leitete Elisabeth Gnauck-Kühne die von ihr 1894 gegründete Frauengruppe des Evangelisch-Sozialen Kongresses, engagierte sich bis zu ihrer Konversion im Deutsch-Evangelischen Frauenbund. Am 25. März 1900 konvertierte sie im österreichischen Mautern zum Katholizismus. Die folgenden Jahre gehörten der Wissenschaft, der christlichen Frauenbewegung, der Bildungsarbeit. Seit 1903 begleitete sie die Arbeit des Katholischen Deutschen Frauenbundes, bestimmte sein sozialpolitisches Programm. Dem Katholischen Deutschen Lehrerinnenverein, dem Volksverein für das katholische Deutschland und der Zentralstelle für Volkswohlfahrt war sie unverzichtbare Mitarbeiterin und Referentin. Während des Krieges organisierte sie die Kriegshilfe in Blankenburg, tat Lazarettdienst, publizierte weiterhin unermüdlich. Am 12. April 1917 starb Elisabeth Gnauck-Kühne in Blankenburg.

In der Mitte ihres Lebens begann Elisabeth Gnauck-Kühne ein für eine Frau ihrer Generation bedeutendes wissenschaftliches Werk. Alles, was sie dachte und unternahm, zielte gegen menschliches Elend und auf soziale Gerechtigkeit. Indem sie die offensichtlich anstehenden Probleme in Staat und Gesellschaft grundsätzlich im Kontext der christlichen Tradition neu durchdachte und darstellte, unermüdlich gegen menschliches Unrecht aufrief, weckte sie das soziale Gewissen des Bürgertums ebenso wie des Proletariats, vor allem den Mut und den Willen von Frauen, verantwortungsvoll und aktiv an der Gestaltung eines demokratischen Gemeinwesens teilzunehmen. Selbst wenn die Forschung Elisabeth Gnauck-Kühne bislang stiefmütterlich behandelte und sich damit um die fruchtbare Diskussion mit zwar alten, aber immer noch aktuellen Denkmodellen brachte, bewahren ihr die Frauen der christlichen Kirchen ein ehrendes Andenken. Mit dem Kongreß in Erfurt 1995, der anläßlich der hundertjährigen Wiederkehr ihres bahnbrechenden Vortrags stattfindet, erfüllen sie eine Dankesschuld gegenüber einer Frau, deren Ideen und Engagement in Sozialpolitik und Sozialarbeit nachwirken, bereits Allgemeingut geworden sind.

In der Caritas ergeht Gottes unüberhörbarer Ruf an jeden Christen, entsprechend seinen Begabungen, Neigungen und Möglichkeiten dem Menschen ein Mensch zu sein. Elisabeth Gnauck-Kühne folgte bedingungslos dem Ruf des göttlichen Vaters, lebte vorbehaltlos die Weisung des göttlichen Sohnes: Was immer ihr einem meiner geringsten Schwestern und Brüder getan habt, das habt ihr mir getan (vgl. Mt 25, 40). In Kenntnis der religiös seinshaften Wurzeln menschlicher Existenz, mit wacher Aufmerksamkeit für die Geschehnisse der Gegenwart und aus hohem Verantwortungsbewußtsein für die künftigen Generationen war Elisabeth Gnauck-Kühne zugleich Dienerin Gottes und der Menschen Dienerin: ihre wissenschaftliche wie politische Aufgabe war die Zukunft aller Menschen guten Willens.

Wohlfahrtspflege, Caritas und soziale Arbeit

von Elisabeth Gnauck-Kühne[1]

Wenn der Krieg eine Lebenserschwerung ist, so ist er auch zugleich eine Lebenserhöhung, denn er spannt alle Kräfte zur Betätigung an. Wir erleben eine gesteigerte Tätigkeit auf allen Gebieten. Die wirtschaftliche Gütererzeugung ruft nach Händen, die Munitionswerkstätten und chemischen Fabriken arbeiten fieberhaft, und daneben zeigt eine stets anschwellende Literatur, wie Deuschland durch seine Geistesarbeiter denkt, und wie es in unserem Volke dichtet.[2] Auch auf pädagogischem Gebiet herrscht reges Leben. Der Kampf um die Schule ist unter der Losung Einheitsschule erneut ausgebrochen;[3] die Frage des weiblichen

---

[1] Text aus: Jahrbücher für Nationalökonomie und Statistik 109 ‹1917› 77-92. Die Kapitelüberschriften stammen von der Bearbeiterin Irmingard Böhm. – Aus Gnauck-Kühnes umfangreichem Œuvre vgl. in Auswahl ihre epochemachenden Studien zur Frauen- und Arbeiterinnenfrage: Das Universitätsstudium der Frauen; Ursachen und Ziele der Frauenbewegung; Die Lage der Arbeiterinnen in der Berliner Papierwaren-Industrie; Die deutsche Frau um die Jahrhundertwende; Einführung in die Arbeiterinnenfrage; Warum organisieren wir die Arbeiterinnen?; Das soziale Gemeinschaftsleben im Deutschen Reich. – Der Nachlaß von Elisabeth Gnauck-Kühne liegt im Archiv des KDFB in Köln. – Zu Leben und Werk vgl. das in Wertschätzung 1917 gezeichnete Lebensbild des Chefredakteurs der Kölnischen Volkszeitung und langjährigen Freundes Karl Hoeber; die in freundschaftlicher Verbundenheit aus dem literarischen, wissenschaftlichen sowie persönlichen Nachlaß zusammengestellte, 1928/1929 erschienene, zweibändige Biographie der Sozialistin Helene Simon; dazu ergänzend die zeitgenössischen Skizzen, etwa von Broicher, Dransfeld, Sonnenschein. – Bereits 1926 versucht die Dissertation von Speuser, Elisabeth Gnauck-Kühnes „Stellung zur Frauenfrage unter besonderer Berücksichtigung der Arbeiterinnenfrage" zu erhellen. – Anregungen zu einer wissenschaftlich noch ausstehenden Würdigung geben etwa Baadte und Prégardier.

[2] Umfassend und grundlegend zum sozial- und kulturgeschichtlichen Kontext vgl. aus der Fülle einschlägiger historischer Gesamtdarstellungen exemplarisch Craig, Deutsche Geschichte; Nipperdey, Arbeitswelt und Bürgergeist; zum deutschen Katholizismus der Jahrhundertwende vgl. beispielhaft die teils chronologisch, teils thematisch orientierten Beiträge in: Rauscher (Hg.), Der soziale und politische Katholizismus. – Einen Zugang zur kirchenhistorischen Forschung des deutschen Katholizismus im Wilhelminischen Kaiserreich ermöglichen die Literaturberichte von Schneider (533-553) u. Klöcker (469-488) im ASozG sowie von Liedhegener (361-392) im JCSW.

[3] Zur Diskussion stand ein Schulsystem, das für alle Kinder, unabhängig von Konfession, Geschlecht, Begabung oder sozialer Herkunft, einen einzigen, in sich differenzierten Schultyp vorsah. Dadurch sollte pädagogisch die bestmögliche Förderung des Kindes erreicht, politisch das Prinzip der Chancengleichheit verwirklicht werden. Angeregt im 19.

Dienstjahrs wird lebhaft erörtert.[4] Zu den bemerkenswertesten Zeichen der Zeit gehört die Gründung sozialer Frauenschulen[5] in rascher Folge, nachdem eine längere Pause seit der Eröffnung der alten sozialen Frauenschule in Berlin, Hannover, Heidelberg und der Frauenhochschule in Leipzig eingetreten war. Während des Krieges eröffneten Köln (mit zwei Schulen) und Stettin den Reigen, Frankfurt, Mannheim, München, Hamburg folgten, und Berlin eröffnete seine vierte soziale Frauenschule. Die Stettiner und eine der kölnischen Anstalten sind *städtisch*. Die erste hat den Namen Frauendienstschule, die kölnische den Namen Wohlfahrtsschule erhalten. Damit sind die Vorstände der Schulen in feinem Verständnis für die Zeitforderungen der Entwicklung vorausgeeilt, denn die allgemeine Frauendienstpflicht wird ernstlich erwogen, und die Wohlfahrtspflege gewinnt an Bedeutung und allgemeiner Würdigung.

Jahrhundert durch den ADL (1848-1854), nach 1919 massiv vertreten von Paul Oestreich ([1878-1959] vgl. Die elastische Einheitsschule) und dem Bund entschiedener Schulreformer (1919-1933), fand diese Idee als gemeinsame Grundschule Eingang in die Weimarer Verfassung von 1919. – Zur geschichtlichen Entwicklung der Einheitsschule vgl. Sienknecht, Der Einheitsschulgedanke, insbesondere zu Schulreformdiskussion und Programm der Einheitsschule Leski, Schulreform und Administration 61-216; dazu ergänzend Nipperdey, Arbeitswelt und Bürgergeist 531-568.

4 Eine Form der Ausbildung für die weibliche Jugend zur Hausfrau und Mutter, die mit Ausbruch des Ersten Weltkriegs verstärkt an Plausibilität gewann, auch für Elisabeth Gnauck-Kühne. Auf dem Kongreß des BDF (1894) forderte sie 1912 entschieden die Einführung eines „weiblichen Dienstjahrs", denn „von jedem Angestellten verlangen wir ein Zeugnis, jeder Handwerker hat eine Vorbildung durchzumachen – nur die Hausmutter nicht. Nicht zehn Meter Sammet vertrauen wir den Händen einer Schneiderin an, ohne zu wissen, ob sie ihre Sache versteht, aber Heim und Kinder, Glück und Gesundheit der gegenwärtigen und künftigen Generation wird ohne Besinnen vom Manne dem ungeübten, ungeschulten Mädchen anvertraut und damit zur ungelernten Arbeit gestempelt" (Gnauck-Kühne, Ewige und zeitliche Frauenideale). Ihre Vorstellungen über diese Bildungsmaßnahme provozierten Widerspruch vor allem gegen den staatlichen Zwangscharakter, die Institution „Gemeinschaftshaus" für Mädchen und den allzu frühen Ausbildungsbeginn. – Zu Konzeption und Organisation dieser Ausbildungsform vgl. Gnauck-Kühne, Die Frage des „weiblichen Dienstjahrs" 24-38; Dies., Dienstpflicht und Dienstjahr; dazu ergänzend Hoeber, Elisabeth Gnauck-Kühne 80-84; Simon, Elisabeth Gnauck-Kühne 2, S. 52-69, Verweis auf zeitgenössische Diskussionsbeiträge 60 Anm. 2.

5 Alice Salomon (1872-1948) aus Berlin, Nationalökonomin, Sozialpädagogin u. Frauenrechtlerin, Engagement für Arbeiterinnenschutz u. soziale Frauenarbeit, 1917-1933 Vorsitzende der Konferenz sozialer Frauenschulen Deutschlands, 1925 Gründung u. bis 1933 Leitung der Deutschen Akademie für soziale und pädagogische Frauenarbeit, gründete 1908 und leitete bis 1925 die erste deutsche Soziale Frauenschule in Berlin. Vgl. Sachsse, Mütterlichkeit als Beruf 250-271; dazu ergänzend Anm. 6 u. 67. – Zu Konzept und Organisation dieser Ausbildungseinrichtung vgl. Salomon, Das Projekt der „Frauenschule" 22-26, 89-98. – Zu Alice Salomons Bedeutung für die Entwicklung der sozialen Arbeit vgl. Landwehr, Alice Salomon.

Auch Charlottenburg wird eine Wohlfahrtsschule bekommen. Die Stadt Köln hat außerdem in enger Verbindung mit ihrer Hochschule für kommunale und soziale Verwaltung eine Frauenhochschule zur Ausbildung von Sozialbeamtinnen für leitende Stellungen geschaffen. Noch nie ist die Nachfrage nach sozial geschulten Arbeitskräften so groß gewesen wie jetzt. Staat und Stadt wetteifern in der Einstellung weiblicher geschulter Kräfte in ihren Anstalten für Wohlfahrtspflege oder Zentralen für soziale Fürsorge.[6] Die Zahl der angestellten Sozialbeamtinnen ist so gewachsen, daß sie sich bereits in Vereinen zusammengeschlossen[7] und Stellenvermittlung organisiert haben. Dabei ist die Frage aufgeworfen worden, ob auch unbesoldete Sozialarbeiterinnen dem Verein angehören können. Die Frage wurde verneint. Mit ihr war die Erörterung über den Charakter der unbesoldeten ehrenamtlichen Tätigkeit gegeben. Die ehrenamtliche Tätigkeit setzte man mit Caritas gleich, die besoldete mit sozialer Berufsarbeit.[8] Mit dieser Erörterung ist eine Frage neu aufgerollt, die in dem letzten Viertel des vorigen Jahrhunderts die sozialen Arbeiter lebhaft beschäftigte und auch jetzt wieder sozial und caritativ arbeitende Kreise interessiert. Damals fragte man kurz und klar: Caritas oder soziale Arbeit?

Soziale Bewegungen im 19. Jahrhundert

Die Zeitumstände, aus denen das Problem herausgewachsen war, waren freilich andere. Das Jahr 1848 hatte ein Aufblitzen von Bestrebungen gezeitigt, die dem Wohl des arbeitenden Volkes galten, man wollte das Volk „organisieren". Auch in der Kirche fand das Bestreben einen Wi-

---

[6] Allgemein zur Geschichte der (öffentlichen und offenen) Wohlfahrtspflege vgl. SACHSSE/TENNSTEDT, Fürsorge und Wohlfahrtspflege, im besonderen zu den genannten Schulen ebd. 42-45, 221 Anm. 127, SACHSSE, Mütterlichkeit als Beruf 250-271; dazu ergänzend BARON (Hg.), Sozialarbeit und Soziale Reform; Anm. 65 u. 67. – Einen umfassenden Zugang zur gegenwärtigen historischen (vorrangig freien) Wohlfahrtsforschung erschließt WOLLASCH, Probleme und Tendenzen 1-25, hier 12-17.

[7] Deutscher Verband der Sozialbeamtinnen, 1916 gegründet als erste selbständige, überkonfessionelle Berufsorganisation dieses Sozialberufs. Vgl. LANDWEHR/BARON, Geschichte der Sozialarbeit 87; Anm. 68.

[8] Vgl. etwa die Diskussion zwischen Alice Salomon (Anm. 5) und Robert von Erdberg-Krczenciewiski (1866-1929, Begründer eines staatlich unabhängigen, freien Volksbildungswesens u. der Zeitschrift „Volksbildungsarchiv" [1909]. Vgl. Die Wohlfahrtspflege) in der Zeitschrift der Zentralstelle für Volkswohlfahrt „Concordia" von 1916, S. 334-339 u. 355-356; dazu ergänzend KERCHNER, Beruf und Geschlecht.

derhall. Bischof von Ketteler hielt seine sozialen Predigten[9], und Kolping gründete Gesellenvereine[10]. Selbst die Frauenwelt war von der Bewegung erfaßt; eine Luise Otto-Peters, die Gründerin der deutschen Frauenbewegung,[11] konnte dem sächsischen Ministerium zurufen: „Vergeßt der Arbeiterinnen nicht!“[12] Aber das Interesse an Bestrebungen, die unmittelbar dem Volkswohl galten, flaute in der breiten Öffentlichkeit bald ab. Das Volk beruhigte sich, und seine Freunde schwiegen bis zum Auftreten von Schulze-Delitzsch[13], Lassalle[14] und Marx[15]. Eine längere

---

[9] Wilhelm Emmanuel Freiherr von Ketteler (1811-1877) aus Münster/Westfalen, „Arbeiterbischof“, 1844 Priester, 1848 sechs Adventspredigten im Mainzer Dom über Die großen sozialen Fragen der Gegenwart, 1850 Bischof von Mainz, 1869 Rede auf der Liebfrauenheide b. Offenbach über Die Arbeiterbewegung und ihr Streben im Verhältnis zu Religion und Sittlichkeit u. Referat über die Fürsorge der Kirche für die Fabrikarbeiter auf der Fuldaer Bischofskonferenz, gehörte seit 1860 zu den führenden Persönlichkeiten des 19. Jahrhunderts. Seine bahnbrechenden sozialpolitischen Ideen und Forderungen (etwa in seiner programmatischen Schrift Die Arbeiterfrage und das Christentum von 1864) beeinflußten unmittelbar den sozialen und politischen Katholizismus (etwa das sozialpolitische Programm der Zentrumspartei). – Zur Biographie vgl. ISERLOH, Die soziale Aktivität der Katholiken; ISERLOH, Ketteler 109-113 (Quellen/Literatur 113).

[10] Adolph Kolping (1813-1865) aus Kerpen b. Köln, „Gesellenvater“ u. Volksschriftsteller, 1845 Priester, gründete 1849 den Katholischen Gesellenverein (vgl. die 1848 veröffentlichte Broschüre Der Gesellenverein, zur Beherzigung für alle, die es mit dem wahren Volkswohl gut meinen), der heute im Kolpingwerk weiterlebt als familienbezogene Lebens-, Bildungs- und Aktionsgemeinschaft zur Förderung des Gemeinwohls aus christlicher Verantwortung und zur Mitwirkung am ständigen Ausbau einer humanen Gesellschaft. Mit seiner pädagogischen Arbeit in den Gesellenvereinen und -hospizen setzte Kolping sozialpädagogische Maßstäbe für die katholisch-soziale Bewegung. – Zur Biographie vgl. FESTING, Adolph Kolping und sein Werk.

[11] Louise Otto-Peters geb. Otto (1819-1895) aus Meißen, Schriftstellerin u. Frauenrechtlerin, Revolutionärin, 1865 Gründung des ADF, gilt in der Forschungsliteratur unbestritten als Begründerin der organisierten deutschen Frauenbewegung, dominierte vor allem die liberaler Ausprägung. Sie kämpfte als „rote Demokratin“ (Ernst Bloch) gegen die politische Ohnmacht der Frau, insbesondere der Arbeiterin und für das Recht auf Bildung und Arbeit, um so politische Selbständigkeit und Mündigkeit zu erreichen. Vgl. Das Recht der Frauen auf Erwerb. – Zur Biographie vgl. KOEPCKE, Geschichte der deutschen Frauenbewegung 42-52; DIES., Louise Otto-Peters; dazu ergänzend TWELLMANN, Die deutsche Frauenbewegung; GERHARD, Über die Anfänge der deutschen Frauenbewegung 200-224.

[12] Adresse eines Mädchens an den hochverehrten Herrn Minister Oberländer, an die durch ihn berufene Arbeiterkommission und an alle Arbeiter, in: Leipziger Arbeiterzeitung Sonnabend Nr. 4 vom 20. Mai 1848. Abgedruckt in: LANGE (Hg.), Die Anfänge der Frauenbewegung 37-39, hier 38.

[13] Hermann Schulze-Delitzsch (1808-1883) aus Delitzsch/Sachsen-Anhalt, Jurist u. Sozialpolitiker liberaler Couleur, Patrimonialrichter, 1859 Mitbegründer des Deutschen Nationalvereins, 1861 der DFP, 1861-1873 Mitglied der Preußischen Nationalversammlung, 1867-1874 MdR sowie Organisator von Genossenschaften, die er 1859 im Allgemeinen

Friedenszeit ließ politische Interessen nicht in den Vordergrund treten. Der Sauerteig, der durch die neue Auffassung vom Staate in die menschliche Gesellschaft geworfen war, mußte sich erst allmählich durchsetzen und feste Formulierungen herausbilden. So führten die sozialen und politischen Interessen ein kryptogames Dasein, sie sanken gleichsam in das Unterbewußtsein der Nation; das geistige Leben wandte sich Bildungsfragen zu. Das Ideal der Humanität wurde auf die Fahne geschrieben. Als den Weg zu diesem Ziel betrachtete man Erziehung und Unterricht. Das französische Schlagwort von Freiheit, Gleichheit und Brüderlichkeit wirkte in anderer Tönung dabei mit. Die Brüderlichkeit, eine Gesinnung, sollte durch Humanität in die Tat umgesetzt, sollte Verbrüderung werden und Gleichheit aus sich heraus bewirken. Freiheit verlangte man in Kirche und Leben nach englischem Vorbild, und Einfluß auch besonders im Wirtschaftsleben, das in immer steigendem Maße die öffentliche Aufmerksamkeit beschäftigte. Der volkswirtschaftliche Kongreß[16] wurde ein Brennpunkt des öffentlichen Lebens und stellte

---

Verband der deutschen Erwerbs- und Wirtschaftsgenossenschaften zusammenschloß, machte sich verdient um die gesetzliche Regelung des Genossenschaftswesens und setzte 1867 das Preußische Genossenschaftsgesetz durch. Er gab auf die soziale Frage des gewerblichen Mittelstands im 19. Jahrhundert eine zweifache Antwort: Selbsthilfe im genossenschaftlichen Zusammenschluß und Ablehnung einer staatlichen Sozialpolitik als menschenunwürdiges Almosen. Vgl. Sechs Vorträge vor dem Berliner Arbeiterverein. – Vgl. Aldenhoff, Schulze-Delitzsch; dazu ergänzend Anm. 16 u. 49.

[14] Ferdinand Lassalle (1825-1864) aus Breslau, Sozialist u. Arbeiterführer, Begründer der sozialdemokratischen Arbeiterbewegung in Deutschland (vgl. Arbeiterprogramm [1863] u. Offenes Antwortschreiben [1863]) u. des ADAV (1863), dessen ersten Präsidenten er stellte, erhoffte sich wie Marx (Anm. 15) eine Verbesserung der sozialen Verhältnisse durch eine sozialistische Gesellschaft ohne Privateigentum an den Produktionsmitteln. Er forderte das allgemeine, freie Wahlrecht (entgegen Marx mit Hilfe des Staates), Produktivassoziationen der Arbeiterschaft mit staatlicher Starthilfe (aufgrund des ehernen Lohngesetzes u. entgegen Schulze-Delitzschs Selbsthilfeideen [Anm. 13]), eine eigenständige, durchorganisierte Arbeiterpartei. – Zur Biographie vgl. Potthoff, Lassalle 842-844.

[15] Karl Marx (1818-1883) aus Trier, Philosoph, Sozialtheoretiker u. Revolutionär, 1848 Manifest der Kommunistischen Partei (zusammen mit Friedrich Engels [1820-1895]), 1864 Mitbegründer der IAA, 1867 Das Kapital (Bd. 1), wollte durch eine radikale Veränderung der Eigentumsverhältnisse die Lage des Proletariats grundlegend verbessern. Die von ihm erstrebte klassenlose Gesellschaft schien ausschließlich durch Klassenkampf und Revolution erreichbar. Entsprechend ablehnend verhielt sich der marxistische Sozialismus gegenüber der Sozialpolitik, da alle Maßnahmen zur Besserstellung des Arbeiters in einer kapitalistischen Gesellschaft Klassenkampf und Revolution, infolge die Umgestaltung der Gesellschaft behinderten. – Zur Biographie vgl. Reichart/Stammen, Karl Marx 60-94 (Quellen/Literatur 91-94).

[16] Der Kongreß deutscher Volkswirte (erstmals 1858 in Gotha), geprägt von Freihändlern unterschiedlicher Denkhaltung, war der organisatorische Mittelpunkt der deutschen

die Bildungs- und Humanitätsbestrebungen in den Schatten. Englische Erfindungen wurden in Deutschland angekauft, vervollkommnet und mit Eifer angewandt. Industriezentren bildeten sich im Königreich Sachsen, in Rheinland-Westfalen, die Kohlen- und Eisengewinnung beschäftigten das Ruhr- und Saargebiet und Schlesien. Fabriken erstanden, Maschinen hielten ihren Einzug. Jedermann konnte ungehindert produzieren; die Zunftschranken wurden durch die Gewerbefreiheit niedergelegt. Die Freizügigkeit ließ die Städte anschwellen. So wollte es die manchesterliche Richtung im Wirtschaftsleben, und der politische Liberalismus verhalf ihr zur Herrschaft. Die frei gewordenen Kräfte regten sich, die Frankreich auferlegte Kriegsentschädigung gab den letzten Anstoß, und ein beispielloser Aufschwung setzte ein.

Aber bald zeigten sich bedenkliche Risse in dem Fundament des stolzen Baues unseres Wirtschaftslebens. Die soziale Frage[17] war da. Sie zeitigte den Ruf nach Sozialreform[18], und in ihrem Dienste die *soziale*

---

liberalen Volkswirte, der sog. Manchesterliberalen bzw. -männer (etwa Adolf Lette [1799-1868], John Prince-Smith [1809-1874], Karl Braun [1822-1893], Otto Michaelis [1826-1890], Hermann Schulze-Delitzsch [Anm. 13]), das Forum zur Verbreitung ihrer Ideen und gegen die Kathedersozialisten (Anm. 41). Wurden bis 1860 Fragen der Arbeiter und mittleren Gewerbetreibenden, der Gewerbefreiheit und des Genossenschaftswesens diskutiert, galt ab 1861 der Zoll- und Handelspolitik zusammen mit nationalpolitischen Zielen vorrangiges Interesse, das sich ab 1863 mit weitreichenden, volkswirtschaftlichen Themen verband. Das Denken der deutschen Freihändler, die den volkswirtschaftlichen Kongreß von 1858 bis 1878 prägten, beeinflußte die Wirtschaftsgesetzgebung zwischen 1867 und 1875, schuf rechtliche und institutionelle Grundlagen, auf denen die gegenwärtige Wirtschaftsordnung noch ruht. Vgl. Hentschel, Die deutschen Freihändler und der volkswirtschaftliche Kongreß; dazu ergänzend vom Bruch, Bürgerliche Sozialreform 67, 155 Anm. 29.

17 Umfassende Frage nach den „Störungen gesellschaftlicher Ordnung"; terminus technicus für diejenige Störung, „die mit dem Aufkommen des Industrialismus und industriewirtschaftlichen Liberalkapitalismus entstanden ist und sich über einen großen Teil der Welt ausgebreitet, in ihren Wirkungen sogar die ganze Welt in Mitleidenschaft gezogen hat" (Nell-Breuning, Die Soziale Frage 3). Die soziale Frage als Arbeiterfrage im 19. Jahrhundert bedeutete eine zunehmende Verelendung des Arbeiters und seine Desintegration aus der Gesellschaft. – Dazu ergänzend vgl. Literatur in Auswahl Anm. 18.

18 Grundlegend zur „Geschichte eines umstrittenen Begriffs" vgl. Dipper, Sozialreform 323-351. Dazu bietet Dippers wissenschaftlicher Apparat einen Einblick in die reiche historische, auch kirchenhistorische Forschungsliteratur zur Entwicklung der Sozialreform, die etwa hundert Jahre „eines der beiden politischen Hauptthemen der Bürger vor 1914" (Nipperdey, Arbeitswelt und Bürgergeist 371) war. Aus der Vielzahl der Publikationen vgl. exemplarisch vom Bruch, Bürgerliche Sozialreform 61-179. – Zum spezifisch katholischen sowie protestantischen Beitrag zur Sozialreform vgl. umfassend Grebing (Hg.), Geschichte der sozialen Ideen in Deutschland; dazu ergänzend Roos, Kapitalismus, Sozialreform, Sozialpolitik 52-158; Görner, Die deutschen Katholiken und die soziale

Arbeit[19]. Diese war eine neue Erscheinung. Bislang war auf dem Gebiet der Nächstenhilfe die Caritas, die dienende Nächstenliebe, Alleinherrscherin gewesen. Die soziale Arbeit trat zu ihr in bewußten Gegensatz.

Humanitas und Caritas

Die *Caritas*[20], die irrationale, aus natürlichen Trieben allein nicht zu erklärende Nächstenliebe, konnte auf eine ununterbrochene gewaltige Überlieferung zurücksehen, die so alt ist wie die Religion.

Auch der rein natürliche Mensch, der Mensch als animale, kennt Gemütstriebe, Gefühle, wie wir sie auch bei den Tieren beobachten, und zwar in einem Grade, der zur Symbolisierung der aufopfernden Mutterliebe in der Tiergestalt des Pelikan führen konnte. Mit Caritas können wir diese Gefühle des Naturmenschen aber noch nicht bezeichnen, es sind Instinkte, unbewußt und unfreiwillig auf den Zweck gerichtete Triebe. Zur Caritas wurden sie erst durch die Religion erhoben. Unter den Trieben des natürlichen Menschen war es nicht der Geschlechts-, sondern der Mutterinstinkt, das weibliche Prinzip, das der Einwirkung der Religion den Hebelpunkt bot. Der Mutterinstinkt ist soziologisch das Primäre, der Urquell altruistischer Gefühle und damit der Caritas. Der Mann will Befriedigung, die Mutter Hingebung. Der Mann will das Geschlecht, das Weib aber das Kind. Der Mutterinstinkt ließ das Weib Zuneigung für den Säugling empfinden, der sie behinderte, belästigte. Mit Leichtigkeit hätte sie sich des hilflosen Wesens entledigen können, statt dessen nahm sie alle Last willig und geduldig auf sich. Zur Mütterlichkeit, zur Gesinnung wurde dieser Urtrieb der Mutterschaft freilich erst durch die Religion. Gratia supponat naturam.[21] Die Religion war es,

---

Frage 145-190; Kouri, Der deutsche Protestantismus und die soziale Frage; den Literaturbericht von Schneider, Kirche und soziale Frage 533-553

19 Allgemein und umfassend vgl. Gnauck-Kühne, Das soziale Gemeinschaftsleben. – Zur Geschichte der Wohlfahrtspflege mit Schwerpunkt „soziale Arbeit“ von 1871 bis 1919 unter besonderer Berücksichtigung der Frauenbewegung und bürgerlichen Sozialreform vgl. Sachsse, Mütterlichkeit als Beruf; Kerchner, Beruf und Geschlecht; dazu ergänzend Blauert u. a., 80 Jahre kirchliche Sozialarbeiterausbildung.

20 Allgemein und umfassend zu Theologie, Geschichte, Pastoral der Caritas sowie ihren Diensten und Einrichtungen vgl. Nordhues (Hg.), Handbuch der Caritasarbeit. – Zur theologischen Grundlegung vgl. Völkl, Dienende Kirche – Kirche der Liebe. – Wenn auch teils überholt, immer noch grundlegend zur historischen Entwicklung der Caritas vgl. Liese, Geschichte der Caritas, 2 Bde.; dazu ergänzend Brandt, Grundzüge der Caritasgeschichte 142-158.

21 Vgl. das katholische Prinzip, daß die Gnade die Natur voraussetzt und vollendet,

die die Gemütstriebe des Menschen aber nicht nur erklärte, sondern auch dimensional entwickelte. Instinkt ist immer zeitlich und zwecklich abgegrenzt, Caritas wächst über natürliche Beziehungen hinaus. Die Instinkte teilt die menschliche Natur mit den tierischen Lebewesen sowohl an Art wie an Stärke; ihre Beeinflussung und Entwicklung durch die Religion kennt der Mensch allein. In der ersteren Behauptung eine Entwürdigung der Menschennatur sehen zu wollen, geht nicht an, denn wenn die Religion nichts Verklärungswürdiges vorgefunden hätte, wie hätte der Mensch religiös werden können? Im Gegenteil, diese Ansicht führt den Schnitt zwischen der Tier- und der Menschenwelt. Im Menschen fand die Religion Anknüpfung an Potenzen, die wir als Seele bezeichnen, und die dem Tiere fehlen. Diese Potenzen konnte sie zur Entfaltung bringen, und sie tat es. Sie setzte das menschliche Bewußtsein zum Übernatürlichen in Beziehung und gab dem Triebleben Würde und erhöhten Wert. Die Nächstenliebe wurde ein Gebot von grundlegender Bedeutung und großer Verheißung. Auch die heidnische Religion und das Judentum entwickelten ein hohes Maß von Verwandtenliebe. Antigone setzt für die Seelenruhe des gefallenen Bruders ihr Leben aufs Spiel, und die Juden haben von jeher ein vorbildliches Familienleben und große Wohltätigkeit gepflegt.

Caritas in der katholischen Tradition

Die weiteste Ausdehnung und größte Vertiefung fand die Nächstenliebe in der christlichen Lehre, die insonderheit die Liebe zu den Bedrängten empfahl, ja sogar die Feindesliebe verlangt. Die Kirche lehrte, daß die leiblichen und geistlichen Werke der Barmherzigkeit Charakeristika der Christen seien, und daß aller religiöse Glaube ohne Taten der Nächstenliebe wertlos sei. Liebeswärme durchdrang das religiöse Leben im Mittelalter, und nicht nur in engen, auserwählten, sondern in weiten Kreisen, so daß viele die Wonne des Wohltuns empfanden und sich daran erquicken konnten. Der Bettler war der Verursacher dieser inneren Freude und deshalb auch nicht die fragwürdige Gestalt von heute, der der Kampf angesagt worden ist, und deren gänzliche Beseitigung unser Stolz sein würde, er war vielmehr ein ergänzender Bestandteil der menschlichen Gemeinschaft. Almosengeber und -nehmer befanden

grundgelegt bei Thomas von Aquin (1224/1225-1274, hl., Kirchenlehrer, Doctor venerabilis u. Doctor angelicus): „gratia supponit naturam et perficit eam" (Summa theologica I,1, 8 ad 2; I-II,99, 2 ad 1). Vgl. Meyer, Thomas von Aquin.

sich wohl bei dieser Rollenverteilung: das Almosengeben war eine religiöse Pflicht, deren Übung keine Überhebung nahelegte; das Almosennehmen war erlaubt und mit keiner Schande verknüpft. Die Bettler, Krüppel und Blinden gehörten zu den Kirchentüren und Klosterhöfen wie der Lindenbaum zum Dorfbrunnen. Für alles wußte die werktätige Nächstenliebe Rat, so daß Karl Bücher sagen kann: „Die Anstalten, welche das Mittelalter geschaffen hat, genügten doch Jahrhunderte lang dem Bedürfnisse der Zeit, von der man mit Unrecht mehr verlangen würde, als ihre Mittel erlaubten.“[22]

Nun wäre es freilich unerklärlich, wie mittelalterliche Caritas eine solche Glut und Fülle aufweisen könnte, wenn sie ein Pflichtgebot und nichts weiter gewesen wäre. Pflicht ist ein fester, zuverlässiger, aber karger Boden, auf dem sich Häuser bauen lassen, irrationale Liebestätigkeit aber, dem ichbestimmten Menschen unfaßlich, sicher nicht gedeiht. Hier ist zu bedenken, wie stark die Überlieferung christlichen Gemeinschaftslebens im Mittelalter noch war. Die Kirche hieß die katholische, das heißt allen gemeinsame. Die zahlreichen Gottesdienste, deren Besuch das Kirchengebot vorschrieb, pflegten das Gemeindeleben; Formen des Gemeinschaftslebens wurden gefunden, die in glücklicher Weise die Schwierigkeiten jedes gemeinsamen Lebens überwanden und bis auf die Gegenwart dauern. Das Bewußtsein der Zusammengehörigkeit wurde beständig wach erhalten. Es lag im Geiste der Zeit, im Bettler den armen Bruder zu sehen, dessen Bedürfnislosigkeit, weit entfernt, ein Stein des Anstoßes zu sein, eher als Tugend empfunden wurde. Der Arme von Assisi[23] verlangte von seinen Jüngern freigewählte Armut, möglichste Bedürfnislosigkeit, wie er denn selbst sich seines irdischen Besitzes entäußert hatte. Von unserem Zeitideal des Luxus und unserem Arbeits- und Zahlenwahnsinn war jene Stimmung allerdings weit entfernt, aber sie hat die Not *ihrer* Tage, wie Bücher sagt, wirksam bekämpft.[24]

---

22 BÜCHER, Die Frauenfrage im Mittelalter 67. – Karl Bücher (1847-1930) aus Kirberg b. Wiesbaden, evangelisch, Nationalökonom der jüngeren historischen Schule, 1874 Mitglied des Vereins für Socialpolitik, Professor für Statistik 1882 in Dorpat, 1883 in Basel, 1890 in Karlsruhe, 1892 in Leipzig, wurde bekannt durch seine bevölkerungs- und sozialgeschichtlichen Untersuchungen sowie durch sein dreigliedriges Stufensystem der Wirtschaftsentwicklung, und zwar der Haus-, Stadt- und Volkswirtschaft (vgl. Die Entstehung der Volkswirtschaft. Sechs Vorträge, 1893).

23 Franziskus von Assisi (1181/1182-1226), der seraphische Heilige, Ordensgründer der Franziskaner, Klarissen und Franziskaner-Tertiaren, stellte sein Leben in den Dienst der Armut, des Apostolats (Mt 10,5-16) und der Kirche. Vgl. LORTZ, Der unvergleichliche Heilige.

24 Vgl. BÜCHER, Die Frauenfrage im Mittelalter 66-75.

Wenn Bücher damit recht hat – und das hat er – so liegt die Ursache freilich nicht allein in der unleugbaren Wärme und dem Umfang der Caritas, sondern wesentlich mit in den Zeitumständen und der Beschaffenheit der menschlichen Gruppierung. Die deutsche Staatsgewalt im Mittelalter war zwar weit entfernt von der Machtzentralisation, wie wir sie kennen, aber die städtischen Gemeinden bildeten starke Selbstverwaltungskörper, in denen die einzelnen Berufsstände straff organisiert waren. Es sei nur erinnert an die Zünfte der Handwerker, die Gilden der Kaufleute. Die Stände standen fest, und das Arbeitsverhältnis der Abhängigen, der Gesellen und Lehrlinge, der zünftigen Arbeiterinnen und der Mägde, die dem Meister oder der Meisterin beim Zurichten des Flachses und der Wolle und beim Spinnen halfen, war gesetzlich festgelegt. Dazu kam, daß die Ansammlung von Menschen nicht annähernd so groß war wie heute. Wenn wir eine Stadt von 5 000 – 20 000 Einwohnern statistisch als Kleinstadt bezeichnen, so war im Mittelalter eine Stadt mit dieser Bevölkerungszahl eine Großstadt. Deutschland wird von Ballod[25] vor dem Dreißigjährigen Kriege auf 20 Millionen Einwohner, nach ihm auf 8 bis 9 Millionen geschätzt.

So war und blieb das Elend übersehbar. Es waren nicht im Arbeitsverhältnis liegende Schwierigkeiten ganzer Berufsstände, die es zu beheben galt, sondern immer Einzelschicksale, Varianten von selbstverschuldeter und unverschuldeter Not, für die durch Geldopfer in Form von Stiftungen, Almosen, Unterstützungen, sowie durch Seelsorge gesorgt werden konnte. Selbst für das Laster hatte man jahrhundertelang duldsames Verständnis, bezeichnete beispielsweise die „fahrenden Frauen“ eher als „irrende, schwache, wandelbare wilde Weiber“[26] denn als lasterhafte und suchte sie durch Aufnahme in besonders für sie errichtete Reuerinnenklöster auf den rechten Weg zurückzuführen. Nicht als ob Berufskämpfe ganz unbekannt oder unmöglich gewesen wären. Wir hören von den Gesellenkämpfen, aber sie blieben auf die Beteiligten beschränkt und waren an Bedeutung und Tragweite mit unseren Klassenkämpfen schon deshalb nicht zu vergleichen, weil sie sich innerhalb ein und derselben Klasse abspielten. Besonders die Caritas war auf wirtschaftli-

---

[25] Karl Ballod Dr. phil. (1864-1931) aus Kokenhusen/Livland, evangelischer Theologe, Nationalökonom u. Statistiker, 1904-1919 Mitarbeiter des Königlich Preußischen Statistischen Landesamtes, 1914-1925 Honorarprofessor an der Universität Berlin, zugleich 1920 Professor in Riga, wurde bekannt durch seine Studie Der Zukunftsstaat, erstmalig veröffentlicht 1898 unter dem Pseudonym Atlanticus. Vgl. Lüdtke (Hg.), Kürschners deutscher Gelehrten-Kalender 86.

[26] Bücher, Die Frauenfrage im Mittelalter 56.

che oder soziale Kämpfe nicht eingestellt, sie war dem Einzelschicksal geweiht.

Die Caritas, von übernatürlichen Quellen gespeist, überstand auch den sittlichen Niedergang im 15. Jahrhundert und die furchtbare Zeit des Dreißigjährigen Krieges. Danach aber war die Entwicklung in der katholischen und evangelischen Welt verschieden. In der katholischen Kirche blieb die Caritas in Übung. Sie erhielt neue, bis in die Gegenwart fortwirkende Impulse namentlich aus Frankreich, wo Mitte des vorigen Jahrhunderts die rührigen Vinzenzvereine[27] gegründet wurden, deren weibliche Seitenstücke die Elisabethvereine[28] sind. Über die Caritas ging das Zeitverständnis der französischen Katholiken freilich nicht hinaus. Selbst wo sie später dem Gebot der Stunde gehorchen und sich sozial betätigen wollten, schufen sie beispielsweise nicht Standesvereine der Arbeiter und Arbeiterinnen[29], sondern „Patronagen“, d. h. Vereine, in denen vornehme Damen die erwerbstätigen Mädchen „beschützten“.[30]

---

[27] In Deutschland entstand 1845 aus der Tradition des hl. Vinzenz von Paul (1581-1660, Gründer der Genossenschaft Filles de la Charité) und nach dem Vorbild des Pariser Kreises um Antoine Frédéric Ozanam (1813-1853, Gründer der ersten Laienvereinigung Conférence de Charité [1833], seit 1835 Société de S. Vincent Paul) der erste Vinzenzverein für Hausarmenpflege und Familienfürsorge in München. Die Gemeinschaft der Vinzenzvereine ist Fachverband im DCV. – Vgl. KALL, Katholische Frauenbewegung 41-50; BRANDT, Als wachsen ihnen Flügel 3-14.

[28] In Deutschland schlossen sich erstmalig 1840 Trierer Frauen nach dem Vorbild der vinzentinischen Dames de la Charité zu einer caritativen Laienvereinigung vor allem zur Hausarmen- und Krankenpflege unter dem Schutz der hl. Elisabeth von Thüringen (1207-1231) zusammen. Zahllose Neugründungen folgten. Scheiterte auch Lorenz Werthmanns (Anm. 64) Versuch, die Elisabethvereine als Fachverband im DCV zu organisieren, so entstand 1931 die unabhängige Reichsgemeinschaft der Elisabeth- und Frauenvinzenzvereine Deutschlands mit Generalsekretariat in Freiburg i. Br. – Vgl. LIESE, Die St. Elisabethvereine 423-431; KALL, Katholische Frauenbewegung 38-39; BRANDT, Als wachsen ihnen Flügel 3-14.

[29] Dagegen zur Situation der Arbeiter in Deutschland vgl. NIPPERDEY, Arbeitswelt und Bürgergeist 291-334, KOCKA, Arbeitsverhältnisse und Arbeiterexistenzen, zur Entstehung von Vereinen für Arbeiterinnen im besonderen vgl. KERCHNER, Beruf und Geschlecht 98-106. – Zu Elisabeth Gnauck-Kühnes Vorstellung von der Notwendigkeit organisierter Arbeiterinnen vgl. Die Lage der Arbeiterinnen in der Berliner Papierwaren-Industrie; Einführung in die Arbeiterinnenfrage; Warum organisieren wir die Arbeiterinnen?

[30] Dieses Ziel sollte für katholische Mädchen zwischen 14 und 17 durch organisierte Gemeinschaft, caritative Unterstützung sowie Aufklärung und Bildung erreicht werden. – Zur Entwicklung von Patronagen, die von Frankreich über Wien nach München verläuft, ihrer Organisation und Zeitgemäßheit vgl. KALL, Katholische Frauenbewegung 209-213. – In Deutschland war ein geschlossenes System von Vereinen für katholische Arbeiterinnen geplant, das von der Patronage über den Arbeiterinnen- bis zum Mütterverein reichen sollte, d. h. eine „Organisation“ der Industriearbeiterinnen. Die Hauptaufgabe der Patro-

Im Geburtsland des neuen Staatsbegriffs und der Neuordnung der Gesellschaft blieb die Caritas auf den alten Gleisen, und soziale Interessen wurden nur schüchtern von Einzelnen oder kleinen Gruppen vertreten. In Deutschland dagegen nahmen die Katholiken entschieden zur sozialen Frage Stellung und gingen bahnbrechend vor. Der Verband „Arbeiterwohl"[31] und der Volksverein[32] wurden in München-Gladbach gegründet.

Caritas in der protestantischen Tradition

In der Frühzeit der evangelischen Kirche kam die Caritas nicht recht zu Wort. Als äußeren Grund für den Wegfall der reichen Stiftungen und Unterstützungen und des armenpflegerischen Gemeindedienstes können wir die Verwüstungen anführen, die der furchtbare Krieg über Deutschland gebracht hatte, und die Übernahme pflegerischer Aufgaben durch die Pfarrfrau. Auf den Reichtum Deutschlands im 15. Jahrhundert, der Aeneas Sylvius sagen läßt: „Cuperent tam egregie Reges Scotorum quam mediocres Nurimbergae cives habitare"[33], war eine Armut

nage besteht demnach darin, ihre Mitglieder für die Arbeiterinnenvereine zu erziehen. Vgl. GNAUCK-KÜHNE, Die Organisation der Patronagen.

31 1879 entstanden aus einer Initiative katholischer Unternehmer (u. a. des Fabrikanten Franz Brandts [1834-1914], Sozialpolitiker, 1890 Mitbegründer des Volksvereins für das katholische Deutschland) im Anschluß an den Aachener Katholikentag. Der Verband Arbeiterwohl sollte soziale Maßnahmen zur Hebung des Arbeiterstandes fördern und der Sozialdemokratie wehren. Seine Bedeutung liegt vor allem im Einfluß auf die Entstehung zahlloser katholischer Arbeitervereine. Dem Erbe Kettelers (Anm. 9) verpflichtet, betrieb der erste Generalsekretär Franz Hitze (Anm. 43) ab 1884 systematisch den Aufbau einer Katholischen Arbeiterbewegung (vgl. KAB). – Zu Konzept und Entstehungsgeschichte des Verbands Arbeiterwohl vgl. ARETZ, Katholische Arbeiterbewegung und christliche Gewerkschaften 159-214, hier 159-169; GÖRNER, Die deutschen Katholiken und die soziale Frage 145-190, hier 173-176.

32 1890 gegründet von Franz Brandts (Anm. 31), Franz Hitze (Anm. 43) und der politischen Führungsautorität Ludwig Windthorst (1812-1891, Jurist u. Zentrumspolitiker, 1851-1853, 1862-1865 Justizminister in Hannover, 1867-1891 MdR u. Mitglied des Preußischen Abgeordnetenhauses, bedeutendster Gegenspieler Bismarcks [1815-1898] im Kulturkampf) in Köln mit Sitz in Mönchengladbach. Die bis heute größte katholische Laienorganisation zielte auf eine alle Kulturbereiche umfassende, christliche Sozialreform als Antwort auf die soziale Frage des ausgehenden 19. Jahrhunderts. – Zu Idee und Verwirklichung eines volksorientierten Aufklärungs-, Bildungs- und Schulungskonzepts mit der Absicht, ein System organisierter Selbsthilfe, fortschrittlicher Sozialgesetzgebung und wirksamer Wohlfahrtspflege auf- bzw. auszubauen, vgl. HEITZER, Der Volksverein für das katholische Deutschland.

33 Enea Silvio Piccolomini (1405-1464) aus Corsignano b. Siena, ab 1458 Papst Pius II.,

gefolgt, wie sie das Reich noch nicht gesehen hatte. Auch kostete der Kampf der evangelischen Kirche um ihren Bestand und Ausbau viel Kraft. An inneren Gründen sprach das Bedürfnis mit, sich von der alten Kirche zu unterscheiden und die eigene Lehre scharf zu formulieren. So verneinte man mit Heftigkeit den Wert der guten Werke, also auch der Caritas, um ausschließlich die Rechtfertigung aus dem Glauben zu betonen. Dadurch wurde die Caritas ihrer stärksten Triebfeder, der religiösen Inspiration, beraubt. Indem die Reformation den Einzelnen auf sich stellte, die Vermittlung zwischen Gott und Menschenseele ablehnte, löste sie naturgemäß das engste Band zwischen dem Geistlichen und seiner Gemeinde, wie sie durch die mindere Wertung guter Werke das Band zwischen den verschiedenen Schichten der Gemeinde lockerte. Somit wurde an Stelle des Gemeinschaftsgedankens und -empfindens, das bei den Pietisten[34] und Herrnhutern[35] pflegerische Zuflucht fand, der Individualismus gesetzt, der sich sowohl in der Ethik als im Wirtschaftsleben bald fühlbar machte. Besonders das letztere entwickelte sich mehr und mehr egozentrisch; die letzten innerlich-sittlichen Hemmungen, wie einzelne Kirchengebote (z. B. das Verbot des Zinsnehmens bei Konsumtivkredit, die Heiligung der Sonn- und Festtage) sie darstellten, waren beseitigt, das christliche Gemeinschaftsbewußtsein geschwunden, der Einzelne auf sich gestellt, das Wirtschaftsleben auf die Automatik von Angebot und Nachfrage angewiesen.[36] Die evangelische Kirche sah den Geist, den sie gerufen, zum Herrn werden, aber sie nahm mutig den Kampf mit ihm auf. Im 19. Jahrhundert treffen wir deutsche evangelische Christen, die die Caritas neu erweckten. Neben ihnen begann die

---

bedeutendster Humanist seiner Zeit. Vgl. Anders, Nürnberg um die Mitte des 15. Jahrhunderts 100-112, hier 110 Anm. 38. Das Zitat entstammt dem wohl 1458 verfaßten Text Aeneas Silvus in Europam (im frühen Druck: Duderstadt 1485) (Bibliothek, Stadtarchiv Nürnberg).

[34] Die am Ende des 17. Jahrhunderts entstandene, bis ins 18. Jahrhundert hinein wirksame religiöse Bewegung, die sich gegen die strenge dogmatische Haltung lutherischer Orthodoxie richtete, erstrebte mit einem extrem individualistisch-subjektiven und praxisorientierten Frömmigkeitsverhalten die Erneuerung der Kirche als Vollendung der noch nicht abgeschlossenen Reformation. Vgl. Schmidt, Pietismus.

[35] Die pietistisch geprägte Herrnhuter Brüdergemeine, eine 1727 von Nikolaus Ludwig von Zinzendorf (1700-1760) gegründete, selbständige, dem Augsburger Bekenntnis folgende, vorrangig christozentrisch ausgerichtete Gemeinschaft, verschrieb sich der christlichen Mission und Diasporaseelsorge sowie der Förderung des Schulwesens. Vgl. Renkewitz (Hg.), Die Brüder-Unität.

[36] Vgl. Wünsch, Evangelische Wirtschaftsethik, etwa die Zinsproblematik aus reformatorischer Sicht ebd. 320-336.

Innere Mission[37] ihr Werk. Aber auch die evangelische Kirche Deutschlands beschränkte sich nicht auf die Caritas, die alte christliche Liebestätigkeit gegenüber dem Einzelschicksal, sondern nahm neue Gedanken auf, um der Not der Zeit begegnen zu können. Der Kirchentag zu Halle erklärte die evangelische Kirche „für berechtigt und verpflichtet, an der Lösung der sozialen Frage mitzuarbeiten".[38] Geistliche traten mit Staatswissenschaftlern zum Evangelisch-Sozialen Kongreß[39] und der Freien Kirchlich-Sozialen Konferenz[40] zusammen. Vor diesen Vereini-

---

[37] Entstanden aus der Rettungshausbewegung und dem von Johann Hinrich Wichern (1808-1881, evangelischer Theologe, 1833 Gründung des Rauhen Hauses für verwaiste und verwahrloste Jugendliche in Hamburg, 1849 Denkschrift Die Innere Mission der deutschen evangelischen Kirche, 1857 Dezernent für Gefängnis- und Armenwesen im Ministerium des Inneren) 1848 gegründeten Central-Ausschuß für die Innere Mission der Deutschen Evangelischen Kirche als christlich-soziale Aktion gegen sozialen, moralischen und religiösen Verfall. Vgl. Karrenberg, Geschichte der sozialen Ideen im deutschen Protestantismus 571-581; Kouri, Der deutsche Protestantismus und die soziale Frage 85-87. – Grundlegend zur Inneren Mission vgl. Gerhardt, Ein Jahrhundert Innere Mission, 2 Bde.; zu ihrer Geschichte Kaiser, Sozialer Protestantismus im 20. Jahrhundert.

[38] Die Synode zu Halle 1872 war wenig erfolgreich: die erstrebte Konföderation der Kirchen wurde nicht erreicht. Vgl. Kreft, Die Kirchentage von 1848-1872, S. 318-341.

[39] Wissenschaftliches Forum von evangelischen Theologen und Nationalökonomen unterschiedlicher Ausrichtung, 1890 gegründet von dem Berliner Hofprediger Adolf Stoecker (1835-1909, 1878 Gründung der Christlich-Sozialen Partei, 1879 Mitglied des Preußischen Abgeordnetenhauses, 1881-1893, 1898-1908 MdR) mit dem Ziel, alle evangelisch-sozialen Strömungen der Zeit zusammenzufassen. Gilt Adolf Stoecker als Gründer des ESK, wurde der Theologe Adolf von Harnack (1851-1930, Vertreter der liberalen Schule, Förderer u. Organisator der deutschen Wissenschaften, 1886 bis 1890 Lehrbuch der Dogmengeschichte, 3 Bde., 1900 Das Wesen des Christentums) nach 1890 sein „spiritus rector", der den Kongreß aus der engen Anbindung an Stoeckers Christlich-Soziale Partei löste. – Zur Gründung, Konzeption und frühen Entwicklung des ESK vgl. Kouri, Der deutsche Protestantismus und die soziale Frage 117-123; zu Stoeckers christlich-sozialer Bewegung ebd. 92-98; dazu ergänzend Karrenberg, Geschichte der sozialen Ideen im deutschen Protestantismus 581-591; Nipperdey, Arbeitswelt und Bürgergeist 495-504; Anm. 40. – Auf dem sechsten ESK 1895 in Erfurt hielt Elisabeth Gnauck-Kühne als erste Frau ihren epochemachenden Vortrag über Die soziale Lage der Frau, den der Präsident Adolf von Harnack als Neubeginn in der Entwicklung sozialer Fragen bezeichnete. Vgl. Spael, Das katholische Deutschland 81.

[40] Forum der christlich-sozialen Konservativen, 1896 gegründet von Adolf Stoecker (Anm. 39) nach seinem Austritt aus dem ESK. In der jahrelangen Auseinandersetzung um ein christlich-soziales Programm hatten sich die Sozial-Liberalen um Adolf von Harnack (Anm. 39) und die sog. jüngeren Christlich-Sozialen um den liberalen Politiker Friedrich Naumann (1860-1919, Pfarrer, 1896 Gründung des Nationalsozialen Vereins, 1918 Mitgründung u. Vorsitz der DDP, 1907-1918 MdR) gegen Adolf Stoeckers Konservatismus durchgesetzt. – Zu den Spannungen innerhalb der evangelisch-sozialen Bewegung vgl. Kouri, Der deutsche Protestantismus und die soziale Frage 99-146, hier 117-123; dazu ergänzend Karrenberg, Geschichte der sozialen Ideen im deutschen Protestantismus 607-615.

gungen, die von geistlicher Seite ausgingen, war bereits der Verein für Socialpolitik[41] entstanden, nach ihnen wurde die Gesellschaft für Soziale Reform[42] gegründet. Die soziale Bahn war beschritten.

Soziale Arbeit als Hilfe zur Selbsthilfe

Es war hohe Zeit. Die Entwicklung hatte nicht stillgestanden. Die Periode der industriellen Großunternehmungen und der sozialdemokratischen Propaganda war angebrochen. Das Ideal der Humanität hatte die gehegten Erwartungen nicht erfüllt. Statt der erhofften Verbrüderung war der Klassenhaß entbrannt und wurde von der Sozialdemokratie geschickt geschürt. Statt der Gleichheit standen sich Unternehmer und Arbeiter wie feindliche Welten gegenüber, und die gerühmte Freiheit, Wohnort und Gewerbe zu wechseln und den Arbeitsvertrag abzuschließen, hatte sich für die schnell anwachsende und in den Städten sich zusammenballende Industriearbeiterschaft als ein Danaergeschenk erwiesen. Der kapitalkräftige Unternehmer und der Mann, der nichts

---

[41] Ein 1872 gegen Manchesterliberalismus wie Sozialismus und für staatliche Sozialreform gegründeter, von Professoren (vor allem für Nationalökonomie) geprägter Verein mit großem Einfluß auf freie Berufe, Pastoren und Beamtenschaft. Die von ihren manchesterlichen Gegnern so genannten Kathedersozialisten erstrebten die Veränderung sozialer Verhältnisse durch eine umfassende, staatliche Sozialpolitik. Zu ihnen gehörten so unterschiedliche Nationalökonomen wie der protestantisch-staatssozialistische Adolph Wagner (1835-1917, Nationalisierung wichtiger Ressorts z. B. Verkehr, Versorgung, Banken), der linksliberale Freihandelsvertreter Lujo Brentano (1844-1931, Wegbereiter eines freien Gewerkschaftswesens) und der gouvernemental-reformkonservative Gustav Schmoller (1838-1917, Sozialreform des Beamtenstaats, Integration der Arbeiterschaft in den nationalen Staat). Vgl. NIPPERDEY, Arbeitswelt und Bürgergeist 666; Anm. 16. – Zu Voraussetzung, Entstehung und Entwicklung des Vereins sowie der Einordnung seines Wirkens in den politischen und sozialhistorischen Kontext des deutschen Kaiserreichs vgl. VOM BRUCH, Bürgerliche Sozialreform 61-179, hier 61-82.

[42] 1901 in Berlin gegründet, zugleich deutsche Sektion der Internationalen Vereinigung für den gesetzlichen Arbeiterschutz, von Werner Sombart (1863-1941, Nationalökonom u. radikaler Sozialpolitiker) als „Agitationsverein auf breiter Basis" konzipiert. Die GfSR „sollte die ‚Massen des gebildeten Bürgertums' und die Angehörigen der ‚Erwerbsstände' gewinnen, die öffentliche Meinung beeinflussen und so auf Gesetzgebung, Verwaltung und Rechtsprechung einwirken [. . .] Zentrales Ziel der Sozialreformer war die rechtlich und politisch verbürgte Gleichberechtigung der Arbeiterschaft [. . .] Durch Gesetzgebung gelte es hinzuwirken auf ‚die Hebung der materiellen und ideellen Lage der Lohnarbeiter in ständigem Fortschreiten, die Sicherung ihres Anteils an dem vermehrten Volkswohlstand, an den Segnungen der Kultur, an Bildung, an Kunst und Wissenschaft, die Wiederkehr des inneren Friedens im Vaterlande'" (VOM BRUCH, Bürgerliche Sozialreform 67 u. 130). Vgl. ebd. 130-145.

hatte wie seine Arbeitshände, waren nicht gleiche Vertragskomponenten. Die Not des vierten Standes trat grell zutage. Die Atomisierung der Gesellschaft machte sich fühlbar, und die Frage, wie der Auflösung neue Bindungen entgegenzusetzen wären, der Arbeiterstand in das Staatsganze wieder einzugliedern und ein neues Arbeitsrecht zu schaffen sei, beschäftigte hellsehende Männer in allen Kreisen vom Thron bis in die Arbeiterschichten hinein. Die Sozialreform setzte ein und errang aller Verkennung und Anfeindung zum Trotz die Arbeiterschutz- und Versicherungsgesetzgebung[43], die den Umsturz bekämpft, unsere Arbeiterschaft vor Verkümmerung bewahrt und ihr wesentlich geholfen hat, das zu werden, als was sie sich im Kriege gezeigt hat. *Soziale Arbeit* wurde die Losung. Die Caritas trat in den Hintergrund. Soziale Arbeiter und Arbeiterinnen wiesen sie bewußt ab. Und in der Tat, hier genügte die Caritas nicht. Die Einzelhilfe konnte noch so vielen die Hand bieten, die ganze Schicht, den ganzen Berufsstand der Industriearbeiter umspannte sie nicht, und hätte sie es gekonnt, so wäre der Versuch einer Annäherung erfolglos gewesen; denn mit Stiftungen, Unterstützungen und Suppenküchen war dem Arbeiter nicht geholfen. Er hätte die dargebotene Hand überhaupt nicht ergriffen, sondern zurückgewiesen; denn das Standesbewußtsein war erwacht. Er wollte keine Wohltaten, keine Almosen, sondern sein staatsbürgerliches Recht. Die Volksschule hatte ihn acht Jahre lang zum Denken genötigt, das allgemeine gleiche Stimmrecht mit geheimer Wahl hatte ihn politisch geweckt, nun verlangte er

43 Zur Problematik und Entwicklung des Versicherungswesens von Bismarcks Programmvorlage 1881 bis zur großen Reform in der Reichsversicherungsordnung 1911 vgl. NIPPERDEY, Arbeitswelt und Bürgergeist 340-355; dazu ergänzend GNAUCK-KÜHNE, Das soziale Gemeinschaftsleben 100-108, 137-146. – Dazu sei ein Aspekt ergänzt: Das Zentrum, die Partei des deutschen Katholizismus, vor allem der Paderborner Priester und sog. Altmeister der Sozialpolitik Franz Hitze (1851-1921, 1878 Priester, 1880 Generalsekretär des Verbands Arbeiterwohl, 1882-1921 Mitglied des Preußischen Abgeordnetenhauses u. MdR, 1890 Mitbegründer des Volksvereins für das katholische Deutschland u. 1897 des DCV, 1893 Professor für Christliche Gesellschaftslehre in Münster) prägten maßgeblich die Sozialgesetzgebung am Ende des 19. Jahrhunderts, d. h. die Sozialversicherungsgesetze (1883 Krankenversicherung, 1884 Unfallversicherung, 1889 Invaliden- und Altersversicherung) und die Reichsgewerbeordnung von 1891 als erstes umfassendes Arbeiterschutzgesetz (u. a. verpflichtende Sonntagsruhe, Beschäftigungsverbot für Kinder unter 13 bzw. 14 Jahren, Begrenzung der Arbeitszeit insbesondere für weibliche und jugendliche Arbeiter, Richtlinien zur Bildung von Arbeitsausschüssen, Vorschriften zum Gesundheitsschutz). Die Versicherungsgesetze für Krankheit, Unfall, Invalidität und Alter sowie ihre Novellierungen wurden 1911 in der Reichsversicherungsordnung zusammengefaßt. Vgl. ROOS, Der Sozialkatholizismus und die Sozialpolitik der Zentrumspartei 199-218, hier 209-210.

nach Rechtsschutz in seinem Arbeitsverhältnis und Bewegungsfreiheit zur Selbsthilfe. Da konnte nur das Gesetz helfen. Deshalb trachtete die Sozialreform nach einem neuen sozialen Recht. Das lag der Caritas fern, die nur Liebe und Aufopferung, nicht Kampf ums Recht auf ihre Fahne geschrieben hatte und sich um Gewerbeordnung und Koalitionsfreiheit nicht kümmerte. Freilich war auch soziale Arbeit Nächstenhilfe und wollte es sein, aber sie verstand die Nächstenhilfe anders. Das Streben ging dahin, die Arbeiter und Arbeiterinnen zur Selbsthilfe zu ertüchtigen. Hilf ihnen, sich selbst zu helfen, war das Stichwort. Und diese Selbsthilfe wollte und sollte die Arbeiterschicht durch Organisation erreichen. Dazu brauchte man wieder staatliche Erlaubnis und landete somit wieder beim Streben nach Gesetzesrecht. Die Organisierung der Arbeiter und Arbeiterinnen zu ermöglichen und zu unterstützen, das war anfangs die Hauptaufgabe der sozialen Arbeit, Rechtsschutz ihr Ziel.

Caritas versus soziale Arbeit

Die ganze Stimmung in den sozialreformerischen Kreisen lag der Caritas nicht. Die charakteristische Äußerung des Arbeiters, dem Suppenmarken angeboten wurden: „Wir wollen eure Suppe nicht, gebt uns unser Recht, dann werden wir Fleisch essen", war der guten Frau mit dem Herzen voll Liebe und der Tasche voll Suppenmarken unbegreiflich, denn in ihrem Gemüt war noch die Vorstellung verankert, daß Hilfsbedürftigkeit und Suppenmarken zusammengehören, und so empfand sie das Standesbewußtsein der Arbeiterklassen und ihre Abneigung gegen Almosen als Anmaßung, behandelte sie entsprechend und wirkte eher aufreizend als versöhnend. Nicht als ob die gesegnete caritative Tätigkeit stillgelegt worden wäre, sie stand nach wie vor in aufopfernder Arbeit im Dienste der Notleidenen, Kranken und Entgleisten und betonte ihre Berechtigung unter Hinweis auf das Wort Jesu: „Arme habt ihr allzeit bei euch"[44], nur die Zeitforderung und Form der sozialen Arbeit wies sie ihrerseits ab. Der soziale Arbeiter seinerseits betonte der Caritas gegenüber, daß letztere rein symptomatisch verfahre und warte, bis das Geschwür zum Ausbruch komme, während er dem ganzen Körper zur Gesundung verhelfen und verhüten wolle, daß Geschwüre sich bilden; verhüten aber sei besser als heilen. Ferner nahm die soziale Arbeit für sich eine größere Tragweite in Anspruch, und man kann nur

[44] Mt 26,11.

zustimmen, wenn ihre Vertreter ausführten, daß durch einen einzigen Gesetzesparagraphen, der die Arbeitszeit kürzt oder eine hygienische Maßnahme zur Verhütung von Gesundheitsschädigungen in den Betrieben erzwingt, Millionen gefördert und Übel an der Wurzel gepackt würden, deren Folgeerscheinungen die Caritas zu bekämpfen haben würde. Darauf erwiderte dann die Caritas, daß diese Folgeerscheinungen sich höchstens vermindern, aber nie ganz vermeiden lassen würden, und daß sie deshalb unentbehrlich sei.

So verteidigten soziale Arbeiter und Caritasjünger ihr Tun und ihre Grenzen. Die einen schrieben Rechtsschutz, die anderen Liebesdienst auf ihre Fahnen. Sie schienen sich zu fliehen, und ihre Tätigkeit glich doch Trieben aus derselben Wurzel, die auseinander wachsen, um eine um so vollere gemeinsame Krone zu bilden. Sie mußten sich wiederfinden und fanden sich, und die Annäherung ging, wie wir sehen werden, von der jüngeren Schwester, der sozialen Arbeit, aus, die der Caritas, der Erstgeborenen, den Rang streitig gemacht hatte.

Soziale Arbeit und Caritas, Moral und Recht

Die soziale Arbeit hatte Gesetzesschutz angestrebt. Das alte Recht war teils aufgehoben, so die Zunftordnungen, teils genügte es nicht; denn die Arbeitsverhältnisse in der Zeit der großen Unternehmungen waren neu, neu waren auch die Lebensbedingungen des industriellen Arbeiters, der frei war zu arbeiten, wo er wollte, und zu verhungern, wo er wollte. So mußte erst ein neues Arbeitsrecht gebildet werden. Diesem neuen Rechte mußten, wie jedem Gesetzesrecht, *Sitte und Brauch vorhergehen*, die das Gesetz, in Stein gemeißelt, dann schützen oder verdammen und unter Strafe stellen konnte, eine Anschauung, die implicite schon in dem Tacituslobe Germaniens liegt, in dem er Sitte und Gesetz einander gegenüberstellt: „plusque ibi boni mores valent quam alibi bonae leges".[45] Später hat es den Germanen an Gesetzen nicht gefehlt. Zu den historischen Verdiensten der sozialen Arbeit gehört es, neuer Sitte, neuem Brauch den Weg geebnet zu haben trotz scharfer Anfeindung und Verkennung, ja Verfolgung von seiten aller derer, die die Zeitideen und die Aufwärtsbewegung des vierten Standes verkannten und mit äußeren

[45] Publius Cornelius Tacitus (um 55 – nach 115, römischer Geschichtsschreiber), De origine et situ Germanorum liber (Germania; etwa um 100) Kap. 19. Die Intention des Werkes ist umstritten. Vermutlich wollte der Autor die Dekadenz römischer Sitten und die Schwäche des Römischen Reiches aufzeigen. Vgl. Pöschl (Hg.), Tacitus.

Mitteln wähnten beseitigen zu können, sei es durch Ausnahmegesetze, die doch nur ins Feuer schlugen und Funken umhersprühen ließen, sei es durch die Versicherung, daß sie als ultima ratio vor der Kanone nicht zurückschrecken würden. Ein verkümmerter Arbeiterstand erschien dieser Richtung weniger bedenklich, als ein selbstbewußter, leistungsfähiger nach der alten Meinung (mutatis mutandis): Rustica gens, Optima flens, Pessima ridens.[46]

Auch dem ältesten Recht waren Brauch und Sitte vorangegangen. Die Forschungen über die Urgeschichte der Familie haben die Annahme bestätigt, daß die Menschen auch in vorhistorischer Zeit in großen Gruppen zusammenlebten, eine Annahme, die einleuchtet, wenn man die Härte des Kampfes ums Dasein in Urzeiten sich vergegenwärtigt. Es ist nun aber auch kein Naturvolk gefunden worden, in dem die Gemeinschaft nicht feste, bestimmte Sitten und Gebräuche gezeitigt hätte. Das Zusammenleben vieler ist ohne Normen, die die Willkür eindämmen, einfach unmöglich. Zank, Streit, Tätlichkeiten, Totschlag würden die Gemeinschaft aufgerieben haben. Der Stärkere wird zwar in den Uranfängen menschlichen Zusammenlebens imstande gewesen sein, seinen Willen durchzusetzen, zu herrschen, aber neben diesem männlichen Prinzip, der verkörperten Kraft, wird das weibliche, mütterliche Prinzip, die verkörperte Geduld, zur Geltung gekommen sein, denn nur durch Rücksichtnahme auf das Kind, die verkörperte Hilfsbedürftigkeit, konnte die Menschengruppe wachsen. Auch wenn wir dies Prinzip nicht überschätzen – Kindesaussetzung und -vertreibung kennt die Sage und die Geschichte –, so bleibt es doch soziologisch interessant, daß Abraham, dem Vater, nicht der Mutter, die Opferung Isaaks auferlegt wurde, und daß bei der Aussetzung des Moses auf das Mitleid der ägyptischen Königstochter als natürlicher Regung spekuliert wurde und zwar mit Erfolg. Wir lesen: „Als sie das weinende Kind sah, fühlte sie Mitleid.“[47] Dieses Mitleid und seine Betätigung mußte schon eine bekannte Regung und Erscheinung sein, wenn die Mutter Mose es in Rechnung stellen konnte. Diese Sitte, der hilfsbedürftigen Schwäche zu Hilfe zu kommen, brauchte nur von der Religion verklärt und erweitert zu werden, um sich zur Caritas zu erheben, diese Sitte aber, und darauf kommt es hier an, wurde auch Vorläuferin des Rechts. Das fünfte Gebot im

---

[46] Walther (Hg.), Proverbia sententiaeque latinitatis medii aevi 637 Nr. 97. Zeitgenössisch entsprechend vgl. den deutschen Sinnspruch: Nur wer das Bauernvolk tut drücken, der kann biegen seinen Rücken, wenn's aber wohltut diesem Hauf, so bäumt er sich gewaltig auf, in: Binder, Novus thesaurus adagiorum Latinorum 232 Nr. 2983.

[47] Ex 2,6.

Dekalog erhob die Einschränkung des Gebrauchs der stärkeren Faust zum Gesetz und erkannte dem Schwachen das Recht auf sein Leben zu, ein Recht, das in langer Entwicklung in unserem Familienrecht und im Strafrecht vervollkommnete Fassung gefunden hat. Caritas und Recht, wie das Beispiel zeigt, kommen aus derselben (religiösen) Wurzel. Die Caritas erwuchs aus der religiösen Einwirkung auf natürliche Triebe; die lebenerhaltenden, fördernden, veredelnden Brauchsnormen, die dadurch entstanden, fanden im Recht ihren festen Boden, das Recht wurde der klare Ausdruck der wohltätigen Sitten und zugleich ihr Beschützer und dadurch selbst zur Caritas, zur Wohltat, eine Tatsache, die sich in dem überkommenen Ausdruck Rechtswohltat widerspiegelt. Das natürlich-animalische Triebleben ist Instinkt und steht unter dem Zwang der Triebe; das religiös bestimmte Gemütsleben steht unter innerer seelischer Nötigung; das Recht ist Wille. Die Caritas bildet die Sitte heraus, die dem Menschenleben Würde gibt und ihm Wegweiser zur Sittlichkeit wird, das Recht schützt das Errungene. Auch in dieser Beleuchtung tritt die enge Verwandtschaft von Caritas und Recht, dem Ziel der sozialen Arbeit und damit der sozialen Arbeit selbst, hervor. Was die sozialen Arbeiter und Arbeiterinnen antrieb, das war die innere caritative Nötigung, unter deren Druck sie ihrer Einsicht folgten, den neuen Geist weckten und neuem Brauch den Weg bahnten, damit das neue, das soziale Recht entstehen konnte.

Caritas und soziale Arbeit im Dienste des bonum commune

Wir sahen, beide, Caritas und soziale Arbeit, gehören dem Ursprung nach zusammen, sie dienen aber auch demselben Endzweck: dem Wohl der menschlichen Gesellschaft. Es wäre nicht zutreffend, einwenden zu wollen, daß die sozialen Arbeiter nur der Aufwärtsbewegung der unteren Klassen dienen wollten, also das Wohl des Ganzen nicht im Auge gehabt hätten. Mit einem verkümmerten oder unterdrückten Arbeiterstande wäre unser Reichsbau ein Koloß auf tönernen Füßen geworden. Der ganze Organismus leidet, wenn ein Glied erkrankt ist. Wer einem Gliede zur Gesundheit verhilft, dient dem Ganzen, gleichviel ob wir durch Schutzzoll den Agrariern zu Hilfe kommen[48] oder durch Gewerbeförde-

---

[48] Die nicht unumstrittene Schutzzollpolitik sollte „die Erhaltung der bisherigen Landwirtschaft und die Sicherung einer wenigstens relativen Autarkie für den Kriegsfall unter Inkaufnahme höherer Verbraucherpreise, höherer Löhne und höherer industrieller Produktionskosten und Exportpreise“ (Nipperdey, Arbeitswelt und Bürgergeist 205) garantie-

rung und Genossenschaftswesen dem Mittelstand[49] oder durch Versicherung und Rechtsschutz dem industriellen Arbeiter helfen[50]. Deshalb hat die soziale Arbeit dem Ganzen gedient, und diese Anerkennung ist ihr im Kriege endlich geworden. Anfangs hatten Caritas und soziale Arbeit scharfe Grenzregulierungen vorgenommen, aber die Frontlinien bekamen mit der Zeit Einbuchtungen. Dabei wurde das ursprüngliche Ziel an keiner Seite aus den Augen verloren, sondern bis auf den heutigen Tag festgehalten. Die Vereinsgesetzänderung[51], die Reform der Alters- und Hinterbliebenenversicherung[52], der Ausbau des Arbeitsnachweises[53], Wohnungsreform[54] und Bildung von Heimarbeitsausschüssen[55] beschäf-

ren. Vgl. ebd. 192-225; dazu ergänzend Gnauck-Kühne, Das soziale Gemeinschaftsleben 120-123; Craig, Deutsche Geschichte 86-97.

49 Vgl. Gnauck-Kühne, Das soziale Gemeinschaftsleben 72-78, 117-120. – Liberalen wie konservativen Sozialreformern galt die Genossenschaft als eine sozialökonomisch wie -pädagogisch wirksame und dauerhafte Maßnahme gegen soziale Not. Bereits Wilhelm Emmanuel von Ketteler (Anm. 9) empfahl die Produktivassoziation zur Beseitigung von Mißständen. Für Hermann Schulze-Delitzsch, den Wegbereiter des Genossenschaftswesens (Anm. 13), war die Genossenschaft als Zusammenschluß der von der Not Betroffenen (Handwerker, Kleingewerbler, Arbeiter) die einzig annehmbare Form der Sozialhilfe. Die zahllosen, spontan gegründeten Genossenschaften organisierten sich 1859 im Allgemeinen Verband der deutschen Erwerbs- und Wirtschaftsgenossenschaften (Anm. 13), fanden 1889 im Genossenschaftsgesetz ihre staatliche Anerkennung und Regelung. Vgl. Engelhardt, Allgemeine Ideengeschichte des Genossenschaftswesens; dazu ergänzend Novy/Prinz, Illustrierte Geschichte der Gemeinwirtschaft; Anm. 14.

50 Vgl. Anm. 43.

51 Die zur Zeit Bismarcks gravierend vorgenommenen Beschränkungen der Vereins- und Vereinigungsfreiheit (vgl. 1872 Jesuiten- bzw. 1878 Sozialistengesetz) wurden 1908 im Reichsvereinsgesetz teilweise, dann 1918 im Aufruf des Rates der Volksbeauftragten ganz aufgehoben. Vgl. Robbers, Vereins-, Vereinigungsfreiheit 619-622, hier 620; dazu ergänzend Gnauck-Kühne, Das soziale Gemeinschaftsleben 110-111.

52 Vgl. Anm. 60 u. 69.

53 Einrichtungen von Behörden, Körperschaften öffentlichen Rechts sowie privaten Institutionen zur Stellenerfassung bzw. -vermittlung (z. B. Arbeitsamt). Vgl. Lüttgens, Arbeitsmarktpolitik 85-87, hier 86; dazu ergänzend Günther, Arbeitsrecht und Arbeitsschutz 87-93.

54 Erste Anstrengungen zur Besserung der Wohnverhältnisse unternahmen Vereine, die den Notstand öffentlich machten und auf Gesetzgebung drängten, sowie die Kommunen, die etwa durch Bauordnungen, Kanalisation und Hygienekontrollen erste Hilfe leisteten. Die Reformbestrebungen reichten von der öffentlichen Förderung des Wohnungsbaus, vor allem gemeinnütziger Baugesellschaften und -genossenschaften, bis zum Erlaß von meist ortsgebundenen Wohnungsordnungen (etwa zu Wohnungsgröße, Gesundheitsstandards) und organisierter Wohnungsaufsicht. – Zur Wohnungsreform im Kontext einer umfassenden Wohnungsfürsorge vgl. Sachsse/Tennstedt, Fürsorge und Wohlfahrtspflege 36-38; Nipperdey, Arbeitswelt und Bürgergeist 147-150; dazu ergänzend Gnauck-Kühne, Das soziale Gemeinschaftsleben 77; Novy/Prinz, Illustrierte Geschichte der Gemeinwirtschaft 36-55; Anm. 71.

tigen die sozialen Arbeiter unausgesetzt, ja die Entwicklung ihrer Arbeitsgebiete ist eine so reiche, daß sie das Bedürfnis nach Unterscheidung fühlen und bereits von sozialaufklärender, sozialhygienischer und sozialpädagogischer Arbeit sprechen.[56] Auch die Arbeiterschaft als Berufsstand und als soziale Schicht strebt nach Klarheit der Zielsetzung: die christlichen Gewerkschaften[57] sind mit einem Programm an die Öffentlichkeit getreten. Auf der anderen Seite ist die Caritas eifrig am Werke. Auf ihrem ursprünglichen Gebiete der Kranken- und Verwundetenpflege sammelt sie Verdienste um Verdienste, die kein Wort genug anerkennen und preisen kann. Aber bei allem Zielbewußtsein erweitern

---

55 Interessenverbände für Arbeiter und Arbeiterinnen, die gegen Werklohn Dienstleistungen (vorrangig etwa in der Textil- und Bekleidungsindustrie) für einen Unternehmer in eigenen Räumen erbrachten. Zwischen 1882 und 1907 stieg die Anzahl der Heimarbeiterinnen, während die der Heimarbeiter zurückging. Vgl. Burgdörfer, Hausindustrie 769-772. – 1897 regte Adolf Stoecker (Anm. 39) als Lösung des sozialen Notstands eine Interessenorganisation von Heimarbeiterinnen an. Auf Initiative von Margarete Behm (1860-1929, Volksschullehrerin, Sozialpolitikerin u. Vereinsfunktionärin, 1905 Mitglied im Vorstand des DEFB, 1919/1920 Mitglied der Nationalversammlung, 1920-1928 MdR) wurde 1900 der erste Gewerkverein für Heimarbeiterinnen Deutschlands für Kleider- und Wäschekonfektion bzw. verwandter Berufe als Zentralorganisation mit Sitz Berlin gegründet, der sich 1902 den christlichen Gewerkschaften anschloß. Die christlich-national ausgerichtete Verbandspolitik zielte auf die Verbesserung der Lebens- und Arbeitsbedingungen der Heimarbeiterinnen, eine Ausdehnung des Versicherungsschutzes, Möglichkeiten qualifizierter Ausbildung, letztlich auf eine Transparenz der undurchsichtigen Entlohnungspraxis sowie Rechssicherheit im Lohnsystem der Hausindustrie. Letzteres regelte vorerst das Hausarbeitsgesetz von 1911. Bereits in den 90er Jahren entwarf Elisabeth Gnauck-Kühne ein Modell für die Organisation von Heimarbeiterinnen, betonte vor allem die paritätische Zusammenarbeit bürgerlicher und proletarischer Frauen. Vgl. Gnauck-Kühne, Das soziale Gemeinschaftsleben 60-62; Kerchner, Beruf und Geschlecht 245-259.

56 Zu fürsorgerischen Reformbewegungen am Ende des 19. und zu Beginn des 20. Jahrhunderts, näherhin zu Neuansätzen im Gesundheitswesen und der Sozialpädagogik vgl. Wolf, Zur Geschichte der Sozialpädagogik; Sachsse/Tennstedt, Fürsorge und Wohlfahrtspflege 27-32, 114-138; dazu ergänzend Nipperdey, Bürgerwelt und Bürgergeist 150-167.

57 Die erste und bedeutendste christliche Gewerkschaft war der 1894 von Bergarbeitern im Ruhrgebiet gegründete Gewerkverein christlicher Bergarbeiter unter Führung von August Brust (1862-1924). Nach diesem Vorbild entstanden zahllose Gewerkschaften, die sich nach dem ersten christlichen Gewerkschaftskongreß (1899) im Gesamtverband der Christlichen Gewerkschaften Deutschlands (1901) zusammenschlossen. Trotz des Streits zwischen Kirche und Organisationen über Interkonfessionalität und Funktion derartiger Institutionen (vgl. die Enzyklika Pius' X. Singulari quadam von 1912) setzten sich die Gewerkschaften durch, nahmen sogar bis zum Ersten Weltkrieg einen beachtlichen Aufschwung. Vgl. Aretz, Katholische Arbeiterbewegung und christliche Gewerkschaften 169-173, hier 170-171; Schneider, Die christlichen Gewerkschaften; dazu ergänzend Nipperdey, Arbeitswelt und Bürgergeist 463.

Caritas und Sozialarbeit ihre Gebiete, insonderheit in der Gegenwart. Die Krankenpflegerinnen bekümmern sich beispielsweise um Beschäftigung und Unterhaltung der Verwundeten, der Vaterländische Frauenverein[58] übernimmt Beratungsstellen. Die Sozialarbeiter dagegen gehen gemeinsam vor mit dem bekannten „Verein für Armenpflege und Wohltätigkeit“[59], der in seinem Namen sich zu derjenigen Übung bekennt, die die Sozialarbeiter abwiesen, und sie verbinden sich weiter aufs engste mit dem Haupt- und dem Arbeitsausschuß der Kriegerwitwen- und Kriegerwaisenfürsorge[60], der trotz *programmatisch-theoretischer Trennung* unvermeidlich so weit in die Armenpflege hinübergreift, daß der Unterschied bisweilen nur in der Buchung unter einer anderen Kopfleiste besteht. Der Berliner Arbeitsausschuß dieses Verbandes nimmt die Geschäftsleitung des „Reichsverbandes für Kriegspatenschaften“[61], eine wesentlich caritative Gründung, in die Hand. Der Armen- und Waisen-

---

[58] Die Vereine bestanden seit 1866 für die Rote-Kreuz-Arbeit (etwa die Hilfe für Verwundete und Fürsorge für Witwen, Waisen und Versehrte; vgl. Henri Dunant [1828-1910], 1863 Gründung des IKRK; 1864 erste Genfer Konvention) in Friedenszeiten. 1871 organisierten sie sich im Vaterländischen Frauenverein vom Roten Kreuz. Vgl. Landwehr/Baron (Hg.), Geschichte der Sozialarbeit 144; Just, Deutsches Rotes Kreuz 942-944, hier 942.

[59] Das 1880 (seit 1919: Verein für öffentliche und private Fürsorge) gegründete, eher theorieorientierte Diskussionsforum zielte auf eine „Zusammenfassung der zerstreuten Reformbestrebungen, welche auf dem Gebiete der Armenpflege und Wohltätigkeit hervortreten, und [die] fortgesetzte, gegenseitige Aufklärung der auf diesem Gebiete tätigen Personen“ (Wollasch, Der Katholische Fürsorgeverein 69) und versuchte, „die höchst unklaren Beziehungen zwischen freier und öffentlicher Armenpflege zu ordnen“ (vom Bruch, Bürgerliche Sozialreform 94). Weder konfessionell noch parteipolitisch gebunden, unterhielt der DV Kontakte zu unterschiedlichsten öffentlichen und freien Fürsorgeorganisationen, auch zu dem von Agnes Neuhaus (1854-1944, 1903 Mitbegründerin des KDFB, 1908 Mitglied des Zentralausschusses des DV, 1918 des Vorstands, 1928 Ehrenmitglied, 1919-1930 Reichstagsabgeordnete) 1900 gegründeten KFV, nahm Einfluß auf die Fürsorgegesetzgebung der Weimarer Zeit. Vgl. vom Bruch, Bürgerliche Sozialreform 94-97; Wollasch, Der Katholische Fürsorgeverein 68-70.

[60] Der 1915 im Rahmen der Tagung des DV zum Thema Soziale Fürsorge für Kriegerwitwen und Kriegerwaisen gegründete Ausschuß gab der sozialen Fürsorge für Kriegshinterbliebene und -beschädigte wesentliche Impulse. Die noch ausstehenden gesetzlichen Grundlagen brachten 1919 die Verordnung über die soziale Kriegsbeschädigten- und Kriegshinterbliebenenfürsorge, 1920 das Gesetz über die entsprechende Kostenregelung beider Fürsorgebereiche. – Umfassend zur Entwicklung der Kriegsfürsorge und Kriegswohlfahrtspflege vgl. Sachsse/Tennstedt, Fürsorge und Wohlfahrtspflege 46-63; dazu ergänzend Anm. 69.

[61] Elisabeth Gnauck-Kühne empfahl grundsätzlich Kriegspatenschaften, neben der gängigen Form der Einzelpatenschaft vor allem die Gründung von Patenfamilien zur Aufnahme von Kriegswaisen. Vgl. Hoeber, Elisabeth Gnauck-Kühne 105.

pfleger kommt umgekehrt von seiner Stellung aus zur „*sozialen* Fürsorge", eine Bezeichnung, die vor dreißig Jahren als contradictio in adjecto empfunden worden wäre, und in dieser Fürsorge benötigt er wieder der caritativen Hilfe der Pflegerin, die Nachfragen anstellt und mit milder Hand und verständnisvollem Wort tröstend, beratend oder mahnend da einsetzt, wo der Gesetzesparagraph totes Papier wird. Die Grenzen sind fließend geworden. Leicht ist es, die Krankenpflege der Caritas, die Vereinsgesetzänderung der Sozialarbeit auf das Konto zu setzen, schwieriger ist es schon, die Säuglingsfürsorge[62] in Stadt und Land, die Jugendpflege, Jugendfürsorge, Jugendgerichtshilfe[63] programmatisch aufzuteilen. Und wohin gehören die Schulspeisungen, die Kinderhorte, die Wärmestuben, die Beschäftigungsvereine? Und ist es caritative oder soziale Arbeit oder beides in fruchtbarer Vereinigung, wenn der Vorsitzende des Caritasverbandes[64] (Sitz Freiburg i. Br.) erwerbstätige Mädchen im Aus-

---

[62] Die zunehmende Säuglingssterblichkeit und der Geburtenrückgang am Ende des 19. Jahrhunderts veranlaßten freie wie öffentliche Einrichtungen, private Träger und Kommunen, die Säuglingsfürsorge zu aktivieren und zu organisieren. In Anlehnung an französische Fürsorgemodelle wurden u. a. Wöchnerinnenasyle, Säuglingsheime, Mütterberatungsstellen, Stillstuben und Kinderkrippen eingerichtet, entsprechend gesetzliche Regelungen getroffen. – Zur Gesundheitsfürsorge für Kinder vgl. Scherpner, Geschichte der Jugendfürsorge, hier 167-168; dazu ergänzend Sachsse/Tennstedt, Fürsorge und Wohlfahrtspflege 30-32; Nipperdey, Arbeitswelt und Bürgergeist 150-166, hier 160-161.

[63] Die Diskussion der genannten Bereiche, die etwa um die Jahrhundertwende im Zuge kulturkritischer Reformbestrebungen, sozialer und pädagogischer Neuerungsversuche begann, fand ihren vorläufigen Abschluß in dem reichsweit gültigen RJWG von 1922/1924. Es vereinheitlichte die Aufgabenstellung, den Erziehungsmodus und die Ausführungsbehörde für die Jugendfürsorge. Als Reichstagsabgeordnete beeinflußte Agnes Neuhaus (Anm. 59) maßgeblich die Paragraphen zu Vormundschaft, Schutzaufsicht, Fürsorgeerziehung, Koordination von Jugendamt und freiem Wohlfahrtsverband. Darüber hinaus konnte sie die Gleichstellung von öffentlicher und freier Wohlfahrtspflege gesetzlich festschreiben. – Allgemein zu Fragen der Jugendfürsorge vgl. die entsprechenden Grundsatzartikel in: Handbuch für Jugendpflege, hg. v. der Deutschen Zentrale für Jugendfürsorge; Clostermann/Heller/Stephani (Hg.), Enzyklopädisches Handbuch des Jugendschutzes und der Jugendfürsorge; dazu ergänzend das kommentierte Literaturverzeichnis in: Liese, Wohlfahrtspflege und Caritas 419-435. – Allgemein zur historischen Entwicklung der Jugend-, näherhin Kinderfürsorge vom ausgehenden Mittelalter bis zum RJWG vgl. Scherpner, Geschichte der Jugendfürsorge; dazu ergänzend Wollasch, Der Katholische Fürsorgeverein, der quellenfundiert und historisch-kritisch die Geschichte der Jugend- und Gefährdetenfürsorge am Beispiel des KFV nachzeichnet; Anm. 73. – Zur Entstehung und Arbeit zahlloser Institutionen zum Wohle des Kindes bzw. Jugendlichen als Ergebnis einer umfassenden Jugendreform vgl. Liese, Wohlfahrtspflege und Caritas; Pankoke-Schenk, Moderne Not als Herausforderung kirchlicher Sozialarbeit.

[64] Lorenz Werthmann Dr. phil. Dr. theol. (1858-1921) aus Geisenheim a. Rhein, 1883 Priester, gründete 1897 in Köln den DCV mit Sitz in Freiburg i. Br., 1897-1921 erster

land veranlaßt, ihre Ersparnisse stets umgehend nach Deutschland zu schicken, und ihnen bei Kriegsausbruch auf diese Weise 150 000 M. rettete? Wir sehen, die absolute Einteilung: hie Liebesdienst! hie Sozialarbeit! läßt sich nur – wenn das Bild erlaubt ist – für die Hauptforts der beiden Arbeitsgebiete festhalten. Zwischen ihnen liegen die weiten Flächen, in denen der Kampf gegen chronische Übel aus moralischen Fehlerquellen und gegen die akuten Schwierigkeiten wirtschaftlich-sozialer Art gemeinsam geführt wird, und das heißt so viel wie mit doppelter Kraft und in befruchtender Wechselwirkung geführt wird. Die Sozialarbeiter tragen das soziale Moment in alle diese Tätigkeiten hinein, trachten aus allen Kräften, die Empfangenden zur Selbsthilfe zu befähigen, sie tunlichst in der Schicht, der sie angehören, zu erhalten und sie vor Herabsinken zu bewahren. Aber sie haben die Caritas schätzen gelernt, sie erleben ihre Unentbehrlichkeit.

Als im vorigen Jahrhundert die Schwierigkeiten sich türmten, da mußten die Reformen bei Recht und Gesetz Hilfe suchen, nun haben wir Rechtsschutz, und nun sehen wir, daß dem unendlich vielgestaltigen Leben gegenüber dem Gesetzesparagraphen in seiner steinernen Festigkeit die Anpassungsmöglichkeit fehlt, die das bunte Leben fordert. Vom Recht Elastizität verlangen, hieße seine Natur verkennen. Das Recht ist gefrorene Caritas, und vom Eiszapfen verlangen wir nicht, daß er weich sei. Aber weil das Recht unbiegsam ist und nicht gebogen werden soll, deshalb bedarf es der Ergänzung, und deshalb ruft die soziale Arbeit der Gegenwart wieder laut nach Caritas, der anpassungsfähigen, ergänzenden, individualisierenden Caritas. Sie ist Pfadfinderin der Menschheit gewesen und wird immer die Vorläuferin guter Sitte und Wegweiser zur Sittlichkeit sein und bleiben, mit anderen Worten, Bahnbrecherin eines kulturellen Fortschritts von innen heraus, der sich nicht auf Kosten der unteren Klassen vollzieht, sondern auf ihre Förderung Bedacht nimmt, der sozial orientiert ist. Eines allerdings muß die Caritas ernstlich erwägen. Will die caritative Tätigkeit zur sozialen Berufsarbeit im Gleichgewicht bleiben, so muß sie wie diese theoretische und praktische Ausbildung fordern. Der wohlmeinende Dilettantismus muß abgetan sein.

Präsident des DCV. Der DCV ist die institutionelle Zusammenfassung und Vertretung der katholischen Caritas in Deutschland sowie der größte Verband der Freien Wohlfahrtspflege. – Zur Biographie Werthmanns und Geschichte des DCV vgl. Liese, Geschichte der Caritas; Ders., Lorenz Werthmann und der Deutsche Caritasverband. Einen Überblick zu den Diensten in Gemeinde und Verband gibt Nordhues (Hg.), Handbuch der Caritasarbeit.

Wohlfahrtspflege als organische Einheit von Caritas und sozialer Arbeit

Wenn nun Caritas und Sozialarbeit aus derselben Wurzel entspringen und nun auseinandergewachsen sind, um eine vollere gemeinsame Krone zu bilden, so bleibt noch der Hinweis übrig, daß diese Krone in der *Wohlfahrtspflege*[65] zu erblicken ist. In ihr sind Sozialarbeit und Caritas eine fruchtbare, theoretische und praktische Vereinigung eingegangen. Ohne die beiden Faktoren, auf denen sie ruht, in ihrer Bedeutung im geringsten zu schmälern, erscheint sie als Einheit von großer Zukunftsaussicht, denn ohne die Disziplin des Rechtsmaßstabes unterliegt pflegerische Tätigkeit leicht subjektiven Schwankungen, und ohne Caritas endigt die Handhabung der Gesetzesvorschriften nur zu leicht in bürokratischer Mechanik. Die Waage, mit Caritas und Sozialarbeit gefüllt, schwankt im Laufe der Entwicklung auf und nieder. Gegenwärtig senkt sich die Schale der Caritas reich beladen, während jahrzehntelang die soziale Arbeit das Schwergewicht hatte. Die Wohlfahrtspflege setzt beide Schalen ins Gleichgewicht.

Wohlfahrtspflege ist dem Ursprung nach caritativ: sie entspringt aus der Teilnahme an anderen, aus innerer Nötigung, sie ist Betätigung einsichtiger Nächstenliebe, sie tut nicht das, was Gesetzesparagraphen erzwingen können, sondern gerade das, was der Paragraph nicht vorschreibt. In diesem Sinne ist sie „freiwillige Tätigkeit" genannt worden[66].

Diese Bezeichnung steht möglicherweise in ursächlicher, jedenfalls in wechselseitiger Beziehung zu der Verkehrsanschauung, daß nur die „freiwillige" Arbeit Wohlfahrtspflege sei, die pflichtmäßig gebundene falle nicht unter diesen Begriff, weil ihr das Hauptmerkmal, die Freiwilligkeit, fehle. Den Ausdruck der pflichtmäßigen Gebundenheit erblickt

[65] Eine präzise Erfassung des Bereichs bereitet inhaltlich wie terminologisch Schwierigkeiten. Die zeitgenössische Literatur verwendet die Begriffe „Armenpflege", „Fürsorge", „sociale Fürsorge", „Wohlfahrtspflege", „Sozialpolitik" für unterschiedliche Aspekte des Fürsorgesystems. Selbst die Tatsache, daß „Wohlfahrtspflege" durch die Weimarer Gesetzgebung eindeutig und offiziell definiert war, brachte keine einheitliche Begriffsverwendung. Vgl. Sachsse/Tennstedt, Fürsorge und Wohlfahrtspflege, hier 11. – Entsprechendes gilt für die Definition von Wohlfahrtseinrichtungen. Aus der Fülle der zeitgenössischen Publikationen vgl. exemplarisch Herkner, Die Arbeiterfrage; Stammler, Recht und Wirtschaft; Münsterberg, Zentralstellen für Armenpflege und Wohltätigkeit; Sohnrey, Wegweiser für ländliche Wohlfahrts- und Heimatpflege; Albrecht, Handbuch der sozialen Wohlfahrtspflege; Erdberg, Die Wohlfahrtspflege; Kellen, Die Arbeiter-Wohlfahrtseinrichtungen;

[66] Vgl. Erdberg, Die Wohlfahrtspflege 1-3, 22-32.

man in der Besoldung, die die Anstellung und damit den Berufsarbeiter charakterisiere. Nach dieser Auffassung ist Besoldung das Kriterium der Berufsarbeit, Unentgeltlichkeit gleich Freiwilligkeit, gleich Liebhaberarbeit. Daraus würde sich die Folgerung ergeben: Wenn nur freiwillige, nicht durch Besoldung vertraglich gebundene Tätigkeit Wohlfahrtspflege ist, so kann Wohlfahrtspflege nicht durch Berufsarbeiter ausgeführt werden. Daraus würde sich weiter ergeben, daß der zur Wohlfahrtspflege Geneigte nur die Wahl hätte, entweder als unbesoldeter Freiwilliger ihr zu dienen oder als besoldeter Berufsarbeiter auf sie zu verzichten.

Nach dieser Auffassung würde der eingangs erwähnte Beschluß der Sozialbeamtinnen, keine unbesoldeten Personen als Mitglieder zuzulassen, ein unlösbarer Widerspruch in sich sein, denn wenn die Vereinsmitglieder Sozialarbeiterinnen sind, also der Wohlfahrtspflege dienen, dann *kann* die Tätigkeit nur eine freiwillige sein, das heißt, ohne Besoldung und Anstellung. Sind sie aber beamtet und besoldet, so ist die Tätigkeit keine freiwillige mehr und folglich auch – nach dieser Auffassung – keine Sozialarbeit mehr. Ja, es kann nach dieser Definition von Wohlfahrtspflege als freiwilliger Tätigkeit überhaupt keine Sozial-Beamtinnen geben, so wenig wie es berittene Fußsoldaten gibt, denn die Beamtin ist vertraglich gebunden, und der Wohlfahrtspfleger (Sozialarbeiter) soll freiwillige Tätigkeit üben.

Diese Forderungen lassen uns die in Rede stehende Definition als nicht mehr so befriedigend erscheinen, wie sie es im Augenblick ihrer Entstehung zweifellos war. Damals war die sozialreformerische Forderung des Gesetzesschutzes das Gebot der Stunde. Es galt, der Sozialreform teils bahnbrechende Vorbilder zu schaffen, teils ergänzend zur Seite zu stehen. Das konnte damals nur in freiwilliger Tätigkeit geschehen. So ergab sich der Gegensatz von selbst. Er war der springende Punkt. Aber die Verhältnisse haben sich weiter entwickelt. Die Sozialreform hat viel erreicht. Die Wohlfahrtspflege steht auf festen Füßen. Die beiden Elemente, aus denen sie sich zusammensetzt, Sozialarbeit und Caritas, haben sich nach Art und Umfang ihrer Tätigkeit besonders in den Kriegsjahren bedeutsam erweitert und stellen hohe Anforderungen an ihre Vertreter. Symptomatische Beweise dafür sind die Gründungen sozialer Bildungsanstalten[67] und der Zusammenschluß der Sozialbeam-

[67] Aus der Überlegung, daß alle „soziale Bildung [. . .] wirkungslos und unfruchtbar [bleibt], wenn sie nicht zur sozialen Gesinnung führt, wenn sie den Menschen nur etwas beibringt, was sie vorher nicht wußten, und sie nicht auch zu etwas macht, was sie vorher nicht waren" (SALOMON, Die Ausbildung zum sozialen Beruf 204), entwickelten sich Kon-

tinnen[68]. Während die wenig zahlreichen sozial inspirierten Männer und Frauen vor dreißig Jahren zu ihrer Ausbildung keine besonderen Wege hatten, sondern sich auf Bildungsgänge angewiesen sahen, die für andere Zwecke eingerichtet worden waren, stehen ihnen heute zweckentsprechende Veranstaltungen zur Verfügung. Die Diener der Wohlfahrtspflege sind aus zufälligen Erscheinungen mit zufälliger Vorbildung und zufälligen Verbindungen zu einer Schicht gelernter, zielbewußter Berufsarbeiter aus beiden Geschlechtern geworden, und die Wohlfahrtspflege selbst ist ein organisches Gebilde geworden, das heißt, ihre Tätigkeiten stehen untereinander in engstem lebendigem Zusammenhange. Damit ist aber eine Einordnung der einzelnen Gebiete und ihrer Vertreter gegeben, die nicht die Freiwilligkeit, sondern den geordneten Zusammenhang in den zielbewußten Berufsarbeiten als charakteristisches Merkmal hervortreten läßt.

Wir überzeugen uns des weiteren, daß das Kriterium der Freiwilligkeit nicht mehr voll befriedigt, wenn wir es am konkreten Falle betrachten. Der Fabrikherr, der den Forderungen der Gewerbeordnung genügt, gehorcht dem Gesetz. Was er zum Arbeiterwohl darüber hinaus leistet, das sind *freiwillige Maßnahmen*. Damit fällt die Mehrleistung unter den Begriff der Wohlfahrtspflege. Ihr Wesen ist Ergänzung des Gesetzes durch freiwillige Maßnahmen. Wenn nun die *Maßnahmen* freiwillige sind, so ist damit aber nicht gesagt, daß auch die Tätigkeit der Ausführenden unter diesen Begriff fällt. Im Gegenteil, mit dieser Annahme verwickeln wir uns, wie wir sahen, in Widersprüche. Wenn Staat oder Stadt eine Fürsorgerin anstellen, so ist das von seiten der Behörde eine freiwillige Maßnahme, ebenso wenn ein Gutsbesitzer oder Fabrikherr den Kindern seiner Arbeiterschaft eine Bewahranstalt einrichtet; wenn er aber eine Kindergärtnerin dafür anstellt, so ist deren Tätigkeit keine

---

zept und Organisation sozialer Ausbildung. Nach dem Vorbild der ersten Sozialen Frauenschule in Berlin (Anm. 5) entstanden bis 1913 vierzehn solche Institutionen in ganz Deutschland. Die erste soziale Frauenschule unter konfessioneller Trägerschaft war die 1905 gegründete, evangelische Christlich-Soziale Frauenschule in Hannover. Als erste katholische Einrichtung dieser Art begann die Katholische Soziale Frauenschule 1911 ihre Arbeit in Heidelberg. Vgl. Sachsse/Tennstedt, Fürsorge und Wohlfahrtspflege 42-45, hier 44, 221-222 Anm 127. – Allgemein zur Professionalisierung des sozialen Frauenberufs vgl. Salomon, Die Ausbildung zum sozialen Beruf; Sachsse, Mütterlichkeit als Beruf, hier 250-271.

[68] Neben dem Deutschen Verband der Sozialbeamtinnen (Anm. 7) kümmerten sich der 1916 gegründete Verein katholischer deutscher Sozialbeamtinnen sowie der bereits 1903 initiierte, dann 1921 neu konstituierte Verband der evangelischen Wohlfahrtspflegerinnen Deutschlands um die beruflichen Belange der Frauen in der Wohlfahrtspflege. – Zu Programm, Aufgaben und Zielen der Berufsorganisation von Sozial- und Wohlfahrtspflegerinnen vgl. Kerchner, Beruf und Geschlecht 206-210.

freiwillige, sondern eine, zu der sie sich privatrechtlich verpflichtet hat, so gut wie die staatlich oder städtisch angestellte Sozialbeamtin in ein öffentlich-rechtliches Vertragsverhältnis zu ihrer Behörde getreten ist. Beide sind besoldete Berufsarbeiterinnen. Beide waren in ihrem *Entschlusse* frei, ihre Entschließung war eine freiwillige, ihre Tätigkeit ist es aber nicht mehr. Hört diese deshalb auf, Wohlfahrtsarbeit zu sein? Man wird es nicht bedingungslos verneinen, sondern etwa bemerken, daß der Begriff Wohlfahrtsarbeit von einem anderen Kriterium als dem der Anstellung und Besoldung, d. h. der rechtlichen Verpflichtung, abhängen müsse. Welches ist aber dieses andere Kriterium? Wir kommen darauf, wenn wir uns vergegenwärtigen, daß, wie in jeder Tätigkeit, so auch in der Wohlfahrtsarbeit *Berufsethik*, *Technik* und *Einträglichkeit* zu unterscheiden sind. Die Berufsethik verlangt, daß die mit oder ohne Anstellung und Besoldung einmal übernommene Arbeit für die vereinbarte Zeitdauer gewissenhaft ausgeführt wird, daß die Arbeit dem entgegengebrachten Vertrauen entspricht. Von dieser sittlichen Vorschrift ist keine Tätigkeit, auf welchem Gebiete auch immer – mithin auch keine pflegerische – ausgenommen, folglich auch nicht die Wohlfahrtspflege. Daß die Erfüllung der moralischen Verpflichtung durch ein rechtliches Vertragsverhältnis unterstützt wird, leuchtet ein, ausschlaggebend ist es nicht, denn die innere Bindung liegt nicht in der rechtlichen, sondern in der sittlichen Sphäre. Ein besoldeter Berufsarbeiter kann mit sittlichem Ernst seinen Dienst an der Volkswohlfahrt versehen, und ein unbesoldeter „Freiwilliger" kann ihn schnöde vernachlässigen und verlassen – und umgekehrt. Wenn das Vertragsverhältnis die Wohlfahrtspflege in der rechten Gesinnung gefährdete, so müßte umgekehrt die Ungebundenheit sie verbürgen. Das wird niemand behaupten wollen. Die „freiwillige" Wohlfahrtsarbeit steht im Gegenteil nicht in besonders hohem Ansehen, die besoldete Berufsarbeit wird vorgezogen. Man hat sie als zuverlässiger erkannt, denn nicht die Besoldung macht den Mietling, sondern das innere Verhältnis zu ihr. Der sittliche Ernst, die Stellung zur Berufsethik entscheidet. Sie ist das gesuchte Kriterium. Der ethisch gerichtete Mensch gibt in dem Augenblicke der Berufsübernahme seinen freien Willen auf, ordnet ihn seiner Aufgabe unter. In diesem Sinne gibt es mit oder ohne Kontrakt genau genommen keine freiwillige Berufsarbeit. Man könnte vielleicht von *freiwillig* übernommener Tätigkeit sprechen, aber auch dieser Ausdruck wäre schief, da schließlich jede Tätigkeit im bürgerlichen Leben eine freiwillig übernommene ist. Sklaven haben wir nicht mehr, und für die Zeit des Militärverhältnisses scheidet der Mann aus dem bürgerlichen Leben aus. Mißverständnisse sind sicherer vermieden, wenn wir die Freiwilligkeit als Kriterium der Wohlfahrtspflege nur in den *Maßnahmen*, nicht in der ausführenden Tätigkeit suchen wollten, denn eine pflegerische Tätigkeit, die nicht dem Sittengesetz unterstände, gibt es nicht. Die falsch verstandene, die sittliche Bindung übersehende „Freiwilligkeit" in der Wohlfahrtspflege hat der unbesoldeten Arbeit den Stich ins Unzuverlässige gegeben, der ihr Ansehen stark beeinträchtigt, und zwar bedauerlicherweise nicht ohne Grund. Dieser Umstand dürfte den Grund zu dem Beschlusse der Sozialbeamtinnen bilden, unbesoldete Personen nicht zuzulassen. Scheidet der Begriff der Freiwilligkeit in der Erörterung der Tätigkeit, die wir Wohlfahrtspflege nennen, aus, tritt der Hinweis auf die ethische Bindung an seinen Platz, so werden beide, die besoldete und die ehrenamtliche Tätigkeit, gewinnen. Für die letztere fiele damit auch der Anreiz fort, die Freiwilligkeit als Berechtigung für minderwertige technische Leistung zu gebrauchen, die Technik des Berufs würde mehr Beachtung finden. Und dadurch kämen wir zu einer schärferen Trennung von gelernter und ungelernter Tätigkeit in der Wohlfahrtspflege, einer Trennung, die zur erhöhten Wertung *der Arbeitsleistung* führt. Mit der zunehmenden Erleichterung der Vorbildung und der wachsenden Einsicht in die Bedeutung und Tragweite der Wohlfahrtspflege werden wir dann mehr und mehr die ungelernte Arbeit ausscheiden und nur noch gelernte Berufsarbeiter kennen, gleichviel ob vertragspflichtige oder ehrenamtliche.

Wenn das caritative Element in der Wohlfahrtspflege neben ihrem Ursprunge auch darin hervortritt, daß sie in der Durchführung freiwilliger Maßnahmen besteht, so unterscheidet sie sich andererseits von der Caritas, indem sie als Norm nicht das zufällige, verschuldete oder unverschuldete Menschenschicksal als Arbeitsobjekt ins Auge faßt, sondern ihre Aufmerksamkeit auf die Not und Hilfsbedürftigkeit ganzer Kategorien richtet, die ohne Zutun der Betroffenen durch äußere Umstände herbeigeführt worden ist (Kriegshinterbliebenenfürsorge[69]). Indem sie ratend, warnend, aufklärend die Hand ausstreckt, wirkt sie vorbeugend.

[69] Der Erste Weltkrieg brachte neue Notstände und der Fürsorge damit zwangsläufig neue Aufgabenbereiche. Zur Entwicklung und Organisation der Kriegsfürsorge und Kriegswohlfahrtspflege vgl. Sachsse/Tennstedt, Fürsorge und Wohlfahrtspflege 46-67; dazu ergänzend Anm. 60. – Dieser Bereich wurde 1919 in den Verordnungen des Rates des Volksbeauftragten über Verfahren in Militärversorgungssachen und denen über die soziale Kriegsbeschädigten- und Kriegshinterbliebenenfürsorge, 1920 im Gesetz über die Kosten der Kriegsbeschädigten- und Hinterbliebenenfürsorge sowie im Reichsversorgungsgesetz gesetzlich geregelt, 1921 durch die Grundsätze über Aufgaben und Zuständigkeit der sozialen Kriegsbeschädigten- und Kriegshinterbliebenenfürsorge sowie die Richtlinien für die Erziehung und Ausbildung von Kriegswaisen und Kindern Kriegsbeschädigter ergänzt. Vgl. ebd. 89; dazu ergänzend Hoeber, Elisabeth Gnauck-Kühne 105-106.

Dadurch gewinnt die Wohlfahrtspflege das charakteristische Merkmal der *Sozialarbeit*, wie sie denn auch „soziale Besserung“[70] sich zum Ziel setzt, das heißt mit anderen Worten, sie will sorgen, daß ganze Klassen der menschlichen Gesellschaft wohlfahren. In der Wohlfahrtspflege sind Caritas und soziale Arbeit aber auch in dem Sinne eng verwoben, daß die Wohlfahrtspflege guten Sitten und Brauchsnormen den Weg gebahnt hat und weiter bahnt, und immer wieder letzten Endes in Rechtsnormen ausmündet, denn Recht ist, wie wir hörten, ja nur in Stein gemeißelte Sitte. Die Wohlfahrtspflege in der Fabrik beispielsweise mußte erst gute Fabriksitten herausgebildet haben, ehe die Gewerbeordnung ihre Berücksichtigung zur Gesetzesvorschrift erheben konnte. Gelingt es, den Entwurf zu einem Wohnungsgesetz in Preußen[71] durchzubringen, so hat neben der Bodenreform[72] die Wohlfahrtspflege bahnbrechend mitgewirkt. Kommen wir zu einem großen, umfassenden Jugendgesetz[73], so ist die Wohlfahrtspflege an der Jugend wegweisend gewesen. Aber sobald das Gesetz da sein wird, wird die Wohlfahrtspflege erneut in den

---

[70] Vgl. Stammler, Recht und Wirtschaft; dazu ergänzend Erdberg, Die Wohlfahrtspflege 11-16.

[71] Lag die Betreuung des Wohnungswesens (u. a. des Wohnungsbaus) zunächst in der Verantwortung der Kommunen, sah sich der Staat erstmals in und nach dem Ersten Weltkrieg zu aktiver Wohnungspolitik veranlaßt. Doch gesetzgeberisch tätig wurde er erst 1918. Der genannte Entwurf, den die preußische Regierung 1913 im Rahmen einer seit 1901 geführten Wohnungsgesetzdiskussion vorlegte, scheiterte. Erst 1918 kam das Preußische Wohnungsgesetz zustande. Vgl. Nipperdey, Arbeitswelt und Bürgergeist 136-150, hier 147-148.

[72] Die Bodenreform, die mit der Boden- bzw. Wohnungspolitik (Anm. 54 u. 71) einherging, zielte „auf eine dem jeweiligen staatlichen und sozialen Empfinden angepaßte Regelung der Bodenbesitz- und Bodensteuerverhältnisse“ (Ponfick, Bodenpolitik, Bodenreform 255), näherhin auf eine Änderung des Besitzrechts an Boden, vor allem des Rechts an Wohnungs- und Siedlungsland. Maßgeblich beteiligt war der 1898 von Adolf Damaschke (1865-1935, Sozialpolitiker, 1896 Mitbegründer des Nationalsozialen Vereins) gegründete Bund deutscher Bodenreformer mit der Forderung, den Boden unter ein Gesetz zu stellen, „das seinen Gebrauch als Werk- und Wohnstätte befördert, das jeden Mißbrauch mit ihm ausschließt und das die Wertsteigerung, die er ohne Arbeit des einzelnen erhält, dem Volksganzen nutzbar macht“ (ebd.). Die reformerischen Bemühungen des Verbands dokumentieren das Erbbaurecht im BGB und der Bodenreformartikel der Weimarer Verfassung sowie die Heimstättenbewegung. Vgl. ebd. 255-256.

[73] Die von Elisabeth Gnauck-Kühne erhoffte rechtliche Festschreibung brachten das RJWG von 1922/1924, das dem Kind bzw. Jugendlichen das Recht auf Erziehung sicherte, und das JGG von 1923, das zum erstenmal das Prinzip vom Vorrang der Erziehung vor dem Recht gesetzlich formulierte. – Grundlegend zur Geschichte der öffentlichen Jugendfürsorge, vor allem ihrer gesetzlichen und behördlichen Ausfaltung seit 1900 vgl. Hasenklever, Jugendhilfe und Jugendgesetzgebung; dazu ergänzend Peukert, Grenzen der Sozialdisziplinierung; Anm. 63.

Lücken einsetzen, die zwischen den Gesetzesparagraphen liegen. So geht ihr Weg zwischen Caritas und Rechtsschutz hin und her. Mit nimmermüden Händen webt sie das Gewebe Volkswohlfahrt aus Caritas und sozialer Arbeit.

Wir können sagen: Wohlfahrtspflege ist besoldete oder ehrenamtliche Berufsarbeit zwecks Durchführung freiwilliger Maßnahmen zu sozialer Besserung, oder: Wohlfahrtspflege ist die organische Verbindung von Caritas und sozialer Arbeit.

Wilhelm Liese 1876–1956

von Karl Hengst

Der 1876 im sauerländischen Würdinghausen geborene Wilhelm Liese, der 1956 in Paderborn starb, beschließt als Jüngster die in dieser Festschrift vorgestellten Lebensbilder aus den Gründerjahren der organisierten Caritas. Seine Biographie als Priester und Wissenschaftler deckt sich nicht nur chronologisch mit der Geschichte des Deutschen Caritasverbandes (DCV). Wilhelm Liese ist selbst ein Stück dieser Geschichte. Gründerpräsident Lorenz Werthmann hatte den Neupriester 1899 als einen Mann der ersten Stunde zum Aufbau einer wissenschaftlichen Bibliothek in die Freiburger DCV-Zentrale geholt und in ihm einen treuen, auf Dauer der gemeinsamen Sache verpflichteten Anwalt gewonnen, auch als Lieses Interessen bald die eines Bibliothekars überstiegen. Schon in Freiburg zeichnete sich ab, was er wenig später als Archivar am Paderborner Generalvikariat, zwischenzeitlich als Schriftleiter beim Volksverein in Mönchengladbach und schließlich als Professor für Caritaskunde in Paderborn, des ersten Hochschullehrers dieses Fachs in Deutschland überhaupt, anzielte: die Profilierung der „Caritas" als eigenständige theologische Disziplin durch quellenfundierte Veröffentlichungen. Dabei kultivierte der 1902 in Freiburg zum Dr. theol. promovierte Liese zwei Interessenfelder, die besondere kirchliche Sozialgeschichte seines Heimatbistums Paderborn und die umfassendere Deutschlands, dargestellt an der Geschichte der Caritasbewegung. Die von ihm nach der Jahrhundertwende erstellten Paderborner Personalschematismen sind mit ihren Nachweisen von fremdsprachlichen Minderheiten und von sozialcaritativen Vereinen in den einzelnen Pfarreien heute eine Hauptquelle der zeitgeschichtlichen Sozialforschung.[1] Sein „Necrologium Paderbornense. Totenbuch Paderborner Priester (1822-1930)", das mit minuziös erstellten Biogrammen von mehr als 3 000 Geistlichen 1934 in Paderborn erschien, sucht bis heute in den deutschen Diözesen seinesgleichen. Den weiten Blickwinkel dieser biographischen Studien zeigen beispielhaft die Frage nach der sozialen Herkunft eines jeden Priesters und der Nachweis des weiteren Lebensweges auch jener, die den geistlichen Stand verlassen hatten. Überhaupt wußte sich Liese als Forscher der historisch-kritischen Methode verpflichtet ohne Berührungsängste vor neuen wissenschaftlichen Erkenntniswegen, wie ihm beispielsweise solche die damals noch in den Anfängen stehende Statistik bot. Seinem wissenschaftlichen Porträt würde ein wesentlicher Zug fehlen, wenn man nicht seine ökumenische Offenheit erwähnte. Es war ihm selbstverständlich, ebenso wie über die hl. Elisabeth von Thüringen und Adolf Kolping mit Hochachtung über Johann Hinrich Wichern, den Begründer der Inneren Mission, oder William Booth, den Gründer der Heilsarmee, zu schreiben. Forschen und Schreiben wurden Liese zur zweiten Natur. Das Gesamtverzeichnis seiner Schriften beträgt mehr als 360 Titel, darunter zahlreiche Monographien.[2] Forschen und Schreiben halfen ihm, ein persönliches Kreuz leichter zu tragen. Schon auf seiner ersten Kaplanstelle im Ruhrgebiet hatte sich eine Schwerhörigkeit gemeldet, die mit zunehmendem Alter zu völliger Taubheit führte. Kontaktlos war er aber deshalb keineswegs, wie sein großer Bekanntenkreis zeigt. Selbstredend kannte er Agnes Neuhaus in Dortmund, Domkapitular Christian Bartels in Paderborn und die Sozialphilosophin und Frauenrechtlerin Elisabeth Gnauck-Kühne in Blankenburg persönlich, wenn man auch zu weit gehen würde, aus diesen Bekanntschaften vorschnell auf Freundschaften zu schließen. Eine Schwelle zu den dreien bedeutete sicher der Altersunterschied. Eine andere wird sachlich begründet gewesen sein. Denn Liese war, wie erwähnt, ein Vertrauensmann und Interessenvertreter Werthmanns, zu dessen zentralistischer Caritaspolitik Agnes Neuhaus und Christian Bartels kritische Distanz hielten. Die Konvertitin und Sozialwissenschaftlerin Gnauck-Kühne dürfte ihm, wenn man die nüchterne Erwähnung seiner Besuche bei ihr in Blankenburg so

[1] Vgl. zuletzt Brandt Hans Jürgen: „Die Italiener fördern, den Polen nicht nachgeben!" Zur Integration fremdsprachiger Minderheiten in Westfalen vor dem Ersten Weltkrieg im Spiegel kirchlicher Quellen. In: Johanek Peter (Hg.): Westfalens Geschichte und die Fremden (= Schriften der Historischen Kommission für Westfalen 14) ‹Münster 1994› 94–111.

[2] Vgl. Hengst, Bibliographie Liese in diesem Bande.

Wilhelm Liese

deuten darf, vermutlich nicht zuletzt wegen des Abstraktionsgrades ihrer Gedankenführungen fremd geblieben sein.
Lieses schriftlicher Nachlaß, der manche Hintergrundfrage hätte erhellen können, wurde im Frühjahr 1945 Opfer eines Bombenangriffs. Tagelang, so berichten Zeitgenossen, sei der 70jährige wie verwirrt über den Verlust in den Trümmern Paderborns umhergeirrt, bis er im Marienstift in Bad Lippspringe zur Ruhe kam.
Um so mehr darf die hier erstmals veröffentlichte Autobiographie ein breites Interesse finden, die der Greis an seinem Lebensabend im Stile von „Erinnerungen" abfaßte. Das der Edition zugrundeliegende Manuskript umfaßt 78 Seiten und befindet sich in der Erzbischöflichen Akademischen Bibliothek Paderborn. Zwei bisher bekanntgewordene maschinenschriftliche Fassungen weisen Textverschiebungen, kleinere Auslassungen, unwesentliche Ergänzungen und unliebsame Fehler auf.[3] Die hier vorliegende Druckfassung stammt in all ihren Teilen aus der Zeit nach dem zweiten Weltkrieg.[4] Sie ist von Liese selbst auf der Kopfseite datiert mit „November 1945, mit einigen Nachträgen bis 49". Aus einigen im Text verstreuten Informationen läßt sich schließen, daß sie zu Beginn des Jahres 1949 abgeschlossen worden ist.[5] Die hier im Druck veröffentlichte Autobiographie deckt sich mit dem Text des Manuskripts. Die Interpunktion wurde dagegen stillschweigend den heute geltenden Regeln angepaßt. Anmerkungen, die vom Autor selbst stammen, sind als solche gekennzeichnet.

---

[3] In der Mappe der EAB liegt eine Abschrift dieser handschriftlichen Vita; eine weitere, nicht fehlerfreie, befindet sich im EAP, Sign. M 26a. Vgl. z. B. die eklatanten Fehler S. 2 ‚Lippstadt' für Lippspringe oder S. 5 ‚Studenten' statt Städten.

[4] Vgl. dazu EAB Msc. Liese, S. 14 u. 53. Es wurde in Bad Lippspringe abgefaßt, s. ebd. 53

[5] Liese beginnt seine autobiographischen Aufzeichnungen mit dem Vermerk: „Ein größeres Heft ‚Lebenserinnerungen', das ich allmählich zusammengestellt hatte, ist leider dem großen Luftangriff auf Paderborn, Ende März 1945, zum Opfer gefallen. Es ist mir das um so peinlicher, als inzwischen mein Gedächtnis sehr gelitten hat, so daß ich nur mit Zurückhaltung ein ähnliches Heft neu beginnen kann (Nov. 1945, mit einigen Nachträgen bis 49)." – EAB Msc. Liese, S. 1.

Aus meinem Leben und Streben

von Wilhelm Liese

In nomine Domini. Amen.

Kindheit und Jugend

Die Familie Liese (Lyese[n], seit 1817 Altenliesen) in Würdinghausen, Kr. Olpe, läßt sich bis 1515 zurückverfolgen, wie ich in einem handschriftlichen Familienbuch nachgewiesen habe.[1] Unter den letzten Vorfahren verdient besonders der Bruder meiner Großmutter genannt zu werden, Justizrat Josef Sommer. Er ist als Mitbegründer des ‚Westfälischen Geschichts- und Altertums-Vereins' bekannt geworden, ebenso als Schriftsteller unter dem Decknamen ‚Westphalus Eremita', der Westfälische Eremit.[2]

Ich wurde geboren in Würdinghausen, Kr. Olpe, am 27. April 1876 als Sohn von Heribert Liese und Klementine Zurnieden. Bei der Taufe erhielt ich die Namen Wilhelm[3] und Anton. Taufpaten waren Frau Wilhelmine Recke, eine Schwester meiner Mutter, und Bauunternehmer Anton Leonard, mein Onkel, beide aus Letmathe. Die Taufe vollzog Pfarrer Josef Hoppe[4] in Kirchhundem, den ich sehr verehrt habe.

Vater war ein begabter, aber rührend schlichter Mann, der mit ganzem Herzen an seiner Landwirtschaft hing. Außerdem hat er sich lange Jahre als Versicherungsagent betätigt[5]. Er kam viel umher und nahm am Leben regen Anteil. Als ich als Student einmal mit meinem Bruder Heinrich im Berleburg'schen war, fragte uns ein Gastwirt, wem wir gehörten. Auf die Antwort: „Dem Heribert Liese in Würdinghausen" erwiderte er: „Ach,

[1] Das erwähnte Familienbuch ist bisher nicht bekannt geworden. – Über die Familienstämme seit 1744, als Johann Heinrich Liese die Anna Elisabeth Leggemann heiratete, s. Best-Vasbach Paula: Die Vasbachs auf der Vasbach ‹Münster 1949› Beilage, Tafel 3.

[2] Dr. Johann Friedrich Josef Sommer (1793-1856) aus Kirchhundem, Kr. Olpe. – Zu Lieses Publikationen über ihn, vgl. Hengst, Bibliographie Liese Nr. 167, 183 u. 217.

[3] Nach Lieses eigener Notiz war sein Namenspatron der hl. Wilhelm von Aquitanien (ca. 750-812), Fest 28. Mai.

[4] Josef Hoppe (1822-1896) aus Sögtrop, 1848 Kooperator in Hellefeld, 1854 Schulvikar, ab 1862 Pfarrer von Kirchhundem. – Liese, Necrologium 282.

[5] Lieses Vater war für die Feuer- und Lebensversicherung sowie für die ‚Vaterländische' Versicherung in Elberfeld tätig; er starb 1906.

dem Heribert? Der hat hier oft geschlieft." Des Lebens Schwierigkeiten hat der Vater reich erfahren, da um 1880 bei einem heftigen Gewitter sein Haus völlig niederbrannte. Damals war es noch nicht versichert. Er ist nie ganz darüber gekommen, trotz eifrigen Bemühens. Aber bei seiner tiefen Religiosität trug er es musterhaft. Die Mutter, Klementine geb. Zurnieden aus Letmathe, war viel kränklich. Besonders die Lungen haben ihr viel zu schaffen gemacht. Sie starb daher schon früh mit 44 Jahren[6], während der Vater ein hohes Alter erreichte.

Ich hatte noch sechs Geschwister, zwei davon, Richard und Berta, starben als Kinder. Heinrich[7] übernahm später den Hof, nachdem er die Landwirtschaftsschule in Lüdinghausen absolviert und beim Train in Münster als Einjähriger gedient hatte. Mit ihm konnte ich es als Kind nicht besonders; später um so besser. Lange Jahre haben wir, wenn ich in den akademischen Ferien daheim war, fast jeden Sonntag Wanderungen in die weitere Umgebung gemacht, vom Morgen bis zum Abend. Wir unterhielten uns dabei viel im Dialekt, woran wir beide große Freude hatten. Die Schwester Theodora[8] war sehr veranlagt und wäre gerne Lehrerin geworden. Aber da die Mutter unerwartet früh starb, mußte sie den Haushalt auf dem Hofe übernehmen, nachdem sie ein Jahr in Iserlohn, im Gasthof Sander, hatte lernen können. Dafür hatte sie dann später die Freude, meinen Haushalt übernehmen zu können, nachdem der Bruder Heinrich geheiratet hatte. Der Bruder Friedrich[9] erhielt zunächst Privatunterricht in Kirchhundem und besuchte dann die Rektoratschule in Altenhundem. Da er Kaufmann werden wollte, machte er zunächst in Salzkotten eine Lehre durch und war dann längere Zeit in Paderborn tätig. Später wirkte er hauptsächlich als kaufmännischer Vertreter in Düsseldorf. Er stand sich lange Zeit sehr gut, verlor aber zuletzt durch Unglück fast alles. Die letzte und einzige noch lebende Schwester Auguste[10] kam früh nach Letmathe. Sie wurde von der Familie Recke

---

[6] Lieses Mutter war 1844 geboren und starb 1888.

[7] Wilhelm Liese hatte sechs Geschwister, von denen zwei in früher Kindheit starben. Bruder Heinrich I., der das elterliche Erbe übernahm, war 1870 geboren, heiratete Josefine Böhmer aus Geseke, und starb 1930. Dessen Sohn Heinrich II. (1902-1964) heiratete 1931 Maria Schulte (1904-1994) und übernahm den elterlichen Betrieb, den seit 1964 dessen Sohn Werner führt. Die Söhne Hubert (1911-1942), Franz (1916-1941) und Ferdinand (1914-1943) sind im Kriege gefallen. Franz hatte schon länger Theologie studiert und wollte Priester werden. – EAB Msc. Liese, S. 14f.

[8] Schwester Theodora war 1872 geboren und starb 1934 in Paderborn.

[9] Bruder Friedrich war 1879 geboren, heiratete Elfriede Kannengießer aus Haspe und starb 1944 als Holz-Großhändler in Düsseldorf.

[10] Schwester Auguste war 1888 geboren, heiratete 1919 Heinrich Juncker (1882-1924)

adoptiert und zur weiteren Ausbildung nach Belgien gesandt in das Pensionat der ‚Liebesschwestern' in Alsemberg. 1919 heiratete sie den Amtsrichter Heinrich Juncker und zog mit ihm nach Homburg v.d.Höhe, wo sie noch mit ihrer Tochter Ursula lebt. Zu ihr habe ich gerade in den letzten Jahren ein sehr inniges Verhältnis gewonnen. Sie war öfter bei mir, auch noch in Lippspringe.

An das religiöse Leben im Elternhaus kann ich nur mit Ergriffenheit denken. Wir lebten ganz mit der Kirche. Das gemeinsame Gebet wurde eifrig gepflegt. Unangenehm war der weite Schulweg von einer halben Stunde, zumal ich nicht besonders kräftig war. Deshalb wurde es den Eltern leichter, mich früh von Hause zu geben. Ich selbst ‚schwärmte' für die Fremde. Auch später ist es mir immer eine Freude gewesen, in der Ferne zu sein. Doch habe ich dann in Paderborn zuletzt ganz Wurzel gefaßt, so daß mich die vom Bombardement erzwungene Flucht 1945 sehr schwer traf. Schon mit acht Jahren kam ich dauernd von Zuhause fort, zunächst zur Familie Recke in Letmathe. Diese hatte selbst keine Kinder und wollte daher gern ihr Patenkind übernehmen, zumal sie recht wohlhabend war. Die Eltern gingen um so lieber darauf ein, als ich früh Neigung zum höheren Studium zeigte, die ich so leichter befriedigen konnte. Ich bekam dann auch dort neben der Volksschule alsbald Privatunterricht in Fremdsprachen, besonders bei Kaplan Schröder.[11] Viel Freude machte es mir auch, daß ich in Musik ausgebildet wurde. Später habe ich lange Jahre selbst ein Klavier und ein Harmonium besessen. Auch die Orgel blieb mir nicht fremd, besonders unter Lehrer Wegener an der Markkirche in Paderborn.[12] In Letmathe habe ich schöne Jahre verlebt. Im Hause Recke herrschte ein fröhlicher Geist. Die dortigen Priester, vor allem Pfarrer Klagges[13] und Vikar Vogelsang[14], wirkten stark auf mich durch ihr eifriges Streben und ihr Ver-

---

in Homburg v.d. Höhe und starb 1966. – Freundliche Mitteilung der Tochter, Frau Ursula Oehm in Homburg v.d. Höhe, am 6. Februar 1995.

[11] August Klemens Schröder (1836-1895) aus Peckelsheim, 1863 Kaplan in Schwelm, 1872 Kaplan in Letmathe, 1889 Pfarrer in Deifeld, 1894 i.R. – Liese, Necrologium 495.

[12] August Wegener (1862-1932) aus Eversen Kr. Höxter, Königlicher Seminar-Oberlehrer an der Präparandie in Paderborn und Organist am Dom und an der Markkirche, 1901 nach Büren verzogen, 1907 Rückkehr nach Paderborn; er war dreimal verheiratet, da die Ehefrauen jung starben, u.a. mit Frau Katharina Bökamp (1874-1927). – StadtAP Meldekartei. – Grabstein auf dem Ostfriedhof in Paderborn.

[13] Wilhelm Klagges (1839-1911) aus Keßlar bei Herzfeld, 1865 Konrektor und Vikar in Bochum, 1887-1911 Pfarrer in Letmathe. – Liese, Necrologium 308.

[14] Joseph Vogelsang (1841-1902) aus Hagen, 1868 Kaplan im Mutterhaus der Franziskanerinnen in Salzkotten, 1869 Hausgeistlicher in Gevelinghausen, 1870-1902 Kaplan in Letmathe. – Liese, Necrologium 557.

ständnis für kindliche Heiterkeit. Gern gedenke ich noch der jährlichen Kirmes im Juli[15], die mich das erste Mal zum Ausspruch veranlaßt haben soll: „Das war der schönste Tag meines Lebens". Da wir in Letmathe noch mehrere verwandte Familien hatten, so fehlte es auch nicht an lebhaftem Verkehr und Spiel. Der Letmather Aufenthalt schloß im Frühjahr 1888. Am Weißen Sonntag kam ich dort zur ersten heiligen Kommunion. Dabei war auch die liebe Mutter zugegen. Wie Augenzeugen versicherten, war sie ungewöhnlich gerührt und weinte viel. Vielleicht fühlte sie es, daß wir zum letzten Mal zusammen waren. Nach einem viertel Jahr war sie schon tot. Ich begriff den herben Verlust erst später recht.

Studienjahre (Vorbereitungen auf das Priestertum)

Nun kamen für mich die langen und ernsten Studienjahre, die mich zum Priestertum führen sollten, dem ich seit langem entgegenstrebte. Der frühe Tod der Mutter befestigte mich um so mehr in dieser Berufswahl. Freilich wäre die Berufswahl beinahe an der eigenen Gesundheit gescheitert. Seit den Jahren der Pubertät zeigte sich nämlich allmählich wachsende Schwerhörigkeit. Ich habe viel dagegen doktoriert, so in Hagen, Münster, Bonn, Wörishofen etc. Doch war das Leiden bald so schlimm, daß mir bei der Meldung zum Priesterseminar 1898 erklärt wurde: „Wir würden Sie nicht mehr zulassen, wenn Sie nicht schon gar so weit vorbereitet wären." Es handelte sich um Steigbügelverwachsung und Labyrinth-Erkrankung, die später zu völliger Taubheit geführt haben. Wahrscheinlich war es ein Erbe von der Mutter. Noch mehrere Geschwister bekamen Ohrenleiden. Bei mir wurde es freilich weitaus am schlimmsten. Durch einen ‚Ablesekurs' versuchte ich anfangs, die Schwierigkeiten der Verständigung zu mildern, doch half das nur für einige Jahre.

Die Höheren Studien begann ich durch Vermittlung von Pfarrer Klagges 1888 auf der Rektoratschule in Rüthen, die sein Freund Heinrich Wallmeyer[16] aus Paderborn leitete. Es war ein schönes Jahr in der luftigen Höhe dort droben, wo uns zugleich der Winter viel Freuden im Schlittschuhlauf brachte, an dem auch der Rektor teilnahm. Im übrigen

---

[15] Die Pfarrkirche war dem hl. Kilian geweiht, dessen Fest am 8. Juli gefeiert wird.

[16] Heinrich Wallmeyer (1862-1911) aus Paderborn, 1885 Kaplan in Bochum, 1887-1889 Rektor in Rüthen, 1889 Vikar im Marienkrankenhaus in Bochum, 1894 Domvikar in Paderborn, 1895 Pfarrer in Oschersleben, 1904 Pfarrer in Gütersloh; er war ein Förderer des Vereinswesens. – Liese, Necrologium 564f.

mußte ich eifrig studieren, um gut mitzukommen. In den Sprachen machte ich manche Fortschritte. In anderen Fächern, besonders in Mathematik, Naturwissenschaften und Geschichte, wurde es mir schwer, so daß ich Ostern 1889 beim Aufnahmexamen am Gymnasium in Paderborn viel Mühe hatte. Der Lehrer der Geschichte, Richter[17], meinte sogar nach manchen vergeblichen Versuchen: „Oi Jüngesken, wat woißt diu dann eigentlik?" Dabei ist Geschichte freilich später ein Lieblingsfach von mir geworden. Ich erhielt die Aufnahme auf die Obertertia und besuchte dann das Paderborner Gymnasium Theodorianum bis zum Abitur. Mein Ordinarius war zunächst Oberlehrer Freericks[18], dann der bekannte Grammatiker Wetzel[19], bei dem ich sehr viel gelernt und große Vorliebe für Latein gewonnen habe, was mir bei den späteren Studien, besonders in Innsbruck, sehr zustatten kam. Als Religionslehrer hatte ich erst Oberlehrer Döneke[20], dann Professor Niggemeyer.[21] Von sonstigen Lehrern nenne ich noch Enck[22], Moser[23], Richter und E. Schunck.[24]

---

[17] Wilhelm Richter (1854-1922) aus Drensteinfurt, Studien in Münster, Innsbruck und München, nach Hilfslehrertätigkeit an verschiedenen Gymnasien 1884 Oberlehrer am Theodorianum in Paderborn, 1901 mit dem Titel Professor, 1921 i.R.; Mitglied des geschäftsführenden Vorstandes im Altertumsverein, zahlreiche historische Arbeiten zur Paderborner Geschichte. – Linneborn Josef: Rückblick auf die Geschichte des Vereins . . . A. Die Abteilung Paderborn von 1824-1924. In: Westfälische Zeitschrift 82 ‹1924› IX-XXXVIII, hier XXXI-XXXIII.

[18] Hermann Freericks (1862-. . .) aus Duderstadt, Dr. phil., Hilfslehrer in Warburg und Duderstadt, 1888 Gymnasiallehrer am Theodorianum in Paderborn, 1892 dort Oberlehrer, 1898 Gymnasiallehrer am Paulinum in Münster, Hilfsarbeiter im Provinzial-Schulkollegium zu Königsberg, seit 1912 Direktor am Gymnasium St. Wendel, 1914 als Hauptmann der Landwehr Bahnhofskommandeur in Kreuznach. – Hense, Das Gymnasium Theodorianum 88.

[19] Martin Wetzel (1851-1902) aus Dingelstedt, Dr. phil., Hilfslehrer in Heiligenstadt, 1879 Gymnasiallehrer in Warburg, 1882 Gymnasiallehrer am Theodorianum in Paderborn, 1897 Direktor des Königlichen Gymnasiums in Braunsberg, 1901 Direktor des Marzellengymnasiums in Köln. – Hense, Das Gymnasium Theodorianum 87.

[20] Franz Döneke (1850-1929) aus Werl, Hilfslehrer in Brilon, 1889 Gymnasiallehrer am Theodorianum in Paderborn, 1906 mit dem Titel Professor, 1912 i.R. – Liese, Necrologium 162. – Hense, Das Gymnasium Theodorianum 88.

[21] Theodor Niggemeyer (1844-1917) aus Scherfede, Dr. theol., 1870 Hilfslehrer am Theodorianum in Paderborn, 1875 dort Gymnasiallehrer, 1893 mit dem Titel Professor, 1894 Gymnasialdirektor in Brilon, 1910 i.R. – Liese, Necrologium 407. – Hense, Das Gymnasium Theodorianum 86.

[22] August Enck (1848-1912) aus Essen, Dr. phil., Hilfslehrer in Münster, Arnsberg und Paderborn, 1882 Gymnasiallehrer am Theodorianum in Paderborn, 1899 mit dem Titel Professor. – Hense, Das Gymnasium Theodorianum 87.

[23] August Moser (1846-1928) aus Münster, Hilfslehrer in Brilon, Tätigkeiten in Arns-

Aus der Schar der Mitschüler trat mir besonders Johann Wallmeyer[25] nahe, ein Bruder des Rüthener Rektors, mit dem mich seitdem innigste Freundschaft verbindet. Weiter nenne ich Heinrich Merschmann[26], Franz Stille[27], Joseph Bathe[28] und Alois Fuchs.[29] Ich habe Wallmeyer als Pfarrer in Lippstadt noch oft besucht. In Paderborn habe ich mich damals gleich gut eingelebt. Es ist mir allmählich zur Heimat geworden. Ohne Anstoß absolvierte ich die fünf Klassen von der Obertertia ab und bestand Ostern 1894 das Abiturientenexamen, wobei mir das Mündliche geschenkt wurde.[30] Während der Gymnasialzeit begannen mich öf-

berg, Aachen und Münster, 1884 Gymnasiallehrer am Theodorianum in Paderborn, 1901 mit dem Titel Professor. – HENSE, Das Gymnasium Theodorianum 87.

24 Egon Schunck (1857-1934) aus Wattenscheid, Hilfslehrer in Warendorf und Paderborn, 1889 Gymnasiallehrer am Theodorianum in Paderborn, 1905 mit dem Titel Professor. – HENSE, Das Gymnasium Theodorianum 88. – LESSMANN Karl: Professor Egon Schunck, Magister doctus – vir vere humanus – bene meritus – de Theodorianis. In: Jahresbericht der Vereinigung ehemaliger Theodorianer 1966 ‹Paderborn 1966› 11-14 [Ich danke Herrn Studienrat Klaus Zacharias, Paderborn, für freundliche Hinweise zu den Viten der Paderborner Gymnasiallehrer].

25 Johannes Wallmeyer (1872-1968) aus Paderborn, 1898 Kaplan an St. Andreas in Halberstadt, 1903 Pfarrvikar in Klostermansfeld, 1912 Pfarrvikar und 1918 Pfarrer an St. Joseph in Lippstadt. – SchemP ‹1902› 180,SchemP ‹1909› 210, P SchemP ‹1935› 54 u. 149. – Die verstorbenen Priester ‹1964› 7.

26 Heinrich Merschmann (1874-1935) [Liese notierte Mersmann] aus Ostenland, Dr. phil. und Dr. theol., 1901 Kaplan in Herne, 1905 Kaplan in Halle a.d. Saale, 1911 Militärpfarrer in Gotha, 1913 Vikar in Rüthen, 1918 Anstaltspfarrer in Suttrop. – PSchemP ‹1935› 82 u. 152. – Die verstorbenen Priester ‹1964› 191.

27 Franz Stille (1872-1945) aus Paderborn, 1898 Vikar in Hamersleben, 1900 Kooperator in Neuenheerse, 1901 Missions-Vikar zu Wolmirsleben, 1906 Kaplan in Gelsenkirchen-Ückendorf, 1914 Anstaltsseelsorger in Warstein, 1918 Pfarrer in Mellrich, 1929 Pfarrer in Anröchte. – PSchemP ‹1935› 13 u. 149. – Die verstorbenen Priester ‹1964› 46.

28 Joseph Bathe (1877-1942) aus Balve, Dr. phil., 1900 Kaplan an St. Nicolai in Lippstadt, 1904 beurlaubt zum Studium in Göttingen, 1907 Oberlehrer bzw. Studienrat am Theodorianum in Paderborn. – PSchemP ‹1935› 10 u. 151. – Die verstorbenen Priester ‹1964› 17.

29 Alois Fuchs (1877-1971) aus Andernach, Dr. theol. 1907 in Freiburg i.Br., 1900 Kaplan an St. Joseph in Dortmund, 1903 Repetent am Theologenkonvikt in Paderborn und Dozent für Hebräisch an der Akademie, 1908 Repetent am Priesterseminar in Paderborn, 1909 Subregens, 1910-1964 Professor für Apologetik und Geschichte der Philosophie an der Akademie in Paderborn, 1911 gleichzeitig Professor für Kunstgeschichte, 1913-1967 Direktor des Diözesanmuseums, 1938 Domkapitular, 1955 päpstlicher Hausprälat. – PSchemP ‹1935› 6 u. 151. – ÜLHOF/KREMS, Die Lebensdaten 102. – Totenkalendarium ‹1981› 95.

30 Nach Lieses Angaben bestanden im Jahre 1894 insgesamt 48 das Abitur, davon 23 aus dem 2. Kurs, in dem auch Liese war. – EAB Msc. Liese, S. 8.

ter seelische Beängstigungen zu quälen, die durch Predigten eines besonders nahestehenden Priesters gefördert wurden, der gar zu oft und zu stark zur Vorsicht mahnte. Sie haben mir stark zu schaffen gemacht und erhielten schließlich durch das Herzleiden neue Nahrung.

Ich blieb nach dem Abitur in Paderborn, um an der Theologischen Akademie das philosophische Jahr zu absolvieren. Die Vorträge des Philosophieprofessors Viegener[31] waren direkt glänzend und fesselten immer wieder. Einige Eigenheiten des persönlichen Lebens, die sich später unangenehm geltend machten, traten damals noch kaum hervor. Dazu kam die anregende Einführung in die Hl. Schrift, besonders durch Professor Peters[32], der damals in den Anfängen stand, aber die spätere Bedeutung schon ahnen ließ. Weiter erwähne ich noch die kirchengeschichtlichen Vorlesungen von Professor Kleffner.[33] Auch die kirchliche Kunst bei Baurat Güldenpfennig[34] interessierte mich sehr. In jenen sechs Paderborner Jahren wohnte ich bei der Familie De Greck[35] in der Königstraße. Das war ein echtes Studentenheim, wo gut für uns gesorgt, aber auch viel Anregung geboten wurde durch vier bis fünf Kameraden, die

---

[31] Joseph Engelbert Anton Vigener [auch Viegener] (1838-1913) aus Attendorn, Dr. phil. et theol., 1871 Repetent am Priesterseminar in Paderborn, 1872 dort Professor an der Akademie, 1904 nicht mehr im Personal-Schematismus aufgeführt, gestorben in Wiesbaden. – SchemP ‹1881› 8. – SchemP ‹1902› 5. – Die verstorbenen Priester ‹1964› 37.

[32] Norbert Peters (1863-1938) aus Allendorf, Dr. theol., 1887 Kanoniker und Lehrer in Geseke, 1889 beurlaubt zum Studium, 1892 Professor für AT-Exegese an der Akademie in Paderborn, 1921 Domkapitular. – PSchemP ‹1935› 2 u. 141. – Peters Norbert, Norbert Peters. In: Die Religionswissenschaft der Gegenwart in Selbstdarstellungen ‹Leipzig 1926› 91-128 (auch als Sonderdruck erschienen ‹Leipzig 1926› 36 S.). – Totenkalendarium ‹1981› 15.

[33] Anton Ignaz Kleffner (1843-1914) aus Niedermarsberg, Dr. theol. 1882 in Salzburg, 1868 Priesterweihe in Paderborn, dann Hausgeistlicher beim Grafen O'Donnel in Salzburg, 1872 Rektor in Hovestadt, 1878 Konrektor in Meschede, 1883 Kaplan an der Gaukirche in Paderborn und Sekretär des Bonifatiusvereins, 1889 Professor an der Akademie in Paderborn, 1901 Domkapitular. – SchemP ‹1881› 57. – SchemP ‹1893› 17. – SchemP ‹1902› 3 u. 5. – Drobner Hubertus: Die Professoren der Kirchengeschichte. In: Theologie und Glaube 75 ‹1989› 403-445, hier 414-416 (mit Werk- und Literaturverzeichnis).

[34] Arnold Güldenpfennig (1830-1908) aus Warburg, Königlicher Baurat, 1856 Diözesanbaumeister, Generalvikariatsrat. – PSchemP ‹1893› 16. – Aleweld Norbert: Arnold Güldenpfennig (1830-1908). In: Westfälische Lebensbilder 15 (= Veröffentlichungen der Historischen Kommission für Westfalen XVII A) ‹Münster 1990› 221-242 (mit Photo sowie Quellen- und Literaturverzeichnis).

[35] Der Eisenbahn-Lackierer Gottfried De Greck wohnte 1887 in der Königstraße 198, im Jahre 1898 war er in die Leostr. 43 umgezogen. – StadtAP Adreß- und Geschäftshandbuch der Stadt Paderborn ‹Paderborn 1887› 30. – Dasselbe ‹Paderborn 1898› 34 u. 154.

stets dort weilten. Der Hausvater war ein rechter Spaßmacher. So wurden die gemeinsamen Mahlzeiten wirklich kurzweilig. Nach einigen Jahren zogen wir gemeinsam um in die Friedrichstraße, wo u. a. Kaspar Gierse[36] und Klemens Schulte[37] mir nahetraten. Außerordentlich viel verkehrt habe ich damals seit 1889 mit einem Jugendfreund meines Onkels, dem Prokuristen Franz Honselmann[38] im Verlag Schöningh. Fast jeden Sonntag war ich mehrere Stunden in seinem Hause, das erst lange Jahre seine Mutter[39], später seine Frau[40] führte. Er hatte unter anderem zwei Söhne, die Priester wurden(!). Der eine starb früh[41], der andere, Klemens[42], wirkt als Direktor der Akademischen Bibliothek und als Dozent in Paderborn. Der Vater Franz Honselmann hatte auch großes Interesse für westfälische Geschichte und gab längere Zeit eine entsprechende Zeitschrift heraus, das Sauerländische Familien-Archiv, an der ich wiederholt mitgearbeitet habe.

---

36 Kaspar Gierse (1872-1953) aus Bödefeld, 1898 Vikar in Vörde, 1901 Rektor des St. Johannes-Hospitals in Dortmund, 1902 Bischöflicher Kaplan, 1910 Subregens am Priesterseminar in Paderborn, 1922 Domkapitular, Apostolischer Protonotar, 1923 Offizialatsrat, 1930-1941 Generalvikar. – PSchemP ‹1935› 2, 4f. u. 149. – Die verstorbenen Priester ‹1964› 125.

37 Klemens Schulte (1875-1945) aus Immenhausen b. Meschede, 1900 Kaplan in Oschersleben, 1906 Vikar in Zappendorf, Pfarrei Halle a.d. Saale, 1909 Kaplan in Salzkotten, 1913 Pfarrer in Thüle. – PSchemP ‹1935› 83 u. 151. – Die verstorbenen Priester ‹1964› 111.

38 Franz Honselmann (1850-1940) aus Paderborn, 1874 Buchhalter und Prokurist bei der Fa. Schöningh in Paderborn, 1914 Orden ‚Pro ecclesia et Pontifice', 1904-1931 Herausgeber des ‚Sauerländischen Familienarchivs'. – Honselmann Klemens, Franz Honselmann, Vorwort zum Nachdruck. In; Honselmann Franz, Sauerländisches Familienarchiv ‹Nachdruck Paderborn 1983› Vorwort.

39 Ludovika Storck (1822-1895) aus Letmathe, Heirat mit dem Bäcker und Bierbrauer Joseph Honselmann in Paderborn. – Ebd.

40 Pauline Rathscheck (1860-1914) aus Herstelle, 1898 Heirat mit Franz Honselmann. – Ebd.

41 Joseph Honselmann (1899-1918) aus Paderborn, stud.theol., Kriegsabiturient, in der Marneschlacht gefallen. Joseph war also – anders als Liese berichtet – noch nicht Priester. – Ebd.

42 Klemens Honselmann (1900-1991) aus Paderborn, Dr. theol., Päpstlicher Prälat, 1925 Vikar an St. Bonifatius in Dortmund, 1929 Pfarrvikar in Zörbich, zeitweise zum Studium beurlaubt, 1934 Vikar an der Busdorfpfarre in Paderborn, 1942 Präfekt am Leokonvikt und Bibliothekar an der Akademischen Bibliothek, 1946 Dozent, 1948-1977 Direktor der Akademischen Bibliothek, 1952-1968 Professor an der Akademie in Paderborn. – Drobner Hubertus: Die Professoren der Kirchengeschichte. In: Theologie und Glaube 79 ‹1989› 403-445, hier 423-425. – Honselmann Wilhelm: Veröffentlichungen von Klemens Honselmann. In: Theologie und Glaube 80 ‹1990› 403-418.

Im philosophischen Jahre trat mir besonders Heinrich Weber[43] nahe, der neben Wallmeyer mein intimster Freund wurde. Ich habe ihn später als Vikar in Himmighausen und zuletzt als Pfarrer in Lichtenau noch 1948 öfter besucht. Von anderen Konsemestern nenne ich Karl Aufenanger[44], Roland Dicke[45], Franz Ellendorf[46], Lorenz Pieper[47], Josef Hockelmann[48] und Wilhelm Kotthoff.[49] Sehr viele sind schon gestorben.

Von Ostern 1895 ab war ich längere Zeit auf auswärtigen Hochschulen, einmal wegen des Alters, weil ich für den Empfang der Weihe noch zu jung war, vor allem aber, weil ich an erweiterte akademische Ausbildung dachte, die mich in einigen Jahren zum Doktorat führte. Im Sommersemester 1895 weilte ich in Bonn, wo besonders die Professoren Schrörs[50] und Kaulen[51] mich anzogen. Allerdings habe ich in diesem

---

43 Heinrich Weber (1873-1958) aus Lippern b. Oberhausen, Erzdiözese Köln, 1898 Kaplan in Wehrden in der Pfarrei Amelunxen, 1904 Kaplan in Himmighausen in der Pfarrei Sandebeck, 1913 Vikar in Olpe, 1921 Pfarrer in Lichtenau. – PSchemP ‹1935› 69 u. 149. – Die verstorbenen Priester ‹1964› 63.

44 Karl Aufenanger (1879-1953) aus Karlshafen, 1906 Kaplan in Worbis, 1907 Kaplan in Schwelm, 1914 Vikar in Wattenscheid, 1921 Pfarrer an St. Bonifatius in Bochum-Langendreer, 1933 Pfarrer in Schwerte. – PSchemP ‹1935› 64 u. 157. – Die verstorbenen Priester ‹1964› 73.

45 Roland Dicke (1876-1939) aus Arnsberg, 1899 Domvikar in Erfurt, 1901 Kaplan in Gelsenkirchen-Ückendorf, 1906 Kaplan in Hagen-Boele, 1908 dort Pfarrer. – PSchemP ‹1935› 56 u. 150. – Die verstorbenen Priester ‹1964› 71.

46 Franz Ellendorf (1876-1932) aus Neuenkirchen, 1899 Kaplan an Liebfrauen in Dortmund, 1902 Kaplan und Gymnasiallehrer in Siegen, 1911 Pfarrer in Arolsen. – SchemP ‹1902› 60. – SchemP ‹1904› 106. – PSchemP ‹1913› 30. – Die verstorbenen Priester ‹1964› 154.

47 Lorenz Pieper (1875-1951) aus Eversberg, Dr. rer. pol. in Münster, 1899 Religionslehrer und Vikar in Wattenscheid, 1901-1917 beurlaubt als Mitarbeiter am Volksverein in Mönchen-Gladbach, ab 1917 Seelsorgetätigkeit in Geseke, Hüsten, Wehrden und Halingen, 1933 i.R., Anstaltspfarrer in Münster; trat früh der NSDAP bei. – Brandt, Chronik 20 Anm. 11.

48 Josef Hockelmann (1874-1948) aus Neheim, 1899 Vikar in Drolshagen, 1902 Vikar in Eiserfeld, 1919 Pfarrer in Silbach. – PSchemP ‹1935› 72 u. 150. – Die verstorbenen Priester ‹1964› 79.

49 Wilhelm Kotthoff (1874-1950) aus Hamm, 1899 Kaplan in Pömbsen, 1901 Vikar in Gröningen, 1902 Vikar in Wernigerode, 1902 Vikar in Oeynhausen, 1905 Kaplan in Minden, 1927 Pfarrer in Benninghausen. – PSchemP ‹1935› 51 u. 150. – Die verstorbenen Priester ‹1964› 174.

50 Heinrich Schrörs (1852-1928) aus Krefeld, Dr. theol. 1880 in Würzburg, 1877 Priesterweihe, 1886 Professor für Kirchengeschichte in Bonn, 1904/05 Rektor der Universität, 1904-1926 Vorsitzender des ‚Historischen Vereins für den Niederrhein'; ausgezeichneter Forscher und Lehrer. – Franzen August: Heinrich Schrörs. In: LThK IX ‹²1964› 497 (mit Werk- und Literaturverzeichnis).

51 Franz Philipp Kaulen (1827-1907) aus Düsseldorf, 1850 Priesterweihe, 1880 Profes-

einen Semester das Studium nicht gerade vernachlässigt, aber doch der Jugendfreude viel Raum geschenkt. Ich wurde Mitglied des Studentenvereins Ripuaria, dem früher auch Bischof Wilhelm Schneider[52] angehört hatte, und nahm eifrig an seinen Veranstaltungen teil. Ferner lockte mich das schöne Rheintal mit seinen Bergen und Burgen zu vielen Ausflügen. Damals war ich zum ersten Mal in Maria-Laach, dessen Gottesdienste mich sehr interessierten. Auch habe ich die Gelegenheit, tüchtige Ohren-Spezialisten, besonders Professor Walb[53] zu besuchen, gut ausgenutzt. Aber es war nicht viel mehr zu machen. Ganz ernste Studiensemester folgten dann von Herbst 1895 ab bis 1897 in Innsbruck, wo ich im Konvikt der Jesuiten wohnte, mit seinem großen internationalen Zuschnitt. Die Jesuiten gaben auch die Vorlesungen und Übungen an der Theologischen Fakultät, und zwar meist in lateinischer Sprache, die mir damals sehr vertraut wurde. Besonders geschätzt habe ich die Professoren Hurter/Dogmatik[54], Noldin/Moral[55], Michael/Kirchengeschichte[56], Biederlack/Kirchenrecht – auch Soziale Fragen.[57] Die Leitung des Kon-

---

sor für AT-Exegese in Bonn, 1903 Mitglied der Päpstlichen Bibelkommission in Rom; seine besondere Leistung ist die Herausgabe der 2. Auflage von ‚Wetzer-Weltes-Kirchenlexikon‘, 13 Bde. ‹Freiburg i.Br. 1882-1903›. – Bäumer Remigius: Franz Philipp Kaulen. In: LThK VI ‹²1961› 95 (mit Werk- und Literaturverzeichnis).

52 Wilhelm Schneider (1847-1909) aus Gerlingen, 1872 Hausgeistlicher auf Haus Lohe, Dr. theol. 1879 in Rom, 1887 Professor an der Akademie in Paderborn, 1892 Domkapitular, 1894 Dompropst, 1900 Bischof von Paderborn. – Liese, Necrologium 485f. – Brandt/Hengst, Die Bischöfe 321-326.

53 Heinrich Walb (1848-1931) aus Friesdorf b. Bonn, Dr. med. 1871 in Bonn, 1875 dort Habilitation in Augenheilkunde und 1877 in Ohrenheilkunde, 1877 dort Errichtung einer privaten Klinik für Ohrenkrankheiten, 1884 dort a.o. Professor der Otologie, 1917 dort Honorarprofessor, 1921 Emeritierung; Mitbegründer der Deutschen Otologischen Gesellschaft. – Wenig Otto (Hg.): Verzeichnis der Professoren und Dozenten der Rheinischen-Friedrich-Wilhelms-Universität zu Bonn 1818/1968 ‹Bonn 1968› 325.

54 Hugo Adalbert von Hurter SJ (1832-1908), 1845 Konversion in Rom, 1856-1902 Professor der Dogmatik in Innsbruck. – Koch, Jesuiten-Lexikon 835 (mit Werk- und Literaturverzeichnis).

55 Hieronymus Noldin SJ (1838-1922) aus Salurn/Südtirol, Dr. theol., 1867-1875 Professor der Philosophie in Preßburg, 1875 Regens des theologischen Konvikts in Innsbruck, 1887-1909 Professor für Moral in Innsbruck. – Koch, Jesuiten-Lexikon 1301 (mit Werk- und Literaturverzeichnis).

56 Emil Michael SJ (1852-1917) aus Reichenbach in Schlesien, 1891 Professor für Kirchengeschichte in Innsbruck. – Koch, Jesuiten-Lexikon 1199 (mit Werk- und Literaturverzeichnis).

57 Joseph Biederlack SJ (1845-1930) aus Greven b. Münster, 1895-1897 u. 1911-1930 Professor des Kirchenrechts und der Moral an der Universität Innsbruck, 1897-1911 Professor an der Gregoriana in Rom, 1899-1911 Rektor des Deutschen Kollegs. – Koch, Jesuiten-Lexikon 209f. (mit Werk- und Literaturverzeichnis).

viktes hatte Pater Schnieder[58], der auch öfter für interessante Ausspannung sorgte durch Tagesausflüge zu einer Haus-Villa im nahen Gebirge. Auch sonst hatten wir öfter Gelegenheit, Alpentouren zu machen, wobei Gipfel bis fast 3000 m erobert wurden. Von den Mitstudenten traten mir besonders mehrere aus dem Kölner Bistum nahe, so Peter Rödder[59], den ich später als Pfarrer in Köln-Hohenberg[60] öfter besuchte, Mathias Basten[61], August Hopmann[62] und Paul Grisar.[63] Aus anderen Sprengeln nenne ich Josef Müller aus Fulda[64], mit dem ich dauernd viel verkehrt habe; ferner den bekannten Alois Wurm aus München.[65] Erwähnt sei

---

[58] Augustin Schnieder SJ (1854-1901) aus Lüdinghausen in Westfalen, 1877 Eintritt zu St. Andrä im Lavantthale in die Gesellschaft Jesu, 1885 Priesterweihe, 1886/87 Professor im Jesuitenkolleg zu Mariaschein, 1887/88 Professor in Innsbruck, 1889-1897 dort Regens des theologischen Konvikts, des sog. Nikolaihauses, des heutigen Internationalen Theologenkonvikts Collegium Canisianum, 1897 Direktor des Priesterhauses in Klagenfurt und dort Professor, 1899/1900 Superior in Wien. – Nachruf auf P. Augustin Schnieder, S. J. In: Correspondenz des Priestergebetsvereins im theologischen Convicte zu Innsbruck 18/19 ‹1901› 301-304.

[59] Peter Rödder (1873-1967) aus Staade b. Wissen, 1899 Priesterweihe und Kaplan an St. Andreas in Leverkusen-Schlebusch, 1901 Kaplan in Dürboslar, 1903 Kaplan an St. Johannes Baptist in Köln, 1911 Rektor und 1918 Pfarrer an St. Elisabeth in Köln-Hohenberg, 1945 i.R. – Freundliche Mitteilung von Direktor Meyer vom Historischen Archiv des Erzbistums Köln vom 25. Januar 1995.

[60] Nicht, wie Liese schrieb, Köln-Hohenthal. – Vgl. EAB Msc. Liese, S. 12.

[61] Mathias Basten (1873-1933) aus Waldenrath b. Heinsberg, 1900 Priesterweihe und Kaplan an St. Maria Rosenkranz in Mönchen-Gladbach, 1900 Inhaber der BMV Vikarie in Richrath, 1902 Vikar in Troisdorf, 1902 Vikar in Wissen, 1905 Lehrer an der Höheren Knabenschule in Neunkirchen, 1909 Pfarrer in Robertville/Dekanat Malmedy, 1912 Pfarrverwalter und 1913 Pfarrer in Kirdorf, 1915 Pfarrer a.D. und Präses des Städtischen Alumnats Monschau, 1920 Pfarrer in Pesch, 1925 i.R. – Freundliche Mitteilung von Direktor Meyer vom Historischen Archiv des Erzbistums Köln vom 25. Januar 1995.

[62] August Hopmann (1874-1962) aus Köln, Dr. phil., 1899 Priesterweihe und Vikar in Eitorf, 1902 Kaplan in Köln-Lindenthal, 1903 Eintritt in die Abtei Maria Laach (als Pater Michael), 1904 Ordenprofeß, 1907-1910 naturwissenschaftlich-geologische Studien in Bonn, 1916-1918 Lazarettpfarrer in Spandau, 1925 Lehrer an der Landwirtschaftlichen Winterschule der Abtei Neresheim in Württemberg, Bundesverdienstkreuz. – Freundliche Mitteilung von Direktor Meyer vom Historischen Archiv des Erzbistums Köln vom 6. Februar 1995.

[63] Paul Grisar scheint nicht Priester des Erzbistums Köln geworden zu sein. Freundliche Mitteilung von Direktor Meyer vom Historischen Archiv des Erzbistums Köln vom 25. Januar 1995.

[64] Franz Josef Müller (1875-1931) aus Fulda, Dr. iur. utr. 1902 in Freiburg i.Br., 1898 Kanzlei-Assistent in Fulda, 1899 beurlaubt zum Studium in Freiburg, 1902 Sekretär beim Generalvikariat Fulda, 1905 Dozent am Priesterseminar, 1916 Assessor beim Generalvikariat, 1921 Generalvikar, 1928 Domkapitular. – Freundliche Mitteilung des Archivs des Generalvikariats Fulda vom 11. Jan. 1995.

[65] Alois Wurm (1874-1968) aus Straubing, 1899 Priesterweihe in Regensburg und

noch, daß ich damals auch die Vorlesungen des bekannten Papsthistorikers Pastor[66] an der philosophischen Fakultät sehr eifrig besucht habe. Auf den langen Fahrten von und nach Innsbruck habe ich die herrlichen bayerischen Seen und die bayerische Hauptstadt München eingehend genossen. Auch sonst machte ich von Innsbruck aus größere Reisen, besonders nach österreichischen Städten, wie Salzburg, Wien etc. Von Herbst 1897 ab war ich schließlich noch zwei Semester in Münster, wo ich vor allem Professor Mausbach[67] nahe trat, der mir auch ein Thema für die Promotion gab, die ich später in Freiburg durchführte. Das Interesse für Geschichte veranlaßte mich, noch besonders den bekannten Historiker Heinrich Finke[68] an der philosophischen Fakultät zu hören. Vor allem habe ich damals viel soziales Interesse gewonnen durch Verkehr mit dem ‚Altmeister der Sozialpolitik' Professor Franz Hitze[69], der ja in Münster lange Jahre dozierte. Das kam dann nach einigen

---

Kooperator in Loiching, 1901 beurlaubt zum Studium, 1911 Benefiziat bei U.L.Frau in München, 1922 resigniert; bekannt als Schriftsteller, Gründer der Zeitschrift ‚Seele'. – Freundliche Mitteilung des Archivs des Erzbistums München und Freising vom 9. Januar 1995.

[66] Ludwig Freiherr von Pastor (1854-1928) aus Aachen, Dr. phil. 1878 in Graz, 1886/87 o.ö. Professor der Geschichte in Innsbruck, Studien am Vatikanischen Geheimarchiv in Rom, 1901 Direktor des Österreichischen Historischen Instituts in Rom, 1921 Gesandter Österreichs beim Hl. Stuhl; bekannt als Verfasser einer 16 Bände umfassenden auch von der Kritik noch heute anerkannten Papstgeschichte. – Grass Franz: Ludwig Freiherr von Pastor. In: LThK VIII ‹^{2}1963› 155 (mit Werk- und Literaturverzeichnis).

[67] Joseph Mausbach (1861-1931) aus Wipperfeld b. Wipperfürth, 1884 Priesterweihe, seit 1892 Professor für Moral und Apologetik in Münster, seit 1918 dort gleichzeitig Dompropst; großartiger Redner und einflußreicher Politiker, besonders mit Franz Hitze in der Weimarer Nationalversammlung. – Schreiber Georg: Joseph Mausbach. In: LThK VII ‹^{2}1962› 199f. (mit Werk- und Literaturverzeichnis).

[68] Heinrich Finke (1855-1938) aus Knechting in Westfalen, 1887 Privatdozent für Geschichte in Münster, 1891 dort Professor, 1898 Professor in Freiburg i.Br., seit 1924 Präsident der Görres-Gesellschaft, führend in der Erforschung der spätmittelalterlichen Geschichte, besonders der spanischen. – Schreiber Georg: Heinrich Finke. In: LThK IV ‹^{2}1960› 140f. (mit Werk- und Literaturverzeichnis).

[69] Franz Hitze (1851-1921) aus Hanemicke Kr. Olpe, 1893 Dr. theol. h.c., Studien in Paderborn, Würzburg und Rom, 1880 Generalsekretär des Verbandes ‚Arbeiterwohl' in Mönchen-Gladbach, ab 1884 Reichstagsabgeordneter, 1890 Mitbegründer des ‚Volksvereins für das katholische Deutschland', 1891 Mitglied des Staatsrates, 1893 Professor für Christliche Gesellschaftslehre in Münster, 1897 Mitbegründer des DCV; hochverdient um die Einführung der gesetzlichen Krankenversicherung und der Arbeiterschutzgesetzgebung; „Kein Priester ist im Deutschland der ‚Wilhelminischen Zeit' so bekannt geworden, als Hitze, der ‚Altmeister der Deutschen Sozialpolitik', der ‚ungekrönte Arbeiterkönig'." – Liese, Necrologium 271f. – Brandt, Chronik 19f. Anm. 8.

Jahren in Freiburg zur vollen Entfaltung und wurde für meine Lebensarbeit wertvoll.[70]

Im Juli 1898 bestand ich dann endlich in Paderborn das Aufnahmeexamen für das Priesterseminar, den sog. Introitus, und verlebte dort ein seliges Jahr unter Leitung des Regens Heinekamp[71], dem ich auch persönlich dauernd nahe trat, und des Subregens Pieper[72], der uns mit viel Begeisterung für die Liturgie zu erfüllen wußte. Nach einigen Monaten empfing ich die niederen Weihen, dann Ostern 1899 Subdiakonat und Diakonat und endlich am 18. August 1899 die hl. Priesterweihe im Hohen Dom zu Paderborn durch Bischof Hubertus Simar[73], dem ich stets ein dankbares Gedenken bewahrt habe. Dieser Tag hat mich ganz tief ergriffen. Das Priestertum Christi ist wirklich die erste meiner Freuden geworden. Mit mir wurden noch vierzehn geweiht, die größtenteils vor 1949 gestorben sind. Ich nenne besonders Heinrich Degenhardt[74], Josef Hockelmann[75], Franz Lüttecke[76], Heinrich von Miltitz[77], Franz

---

70 Liese notierte noch: „Deshalb habe ich später Hitze auch einige Nachrufe gewidmet.“ – Vgl. hier Hengst, Bibliographie Liese Nr. 248 u. 261.

71 Richard Heinekamp (1842-1912) aus Daseburg, 1866 Kaplan in Iserlohn, 1890 Pfarrer in Neheim, 1892 Regens des Priesterseminars, 1898 Domkapitular. – SchemP ‹1881› 52f. – SchemP ‹1902› 2 u. 5 – Schäfers Johannes: Geschichte des Bischöflichen Priesterseminars zu Paderborn ‹Paderborn 1902› 175. – Die verstorbenen Priester ‹1964› 160.

72 August Lorenz Pieper (1840-1920) aus Eversberg, 1867 Missionar in Calbe, 1868 Kooperator in Hörste, 1868 Vikar in Mönninghausen, 1872 Konrektor in Geseke, 1886 Subregens am Priesterseminar, 1901 Stiftspfarrer in Geseke, 1910 Geistlicher Rat, 1917 Päpstlicher Hausprälat. – Liese, Necrologium 425. – Schäfers Johannes: Geschichte des Bischöflichen Priesterseminars zu Paderborn ‹Paderborn 1902› 175.

73 Hubertus Theophil Simar (1835-1902) aus Eupen, Studium in Bonn, München und Münster, 1867 Dr. theol. in Münster, 1859 Kaplan in Dietkirchen bei Bonn und danach an der Stiftskirche in Bonn, 1858 Promotion zum lic. theol. in Münster und 1860 Repetent am Theologenkonvikt in Bonn, 1860 Habilitation und Privatdozent für NT-Exegese in Bonn, 1864 a.o. Professor und 1880 dort o.ö. Professor, 1891-1899 Bischof von Paderborn, ab 1899 Erzbischof von Köln. – Brandt/Hengst, Die Bischöfe 317-320.

74 Heinrich Degenhardt (1875-1952) [Liese schreibt Degenhard] aus Westheim, 1899 Kaplan und Klosterrektor in Herstelle, 1904 Rektor im Kloster Varensell, 1907 Pfarrkaplan in Brilon, 1911 dort Stadtkaplan, gest. als Vikar i.R. – PSchemP ‹1935› 30 u. 150. – Die verstorbenen Priester ‹1964› 45.

75 Josef Hockelmann (1874-1948) aus Neheim, 1899 Vikar in Drolshagen, 1902 Vikar in Eiserfeld, 1919 Pfarrer in Silbach. – PSchemP ‹1935› 72 u. 150. – Die verstorbenen Priester ‹1964› 79.

76 Franz Lüttecke (1872-1942) aus Bremen b. Werl, 1899 Kaplan in Lütgendortmund, 1904 Kaplan in Hagen-Boele, 1906 Konrektor in Hamm, 1909 Oberlehrer am Gymnasium in Rietberg, 1919 Oberlehrer am Gymnasium in Hagen, mit dem Titel Professor, 1935 als Studienrat i.R. – PSchemP ‹1935› 76 u. 150. – Die verstorbenen Priester ‹1964› 20.

77 Heinrich Freiherr von Miltitz (1874-1932) aus Schloß Siebeneichen b. Meißen,

Neureuter[78] und Josef Zimmermann.[79] Wenige Tage später, am 22. August, folgte die feierliche Primiz in Kirchhundem, wobei Pfarrer Klagges aus Letmathe die Festpredigt hielt. Wertvolle Geschenke bekundeten äußerlich die große Teilnahme der Angehörigen und Verwandten, so ein volles Meßornat, ein Kelch und ein Rochett mit Vesperstola. Der Primizkranz ist leider im März 1945 verbrannt mit mehreren anderen Sachen. Der Kelch wurde beschädigt, konnte aber repariert werden und wurde noch mehrere Jahre von mir benutzt, bis er der Diaspora zugute kam. Das Meßgewand hatte ich zum Glück schon vorher der Diasporagemeinde Weissenfels in Sachsen geschenkt.

Die ersten Priesterjahre (Promotion)

Mit Spannung wartete ich auf die erste Anstellung. Am 5. September 1899 ernannte mich die bischöfliche Behörde zum Kaplan in Wiemelhausen, einem Vorort Bochums. Ich war der erste Helfer von Pfarrer Winterberg[80]. Wohnung und Pflege hatte ich in der Familie des Hauptlehrers Sauer.[81] Viel verkehrte ich auch in der Familie Schrepping, aus der Pfarrer Heinrich Schrepping[82] stammte, dem ich innerlich nahe trat.

1901 Kaplan in Gelsenkirchen-Neustadt, 1909 Pfarrer in Magdeburg-Neustadt, danach finden sich über ihn in Paderborn keine Nachrichten mehr. – SchemP ‹1904› 116. – SchemP ‹1909› 93. – PSchemP ‹1913› 113, aber nicht in: Die verstorbenen Priester ‹1964› sowie Totenkalendarium ‹1981›.

[78] Franz Neureuter (1874-1936) aus Halberstadt, 1901 Domvikar in Erfurt und Lehrer an der Rektoratsschule, 1903/04 Oberlehrer am Gymnasium zu Heiligenstadt, Studienrat i.R. – SchemP ‹1902› 163. – PSchemP ‹1913› 94. – Die verstorbenen Priester ‹1964› 93.

[79] Josef Zimmermann (1876-1953) aus Hagen, 1899 Kaplan in Medebach, 1902 Vikar in Obersorpe, 1907 Kaplan in Belecke, 1923 Pfarrvikar in Westenfeld in der Pfarrei Hellefeld, 1928 Pfarrer in Lenne. – PSchemP ‹1935› 47 [fehlt dort im Verzeichnis ‚Die Priester nach dem Weihealter', ebd. 151f.]. – Die verstorbenen Priester ‹1964› 86.

[80] Lorenz Winterberg (1862-1944) aus Oberschledorn, 1891 Kaplan in Niedermarsberg, 1894 Rektor in Ostuffeln, 1895 Rektor in Salzkotten, 1897 Kaplan in Sommersell, 1899 Pfarrer in Bochum-Wiemelhausen, 1904 Pfarrer in Alme, 1911 Pfarrer in Bredenborn, 1918 Pfarrer in Lüchtringen, 1924 Pfarrer i.R. in Bad Driburg. – PSchemP ‹1935› 29 u. 143. – Die verstorbenen Priester ‹1964› 96.

[81] Über die Familie des Hauptlehrers Sauer konnten laut Nachricht des Stadtarchivs in Bochum vom 14. Februar 1995 bisher keine Nachrichten ermittelt werden.

[82] Heinrich Schrepping (1870-1924) aus Querenburg b. Bochum, 1899 Rektor an der Filiale in Südfeldmark von St. Agnes in Hamm, 1902 Missionspfarrer in Zeitz, 1911 Pfarrer in Winterberg. – SchemP ‹1902› 80 u. 209. – SchemP ‹1909› 213. – Liese, Necrologium 13 u. 494.

Leider zeigte sich schon bald, daß das Gehörleiden zu weit fortgeschritten war, als daß rechte Ausübung der Seelsorge noch möglich war. So mußte ich das Beichthören schon nach einigen Wochen aufgeben. Aber Predigt und Krankenbesuch habe ich fleißig geübt. Besonders widmete ich mich eifrig dem Jugendverein. Im Sommer 1900 machte ich eine Wallfahrt nach Lourdes, um womöglich Besserung zu erflehen. Doch nahm mir Gott das Leiden nicht, ließ es vielmehr allmählich zu voller Taubheit auswachsen; er gab aber viel frohe Kraft zum Tragen. So mußte ich denn bald an eine andere Stellung denken.

Mit Hilfe von Professor Heiner[83] in Freiburg, der aus der Paderborner Gegend stammte, bekam ich Verbindung mit dem Gründer und Leiter des Caritasverbandes, Msgr. Werthmann[84] in Freiburg. Gelegentlich des Katholikentages in Bonn[85] traf ich mit ihm persönlich zusammen. Der Erfolg war, daß ich zum Oktober 1900 nach Freiburg berufen wurde. Ich sollte vor allem in der Schriftleitung der Zeitschrift ‚Caritas' helfen und die Bibliothek ordnen. In der Caritas-Bibliothek galt es vor allem, die Bücher nach Materien aufzustellen und einen alphabetischen Katalog anzulegen. Außerdem mußte ich die Ausleihen überwachen. Diese Arbeit hat mir viel Freude gemacht und für später sehr genutzt, da ich so schnell die Literatur kennenlernte, die ich bald für meine Bücher brauchte. Damals begann ich sofort mit Schriftstellerei. Meinen ersten Aufsatz, ‚Die Werke der katholischen Caritas in Berlin', lieferte ich für die ‚Caritas' 1901.[86] Er knüpfte an ein eben erschienenes Buch von Fournelle[87] an. Auf dem Caritastag in München 1902 erstattete ich grö-

[83] Franz Heiner (1849-1919) aus Atteln, Dr. jur. can. 1881 in Rom, Dr. theol. h.c. 1889 in Freiburg, 1876 Priesterweihe in Eichstätt, zunächst im Bistum Eichstätt tätig, 1878-1881 Studium in Rom, 1883 Ablehnung eines Rufs als Professor des Kirchenrechts nach Saratow in Rußland sowie als Domvikar nach Regensburg, wird vielmehr Pfarrer in Dessau, 1887 Professor an der Akademie in Paderborn, 1889-1908 Professor in Freiburg i.Br., 1896 Päpstlicher Hausprälat, 1904 Apostolischer Protonotar, 1908 Uditore an der Rota in Rom; hatte großes Ansehen, mehr als Lehrer und Kirchenpolitiker, denn als Kirchenrechtler, obwohl schriftstellerisch sehr rege. – LIESE, Necrologium 251f.

[84] Lorenz Werthmann (1858-1921) aus Geisenheim a. Rhein, Studien in Rom, Dr. phil. 1880, Dr. theol. 1884, 1884 Bischöflicher Kaplan in Limburg und Freiburg; gründete 1897 u.a. mit dem Paderborner Priester Franz Hitze (s. hier Anmerkung 73) den DCV, dessen Präsident er bis zum Tode war. – HENGST, Bibliographie Liese Nr. 224, 235, 247, 305 u. 308. – MANDERSCHEID Michael/WOLLASCH Hans Josef (Hg.): Lorenz Werthmann und die Caritas ‹Freiburg i.Br. 1989›.

[85] Zum Bonner Katholikentag 1900, s. Verhandlungen der 47. General-Versammlung der Katholiken Deutschlands zu Bonn vom 2. bis 6. September 1900 ‹Bonn 1900›.

[86] Vgl. HENGST, Bibliographie Liese Nr. 1.

[87] FOURNELLE Heinrich: Die katholische Caritas in Berlin ‹Berlin 1900›.

ßeren Bericht über die Bibliothek und Auskunftstelle.[88] Wohnung hatte ich bei Dr. Werthmann selbst im ‚Caritasstift'. Er hatte sehr anregenden Verkehr, auch mit dem Ausland, so daß man öfter fremde Sprachen zu hören bekam. Bei Tisch wurde sehr viel italienisch gesprochen, da Werthmann eine Station für italienische Missionare unterhielt, welche die zahlreichen italienischen Arbeiter in Deutschland pastorierten. Von Missionaren, die ich näher kennenlernte, nenne ich Silani[89], Grivetti[90], Frisco[91], Caselli[92], besonders den späteren Erzbischof Pisani.[93] Da die Herren durchweg wenig deutsch konnten, nahm ich mich ihrer viel an. Dafür hatte ich dann beste Gelegenheit, in Italiens Sprache und Kultur mich einzufühlen. Damals begann ich viel Dante zu studieren, sowie die Arbeiterzeitung ‚La Patria'. Wir hatten auch öfter interessanten Besuch, so z. B. Bischof Bonomelli[94] aus Cremona, der über seine Reise ein prächtiges Buch schrieb.[95] Er kam bis Köln. Weiter nenne ich noch den bedeutenden Pariser Schriftsteller George Goyau[96], der auch wiederholt

---

[88] Vgl. hier Hengst, Bibliographie Liese Nr. 6.

[89] Emilio Silani, Priester aus Italien, wirkte später als Missionar für italienische Immigranten in Deutschland. – Liese, Lorenz Werthmann 457 Anm. 2.

[90] Guiseppe Grivetti, Priester aus Italien, wirkte später als Missionar für italienische Immigranten in Deutschland, † vor 1929. – Liese, Lorenz Werthmann 457 Anm. 2.

[91] Frisco, Priester aus Italien, wirkte später als Missionar für italienische Immigranten in Deutschland; Weiteres ist nicht bekannt.

[92] Caselli, Priester aus Italien, wirkte später als Missionar für italienische Immigranten in Deutschland; wurde Schriftleiter der wöchentlich von 1904-1910 erscheinenden italienischen Arbeiterzeitung ‚La patria'. – Liese, Lorenz Werthmann 460.

[93] Pietro Pisani (1871-1960) aus Vercelli, dort Seminarprofessor, 1899 in den Ferien als Missionar bei italienischen Arbeitern im Schwarzwald, begeisterte Bischof Bonomelli von Cremona für die Unterstützung der Italienerseelsorge in Deutschland. Der Erfolg war 1900 die Gründung der ‚Opera di assistenza' Hilfsaktion durch Bonomelli. 1908 wurde Pisani Direktor der ‚Opera', deren Sitz nach Mailand verlegt wurde, 1915 Mitglied der Päpstlichen Familie und ab da in verschiedenen Kongretationen tätig, 1919 Titularerzbischof von Constanza di Scizia und Päpstlicher Delegat für Ostindien, seit 1924 lebte er in Rom. – Liese, Lorenz Werthmann 462 Anm. 1. – Annuario Pontificio per l'anno 1917 ‹Città del Vaticano 1917› 333 u. 542. – Annuario Pontificio per l'anno 1960 ‹Città del Vaticano 1960› 1975 Indice. – Annuario Pontificio per l'anno 1961 ‹Città del Vaticano 1961› 1511.

[94] Geremia Bonomelli (1831-1914) aus Nigoline b. Brescia, 1855 Priesterweihe, ab 1871 Bischof von Cremona; wurde zum ‚Patron der Arbeiterseelsorge' und der emigrierten Italiener, gründete 1900 für diese die ‚Opera di Assistenza per gli Italiani emigranti al estero'. – Astori Guido: Geremia Bonomelli. In: LThK II ‹^{2}1958› 601f. (mit Werk- und Literaturverzeichnis).

[95] Bonomelli Geremia: Tre mesi al di là Alpi (= Drei Monate jenseits der Alpen) ‹Milano 1900, 2. Auflage Milano 1901›.

[96] Georges Goyau (1869-1939) aus Orléans, 1922 Mitglied der Académie Française in Paris, 1930 Konsultor der Sacra Congregatio Rituum in Rom; bekannt als Historiker der

über die religiösen Verhältnisse in Deutschland schrieb. Öfter erschien der Leiter des Elsässischen Caritasverbandes, Kanonikus Dr. Müller-Simonis[97], ein überaus feinsinniger Priester, ebenso der Sekretär dieses Verbandes, Josef Weydmann[98], mit dem mich lange Jahre herzliche Freundschaft verband, bis der Weltkrieg Entfremdung brachte. Schließlich denke ich noch gern an Professor Schmittmann[99] aus Köln, der 1939 von Nazis ermordet wurde. Auch an rein persönlichem Verkehr fehlte es mir nicht, zumal ich öfter im Studienheim ‚Sapiens' war, das Professor Heiner leitete. Dort trat ich u.a. Franz Keller[100] nahe und dem französi-

---

Kirchen- und Missionsgeschichte des 19. Jahrhunderts. – SCHWARZ Albert: Georges Goyau. In: LThK IV ‹²1960› 1150.

97 Paul Müller-Simonis (1862-1930) aus Mühlbach/Elsaß, Dr. theol. 1886 in Rom, 1910 Domherr und 1927 Domdechant in Straßburg, 1898 dort Mitbegründer und zeitlebens Leiter des elsässischen Caritasverbandes, 1912 Päpstlicher Geheimkämmerer, 1912 stellvertretender Vorsitzender des DCV, Mitbegründer des Deutschen Nationalverbandes der katholischen Mädchenschutzvereine, 1926 Präsident der internationalen ‚Caritas Catholica'. – LIESE, Lorenz Werthmann 623 (Register). – MULLER Claude: Muller Simonis Paul. In: VOGLER Bernard (Hg.): Dictionaire du monde religieux dans la France contemporaine 2 ‹Paris 1987› 313 f.

98 Josef Weydmann (1871-1953) aus Straßburg, 1900 Generalsekretär des elsässischen Caritasverbandes in Straßburg, 1903 dort Gründer des ersten Diözesanverbands in Deutschland, 1912 Mitbegründer der Vereinigung der Wanderarmenfürsorge, Mitglied im Zentralkommitee des DCV; Offizier der französischen Ehrenlegion und Ritter des päpstlichen Gregoriusordens. – LIESE, Lorenz Werthmann 627 (Register). – BAECHLER Christian: Weydmann Joseph Eugène. In: VOGLER Bernard (Hg.): Dictionaire du monde religieux dans la France contemporaine 2 ‹Paris 1987› 460 f.

99 Benedikt Schmittmann (1872-1939) aus Düsseldorf, Dr. iur. 1897 in Erlangen, 1902 wissenschaftlicher Hilfsarbeiter bei der Rheinischen Provinzialverwaltung in Düsseldorf, 1911- 1916 Landesrat in Düsseldorf, 1915 bzw. 1919 Professor für Sozialpolitik in Köln, 1933 Beurlaubung durch die Nazis als „national unzuverlässig", 1939 von Nazis im Konzentrationslager Sachsenhausen ermordet; großer Förderer kleinerer Krankenhäuser und der Landkrankenpflege, politisch dem Föderalismus verpflichtet. – LIESE, Lorenz Werthmann 625 (Register). – STEHKÄMPER Hugo: Benedikt Schmittmann (1872-1939). In: Rheinische Lebensbilder 10 ‹Köln 1985› 199-221.

100 Franz Xaver Keller (1873-1944) aus Karlsruhe, Dr. oec. publ. 1903, Dr. theol. 1905 in Freiburg i.Br., 1896 Priesterweihe, danach Seelsorgetätigkeit in Bruchsal, Rastatt und Freiburg, 1904 Redakteur der Zeitschrift ‚Sobrietas', bzw. ‚Rundschau in der Alkoholfrage', 1912 Habilitation für Moraltheologie, 1915 Privatdozent für Moralethik an der Universität Freiburg i.Br., 1918 dort a.o. Professor für Sozialethik und Caritaswissenschaften, 1924 o.ö. Professor für Moraltheologie, 1934 durch Nazis in den Ruhestand versetzt. – Im Manuskript des Generalvikariats schrieb Liese: „Sicheres über sein Ende weiß ich nicht, er möge ruhen in Frieden." – VÖLKL Richard: Keller, Franz Xaver Friedrich Karl, Caritaswissenschaftler. In: OTTNAD Bernd (Hg.): Badische Biographien, N.F. 1 ‹Stuttgart 1982› 190f.

schen Priester-Studenten Georges Archambault.[101] Keller hatte für die Caritas großes Interesse und schrieb auch viel darüber. Er war nicht leicht zu behandeln. Aber ich habe lange Jahre vertraut mit ihm verkehrt, bis er kirchlich ganz eigene Wege suchte. Viel verkehrte ich auch mit Adolf Cramer[102], dem späteren Osnabrücker Caritas-Direktor. Im Caritasstift traten mir besonders nahe Druckereileiter Vollmer[103] und Werthmanns Privatsekretärin Frank-Zimmermann.[104] Ich beteiligte mich auch rege in der kirchlichen Arbeit, besonders in der Pfarrei St. Johann, in deren Filiale Haslach ich oft Sonntagsgottesdienst mit Predigt hielt; ähnlich auch im katholischen Institut mit höherer Mädchenschule.[105] Wiederholt war ich damals in Beuron, um die feierlichen Gottesdienste zu genießen. Am wichtigsten wurde der Freiburger Aufenthalt für mich durch die Promotion zum theologischen Doktor. Gleich nach der Ankunft nahm ich nähere Fühlung mit Professor Braig[106], der mich

---

[101] Georges Archambault (1879-1969) aus Reims, 1902 Priesterweihe in Paris, 1902-1905 Studien in Paris und Rom, Dr. theol., 1905 Professor am Priesterseminar in Reims, 1908-1957 an der ‚Ecole Fénelon' in Paris tätig, ab 1912 dort als Direktor; Ritter der französischen Ehrenlegion. – Freundliche Mitteilung von Dr. Rolf Große in Paris vom 6. März 1995.

[102] Adolf Cramer (1872-1936) aus Hamburg, 1891-1895 Studium der Medizin in Straßburg, Freiburg i.Br., Oxford und Würzburg, ab 1895 Theologie in Rom und Freiburg i.Br., 1900 Priesterweihe in Osnabrück und Kooperator in Werlte, 1901 Vikar in Schwagstorf, 1903 Rektor am Ursulinenkloster in Haste, 1916-1923 Diözesan-Caritassekretär in Osnabrück, 1923 dort Pfarrer an St. Joseph. – Freundliche Mitteilung des Bischöflichen Generalvikariats Osnabrück vom 6. Januar 1995.

[103] Johannes Vollmer (1869-1928) aus Geisenheim a. Rhein, ein Verwandter des Präsidenten Lorenz Werthmann, wurde Buchdrucker, seit 1897 druckte seine Firma die Bücher und Zeitschriften des Caritasverbandes, die später von Werthmann als ‚Caritasdruckerei' übernommen wurde. Vollmer wurde Druckereileiter bis 1906 und führte gleichzeitig bis 1903 als Leiter die Geschäftsstelle des Caritasverbandes. 1907 gründete er die Freiburger Tagespost und war bis zu seinem Tode Direktor des Freiburger Preßvereins. – Auer Heinrich: Verlagsdirektor Johann Vollmer †. In: Caritas 33 ‹1928› 488f. – Liese, Lorenz Werthmann 7, 179f. u. 255.

[104] Anna Frank-Zimmermann (1881-1960) aus Konstanz, wollte eigentlich Lehrerin oder Schauspielerin werden, trat jedoch 1905 in das Sekretariat beim DCV ein, von 1917-1921 war sie Privatsekretärin des Präsidenten Lorenz Werthmann, von 1908-1925 Vorsitzende des Vereins ‚Veritas' für kaufmännische Gehilfinnen und Beamtinnen, 1929 übernahm sie bis zu ihrem Tode das Caritas-Archiv; sie war „die älteste der an der Zentrale in Freiburg untergebrachten wirkenden weiblichen Kräfte"; 1950 erhielt sie das Bundesverdienstkreuz. – K. B.: Anna Zimmermann †. In: Caritas 61 ‹1960› 143. – Liese, Lorenz Werthmann 256 Anm. 1.

[105] Das Institut lag an der Eisenbahnstraße.

[106] Karl Braig (1853-1923) aus Kanzach in Württemberg, 1878 Priesterweihe, 1893 a.o. Professor in Freiburg i.Br., 1897 dort Professor für Dogmatik; kritischer Denker, prägte

schon 1902 zum ersehnten Ziel führte.[107] Der Hauptteil meiner privaten Studien galt in jenen Jahren den Bestrebungen des Mädchenschutzes, besonders der Bahnhofsmission, worüber ich 1904 mein erstes Caritasbuch schrieb.[108] Das Interesse für diese Caritasarbeit hat mich nachher in Paderborn noch lange Jahre gefesselt.

Am Generalvikariat in Paderborn (Dozentur und Professor)

Für mich wurde die Promotion insofern noch besonders wichtig, als sie die Möglichkeit zu neuer Arbeit in der alten Heimat schuf. Schon bald wurde mir von eingeweihter Seite gelegentlich mitgeteilt: „Sie können jetzt kommen, wir haben etwas für Sie." Am 26. Juni 1903 berief mich dann auch Bischof Wilhelm Schneider zum Bibliothekar am Bischöflichen Generalvikariat in Paderborn.[109] Das war aber fast nur ein äußerer Titel, denn die Bibliothek war klein. Meine Hauptarbeit war die Prüfung der zur Zensur eingereichten Werke, und gerade dafür war bei meiner Jugend der ‚Doktor' wichtig. Wegen der großen Buchverlage, die schon in Paderborn selbst waren, handelte es sich dabei um umfassende Arbeit. Zugleich war sie sehr verantwortungsvoll der Behörde gegenüber, aber auch interessant, weil sie zu ernster Aufmerksamkeit und wohlabgewogener Beurteilung zwang. Außerdem wurde mir wiederholt die Bearbeitung eines neuen Diözesan-Schematismus übertragen, so schon 1904 und wieder 1909 und 1913.[110] Es handelte sich dabei zunächst um

schon 1889 den Ausdruck Modernismus. – Stegmüller Friedrich: Karl Braig. In: LThK II ‹²1958› 642.

107 Liese notierte dazu: „Die Dissertation, welche von der Caritas-Druckerei veröffentlicht wurde, hatte den Titel: ‚Der heilsnotwendige Glaube; sein Begriff und Inhalt.' Sie behandelt im Anschluß an Hebr. 11,6 (Wer zu Gott will, muß glauben, daß er lebt und denen, die ihn suchen, ein Vergelter ist) die beiden Fragen: 1. Was für ein Glaube ist zum Heil erforderlich? und 2. Auf welche Wahrheiten muß er sich zumindest erstrecken? Die Arbeit sucht nachzuweisen, daß ein eigentlicher Glaube, d. h. festes Fürwahrhalten um Gotteswillen, unbedingt nötig ist, der sich aber im äußersten Fall nur auf die zwei (Hebr. 11,6) genannten Wahrheiten zu erstrecken braucht, daß insbesondere bei ganz unverschuldeter Unkenntnis ein ausdrücklicher Glaube an Christus nicht heilsnotwendig ist." – EAB Msc. Liese, S. 18f.

108 Siehe Hengst, Bibliographie Liese Nr. 15 u. 51. Liese notierte: „Es behandelt in drei Abschnitten die Fürsorge für die weiblichen Erwerbstätigen – Fürsorge für die weiblichen Abwandernden, Gefährdeten, Gefangenen – Die Träger des Mädchenschutzes (Schutz- und Standesvereine)." – EAB Msc. Liese, S. 19.

109 Liese nennt die Generalvikare Joseph Schnitz (1901-1912) und Dr. Caspar Klein (1912-1920). – Liese, Necrologium 488f. bzw. Brandt/Hengst, Die Bischöfe 334-340.

110 Vgl. Hengst, Bibliographie Liese Nr. 23, 58 u. 112.

Personal-Schematismen, die aufgrund von Fragebögen genaue Übersicht über die Priester der einzelnen Pfarreien und ihre wichtigsten Personalien geben. Auf meine Veranlassung wurde dann 1914 auch erstmals ein Real-Schematismus herausgegeben, den ich gleichfalls bearbeitete.[111] Dieser enthält eine kurze Geschichte und eine genaue Beschreibung der einzelnen Pfarreien, besonders der Kirchen und Kapellen, dazu eine Übersicht über Schulen, Vereine und Anstalten. Auch später habe ich noch einige Schematismen zusammengestellt. Diese Arbeit interessierte mich stets sehr und war gewissermaßen Vorübung zum späteren Necrologium.[112] Ebenso mußte ich auf Wunsch der Behörde die Bearbeitung der großen Caritas-Rundfrage übernehmen, die Bischof Wilhelm 1904 auf Bitten des Caritasverbandes angeordnet hatte. Es handelte sich um mehr als 2 000 Fragebögen, die ich 1905 durcharbeitete und 1906 herausgab.[113]

Besondere Bekannte am Generalvikariat wurden mir Geistlicher Rat Krömeke[114], der ‚kleine Rat' genannt, und die Sekretäre Alex Janssen[115] und Stephan Szymanski[116]; Krömeke traf ich auch oft im Konvikt mit

---

[111] Vgl. Hengst, Bibliographie Liese Nr. 114. Liese notierte: „Die geschichtliche Einleitung ist von Professor Linneborn." - EAB Msc. Liese, S. 21

[112] Vgl. Hengst, Bibliographie Liese Nr. 337.

[113] Vgl. Hengst, Bibliographie Liese Nr. 37 u. 38. - Liese führte näher dazu aus: „Die Schrift gibt Übersicht über die Entwicklung der caritativ-sozialen Bestrebungen im Bistum und der dort wirkenden religiösen Genossenschaften. Dann werden in drei Abschnitten behandelt: 1. Fürsorge für Kinder und Jugendliche; 2. Armen- und Krankenpflege; 3. Soziale Vereine und Heime. Ein großes Ortsregister mit Angabe der Anstalten und Vereine in den einzelnen Pfarreien schließt ab. Die Schrift sollte als Festgabe zur Erinnerung an den 10. Caritastag in Dortmund (1905) gelten, auf dem ich auch im Anschluß an die Umfrage einen Vortrag über die Jugendvereine im Bistum Paderborn gehalten habe." - EAB Msc. Liese, S. 21.

[114] Josef Friedrich Krömeke (1864-1921) aus Natzungen, 1888 Rektoratschullehrer in Geseke,1891 Assistent am Generalvikariat in Paderborn, 1895 Rendant am Leokonvikt und in der Registratur am Generalvikariat, 1904 Sekretär am Generalvikariat, 1906 Geistlicher Rat; großer Förderer der Blindenanstalt in Paderborn. - Liese, Necrologium 336.

[115] Alexander Janssen (1875-1931) aus Essen, 1898 Priesterweihe, 1901 Hilfsseelsorger in Dessau, 1902 Kaplan im Krankenhaus in Bielefeld, 1911 Sekretär am Generalvikariat in Paderborn. - SchemP ‹1902› 185. - SchemP ‹1904› 30. - PSchemP ‹1913› 4. - PSchemP ‹1935› 191. - Totenkalendarium ‹1981› 57.

[116] Stephan Szymanski (1876-1942) aus Wielichowo in Posen, 1902 Priesterweihe, 1904 Sekretär am Generalvikariat in Paderborn und Lektor der polnischen Sprache am Leokonvikt, 1911 Pfarrer in Hötensleben, 1921 Übersiedlung nach Polen und Pfarrer in Duszniki/Posen, gestorben im Konzentrationslager Mauthausen. - SchemP ‹1909› 5 u. 7. - PSchemP ‹1913› 117. - Brandt, Die Polen 223 Anm. 2.

Direktor Funke.[117] Wohnung erhielt ich im Priesterseminar unter Regens Witte[118], den ich sehr verehrt habe. Vor allem aber schloß ich enge Freundschaft mit dem Rendanten des Hauses, Prokurator Johannes Schäfers[119], der außerordentliches Interesse für soziale Arbeit und Lokalgeschichte hatte und meine Tätigkeit in jeder Weise förderte. 1910 erfolgte eine bemerkenswerte Erweiterung derselben. Am 26. Mai 1910 wurde ich offiziell zum Dozenten für Soziale Frage an der Theologischen Fakultät ernannt. Als solcher behandelte ich in wöchentlichen Vorlesungen die Hauptfragen des wirtschaftlichen und gesellschaftlichen Lebens und der sozialen Arbeit. Zugleich hatte ich am Priesterseminar, wie bisher schon privat seit 1904, eine Vorlesung über Caritas und caritative Arbeit. Der Hauptinhalt der Vorlesungen ist zusammengefaßt in dem großen Werk: ‚Wohlfahrtspflege und Caritas'.[120] Am 12. Oktober 1914 erhielt ich den Titel ‚Professor'.[121] Inzwischen war ich so gestellt worden, daß ich 1906 einen eigenen Haushalt anfangen konnte. Im Herbst des Jahres zog meine liebe Schwester Theodora zu mir in die Wohnung auf dem Paderwall und hat dann fast 30 Jahre aufs Treueste für mich ge-

---

[117] Bernhard Funke (1863-1933) aus Soest, Dr. theol. 1902 in Breslau, 1886 Weihe in Brixen als Priester der Diözese St. Gallen, 1888 Kooperator in Hultrop, 1888 Kaplan in Witten, 1891 Lehrer an der dortigen Rektoratschule, 1895 Repetent am Leokonvikt in Paderborn, 1899 dort Direktor, 1903-1917 Professor an der dortigen Akademie, 1911 Päpstlicher Hausprälat, 1913 Domkapitular, 1918 i.R. – SchemP ‹1893› 20 u. 45. – ÜLHOF/KREMS, Die Lebensdaten 93.

[118] Michael Witte (1853-1922) aus Meschede, 1876 Priesterweihe in Mainz, 1876 Kaplan in Oberlauterbach in der Diözese Regensburg, 1879 Kaplan in der Neustadtpfarrei in Warburg, 1901 Subregens am Priesterseminar in Paderborn, 1903-1909 dort Regens, 1909 Domkapitular. – SCHÄFERS Johannes: Geschichte des Bischöflichen Priesterseminars zu Paderborn, I. Teil (1777-1902) ‹Paderborn 1902› 175f. sowie II. Teil (1902-1927) ‹Paderborn 1927› 18.

[119] Johannes Schäfers (1867-1941) aus Paderborn, 1892 Kooperator in Wenholthausen, 1893 Kaplan im Mutterhaus in Salzkotten, 1898-1931 Prokurator am Priesterseminar in Paderborn, 1913 Geistlicher Rat, 1926 Vizepräsident des Bonifatiuswerkes, 1928 Päpstlicher Hausprälat; schrieb die Geschichte des Paderborner Priesterseminars 1902 u. 1927. – PSchemP ‹1935› 8 u. 143. – Die verstorbenen Priester ‹1964› 109.

[120] Vgl. HENGST, Bibliographie Liese Nr. 114.

[121] Der Bischof schrieb am 12. Oktober 1914 an Liese: „Euer Hochwürden haben seit mehreren Jahren an der hiesigen philosophisch-theologischen Fakultät und an unserem Priesterseminar mit hingebendem Eifer und glücklichem Erfolg als Dozent für Sozial-Wissenschaft gewirkt und sich auch durch eine umfangreiche schriftstellerische Tätigkeit einen geachteten Namen unter den Vertretern der genannten Wissenschaft erworben. Zum besonderen Zeichen unserer oberhirtlichen Anerkennung und Dankbarkeit verleihen Wir deshalb mit gegenwärtiger Urkunde Euer Hochwürden den Titel eines Professor." – EAB Msc. LIESE, S. 23.

sorgt. Wir lebten uns ganz ungewöhnlich ineinander. Sie war nicht nur hauswirtschaftlich tüchtig, sondern auch geistig sehr rege, so daß sie mir viel bei meinen literarischen Arbeiten helfen konnte. Es machte uns beiden große Freude, als ich 1911/12 durch Baumeister Falke[122] ein eigenes Haus an der Luise-Hensel-Straße gegenüber dem Ostfriedhof, die sog. Villa Quickborn, mir erbauen lassen konnte. Ein schöner Garten sowie eine kleine Hühnerzucht erleichterten die Hausführung. Das Haus war ganz auf meinen Kopf gebaut. Oben in einem ringsum befensterten Turm hatte ich mein Arbeitszimmer, so daß den ganzen Tag die Sonne mich treffen konnte. Als ich 1921 Paderborn für lange Jahre verließ, habe ich das Haus an meinen Kollegen Professor Josef Feldmann[123] verkauft. Wie ich Ende 1945 feststellte, hat das Haus den furchtbaren Luftangriff jenes Jahres ziemlich gut überstanden.

Trotz des Gehörleidens habe ich damals noch viel persönlichen Verkehr gehabt, besonders am Priesterseminar und am Konvikt. Recht nahe traten mir vor allem Kaplan Brockmeyer[124] und der Franziskaner Elzear Schulte.[125] Wilhelm Hohoff[126] war oft bei mir, aber es kam nicht zu gegenseitigem Verkehr. Er war sehr belesen, aber arg propagandistisch angelegt. Besonders häufig war ich in jenen Jahren bei Freund Kaspar Gierse, der 1904 bis 1909 bischöflicher Kaplan und dann Subregens im Priesterseminar war. Es geschah schon mal, daß Bischof Wilhelm unvermutet ins Zimmer trat: „Ich wollte mal eben sehen, was Ihr habt; ich

---

122 Großvater Josef Falke hatte die Firma gegründet, die sein Sohn, Baumeister Heinrich Falke (1878-1951), verheiratet mit Dorothea, geb. Willeke (1885-1948), vor allem nach dem Zweiten Weltkrieg zusammen mit dessen Sohn Wilhelm Falke (1914-1979) zu großem Ansehen führte (u.a. Wiederaufbau des Doms und des Rathauses). Nach 1979 wurde die Firma an Hoch-Tief verkauft und ging dann an die Fa. D. Köthenburger GmbH & Co. KG über. – Freundliche Auskunft von Dr. Hans Falke am 9. Februar 1995.

123 Josef Feldmann (1878-1927) aus Olpe, Dr. phil. et theol. 1905 in Rom, Dr. theol. 1906 in Breslau, 1906 Repetent am Leokonvikt in Paderborn, 1911 Vikar in Gröningen, 1911 Vikar an St. Klara in Hörde, 1912 Kaplan an Herz-Jesu in Hörde, 1914 Dozent an der Akademie in Paderborn, 1917 dort Professor. – ÜLHOF/KREMS, Die Lebensdaten 103.

124 Konrad Brockmeyer (1873-1932) aus Schloß Holte, 1896 Kaplan in Bielefeld, 1898 Kaplan an der Markkirche in Paderborn und Rektor der Römischen Kapelle, 1919 Registrator am Generalvikariat in Paderborn. – SchemP ‹1902› 13. – SchemP ‹1909› 21. – PSchemP ‹1913› 11. – PSchemP ‹1930› 3. – Die verstorbenen Priester ‹1964› 126.

125 Elzear Schulte OFM (1877-1926) aus Freientrop Kr. Arnsberg, Dr. theol., Studien in Rom, Breslau und Bonn, 1894 Eintritt in den Franziskanerorden, 1902 Priesterweihe, 1909-1926 Professor der Theologie an der Ordenshochschule zu Paderborn. – Festschrift zum 300jährigen Bestehen des Franziskanerklosters zu Paderborn 1658-1958 ‹Werl 1958› 321 (mit Bild).

126 Wilhelm Hohoff (1848-1923) aus Medebach, nach dem Studium in Münster, Marburg, Bonn und Paderborn, 1871 Priesterweihe in Paderborn, dann Hausgeistlicher in

hörte Euch so laut reden.“ Von den Domherren traten mir näher: Woker[127], Bartels[128] und Rosenberg[129], von den Professoren Müller[130] und Feldmann. Außer den akademischen Vorlesungen habe ich viele Vorträge an höheren Schulen gehalten, so an der wirtschaftlichen Frauenschule Pelizäus, dem Mallinckrodthof in Nordborchen, an deren Gründung ich mitbeteiligt war, ferner an der Frauenschule ‚Inselbad‘. An den Sonntagen habe ich viele Jahre religiöse Vorträge im Mutterhaus der Liebesschwestern in Paderborn gehalten, die in systematischer Weise in dogmatische oder biblische Gebiete einführten. Oft habe ich dort auch gepredigt und viele Andachten an Sonn- und Festtagen durchgeführt. Rege verkehrte ich ferner mit mehreren Paderborner Frauen, besonders mit Maria Vüllers[131] und Therese Stadler[132], in deren ‚Jugend-bund‘ ich

---

Hüffen, 1886 Vikar in Petershagen, 1905 a.D. – Liese, Necrologium 278 (mit Werk- und Literaturverzeichnis). – Brandt, Chronik 20 Anm. 12.

[127] Wilhelm Franz Woker (1843-1921) aus Brilon, Dr. theol. 1887 in Münster, 1869 Priesterweihe in Paderborn und Kaplan in Eisleben, 1870 Erzieher in Paris, anschließend Vikar in Hattingen und Meyendorf, 1874 Pfarrer in Halle/Saale, 1892 Domkapitular in Paderborn, 1898 Mitglied des Verbandsausschusses des DCV, 1913 Dompropst; u.a. Diözesanpräses und Mitglied des Generalvorstandes des Bonifatiusvereins und der Josefs-Gesellschaft, Bigge/Ruhr sowie Herausgeber der Zeitschrift ‚Katholischer Seelsorger‘. „Einer der bedeutendsten Priester des Bistums“. – Liese, Necrologium 586f.

[128] Christian Bartels, siehe den Beitrag von Hans Jürgen Brandt ‚Christian Bartels‘ in diesem Bande.

[129] Joseph Arnold Rosenberg (1865-1930) aus Olpe, Dr. theol., 1890 Priesterweihe, Hilfsgeistlicher in Hamm, 1892 Vikar in Erfurt an St. Nicolai und Jacobi und gleichzeitig als Missionsvikar in Ilvershofen, Rektor der Rektoratsschule zu Castrop, 1898 Religionslehrer am Realgymnasium in Dortmund, 1912 Oberlehrer am Theodorianum in Paderborn, 1908 mit dem Titel Professor, 1917 Domkapitular, 1920-1930 Generalvikar, Apostolischer Protonotar. – SchemP ‹1893› 158. – SchemP ‹1902› 60. – SchemP ‹1904› 8, 57 u. 224 [im Register jedoch als 2 Personen ausgegeben]. – PSchemP ‹1913› 12. – Hense, Das Gymnasium Theodorianum 90. – Die verstorbenen Priester ‹1964› 8.

[130] Hermann Müller (1868-1932) aus Dortmund, Dr. theol. 1895, 1891 Priesterweihe in Trient, ohne Anstellung in Dortmund, 1893 Kaplan an Liebfrauen in Dortmund, 1894 Domvikar und Domchordirigent in Paderborn, 1895-1899 Repetent am Leokonvikt, 1901 Professor der Moraltheologie an der Akademie in Paderborn, 1910 Generalpräses des Allgemeinen Cäcilien-Verbandes. – SchemP ‹1893› 179. – Ülhof/Krems, Die Lebensdaten 101. – Die verstorbenen Priester ‹1964› 16. – Hatzfeld Johannes: Prof. Dr. Hermann Müller. In: Theologie und Glaube 24 ‹1972› 141-144.

[131] Maria Vüllers (1873-1966) aus Ruda in Schlesien, ihre Mutter Auguste Rhode war mit Andreas Vüllers verheiratet, der Bergwerksdirektor beim Grafen Ballestrem in Schlesien gewesen war, bevor er in Paderborn Vorsitzender der Stadtverordnetenversammlung und Ehrenbürger der Stadt wurde. Maria blieb unverheiratet und war 1887 mit der Familie nach Paderborn gezogen (Markt 19), versorgte später ihren alten Vater, wohnte 1901 Markt 17, 1945 Hillebrandstr. 5, zog nach dem Kriege 1945 nach Bosenholz Kr. Büren,

oft redete, um diese Arbeit, wie die der Frauenfürsorge überhaupt, zu fördern.

Sehr oft war ich damals draußen, um mit den großen katholischen Zentralen oder Arbeitsstätten für sozial-caritative Ziele gute Fühlung zu bekommen. Vor allem war ich viel in Mönchen-Gladbach beim Volksverein. Mit Direktor Dr. W. Hohn[133] dort schloß ich enge Freundschaft. Er gewährte mir gerne Unterkunft und Hilfe aller Art. An seiner Zeitschrift ‚Soziale Kultur', wie vorher ihrer Vorläuferin ‚Arbeiterwohl', habe ich fleißig mitgearbeitet durch Aufsätze und besonders auch Besprechungen. Außerdem trat ich den Herren Pieper[134], Müller, Sonnenschein[135] und Brauns[136] näher. Wiederholt habe ich bei den großen sozia-

---

kam 1948 nach Paderborn ins Veronika-Altenheim zurück, wo sie am 23. Januar 1966 starb. – StadtAP Meldekartei. – Adreß- und Geschäftshandbuch der Stadt Paderborn ‹Paderborn 1901› 136.

[132] Therese Stadler (1869-1937) aus Paderborn, war die Tochter des Möbelfabrikanten Bernard Anton Stadler (1831-1906), der 1863 aus Neuenkirchen Kr. Wiedenbrück nach Paderborn gezogen war und am Kettenplatz 14, später Marienplatz 2, eine gutgehende Möbeltischlerei errichtete, die sein Sohn Otto Stadler (1865-1944) als Werkstätten Otto Stadler zu hohem Ansehen führte. Die Fabrik brannte 1928 zweimal ab, was das Ende des Unternehmens bedeutete. Therese Stadler war vermutlich Prokuristin im elterlichen Betrieb, wohnte 1933/34 Marienplatz 2 bei ihrer mit Karl Heising verheirateten Schwester Grete und 1935 Heiersstraße 124; sie starb unverheiratet am 16. Mai 1937. – StadtAP Meldekartei ihres Vaters Bernard. – Adreß- und Geschäftshandbuch der Stadt Paderborn ‹Paderborn 1901› 122. – Dasselbe ‹Paderborn 1935/36› 303. – Auffenberg Karl: Brand bei Stadler. In: Die Brücke 4 ‹1992› Nr. 36, S. 8f.

[133] Wilhelm Hohn (1871-1954), Dr. rer pol. (?), von 1901-1928 Mitglied der Zentralstelle des Volksvereins in Mönchen-Gladbach, 1920-1928 Generaldirektor, 1928 nach der Finanzkrise des Vereins fand er Arbeit beim Filser-Verlag in München, 1932-1938 Direktor des Bonifatiuswerks in Österreich, ab 1933 dort in der Pfarrseelsorge in Wien tätig. – Heitzer, Der Volksverein 8 Anm. 34 u. 37.

[134] August Pieper (1866-1942) aus Eversberg, Dr. theol. u. Dr. phil., Studium in Rom, dort 1889 Priester, 1890 Vikar an der Propstei in Bochum 1892-1903 Generalsekretär des Volksvereins in Mönchen-Gladbach, 1899-1906 Diözesanpräses der Katholischen Arbeitervereine des Erzbistums Köln, 1904-1918 Verbandspräses der Katholischen Arbeitervereine Westdeutschlands, 1903-1919 Generaldirektor des Volksvereins, 1906-1918 Mitglied des Preußischen Abgeordnetenhauses, 1919-1928 Zentrumsabgeordneter im Reichstag und Mitarbeiter an Bildungskursen im Paderborner Franz-Hitze-Haus, 1933-1942 nebenamtlicher Seelsorger, ab etwa 1936 Sympathisant der NS-Regierung, lebte ab 1939 in Paderborn. – Heitzer, Der Volksverein 1 Anm. 7. – Brandt, Chronik 20 Anm. 11.

[135] Carl Sonnenschein (1876-1928) aus Düsseldorf, Dr. theol., 1906 Referent beim ‚Volksverein' in Mönchen-Gladbach, gründete 1908 das Sekretariat Sozialer Studentenarbeit, ab 1918 Großstadtseelsorger in Berlin. – Flaskamp Franz: Carl Sonnenschein. In: LThK IX ‹^{2}1964› 878 (mit Werk- und Literaturverzeichnis).

[136] Heinrich Brauns (1868-1939) aus Köln, Dr. rer. pol. 1906, 1890 Priesterweihe,

len Kursen mitgewirkt. Überaus wertvoll war für mich die große soziale Bibliothek des Volksvereins, an der ich nicht selten tagelang arbeitete. 1910 übertrug mir Hohn die Schriftleitung der neuen Zeitschrift ‚Frauenwirtschaft‘ im Hinblick auf meine vielfache Beschäftigung mit dem hauswirtschaftlichen Bildungswesen, wie er selbst in einem Briefe an Elisabeth Gnauck-Kühne[137] schrieb, den Helene Simon in ihrer Bibliographie mitteilt.[138] Ich habe die neue Zeitschrift mehrere Jahre redigiert und auch selbst manche Aufsätze beigetragen.[139] Damals gab ich beim Volksverein auch mehrere soziale Kleinschriften heraus, u.a. 1906 über die ‚Heilsarmee‘, mit der ich mich in jenen Jahren viel beschäftigte.[140]

Viel weilte ich ferner in Köln, wo vor allem die Zentrale des Mädchenschutzvereins unter Frau Justizrat Trimborn[141] und des katholischen

---

Kaplan in Krefeld, Vikar in Essen-Borbeck, half bei der Gründung von katholischen Arbeitervereinen und den 1894 entstandenen christlichen Gewerkschaften, ab 1900-1920 führend im ‚Volksverein‘ in Mönchen-Gladbach tätig, 1920-1928 Reichs-Arbeits-Minister, 1928-1933 MdR; verdient um die Kranken-, die Arbeitslosen- und die Invalidenversicherung sowie um die Schulung der christlichen Arbeiterführer. – HEITZER Horstwalter: Heinrich Brauns. In: Staatslexikon der Görresgesellschaft I ‹1985› 874f. (mit Werk- und Literaturverzeichnis).

137 Elisabeth Gnauck-Kühne, vgl. dazu den entsprechenden Beitrag von Frau Irmingard BÖHM in diesem Bande.

138 Bd. II S. 270: „Ich beabsichtige, zum 1. April 1910 eine neue Zeitschrift herauszubringen, mit dem Titel: ‚Frauenwirtschaft‘ . . . Redakteur soll Dr. Liese werden, der wohl wie kein zweiter das hauswirtschaftliche Bildungswesen beherrscht und auch auf den verwandten Gebieten der Caritas zu Hause ist.“ Liese führt im Msc. weiter aus: „Ich hatte bereits 1906 in Gladbach eine einschlägige Schrift herausgegeben: ‚Das hauswirtschaftliche Bildungswesen in Deutschland‘, die gerade 1910 eine stark vermehrte 2. Auflage erlebte. Es wird darin besonders behandelt die Bedeutung der häuslichen Tätigkeit und Schulung der Frau, sodann die hauswirtschaftliche Ausbildung an den Volksschulen (Schulkochen), Fortbildungsschulen und höheren Mädchenschulen; sodann kommen die Haushaltsschulen und -kurse sowie die Ausbildung der Lehrerinnen ausführlich zur Darstellung“. – EAB Msc. Liese, S. 26.

139 Vgl. HENGST, Bibliographie Liese Nr. 135 u. 147.

140 Vgl. HENGST, Bibliographie Liese Nr. 40 u. 42.

141 Karl Trimborn (1854-1921) aus Köln, 1882-1904 Rechtsanwalt in Köln, 1890 Gründungsmitglied des Volksvereins in Mönchen-Gladbach, 1915-1921 Erster Vorsitzender der Zentrumspartei, Justizrat in Köln, 1918 Innenminister des Deutschen Reiches, 1920-1921 Vorsitzender der Zentrumspartei. – Seine Frau Jeanne, die er 1884 heiratete, war eine geborene Mali. Sie wurde 1862 als Tochter eines belgischen Tuchfabrikanten in Verviers geboren. Frau Justizrat Karl Trimborn, wie man sie damals immer nannte, betätigte sich in sozialcaritativen Organisationen und Frauenvereinen. Sie wurde Leiterin der Zentrale des Mädchenschutzvereins in Köln, 1899 auch Leiterin der neugegründeten Bahnhofsmission unter dem Titel ‚Marianischer Mädchenschutzverein‘. Sie starb 1919 in

Frauenbundes mich anzog.[142] Bei der Generalsekretärin des Katholischen Frauenbundes, Freiin Isabella von Carnap[143], war ich oft. Der Bundeszeitschrift ‚Die Christliche Frau' von Hedwig Dransfeld[144] stand ich von Anfang an nahe, ebenso der Zentrale des Lehrerinnenvereins mit Pauline Herber.[145] In Köln zog es mich auch öfter zur Zentrale des Vinzenzvereins und auch des Gesellenvereins.

Mit regem Interesse verfolgte ich viele Jahre die katholische Nüchternheitsbewegung, besonders die Kreuzbündner, zumal ich selbst lange Zeit abstinent war. Daher lenkte ich oft meine Schritte zum Kamillianerkloster Heidhausen bei Werden, wo Freund Franz Syring[146] hervorra-

---

Unkel, wohin sie 1917 mit ihrem Mann gezogen war. – MORSEY Rudolf: Karl Trimborn (1854-1921). In: Rheinische Lebensbilder 3 ‹Düsseldorf 1968› 235-248 (mit 1 Abb.). – LIESE, Lorenz Werthmann 411f. Anm. 3. – HEITZER, Der Volksverein 2. – STULER Bertold: Regenten und Regierungen der Welt, Teil II, Bd. 3 ‹2. Auflage, Würzburg 1962› 104.

142 Liese notierte: Wieviel ich mich damals um den Frauenbund bemühte, bestätigt mir noch ein Brief vom 6. Nov. 1930 der Vorsitzenden des Paderborner Zweigvereins, Frau v. Schlechtendal: „Gelegentlich der Feier des 25jährigen Bestehens des Katholischen Frauenbundes Paderborn erinnern wir uns dankbar der wertvollen Unterstützung, die Euer Hochwürden in den ersten Jahren dem Zweigvereine zuteil werden ließen und erlauben uns verehrungsvolle Grüße zu senden. Der Vorstand". – EAB Msc. Liese, S. 27.

143 Isabella Freiin von Carnap (1864-. . .) aus Botzdorf, von 1904 bis 1917 Generalsekretärin des Katholischen Frauenbundes, 1916 Mitglied des Zentralvorstandes des KDFB, Verdienstkreuz ‚Pro ecclesia et pontifice', sie starb unverheiratet, vermutlich bei Verwandten in Ungarn, nach 1934; sie war eine große Wegbereiterin der katholischen Frauenbewegung in Deutschland. – Freundliche Mitteilung von Dr. Doris Marquardt von der Bundeszentrale des KDFB e.V. in Köln vom 3. Februar 1995.

144 Hedwig Dransfeld (1871-1925) aus Hacheney b. Dortmund, 1890 Lehrerinnenexamen, Lehrerin am Ursulinenlyzeum in Werl, 1901 Vorstandsmitglied des Vereins deutscher Katholischer Lehrerinnen, 1905 Hg. der Zeitschrift ‚Christliche Frau' des Katholischen Deutschen Frauenbundes, 1918 Mitglied der Deutschen Nationalversammlung, 1919-1925 Zentrumsabgeordnete im Reichstag, MdR 638. – Werthmann suchte sie in Vorbereitung des Caritastages am 13./14. April 1905 in Werl auf. – BRANDT, Chronik 23 Anm. 19.

145 Pauline Herber (1852-1921) aus Idstein im Taunus, 1880 Schulvorsteherinnenprüfung, 1885 Gründung des Vereins katholischer deutscher Lehrerinnen (VkdL) als Königlich Preußische Seminarlehrerin in Saarburg, 1887 i.R.; danach intensive Arbeit für den VkdL, war maßgeblich beteiligt an der Gründung des deutschen Frauenbundes. – SCHMÜKKER Else: Pauline Herber (1852-1921). In: Lebendige Tradition im Wirken führender Frauen des Vereins Katholischer deutscher Lehrerinnen (VkdL) ‹Bochum 1960› 5-19.

146 Franz Syring (1880-1938) aus Thüle, trat in den Kamillianerorden in Essen-Heidhausen ein, 1898 Ablegung der Klostergelübde, 1903 Priesterweihe und seelsorgliche Tätigkeit in Dänemark, 1907 Präfekt des Ordenshauses in Essen-Heidhausen, 1908 Hauptgeschäftsführer des Katholischen Kreuzbündnisses (Verein abstinenter Katholiken), Lazarettseelsorger im Ersten Weltkrieg, 1923 Seelsorger an der Pfarrkirche St. Kamillus in Berlin-Charlottenburg; er hat sich verdient gemacht „als Mitbegründer des Kreuzbundes

gend in der Trinkerrettung wirkte, für die er die Zeitschrift ‚Volksfreund' herausgab, an der ich selbst viel mitgearbeitet habe.[147] Auch mit Pfarrer Maas[148] in Hamm, der für das Bistum Paderborn die Bewegung leitete, hatte ich gute Verbindung. 1916 gab ich Heft 1 einer Sammlung ‚Goldenes Kreuz auf blauem Grunde' heraus mit dem Titel ‚Das Geistliche Jahr'.[149] Es enthielt religiöse Erwägungen für Freunde der Nüchternheit, besonders für Weihnachten, die Fastenzeit und Ostern. Seit etwa 1907 verkehrte ich rege mit Pfarrer Alois von Haehling[150] in Bochum, der die große Arbeit der Vereine für die weibliche Jugend im Bistum förderte und leitete. Das Organ ‚Der Jungfrauenverein' habe ich mehrere Jahre, von 1911 bis 1916, redigiert und auch viel darin geschrieben.[151] Das entsprach ja ganz meiner großen Neigung für den Mädchenschutz, da hier beste Gelegenheit war, nicht nur heilend, sondern mehr noch vorbeugend zu wirken. Es traten mir bei dieser Arbeit noch besonders Pfarrer Ostermann[152] und Generalsekretär Klens[153] nahe. Auch in Bielefeld weilte ich öfter bei Pfarrer Bartels, dem Gründer und Leiter des Katholischen Erziehungsvereins mit seinen verschiedenen Anstalten für

---

und um die Errichtung der Pfarrkirche St. Kamillus in Berlin mit Altersheim und Kindergarten"; P. Syring wirkte Großes in der Trinkerrettung. – Freundliche Mitteilung vom Provinzialprokurator, P. Gerhard Huber OSCam, in Essen vom 13. Februar 1995.

147 Vgl. Hengst, Bibliographie Liese Nr. 64 u. 65, 86-90, 98-108 etc.

148 Anton Maas (1873-1934) aus Westenfeld b. Hellefeld, 1896 Kaplan an der Propsteikirche in Dortmund, 1911 Rektor an Liebfrauen in Hamm, 1909 dort Pfarrer. – PSchemP ‹1935› 58 u. 148. – Die verstorbenen Priester ‹1964› 15.

149 Vgl. Hengst, Bibliographie Liese Nr. 164.

150 Alois Haehling von Lanzenauer (1867-1929) aus Arnsberg, 1890 Kaplan an St. Joseph in Dortmund, 1894 Rektor der Herz-Jesu-Kirche und des Josephinenstiftes in Dortmund, 1902 Rektor der Antoniuskirche in Bochum, 1906 dort Pfarrer, 1907 Gründer des Katholischen Mädchenschutzvereins für den Westteil des Bistums Paderborn, 1926 Diözesanpräses, später Geistlicher Beirat des Diözesanverbandes des Katholischen Mädchenschutzvereins in Paderborn (heute: In Via). – SchemP ‹1893› 63. – SchemP ‹1902› 60. – SchemP ‹1904› 34. – SchemP ‹1909› 48. – Brandt, Chronik 38 Anm. 74.

151 Vgl. Hengst, Bibliographie Liese Nr. 72-76.

152 Franz Ostermann (1866-1942) aus Ehringhausen, 1891 Kooperator, später Inhaber der Armen-Seelen-Vikarie in Witten, 1897 Pfarrektor und 1904 Pfarrer in Lünen, 1919 Pfarrer an St. Marien in Hagen, 1941 Geistlicher Rat, 1942 Domkapitular h.c., Vorstandsvertreter der Katholischen Männer-Fürsorgevereine (heute: SKM). – PSchemP ‹1935› 55 u. 142. – Die verstorbenen Priester ‹1964› 37.

153 Hermann Klens (1880-1972) aus Niederhelden, 1905 Kaplan an Dreifaltigkeit in Dortmund, 1915 Generalsekretär des Diözesanverbandes der Jungfrauenvereine Bochum, 1923 Generalpräses des Gesamtverbandes der Jungfrauenvereine, lebte ab 1926 in Düsseldorf, 1930 Päpstlicher Ehrenkämmerer. – SchemP ‹1909› 80. – PSchemP ‹1935› 115 u. 156 [nicht im Register, S. 204].

Fürsorgezöglinge. Er war später lange Jahre Domkapitular und Dompfarrer in Paderborn. Ich habe dieser aufrichtigen Caritasseele ein kleines Lebensbild gewidmet, das aber noch nicht veröffentlicht werden konnte.[154] Einen Bielefelder Besuch habe ich auch benutzt, um den bekannten evangelischen Pfarrer von Bodelschwingh[155] und seine großen Anstalten im nahen Bethel kennenzulernen. Es berührte mich tief, wie er gleich beim ersten Zusammensein mich so herzlich begrüßte: „Guten Tag, lieber Bruder". Man merkte bald: Das war bei ihm keine Phrase, sondern kam ganz von Herzen.

Zahlreiche Vereine und Anstalten der weiteren Umgebung habe ich sodann das eine oder andere Mal aufgesucht. Von solchen, die mich näher interessiert haben, nenne ich besonders Bigge mit der großen Krüppelanstalt ‚Josefsheim'[156], einer Stiftung des Rektors Heinrich Sommer.[157] 1927 habe ich dem ‚Krüppelvater' einen Nachruf in der ‚Caritas' bzw. im ‚Jahrbuch der Caritaswissenschaft' gewidmet[158] und dabei auch herzlich seines Nachfolgers Schlüter[159] gedacht. Das ist ganz wundervoll, was hier aus vielen hilflosen Menschen noch für das Leben

[154] Vgl. den Beitrag von Hans Jürgen Brandt in diesem Bande.

[155] Friedrich von Bodelschwingh (1831-1910) in Haus Mark bei Tecklenburg, 1858 Seelsorger der evangelischen Mission für die Deutschen in Paris, 1864-1871 Landpfarrer in Dellwig bei Unna, 1872 Leiter der Anstalten in Bethel bei Bielefeld, Gründung und Ausbau der Bodelschwinghschen Anstalten, 1903-1908 Mitglied des preußischen Abgeordnetenhauses. – Talazko Helmut: Friedrich Christian Karl von Bodelschwingh. In: Staatslexikon der Görresgesellschaft I ‹1985› 842f.

[156] Die Josefs-Gesellschaft für Krüppelfürsorge wurde 1904 von Rektor Sommer in Bigge/Sauerland gegründet. Sie ist die größte katholische Organisation für Körperbehinderte in Deutschland mit Sitz in Köln-Deutz. – Vgl. Bericht der Josefs-Gesellschaft über die Gründung und zwölfeinhalbjährige Tätigkeit 1904-1917 der Gesellschaft und ihrer Anstalten ‹Bigge 1917, Faksimile-Nachdruck Bigge 1990›. – 25 Jahre Josefsgesellschaft ‹Bigge 1929›. – Vgl. auch die betreffenden Artikel von Alfred Hövestädt im jährlich herausgegebenen ‚Jahrbuch der Josefs-Gesellschaft e.V.', bes. 1991 1991.

[157] Heinrich Sommer (1872-1918) aus Ahlen i.Westf., Studium in Steyl und Mödling als Steyler Missionar, 1899 Priester in Mödling bei Wien, 1899 Gründer der St. Josephs-Gesellschaft (ab 1904 e.V.) und Rektor des Krüppelheims in Bigge, 1913 Rücktritt aus gesundheitlichen Gründen. – SchemP ‹1909› 16. – Hovestädt Alfred: Einblicke in die Gründerzeit. In: Jahrbuch 1991 der Josefsgesellschaft e.V. ‹Bigge 1991› 46-50.

[158] Vgl. Hengst, Bibliographie Liese Nr. 299.

[159] Carl Schlüter (1884-1937) aus Steinheim, 1910 Kaplan an Herz-Jesu in Gelsenkirchen-Hüllen, 1912 Präses des Krüppelheimes in Bigge, 1913 Generaldirektor der Josefs-Gesellschaft für Krüppelheime, 1929 Geistlicher Rat. – PSchemP ‹1935› 22 u. 163. – Totenkalendarium ‹1981› 62. – Hovestädt Alfred: Carl Schlüter – Anfänge der Körperbehinderten-Rehabilitation. In: Jahrbuch 1992 der Josefsgesellschaft e.V. ‹Bigge 1992› 62-67.

gemacht wird. Sodann nenne ich Arenberg bei Koblenz, wo eine begeisterte Caritasseele wirkte, die Werthmann nahestand: Rektor Mathias Kinn[160], der für die kleinen Landorte hervorragend gewirkt hat durch Ausbildung von ländlichen Krankenbesucherinnen. Ich habe wiederholt über ihn geschrieben.[161] Schließlich gedenke ich noch Dortmund's mit der opferwilligen und schwierigen Arbeit von Frau Neuhaus[162] für gefährdete und gefallene Mädchen und großem Fürsorgeheim.

Zahllos fast sind die Einzelvorträge, die ich im Laufe jener Jahre draußen hielt, besonders oft in Salzkotten im Mutterhaus und im Pensionat, wo Freund Erbeling[163] Rektor war. Persönliche Freundschaft führte mich vor dem Kriege wiederholt nach Halberstadt, wo Wallmeyer Vikar war. Mit ihm besuchte ich auch einige Male sein Pfarrkind in Blankenburg, die bekannte Konvertitin und soziale Schriftstellerin Elisabeth Gnauck-Kühne.

Schließlich muß ich noch erwähnen die interessante Pilgerfahrt ins Hl. Land 1909, in Verbindung mit dem ‚Deutschen Verein vom Hl. Lande'. Sie führte uns nach Italien, Ägypten, mit einem Kamelritt zu den Pyramiden, und besonders Palästina, wo wir längere Zeit im Hospitz des ‚Deutschen Vereins' in Jerusalem wohnten. Leider sind mir die Einzelheiten zu viel entfallen. Am tiefsten ergriff mich der abendliche Aufenthalt in Gethsemani. Verschiedene schöne Andenken sind mir leider

---

160 Mathias Kinn (1847-1918) aus Weidingen im Rheinland, 1870 Priesterweihe in Trier, 1872-1886 Kaplan und Pfarrverwalter in Bekond Kr. Trier, 1889 Rektor des Dominikanerinnenklosters in Arenberg, 1906 Schriftführer der neugegründeten Caritasvereinigung für Landkrankenpflege und Volkswohl im Rheinland, 1909 Errichtung des Caritashauses ‚St. Elisabeth in Arenberg' zur Durchführung der Kurse für Krankenpflegerinnen auf dem Lande; er gilt als ‚Pionier der Landkrankenpflege'. – Liese, Lorenz Werthmann 231. – Walter Fritz A.: Unsere Priester. Bilder aus dem Leben ‹Paderborn 1937› 177-186.

161 Hengst, Bibliographie Liese Nr. 286, 325 u. 329.

162 Agnes Neuhaus geb. Morsbach (1854-1944) aus Dortmund, 1878 Heirat mit Adolf Neuhaus, Mutter dreier Kinder, gründete 1899 den Katholischen Fürsorgeverein für Frauen, Mädchen und Kinder (SKF), 1919 Mitglied der Deutschen Nationalversammlung, 1920-1930 Zentrumsabgeordnete im Reichstag, maßgeblich beteiligt an der fürsorgerischen Gesetzgebung, bes. am RJWG. – Brandt, Chronik 22f. Anm. 18. – Vgl. auch den entsprechenden Beitrag von Irmingard Böhm in diesem Bande.

163 Karl Erbeling (1872-1946) aus Letmathe, 1896 Priesterweihe und Primissar in Birkungen im Eichsfeld, 1899 Kaplan in Kirchlinde, 1905 Rektor im Mutterhaus in Salzkotten, 1921 Pfarrer an St. Lorenz in Erfurt, 1922 dort Assessor am Geistlichen Gericht, 1930 Pfarrer in Hegensdorf, 1937 i.R. – PSchemP ‹1935› 31 u. 147. – Totenkalendarium ‹1981› 11.

1945 verbrannt. Aus dem Bistum nahm noch Kaplan Ellendorff[164] teil.

1911 war in Dresden eine große, internationale Hygieneausstellung, anläßlich derer auch der Caritastag dort stattfand mit besonderer katholischer Ausstellung. Zugleich wurde eine umfassende Statistik über die katholische Krankenpflege aufgenommen und deren Bearbeitung mir anvertraut. Ich berichtete darüber in der ‚Caritas‘.[165] In dieses wechselvolle, aber immerhin geruhige Leben brachte auf einmal der große Krieg 1914 eine gewaltige Änderung. Ich habe für Kriege nie viel Verständnis gehabt. Sie lassen sich nicht stets vermeiden, sind aber trotz allen Lärms doch nichts eigentlich Großartiges, so sehr mancher Einzelne dabei aus sich herauswachsen kann. Sie gehören zu den großen Schickungen des Lebens, aus denen wir vor allem lernen müssen. Es bleibt doch stets bedrückend, besonders vom Standpunkt der Caritas aus, – der größten Tugend –, daß Menschen sich nicht anders glauben verständigen zu können, als daß sie sich anschießen. Man spricht so viel von den großen Opfern, welche die Soldaten bringen. Aber auf der anderen Seite sind sie doch noch mehr schädigend und zerstörend tätig, wie es besonders der Zweite Weltkrieg überwältigend gezeigt hat. Gewiß sind die einzelnen Soldaten dafür nicht verantwortlich, aber die Tatsache bleibt bestehen. Übrigens habe ich die positive Seite des Krieges 1914/15 in ‚Theologie und Glaube‘ behandelt![166] Da der Krieg die meisten Studenten aus dem Hörsaal entführte, so suchte ich nun schriftlich zu ihnen zu reden, um sie stark zu machen und zu trösten. Gleich 1914 sandte ich zwei entsprechende Büchlein hinaus. Das eine, ‚Hirtenworte in ernster Zeit‘, brachte eine Zusammenstellung von Merkworten aus den Kriegs-Hirtenbriefen unserer Bischöfe.[167] Das andere, ‚Des Kriegers Weihnachtsfreude‘, wollte Heimatklänge ins Feld leiten, wofür ja gerade der von allen losgerissene Soldat empfänglich ist.[168] 1915 widmete ich der großartigen Teilnahme ausgesprochen katholischer Kreise an der Kriegsnot die Schrift ‚Die katholischen Orden Deutschlands und der Völkerkrieg‘.[169] 1916 gab

[164] Franz Ellendorff (1876-1932) aus Neuenkirchen, 1899 Priesterweihe, 1902 Kaplan in Siegen und Religionslehrer am dortigen Realgymnasium, 1911 Pfarrer in Arolsen, 1921 Pfarrer an St. Marien in Siegen. – SchemP ‹1909› 152. – PSchemP ‹1913› 30 – PSchemP ‹1930› 28. – Totenkalendarium ‹1981› 151.

[165] Vgl. Hengst, Bibliographie Liese Nr. 68 u. 69.

[166] Vgl. Hengst, Bibliographie Liese Nr. 119.

[167] Vgl. Hengst, Bibliographie Liese Nr. 116.

[168] Vgl. Hengst, Bibliographie Liese Nr. 115.

[169] Vgl. Hengst, Bibliographie Liese Nr. 138.

ich angesichts der schon großen Opfer, aber auch der starken Bemühungen um rechte Hilfe, eine Einführung in ‚Die Kriegsbeschädigtenfürsorge' heraus.[170] So war ich bemüht, die seelische Teilnahme an dem gewaltigen Geschehen zu zeigen, in das so viele einfach hineingezogen wurden. Doch ließ ich die allgemeine, insbesondere religiöse Literatur, nicht ganz ruhen. 1916 veröffentlichte ich ‚Caritativ-soziale Lebensbilder'.[171] Es handelt sich dabei um eine erweiterte Ausgabe des ersten Teiles von ‚Wohlfahrtspflege und Caritas'.[172] Fast gleichzeitig erschien ‚Das geistliche Jahr'.[173] Als ein persönliches Bekenntnis möchte ich das 1917 folgende Buch ‚Die große Sehnsucht' bezeichnen.[174] Es entwickelte Gedanken über ‚Des Glaubens Sinn und Glück', die mir selbst den Glauben lieb und froh gemacht haben, auf daß sich Herz an Herz entzünde.

Inzwischen war ein großer Plan in mir gereift. Nachdem ich mich mit so viel Einzelfragen der Caritas befaßt hatte, wollte ich nun eine große, allgemeine Geschichte der Caritas schreiben, an der es auch (trotz Ratzinger[175]) noch sehr fehlte. Es war mir aber klar, daß ich ungeachtet aller bisherigen Studien noch viele planmäßige Forschungen anstellen mußte, die sich nur durch umfassenden Besuch von Bibliotheken und Archiven durchführen ließen. So begann ich 1915 mit großen Studienreisen, die mich z. B. 1916 allein acht Monate von der Heimat fern hielten. Besonders lange war ich, abgesehen von Freiburg, in München (Staatsbibliothek), Kassel (Stadt- und Landesbibliothek), Hannover (Kgl. u. Prov.-Bibl.), Köln (Stadtbibliothek), Göttingen (Univ. Bibl.), Münster (Univ. Bibl.), von sonstigen Bibliotheken, die ich besuchte, nenne ich Höxter, Detmold, Aachen, Düsseldorf, Mönchen-Gladbach, Trier, Nürnberg, Bamberg, Breslau, Dresden, Hamburg, Wolfenbüttel, Frankfurt, Karlsruhe, Stuttgart, Wien.[176] In München wohnte ich lange Wochen bei Freund Bruckmayer[177], Marienstraße. Das eigentliche Ausland blieb mir

---

170 Vgl. Hengst, Bibliographie Liese Nr. 166.

171 Vgl. Hengst, Bibliographie Liese Nr. 165.

172 Vgl. Hengst, Bibliographie Liese Nr. 114.

173 Vgl. Hengst, Bibliographie Liese Nr. 164.

174 Vgl. Hengst, Bibliographie Liese Nr. 174. Liese führt auch hier eine genaue Inhaltsangabe an. – EAB Msc. Liese, S. 32f.

175 Ratzinger Georg, Geschichte der kirchlichen Armenpflege ‹Freiburg i.Br. 1868, 2. Auflage, Freiburg i.Br. 1884›.

176 Liese gibt im Manuskript ausführlich auch die genauen Zeiten an, wann er wo gewesen ist. – EAB Msc. Liese, S. 34.

177 Rudolf Bruckmayer (1861-1943) aus München, 1886 Priesterweihe in Freising und Koadjutor in Pasing, 1887 Kaplan in München-Giesing, 1888 Kaplan in München-Haid-

damals verschlossen. Ich habe es später, nach Erscheinen des Buches, aber nachgeholt. An Archiven habe ich u.a. benutzt solche in Paderborn, Münster, Köln, Hamburg und Nürnberg. Insgesamt habe ich für jene Reisen etwa 4000 Mark aufgewendet, wozu mein Bischof, Caspar Klein[178], und die Notgemeinschaft der Wissenschaft[179], durch Vermittlung von Prof. Schreiber[180], große Beihilfen gaben. 1922 konnte die ‚Geschichte der Caritas' in zwei Bänden erscheinen.[181] Im gleichen Jahr kam als ‚Beiheft der Caritas' der Beitrag heraus ‚Schule und Caritas'.[182] Inzwischen veröffentlichte ich auch einige weitere Studien zur westfälischen Geschichte, zunächst ‚Westfalens alte und neue Spitäler'.[183] Ferner widmete ich 1920 meiner Geburtsheimat eine ‚Geschichte der Pfarrei Kirchhundem und der von ihr ausgegangenen Pfarreien Altenhundem, Heinsberg, Kohlhagen'.[184] 1919 bearbeitete ich für Werthmann eine Denkschrift: ‚Die Vorbildung der Theologen für die großen Caritasaufgaben der Gegenwart'.[185] Sie wurde Anfang 1920 an alle Bischöfe, Ordi-

---

hausen, 1889 Kooperator bei St. Ludwig in München, 1895 dort Benefiziat, 1901 resigniert und Präses der Marienanstalt in der Dachauer Straße, die sich um die weiblichen Dienstboten kümmerte; er war auch Diözesanpräses der Katholischen Dienstmädchenvereine. – Freundliche Mitteilung des Archivs des Erzbistums München und Freising vom 9. Januar 1995.

178 Caspar Klein (1865-1941) aus Elben im Sauerland, 1890 Priesterweihe und Kaplan an St. Josef in Bochum, 1901 Rektor und 1902 Pfarrer an St. Barbara in Wanne-Röhlinghausen, 1905 Pfarrer an St. Josef in Bochum, 1907 auch Diözesanpräses der Katholischen Arbeitervereine im Bistum Paderborn, 1912 Generalvikar, 1920 Bischof und 1930 erster Erzbischof von Paderborn. – Brandt/Hengst, Die Bischöfe 334-340. – Brandt, Chronik 50 Anm. 119.

179 Die Notgemeinschaft der Deutschen Wissenschaft war von dem Förderer der deutschen Wissenschaft, Friedrich Schmidt-Otto (*1860) gegründet worden, um durch Verleihung von Forschungsstipendien vom Reich und aus der Wirtschaft vor allem Spezialforschungen über Volksgesundheit und Volkswohl zu unterstützen. Von 1918-1933 hatte Schmidt-Otto die Leitung der Notgemeinschaft inne. – Vgl. u.a. die ‚Berichte der Notgemeinschaft der Deutschen Wissenschaft'.

180 Georg Schreiber (1882-1963) aus Rüdershausen b. Duderstadt, 1915-1917 a.o. Professor in Regensburg, 1917 o.ö. Professor für Kirchengeschichte in Münster, 1920-1933 Mitglied des Deutschen Reichstages; wegen seines politischen Einflusses von 1935-1945 von der nationalsozialistischen Regierung zwangsweise emeritiert. – Hegel Eduard: Georg Schreiber. In: LThK IX ‹^{2}1964› 483.

181 Vgl. Hengst, Bibliographie Liese Nr. 239.

182 Vgl. Hengst, Bibliographie Liese Nr. 240.

183 Vgl. Hengst, Bibliographie Liese Nr. 206.

184 Der Titel lautet richtig: ‚Geschichte der Pfarrei Kirchhundem und ihrer Tochterpfarreien Altenhundem, Heinsberg, Kohlhagen. – Vgl. Hengst, Bibliographie Liese Nr. 211.

185 Vgl. Hengst, Bibliographie Liese Nr. 216. Liese notierte dazu: „ Die Denkschrift

nariate, Theologischen Fakultäten und Priesterseminare gesandt und kam auch im Herbst auf der Bischofskonferenz in Fulda zur Verhandlung.

An der Caritas-Zentrale in Freiburg

Die Gesundheitsverhältnisse bewogen mich, 1920 die Dozentur in Paderborn niederzulegen. Schon glaubte ich, jetzt in voller Ruhe den literarischen Arbeiten mich widmen zu können. Da kam bald unvermutet ein Antrag vom Caritasverband in Freiburg, anstelle des gealterten Prälaten Werthmann die Schriftleitung der ‚Caritas' und einiger Nebenorgane fest zu übernehmen. Nebenher führte ich sie schon einige Zeit. Bei den engen Beziehungen zum Verband und seiner Zeitschrift, der ich vor Jahrzehnten schon einmal nahe getreten war, glaubte ich, den Antrag nicht ablehnen zu sollen, obwohl ich dabei sogar mein schönes Heim preisgeben mußte.[186] So zog ich Herbst 1921 mit meiner lieben Schwester wieder zum Süden. In einem Nebenbau des Schwesternhauses Littenweiler, etwa 1/2 Stunde von Freiburg, fanden wir eine Wohnung. Zugleich habe ich dort den Hausgeistlichen gemacht und wohl alle Sonn- und Feiertage gepredigt. In der prächtigen Natur fühlten wir uns wohl. An der Verbandszentrale im ‚Werthmannhaus' fand ich gegenüber 1903 ganz neue Verhältnisse vor. Die Leitung hatte jetzt Dr. Kreutz[187] aus dem Erzbistum Freiburg. Ihm zur Seite standen u.a. Generaldirektor Klieber[188], Direktor Joerger[189] und zahlreiche Generalsekretäre: die Ka-

---

betont die Wichtigkeit der Caritaswissenschaft für die Priester und wünscht möglichst an allen mitsprechenden kirchlichen Anstalten die Schaffung eigener Dozenturen unter besonderem Hinweis auf die Diözesan-Caritas-Direktoren. Schließlich werden Inhalt und Hilfsmittel der Caritasvorlesungen behandelt. Über Caritas-Professuren schrieb ich schon 1915". – EAB Msc. Liese, S. 35.

[186] Werthmann, Lorenz: 25 Jahre, Caritas. In: Caritas 26 ‹1921› 1. – Liese notierte: Auf der Caritastagung im November 1920 in Paderborn stellte Werthmann den neuen Redakteur vor und sagte u.a.: „Er ist auf dem Gebiet der Caritas kein fremder; schon in den Anfängen stand er mir als treuer Mitarbeiter zur Seite." – EAB Msc. Liese, S. 36.

[187] Benedikt Kreutz (1879-1949) aus St. Peter i. Schwarzwald, Priester des Erzbistums Freiburg i.Br., Divisionspfarrer im Ersten Weltkrieg, 1918-1921 Leiter des DCV in Berlin, 1921-1949 Präsident des DCV. – Brandt, Chronik 90 Anm. 213.

[188] Arthur Hugo Klieber (1877-1930) aus Neustruppen b. Pirna in Sachsen, nach Studienjahren in Leipzig und Wanderjahren durch Osteuropa bis nach Jerusalem fand er 1904 beim DCV eine erste Anstellung und wurde bald zu einem wichtigen Mitarbeiter Werthmanns, 1910 Generalsekretär beim DCV, 1919 Direktor beim DCV, 1921 Generaldirek-

millianer Fischer[190] und Wiesen[191], ferner Dr. Beeking[192], Schmid[193] etc., die Frauen Mathilde Otto[194], Maria Kiene[195], Alexe Hegemann[196], ferner

---

tor beim DCV, 1926 siedelte er mit seiner Familie nach Berlin um. – Auer Heinrich: Erinnerungen an Arthur Hugo Klieber. In: Caritas 35 ‹1930› 489-503 sowie 36 ‹1931› 269-272 u. 509-517 (auch als Sonderdruck erschienen ‹Freiburg i.Br. 1931› 28 S. [mit 1 Abb.]).

189 Kuno Joerger (1893-1958) aus Heidelberg, 1915 Priesterweihe in Freiburg i.Br. sowie Vikar in Durmersheim und an St. Bonifatius in Karlsruhe, 1916 Caritassekretär beim DCV, 1921 Generalsekretär beim DCV, 1924 Direktor beim DCV, 1943 Pfarrvikar in Jechtingen, 1951 Wiederbegründer der Caritas Internationalis, 1956 Bundesverdienstkreuz. – Wollasch Hans-Josef: Joerger, Kuno Josef Adolf. In: Ottnad Bernd (Hg.): Baden-Württembergische Biographien 1 ‹Stuttgart 1994› 165-167.

190 Michael Fischer (1887-1948) aus Lengenfeld im Eichsfeld, 1899 Eintritt bei den Kamillianern in Roermond in Holland, 1911 Priesterweihe, 1912 Gymnasiallehrer in Vaals, 1915 Lazarettgeistlicher, 1916 im Kloster Essen-Heidhausen und Pfarrer in Velbert, 1919 Krankenhausseelsorger in Berlin-Charlottenburg, 1919 Generalsekretär des Verbands katholischer Kranken- und Pflegeanstalten Deutschlands beim DCV, ab 1937 verschiedene Arbeitsfelder, zuletzt als Hausgeistlicher; schriftstellerisch tätig. – Auer Heinrich: Kamillianerpater Michael Fischer †. In: Caritas 50 ‹1949› 31f.

191 Wilhelm Wiesen (1889-1980) aus Gönnersdorf in der Eifel, 1909 Eintritt bei den Kamillianern in Roermond in Holland, 1915 Priesterweihe in Köln, 1920-1947 Leiter des Referates Caritashilfe in der Seelsorge und Generalsekretär der Freien Vereinigung für Seelsorgehilfe beim DCV, 1947 Dozent an der Lehrerakademie in Kaiserslautern, danach Pfarrer in Essen-Heidhausen und Dozent für Pastoraltheologie an der Theologischen Hochschule seines Ordens in Sudmühle, in den letzten Jahrzehnten als Krankenhausseelsorger tätig; hat ein reiches Schrifttum hinterlassen. – Hermann Franz: Pater Wilhelm Wiesen zum Gedächtnis. In: Unsere Mitteilungen. Rundbrief für Frauen im pastoralen Dienst 54 ‹1980› Heft 4.

192 Joseph Beeking (1891-1947) aus Recklinghausen, Dr. theol. 1923 in Freiburg i.Br., 1913 Studium der Theologie und Staatswissenschaften in Münster und Freiburg i.Br., 1919 Kaplan in Bork i. Westf., 1921 Referent für Jugendfürsorge und Generalsekretär beim DCV, 1926 Privatdozent für Caritaswissenschaften an der Universität Freiburg i.Br., 1931 dort a.o. Professor, 1935 Entzug der Lehrbefugnis durch die Nazis und Emigration, 1947 Rückkehr und Professor für Caritaswissenschaften in Freiburg i.Br. – Völkl Richard: Beeking, Joseph, katholischer Sozialpolitiker. In: Ottnad Bernd (Hg.): Badische Biographien, N.F. 1 ‹Stuttgart 1982› 35.

193 Josef Schmid (1888-1936) aus Amerdingen b. Nördlingen, 1916 im Felde schwer verwundet, 1918 Berufsarbeiter und Generalsekretär beim DCV, besonders für Kriegsfolgenhilfe, Auslandshilfe und als Berater der Auswanderer und Siedler zuständig. – [Höfler H.]: Generalsekretär Josef Schmid †. In: Caritas 41 ‹1936› 418-420.

194 Mathilde Otto (1875-1933) aus Oberweier b. Friesenheim, 1907 erste Lehrerinnenprüfung, 1910 Höhere Lehrerinnenprüfung, 1914 Jugendsekretärin beim Diözesan-Präsidium der katholischen weiblichen Jugendvereine in Freiburg i.Br., 1918 Referentin für Armen- und Familienpflege beim DCV und Generalsekretärin der Deutschen Elisabeth- und Frauenvinzenzvereine, 1925 Gründung der St. Elisabeth-Schwesternschaft in Frei-

an der inzwischen gegründeten Caritasschule Hildegard Hübinger[197] und Elisabeth Peerenboom[198]; endlich zahlreiche Angestellte für Verwaltung und Bürohilfe. Die Bibliothek leitete Freund Heinrich Auer[199] mit Frau Bertram.[200] Von den Angestellten traten mir besonders nahe Anna Zim-

---

burg i.Br., 1929 dort Eröffnung des Wöchnerinnenhauses St. Elisabeth „für mittellose Mütter des Mittelstandes und des Arbeiterstandes". – Wollasch Hans-Josef: Otto, Mathilde, Armen- und Familienfürsorgerin, Ordensgründerin. In: Ottnad Bernd (Hg.): Badische Biographien, N.F. 3 ‹Stuttgart 1990› 211-213.

[195] Maria Kiene (1889-1979) aus Schwäbisch-Hall, zunächst Bildungsreferentin für das Kindergartenwesen im Erzbistum Köln, 1922 Mitarbeiterin beim DCV, 1926 dort Leiterin des Referates Kinderfürsorge, 1927 dort Leiterin des Jugendleiterinnenseminars, 1966 i.R.; bedeutende Verdienste – auch international – auf dem Gebiete des katholischen Kindergartenwesens sowie der Kindererholung und Heilfürsorge. – Sch[midle] P[aul]: Direktorin Maria Kiene – 40 Jahre im Dienste des Kindes. In: Jugendwohl 44 ‹1963› 39f. – Ders., Maria Kiene †. In: Jugendwohl 60 ‹1979› 441f.

[196] Alexe Hegemann (1877-1926) aus Münster, Lehrerin in Münster, Kindergärtnerin in Berlin, Saarbrücken und Kreuznach, Leiterin des katholischen Kindergärtnerinnen-Seminars in Freiburg i.Br., dann Referentin für Kinderfürsorge beim DCV; bedeutend auf dem Gebiete der Fürsorge für das Kleinkind und die Ausbildung der Kindergärtnerinnen; große Erzieher-Persönlichkeit. – Kiene Maria: Alexe Hegemann †. In: Caritas 31 ‹1926› 88-90. – Vgl. auch Hengst, Bibliographie Liese Nr. 348.

[197] Hildegard Hübinger (1890-1944) aus Duderstadt, Oberlehrerin, 1919 Leiterin der „Sozialpolitischen Frauenschule/Caritasschule" Freiburg i.Br., 1925 „einem alten Jugendwunsche folgend" Eintritt ins Kloster in Fulda, dort am 15. Februar 1944 verstorben. – Freundliche Mitteilung von Dr. Hans-Josef Wollasch in Freiburg i.Br. vom 27. Januar 1995.

[198] Else Peerenboom (1893-1958) aus Brauna in Sachsen, Vater und Mutter waren Rheinländer, Dr. rer. pol. in Freiburg i.Br., Abitur und Studium neuer Sprachen in Münster und Freiburg i.Br., 1925 Referentin beim DCV in Freiburg i.Br., Leiterin der „Sozialpolitischen Frauenschule / Caritasschule Freiburg", 1927 Praktikum beim Volksverein für das katholische Deutschland in Mönchen-Gladbach, 1928 Leitung des Wohlfahrtsdezernates an der Regierung in Münster, 1930 Referentin für Politische Bildung beim Zentralverband der katholischen Jungfrauenvereine Deutschlands in Düsseldorf, 1930 Abgeordnete der Zentrumspartei im Deutschen Reichstag, nach Auflösung der Partei im Kampf gegen Nationalsozialismus und Kommunismus aktiv, 1933/34 mehrere Aufenthalte in Südamerika, 1941 Verheiratung mit Anton Missong in Linz/Rhein, 1944 Verhaftung, 1945 Mitbegründerin der CDU im Rheinland, 1947 Sozialreferentin an der Deutschen Botschaft in Rio, 1954 i.R. – Zinke-Ruwe Elisabeth: Frauen im Umbruch der Zeit: Dr. Else Peerenboom. In: Die Mitarbeiterin 26 ‹1975› 52-55. – MdR 359.

[199] Heinrich Auer (1884-1951) aus Köln, Studium der Philologie in Freiburg i.Br., 1911 Mitarbeiter beim DCV, 1913 dort Leiter der Caritasbibliothek, 1942 verhaftet und 1943 ins Konzentrationslager Dachau gebracht, nach dem Kriege rege Vortragstätigkeit. – Wollasch Hans-Josef: Erinnerungen an einen „stets hilfsbereiten, fröhlich-freudigen Diener am Werke der Caritas": Heinrich Auer (1884-1951). In: Caritas '84. Jahrbuch des DCV ‹1983› 345-354.

[200] Maria Bertram (1862-1946) aus Oedt im Rheinland, geborene Mooren, 1915-1935

mermann[201], die frühere Sekretärin Werthmanns, Hedwig Rothengatter[202], Berta Dietlicher[203] und Martin Vorgrimler.[204]

Meine wichtigste Arbeit war in diesen Jahren die Leitung der Verbandszeitschrift ‚Caritas', der ein populäres Organ ‚Caritasstimmen' inzwischen beigefügt war. Ich mußte auch selbst noch manche literarischen Beiträge liefern, insbesondere die Besprechung der eingelaufenen Bücher zum guten Teil übernehmen. Für die ‚Caritasstimmen' habe ich lange Zeit in jedem Heft einen religiösen Einleitungsaufsatz geliefert.[205] Mehrere Jahre redigierte ich auch den ‚Caritaskalender' (1925-1929), in dem ich 1920 schon religiöse Aufsätze veröffentlicht hatte.[206] Im ‚Jahrbuch der Caritas-Wissenschaft' brachte ich mehrere wissenschaftliche Aufsätze, besonders 1927 über H. Sommer[207], 1928 ‚Ausbau der caritasgeschichtlichen Forschung'[208] und 1929 ‚Werthmann und die Italiener-Fürsorge'.[209] Die Ausbildung der Theologen interessierte mich sehr; wiederholt veröffentlichte ich größere Aufsätze.[210]

Ferner lagen mir überaus viele Vorträge ob, hauptsächlich an der Zentrale selbst und an der 1920 gegründeten Caritasschule, die zur Ausbildung tüchtiger Helferinnen für die angegliederten Verbände bestimmt war. Es war mir Herzenssache, gerade an der Zentrale den echten Caritasgeist in ernst religiösem Sinn zu fördern. Nachdem um die Wende

---

Bibliotheksassistentin in der Caritasbibliothek in Freiburg i.Br. – Freundliche Mitteilung von Dr. Hans-Josef Wollasch in Freiburg i.Br. vom 27. Januar 1995.

201 Anna Zimmermann, ehemalige Sekretärin Werthmanns. 1936 wohnte Liese in ihrer Familie in Freiburg. – Vgl. hier Anm. 104.

202 Hedwig Rothengatter (1899-1983) aus Gernsbach b. Baden-Baden, 1915 Besuch der Höheren Handelsschule in Freiburg i.Br., 1917 Mitarbeiterin beim DCV, 1923 Leiterin der Registratur, 1962 i.R. – Freundliche Mitteilung von Dr. Hans-Josef Wollasch in Freiburg i.Br. vom 27. Januar 1995.

203 Berta Dietlicher (1901-1964) aus Freiburg i.Br., 1918 Bibliothekssekretärin in der Caritasbibliothek in Freiburg i.Br., 1933 Heirat mit Hermann Rolfes, 1930 i.R. – Freundliche Mitteilung von Dr. Hans-Josef Wollasch in Freiburg i.Br. vom 27. Januar 1995.

204 Martin Vorgrimler (1902-1975) aus Mannheim, 1922 Studium in Freiburg i.Br., 1923 dort Lehre im Bankhaus Krebs, 1927 Wissenschaftlicher Assistent beim DCV, 1928 Heirat mit Maria Klotz, 1941-1945 Militärdienst, 1967 i.R.; unentbehrlicher Berater der Leitung des DCV. – Borgmann Karl: Vorgrimler, Martin, Caritasdirektor. In: Ottnad Bernd (Hg.): Badische Biographien, N.F. 3 ‹Stuttgart 1990› 278f.

205 Vgl. Hengst, Bibliographie Liese Nr. 230-235, 242-245 etc.

206 Vgl. Hengst, Bibliographie Liese Nr. 276, 277, 290 etc.

207 Vgl. Hengst, Bibliographie Liese Nr. 299.

208 Vgl. Hengst, Bibliographie Liese Nr. 306.

209 Vgl. Hengst, Bibliographie Liese Nr. 311.

210 Vgl. Hengst, Bibliographie Liese Nr. 145, 192, 216 u. 316.

1924/25 eine schöne Hauskapelle mit Sanctissimum im Werthmannhaus eingerichtet war, fand monatlich Gemeinschaftsgottesdienst statt, bei dem ich die Predigt zu halten hatte. Bei der feierlichen Einweihung der Kapelle regte man auch an, daß sich Anbetungsgruppen bilden möchten, die täglich eine Anbetungsstunde übernähmen. Gerne trat ich in einer Predigt alsbald öffentlich dafür ein. Am 4. Februar 1925 schrieb mir der Präsident: „Ihre Predigt ist auf fruchtbaren Boden gefallen. Eben wird mir mitgeteilt, daß sich bereits die Anbetungsgruppen gebildet haben, und zwar übernimmt jeden Tag eine Gruppe, die auch beim Mittagessen am Tisch zusammen ist, eine Anbetungsstunde, verteilt auf den Tag. Am Donnerstag werden jeweils zwei Gruppen die Anbetung halten. Es hat mich dies außerordentlich gefreut, weil es spontan aus der Mitte unserer Mitarbeiterinnen herausgewachsen ist, wenige Stunden nach Ihrer Predigt." Man hat auch gut durchgehalten. Ich schenkte zur Benutzung bei der Anbetung mehrere ‚Eucharistische Funken'.[211] Wiederholt hielt ich auch für die vielen weiblichen Angestellten Exerzitien, die sehr eifrig mitgemacht wurden. Dabei betonte ich immer wieder, wie wichtig es sei, daß auch die Mitglieder der Zentrale untereinander frohe Caritas übten. Wir haben damals wirklich schönes Gemeinschaftsleben gehabt. Daß meine Bemühungen gut aufgenommen wurden, konnte ich besonders bei verschiedenen Hausfesten merken, bei denen die einzelnen Mitglieder der Zentrale gern ‚hochgenommen' wurden, meist in poetischer Form. So hieß es z. B. März 1923 bei der Namenstagsfeier des Präsidenten: „Bei Herrn Spiritual Liese – kriegt alles höheren Wert; der macht selbst den Kuchen – zum Symphoniekonzert." Die Weihnachtsfeier 1923 brachte mir eine Schreibfeder als Geschenk mit folgendem Erguß:

„Dort sehe ich noch unter den Gästen
Von den Caritasleuten einen unserer Besten,
Es ist unser lieber Spiritual. Er lindert alle Seelenqual.
Doch weiß er geschickt auch die Feder zu zücken
Und uns mit Schriften zu beglücken;
Damit er mutig darin weiterschreite,
Geb' ihm dieser Gänsekiel das Geleite!"

Bei der gleichen Feier 1925 sprach ‚Pegasus im Werthmannhaus' von dem neuen Büchergang zur Bibliothek:

„Dort erteilt auf seinem Zimmer / Mittwochs Audienzen immer / Liese, unser aller Freund, / der's so gut mit jedem meint."

---

[211] Vgl. Hengst, Bibliographie Liese Nr. 234, 242, 304, 307 etc.

Auch mit verschiedenen Vorstandsmitgliedern des Verbandes verkehrte ich eifrig, besonders mit Oberamtsrichter Armbruster[212] und Bankier Krebs[213], dessen Sohn Engelbert auch später noch als Theologieprofessor in Freiburg mit mir korrespondierte.[214]

Im August 1924 war es mir vergönnt, das silberne Priester-Jubiläum unter reger Teilnahme sowohl der Heimat, in der ich am Festtag selbst weilte (die Festpredigt hielt Freund Wallmeyer), wie der Verbandszentrale zu feiern. Große Freude machte mir ein warmes Glückwunschschreiben meines Hochwürdigsten Oberhirten, Bischof Caspar Klein, der mir unter innigen Glückwünschen zugleich mitteilte, daß er vom Hl. Vater die Ernennung zum Päpstlichen Geheimkämmerer (Monsignore) für mich erwirkt habe. „Mit großer Befriedigung können Sie auf das abgelaufene Vierteljahrhundert zurückschauen. Im Dienste der edelsten Sache, der Caritas, sind Sie mit treuer Hingebung und echter Opfergesinnung und daher mit bestem Erfolg tätig gewesen."

Für das Heilige Jahr 1925 wünschte der Caritasverband, daß ich den zahlreichen Rompilgern einen Reiseführer widmete. Ich schrieb daher einen Rompilgerführer.[215] Für die Caritasopferwoche 1925 verfaßte ich eine Propaganda-Predigtskizze ‚Den freudigen Geber hat Gott lieb'[216]; ebenso 1926 ‚Wenn ein Glied leidet . . .'[217] Im November 1925 war ich bei der Silberhochzeit des Bruders Heinrich in Würdinghausen und hielt die Festpredigt.

Bei aller sonstigen Arbeit hat doch gerade in den Freiburger Jahren das wissenschaftliche Studium nicht geruht. Im Gegenteil; nicht bloß habe ich die schöne Gelegenheit und Hilfe, welche die Caritasbibliothek bot, fleißig benutzt, sondern auch draußen viel Neues gesucht. Vor allem

[212] Emil Armbruster (1843–1908) aus Achern/Baden, 1863-1867 Studium der Rechte in Freiburg i. Br., 1870 zweites Staatsexamen und Amtsrichter in Neustadt sowie 1877 in Schwetzingen, 1881 dort Oberamtsrichter, 1884 Oberamtsrichter in Bruchsal und 1891 in Freiburg i. Br., 1908 dort Oberamtsgerichtsdirektor; Zentrumsabgeordneter in Baden, stellvertretender Vorsitzender des DCV. – Anonym: Amtsgerichtsdirektor Emil Armbruster. In: Caritas 14 ‹1908› 4-6.

[213] Eugen Krebs (1848-1912) aus Breisach, Dr. phil., Bankier und Stadtrat in Freiburg i.Br.; beteiligt an der Gründung des DCV. – Auer Heinrich: Dr. Eugen Krebs. In: Caritas 17 ‹1912› 316f.

[214] Engelbert Krebs (1881-1950) aus Freiburg i.Br., Dr. theol., 1906 Priesterweihe, 1916 Professor für Dogmatik in Freiburg i.Br., 1936 Entfernung aus dem Lehramt durch die Nazis. – Müller Wolfgang: Krebs Engelbert, katholischer Kontroverstheologe (1881-1950). In: NDB XII ‹1980› 726f.

[215] Vgl. Hengst, Bibliographie Liese Nr. 270.

[216] Vgl. Hengst, Bibliographie Liese Nr. 271.

[217] Vgl. Hengst, Bibliographie Liese Nr. 285.

habe ich seit 1923 das nun wieder völlig zugängliche Ausland durchforscht. In jenem Jahr war ich etwa zwei Monate hinaus zu Caritas-Studien, hauptsächlich nach der Schweiz, Frankreich und Italien: Basel, Luzern, Bern, Fribourg, Genf, Zürich, St. Gallen, Milano (Ambrosiana), Firenze und Roma (Vaticana). 1925 war ich von neuem in Rom, auch in Paris (Bibl.nationale), 1928 in Lyon, Avignon und Montpellier. Sogar nach Spanien habe ich mich einmal gewagt: Barcelona (Bibl.Cataluña), Madrid und Sevilla. Wiederholt habe ich in der ‚Caritas' über diese Reisen berichtet[218]. Fast 40 Arbeitshefte enthalten den Ertrag dieser Studienreisen; sie kamen zur Caritasbibliothek in Freiburg.

In jenen Jahren habe ich auch öfter in die reich aufkeimende Diskussion über Gestaltung und Förderung der neuen Caritaswissenschaft eingegriffen. 1919 behandelte ich ‚Karitasschulung und Karitaswissenschaft' und gab eine Zusammenstellung der mancherlei Schulen für berufliche, soziale und caritative Arbeit.[219] Mit Hildegard Hübinger gab ich ‚Beiträge zur Geschichte von Liturgie und Caritas' heraus.[220] Nachdem ich bereits 1906 lebenslänglich Mitglied des Caritasverbandes geworden war, schloß ich mich gleich nach der neuen Ankunft in Freiburg am 5. Oktober 1921 als Stifter an mit einem Betrag von 1 000 M.

Anfang Januar 1928 legte ich die Schriftleitung nieder, blieb aber noch einige Zeit in Freiburg. Eine größere Zahl von religiös-caritativen Aufsätzen, besonders aus Zeitschriften, faßte ich danach zu einem Buche zusammen: ‚Aus ganzem Herzen. Gedanken und Bilder von der Caritas."[221] Den Abschluß der Freiburger Zeit bildete 1929 die Herausgabe einer großen Biographie des Verbandsgründers Lorenz Werthmann mit vielen Bildern.[222] Das Buch war mir Herzenssache, da Werthmann mir

---

[218] Vgl. Hengst, Bibliographie Liese Nr. 264, 288 u. 309.

[219] Vgl. Hengst, Bibliographie Liese Nr. 193.

[220] Vgl. Hengst, Bibliographie Liese Nr. 275.

[221] Vgl. Hengst, Bibliographie Liese Nr. 304. – Liese notierte dazu: „Es enthält 22 Aufsätze in 5 Kapiteln: 1. Im Kranz der göttlichen Tugenden (Glaube, Hoffnung und Liebe); 2. Hohe Vorbilder (Christus, Maria, Elisabeth, Vinzenz, Bosco); 3. Lebens-Caritas (Caritas des täglichen Lebens, Sprache der Caritas, Caritas des Auges, Caritas der Armen und Kranken); 4. Familien-Caritas (Caritas und Familie, Bei den Kindern u.a.); 5. Vom Geist der Caritas (Opfergeist, Wie die Kinder, Enttäuschungen u.a.)." Im Vorwort heißt es: „Unser Büchlein möchte etwas helfen zur frohen Erfüllung des größten Gebotes. Besonders solche, die mehr oder weniger beruflich der Caritasarbeit sich widmen, werden leicht einmal müde und bedürfen der inneren Auffrischung. Viele andere vergessen im Drang des Lebens zu leicht, daß die Caritaspflicht für jeden Menschen gilt, wenn auch in verschiedenem Maße." – EAB Msc. Liese, S. 42f.

[222] Vgl. Hengst, Bibliographie Liese Nr. 310.

vor Jahrzehnten Inspirator und Führer gewesen war. Es wurde auch dem Hl. Vater, Papst Pius XI., übersandt, der in huldvollem Schreiben dankte.[223]

Ruhejahre in Paderborn (Bombardement 1945 und Flucht nach Lippspringe)

Allmählich zog es mich wieder zur alten Heimat. So kehrte ich denn Ende 1929 nach Westfalen zurück. Beim Abschied widmete ich der Hauskapelle eine Ampel für das ‚Ewige Licht'[224], die dann auch – allerdings stark verändert – angebracht wurde. Ich nahm in Paderborn Wohnung in der Ludwigstraße, nahe dem theologischen Konvikt. Ich habe dann immer noch viel auf dem Generalvikariat ausgeholfen. 1931[225] bearbeitete ich noch einmal einen Real- und 1935 einen Personal-Schematismus.[226] Meine Hauptsorge galt aber der Vorbereitung eines großen Übersichtswerkes über die im letzten Jahrhundert gestorbenen Paderborner Priester. 1934 konnte das große ‚Necrologium Paderbornense – Totenbuch Paderborner Priester' erscheinen.[227] Es fand viel Beachtung. Aus mehreren Bistümern, u.a. Köln und Limburg, gingen mir Berichte zu, daß man ähnliche Werke vorbereiten wolle. Im Vorwort zum ‚Necrologium' bemerkte ich zum Schluß: „Schmerzlich gedenke ich meiner

223 Dankschreiben des Papstes Pius XI. – Vgl. Caritas 35 ‹1930› 515 [dort wurde jedoch kein Hinweis gefunden].

224 Liese notierte dazu weiter: „Direktor Joerger dankte dafür in einem Schreiben vom 8. Nov. 1929: ‚Namens aller Mitarbeiter der Zentrale spreche ich Ihnen aufrichtigsten und wärmsten Dank aus für Ihr so gütiges Schreiben und Ihr liebevolles Gedenken an alle Bekannten und Mitarbeiter. Ebenso danken wir Ihnen für Ihre hochherzige Stiftung an unsere Hauskapelle, die nun dauernd Ihr Andenken und die Erinnerung an Ihre so segensreiche religiös-geistige Wirksamkeit an hl. Stätte in unserem Hause lebendig erhalten wird. Durch die eingravierte Widmung wird auch Ihr Name für immer mit unserer Kapelle, in der Sie so oft das hl. Opfer dargebracht und aus tiefstem Herzen zu unseren Mitarbeitern gesprochen haben, verbunden bleiben.' – Gelegentlich des Silber-Jubiläums des Caritas-Verbandes 1922 schon hatte mir auch Präsident Kreutz noch einige Gedenkworte gewidmet. Er sagte u.a.: ‚Kurz vor seinem Heimgang übertrug Werthmann die Schriftleitung der ‚Caritas' dem damaligen Professor Liese, der mit der ihm eigenen Liebe, mit großem Geschick und mit gründlicher historischer Kenntnis das Problem aufgriff und auch durch Reisen im Ausland die deutsche Caritas mit dem Karitas-Wirken anderer Nationen bekannt zu machen suchte." – EAB Msc. Liese, S. 43f.

225 Vgl. Hengst, Bibliographie Liese Nr. 331.

226 Vgl. Hengst, Bibliographie Liese Nr. 339.

227 Vgl. Hengst, Bibliographie Liese Nr. 337.

aber im Frieden Christi gestorbenen Schwester Theodora, die mir oft und gern – noch im Krankenzimmer – Schreibarbeit für dieses Werk abnahm." Sie hat mir fast 30 Jahre mit großer Umsicht und Treue meinen Haushalt geführt. Sie wurde zuletzt von einem Leberleiden heimgesucht und war einige Zeit im Krankenhaus. Am 14. November 1934 ging sie zur ewigen Heimat und wurde am 18. November auf dem Westfriedhof begraben. Ihr religiöses Leben war musterhaft und ging aus tiefer Überzeugung und warmer Hingabe an den Heiland und seine Kirche hervor. R.I.P. Es war für mich ein harter Schlag, da wir trotz sehr verschiedener Anlage uns immer wieder prächtig verstanden. Wie nahe mir die Trennung ging, zeigt der ihr gewidmete Totenzettel. Es machte uns beiden besondere Freude, daß ich 1931 aus Anlaß ihres Jubiläums als Haushälterin mit ihr eine Wallfahrt nach Rom unternehmen konnte, woran sie sehr hing. Gleich mir litt sie lange Jahrzehnte an Schwerhörigkeit, wenn auch nicht ganz so schlimm. Gerade auch dadurch wurden wir auch innerlich zusammengeführt. Neben der großen Arbeit für das ‚Totenbuch' ging zeitweise eine kleinere einher, für ein Festbuch zum 100jährigen Jubiläum des Vinzenzvereins.[228] Es erschien 1933 als ein Büchlein von der rechten Caritas ‚Auf Vinzenzpfaden' (meiner genannten Schwester gewidmet).[229] Den Haushalt übernahm nach dem Tode meiner Schwester die Nichte Agnes Liese[230], die schon vor einigen Monaten zu ihrer Unterstützung gekommen war. Sie blieb bis 1936, wo es mich wieder nach Freiburg zog, im Andenken an so viele schöne Jahre dort. Ich hoffte, die mir so lieben Caritasstudien wieder erfolgreich pflegen zu können. Kurz vorher (Ende April 36) konnte ich meinen 60. Geburtstag feiern, zu dem H. Auer mir in der ‚Caritas' ein herzliches

---

[228] Vgl. Hengst, Bibliographie Liese Nr. 335.

[229] Liese notiert dazu: „Es bringt sechs Lesungen über das, was zur rechten Caritas gehört, und sechs andere, was der hl. Vinzenz über die Liebe sagt. In der Einführung heißt es: Der hl. Vinzenz ist so sehr Beispiel rechter Caritas, daß ‚Auf Vinzenzpfaden' wandeln nichts anderes bedeutet, als herzliche Gottes- und Nächstenliebe üben. In dieser Notzeit brauchen wir nichts so sehr, als rechte Caritas, die nicht nur äußere Gaben spendet, sondern vor allem die Menschen erhebt und miteinander verbindet ... Das Büchlein soll vor allem den Vinzenzvereinen dienen ... Sodann möchte es den vielen, die in oft einförmiger, ermüdender amtlicher Wohlfahrtspflege stehen, helfen, daß ihr Geist sich immer wieder erfrischt an den Wassern, die so reich im Christentum für wahre Liebe fließen." – EAB Msc. Liese, S. 46.

[230] Agnes Liese (1912-1970) war die Tochter von Heinrich Liese (Vgl. Anmerkung 7). Sie führte Professor Wilhelm Liese 1934-1935 den Haushalt und heiratete 1943 Hermann Josef Gastreich in Saalhausen (vgl. Anm. 251).

Gedenkwort widmete unter Hinweis auf meine größeren Schriften, besonders ‚Geschichte der Caritas'.[231]

Aber es hielt mich in Freiburg doch nur kurze Zeit, obwohl ich in der Familie von Anna Zimmermann recht freundliche Aufnahme gefunden hatte. Die Paderborner Erinnerungen waren doch zu stark und so kehrte ich schon etwa nach einem halben Jahr zurück und nahm Wohnung im Liboriushaus der Salzkottener Franziskanerinnen. Zwar ließ ich mich durch herzliche Bitten meiner jüngsten Schwester bestimmen, 1940 noch einmal zu wechseln und zu ihr nach Homburg v. d. Höhe zu ziehen. Doch trotz der liebevollsten Pflege und der herrlichen Gegend gelang es mir auch diesmal nicht, mich einzugewöhnen. Und so zog ich nach einem Jahr wiederum zur alten Heimat Paderborn, wo ich jetzt Unterkunft in dem inzwischen im alten Knabenseminar eingerichteten bischöflichen Priesterhaus fand.[232] Dessen Leitung hatte zunächst noch der letzte Präses des Knabenseminars, der spätere Dompropst Brockmann[233], dann nach dessen völliger Aufhebung Dr. Löer[234], dem als Rendant A. Schopohl[235] sorgend zur Seite stand. Die Pflege hatten Schwestern der Christlichen Liebe. Im Priesterhaus verbrachte ich schöne Jahre.

---

[231] Auer Heinrich: Dem Caritas-Historiker, W. Liese zum 60. Geburtstag. In: Caritas 41 ‹1936› 129-131. – Liese notierte daraus voller Stolz: „Nach Vollendung dieses seines Hauptwerkes, das Liese's Namen für immer in der religiösen Geistesgeschichte der Jahrhundertwende lebendig erhalten wird . . .". – EAB Msc. Liese, S. 47.

[232] Über das Knabenseminar, vgl. Hengst Karl: Paderborn. In: Gatz Erwin (Hg.): Priesterausbildungsstätten der deutschsprachigen Länder zwischen Aufklärung und Zweitem Vatikanischem Konzil (= Römische Quartalschrift. Supplementheft 49) ‹Rom u.a. 1994› 167-171, hier 171.

[233] Joseph Brockmann (1890-1975) aus Beverungen, 1916 Kaplan an St. Marien in Bochum-Langendreer, 1918 Vikar und Präses des Konvikts in Warburg, 1924-1939 Präses des Knabenseminars in Paderborn, 1941 Rektor des Priesterhauses im Knabenseminar, 1942 Pfarrer in Brakel, 1947 Dompropst und Wirklicher Geistlicher Rat, 1963 Apostolischer Protonotar, 1971 i.R.. – PSchemP ‹1935› 8 u. 170. – Totenkalendarium ‹1981› 187.

[234] Paul Löer (1902-1982) aus Büren, Dr. theol. 1939 in Freiburg, 1928 Vikar in Dortmund-Barop, 1932 dort Pfarrvikar an St. Franziskus Xaverius, 1935 Diözesansekretär des Bonifatius-Vereins in Paderborn, 1941 Standortpfarrer in Paderborn, 1942 gleichzeitig Rektor des Priesterhauses im Knabenseminar, 1945 Pfarrer an St. Aloysius in Iserlohn, 1974 i.R. – EAP Personalkartei.

[235] Albert Schopohl (1903-1971) aus Alfen, 1929 Vikar in Köthen, 1938 Vikar in Iserlohn, 1942 Sekretär am Erzbischöflichen Generalvikariat in Paderborn und Rendant des Priesterseminars, ebenso dort Rendant am Knabenseminar, 1966 Offizialatsrat in Paderborn. – PSchemP ‹1935› 104 u. 179. – EAP Personalkartei.

In dieser Zeit beschäftigte ich mich hauptsächlich mit Diözesangeschichte, besonders mit dem großen Paderborner Bischof der Kulturkampfzeit. 1937 konnte die umfassende Lebensbeschreibung erscheinen: ‚Konrad Martin, Professor und Bischof'.[236] Im Vorwort gedachte ich dankend des Geistlichen Rates Dr. Völker[237], der mir, wie beim Necrologium, so besonders bei dieser Schrift, die seinen eichsfeldischen Landsmann betraf, überaus viel mit Rat und Tat zur Seite ging, so daß er mir rechter Freund wurde. Leider wurde er seiner wertvollen Arbeit am Generalvikariat und seiner Stellung als Berater des Bischofs im Domkapitel unerwartet früh entrissen. Bei dem großen letzten Luftangriffe auf Paderborn im März 1945 traf ihn eine Bombe oder der davon ausgehende Luftdruck und verwundete ihn so schwer, daß er nach wenigen Tagen starb. Gott lohne ihm reich, was er mir an wertvoller Beratung und stets bereiter literarischer Unterstützung geboten hat! R.I.P.

Ferner widmete ich dem von mir sehr verehrten Bischof Wilhelm Schneider eine größere Biographie, die aber noch nicht gedruckt werden konnte.[238] Sodann war ich bemüht, das ‚Necrologium Paderbornense' nach vorn auszubauen, d. h. die Priester der früheren Jahrhunderte von ca. 1500-1822 zu erfassen und näher zu würdigen. Dabei bildeten die neuerdings gedruckten Kölner Weiheprotokolle sowie die Paderborner Fakultäts-Matrikel eine wichtige Quelle. Aber es war auch viel sonstiges Suchen auf der Akademischen Bibliothek und in den Akten des Generalvikariates erforderlich. Die Vervollständigung des Stoffes und die Ausarbeitung müssen jetzt andere für mich übernehmen[239], nachdem mir aus verschiedenen Gründen eigentliche wissenschaftliche Arbeit nicht mehr möglich ist. Mein bereits gesammeltes Material habe ich der Erzbischöflichen Akademischen Bibliothek übergeben. Seit etwa 1942 kam zu der Taubheit noch ein ernstes Herzleiden, das allmählich so große Unbeholfenheit erwirkte, so daß ich draußen stets an zwei Stöcken gehen muß. Öfter war ich deshalb bei dem Facharzt Dr. Fritz Meyer in Pader-

---

236 Vgl. Hengst, Bibliographie Liese Nr. 349.

237 Christoph Völker (1890-1945) aus Faulungen im Eichsfeld, Dr. theol., 1914 Kaplan in Vörden, 1926 Diözesan-Archivar in Paderborn, 1935 Wirklicher Geistlicher Rat, 1936 Offizialatsrat, 1939 Domkapitular. – PSchemP ‹1935› 4 u. 169. – Totenkalendarium ‹1981› 47.

238 Das Msc. „Wilhelm Schneider, Professor und Bischof, Paderborn" liegt im EAP, Sign. M 26b.

239 Die Karteikarten wurden nach Auskunft von Professor Dr. Klemens Honselmann von W. Liese privat an ihn übergeben, der sie dann 1984 dem neuen Direktor bei der Übernahme der EAB zur weiteren Bearbeitung anvertraute.

born.[240] Am Schlimmsten ist, daß die Störung der geistigen Fähigkeiten, vor allem des Gedächtnisses, in Verbindung mit den seit 1947/48 sich häufenden Schwindelanfällen arg fortgeschritten ist. Gerade dadurch wird literarische Arbeit fast völlig lahmgelegt. Einen größeren Aufsatz schrieb ich noch 1938 in ‚Theologie und Glaube' über Bischof Konrads kirchliche Bedeutung.[241]

Ich hatte gehofft, im Priesterhaus endlich eine ruhige Bleibe zu finden, zumal der einsetzende Gesundheitsverfall doch nicht mehr viel Lebenskraft erwarten ließ. Aber es kam leider ganz anders in Verbindung mit dem Luftkriege. Auch Paderborn hatte manche Angriffe auszuhalten, besonders schlimm im März 1945. Es war am Dienstag in der Karwoche, am 27. März, gegen Abend. Wir weilten im Schutzkeller. Auf einmal hieß es, das Feuer kommt. Wir mußten fliehen, mit großen nassen Tüchern über dem Kopf. Zunächst ging es zum Gierswall, wo wir wie ‚ein Häufchen Elend' zusammensaßen und der weiteren Beförderung entgegenharrten. Bald ging es hinaus in der Richtung nach Lippspringe. Ich selbst wurde auf einem ‚Handwägelchen' von zwei Herren vorangezogen, bis ein Wagen vom Gut Rosenkranz der Vinzentinerinnen kam, wo wir über Nacht blieben. Am folgenden Tag geleitete mich ein Priester nach Marienloh. Dort fand ich zunächst auf einige Wochen liebevolle Aufnahme bei Pfarrer Stracke[242], den ich gut von Paderborn her kannte, da er längere Zeit Kaplan der Markkirche und zugleich Taubstummen-Seelsorger war. Ein Fräulein von Papen[243] hatte vermittelt. Er selbst und seine zwei Schwestern boten alles auf, mich den schweren Abend vergessen zu lassen, wo ich meine letzte Habe verloren, vor allem sämtliche Möbel und Bücher und fast alle Kleidung. Nur Leibwäsche und Leinen konnten zum Teil gerettet werden, weil anderwärts untergebracht.[244]

---

240 Dr. Fritz Meyer (1892-1969) aus Paderborn, verheiratet 1926 mit Magdalene Jacobs (1902-1994), praktischer Arzt von 1930-1962 in Paderborn in der Marienstraße. – Freundliche Mitteilung von Frau Elisabeth Meyer vom 14. Februar 1995.

241 Vgl. Hengst, Bibliographie Liese Nr. 350.

242 Joseph Stracke (1886-1955) aus Hillmicke b. Wenden, 1912 Kaplan in Gelsenkirchen-Rotthausen, 1917 Kaplan an der Markkirche in Paderborn, 1934 Pfarrer in Marienloh. – PSchemP ‹1935› 12 u. 166. – Totenkalendarium ‹1981› 144.

243 Edith Ida von Papen (1889-1953) aus Köln, ihr Vater war Offizier, wurde Pfarrhelferin, kam 1940 von Germete Kr. Warburg nach Paderborn, Benhauser Str. 9, wohnte dann zeitweilig Dörener Weg 18, Heierstr. 24, Fechtelerstr. 24 bei Dr. Auffenberg und ab 1951 Heierstr. 32; sie starb am 30. September 1953 in Willebadessen. – StadtAP Meldekartei.

244 Hier folgen im Text einige Ausführungen über die Zerstörung in Paderborn. – EAB Msc. Liese, S. 51f.

In Marienloh blieb ich etwa zehn Wochen, dann konnte ich durch Vermittlung von Pfarrer Stracke im Marienstift der Salzkottener Franziskanerinnen in Lippspringe[245] ein schönes Unterkommen finden mit guter Pflege durch die Schwestern und mit liebevoller Fürsorge durch den Hausgeistlichen, besonders Rektor Kellerhof.[246] Da das Stift direkt am Kurwald liegt, so habe ich bequem Gelegenheit zur öfteren Bewegung in anziehender Natur. Anfangs war noch das Lazarett in einem Nebenbau, dem ehemaligen Kinderheim, in dem auch mein Osnabrücker Vetter, (Feldwebel) Ferdinand Liese[247], längere Zeit weilte. Im nahen Kurheim zum Hl. Geist wohnte im Sommer 1945 Professor Brinktrine[248] von der Theologischen Akademie, mit dem ich wiederholt anregenden Verkehr hatte. Einmal war er mit mir auch zu den Externsteinen, wo manches von den Nationalisten(!) – nicht zum besseren – geändert war. 1948/49 hatte ich auch öfter anregenden Verkehr mit dem Herz-Jesu-Missionar Ketzlick[249], der als Patient lange Monate neben mir

245 Über das Marienstift, heute Marienkrankenhaus, in Bad Lippspringe, vgl. Hengst Karl, Kirche und Stadt des Domkapitels. In: Pavlicic Michael (Bearb.): Lippspringe – Beiträge zur Geschichte ‹Paderborn 1995› 95-173, hier 133.

246 Franz Kellerhoff (1878-1954) aus Warburg, 1901 Priesterweihe für die Erzdiözese Prag, Eintritt in das Benediktinerkloster St. Emmaus in Prag, vermutlich Klosteraustritt und Hausgeistlicher in Schlackenwerth, später Hausgeistlicher am Marienstift in Bad Lippspringe. – Totenkalendarium ‹1981› 182. – EAP Personalkartei.

247 Cousin Ferdinand Liese (1887-1964) aus Osnabrück, seit 1917 verheiratet mit Elsa Taege (1893-1982), war ein Sohn des Kaufmanns Josef Richard Liese, eines Bruders des Vaters von Wilhelm Liese; er war nicht Feldwebel, sondern Oberstabsintendant beim Kavallerieregiment 15 in Paderborn; auch war er nicht in Lippspringe, sondern von März bis Mai 1943 im Lazarett in Paderborn im ehemaligen Knabenseminar. – Freundliche Mitteilung von seiner Tochter Irmgard in Paderborn am 13. Februar 1995.

248 Johannes Brinktrine (1889-1965) aus Paderborn, Dr. theol., 1912 Religionslehrer an der Realschule in Paderborn, 1912 Kaplan in Siegen, 1913 Kooperator in Effeln, 1914 beurlaubt an die Universität Freiburg, 1915 Pfarrvikar in Bökendorf, 1918 Präfekt am Priesterseminar in Paderborn, 1918 dort Präfekt am Leokonvikt und gleichzeitig Dozent für Philosophie, 1920-1922 beurlaubt zum Studium nach Rom, 1922 Subregens am Priesterseminar in Paderborn, 1922 Zeremoniar am Dom, 1931 dort Professor der Apologetik an der Phil.-Theologischen Akademie, 1938-1963 dort Professor der Dogmatik, 1959 gleichzeitig ordentliches Mitglied der päpstlichen theologischen Akademie in Rom. – PSchemP ‹1935› 7 u. 165. – Totenkalendarium ‹1981› 181.

249 P. Bernhard Ketzlick (1907-1951), Herz-Jesu-Missionar, 1937 Priesterweihe, 1938-1941 Vikar an der Herz-Jesu-Kirche in Bad Hamm, 1941 Schutzhaft und KZ-Aufenthalt wegen staatsabträglicher Predigtäußerungen, 1942 Abtransport ins Konzentrationslager Dachau, 1945 dort von den Amerikanern befreit, 1948-1949 Patient in Bad Lippspringe, als Schwerkranker wirkte er noch als Seelsorger in einem Heim für behinderte Kinder in Eisenschmitt in der Eifel. – EAP Personalkartei. – Berges Hermann-Josef/Jassmeier Wil-

wohnte. Vergebens hoffte ich, noch einmal nach Paderborn ziehen zu können. Aber schon 1947 und noch mehr 1948 zeigte sich die Aussichtslosigkeit, da die Verwüstungen dort geradezu grauenhaft sind. So behalte ich immer eine traurige Erinnerung an die Nazi-Herrschaft, der ich von Anfang an durchaus zurückhaltend gegenüber stand. Engherziger Nationalismus war mir stets zuwider. Dafür ist Gott zu groß, der all die verschiedenen Völker mit ihren wertvollen Besonderheiten geschaffen hat. Dafür ist andererseits jedes, auch das begabteste Volk zu klein. Alle sind aufeinander angewiesen, wenn wirklich blühende Kultur erreicht werden soll. Später wohnte im ‚Hl. Geist' mein lieber Freund Gierse, der mich seitdem öfter besuchte. Im Oktober 1945 hatte ich die große Freude, meine liebe Schwester Auguste einige Tage bei mir zu sehen. Sie hatte die jetzt so mühsame Fahrt nicht gescheut, wofür ich ihr sehr dankbar war. Ist sie doch die letzte der engeren Familie. Oft sehnte ich mich auch danach, bevor Gott mich heimruft, nochmals die alte Geburtsheimat Würdinghausen zu sehen. Der Neffe Friedrich in Hamm[250] bot mir im Sommer 1945 aus freien Stücken an, mich in seinem Geschäftsauto hinzubringen. Aber es gelang nicht, das nötige Benzin für die weite Fahrt zu bekommen. Dagegen kam am 22. August 1946 die schöne Fahrt zustande. Sie führte über Erwitte, Warstein, Meschede, Eslohe und Grevenbrück. Am Nachmittag durchwanderte ich unter Führung meines Neffen das Dörflein und hatte besondere Freude an der neuen Kapelle, in der am 23. d.M. früh eine ergreifende kirchliche Feier war, unter zahlreicher Beteiligung. Am Nachmittag ging die Rückfahrt über Saalhausen, mit Besuch der Familie Gastreich[251], Schmallenberg, Reiste und Meschede. Abends 7 Uhr waren wir wieder daheim. Die gleiche kurze Fahrt geriet nochmals im Mai 1949 zur Vorfeier des Jubiläums. Im Sommer 1946 war wiederum meine liebe Schwester bei mir, vorher auch ihre Tochter Ursula[252], hauptsächlich zur Feier des 70. Geburtstages am

---

helm (Red.): Mitten ins Leben gestellt. Werden und Wirken der katholischen Kirchengemeinde Herz-Jesu Bad Hamm 1929-1979 ‹Hamm [1979]› 13 (mit Bild).

250 Der Neffe Friedrich Liese war der Sohn des Kaufmanns Friedrich Liese (vgl. Anm. 9).

251 Agnes Auguste Liese (1912-1970) hatte 1943 den Landwirt Hermann Josef Gastreich (1903-1974) in Saalhausen geheiratet (vgl. Anm. 230). Aus der Ehe wurden vier Kinder geboren: Mechthild (1945), Magdalene (1946), Hildegard (1948) und Heribert (1950).

252 Schwester Auguste und Nichte Ursula, verheiratete Oehm, aus Homburg v.d. Höhe. Der Ehemann der Schwester, Heinrich Juncker, war bereits 1924 verstorben. – Vgl. Anm. 10.

27. April, der viel Teilnahme fand. Auch eine alte Landsmännin, Frau Aumann[253] aus Westönnen, geboren in Würdinghausen, kommt noch öfter zu mir.

Zusammenfassung und Schlußgedanken (Jubiläum)

Nun danke ich dem Allmächtigen aus ganzem Herzen für alles, was er mir Gutes getan, besonders für die Berufung zum Priestertum. Ebenso aufrichtigen Dank allen, die mir im Leben behilflich waren, besonders den kirchlichen Obern. Alle Leiden aber weihe ich Christus, damit es andern und der Caritas nütze, besonders aber den jungen Priestern, für die ich so gern tätig war. Wenn ich in all dem mannigfachen Leid trotz öfterer Schwierigkeiten doch immer wieder durchgehalten habe, so danke ich das zunächst der religiösen Auffassung, die mich stets gegenüber den schweren Stunden des Lebens beseelte, insbesondere dem Hinblick auf den Priesterkönig Christus. Aber auch natürliche Faktoren haben dabei geholfen, vor allem die Liebe zum Studium und die Freude am vielgestaltigen Leben. Gott hat mir auch viel frohen Sinn geschenkt, den ich bewußt gepflegt habe. Das hat mich davor bewahrt, dauernd schwermütig zu werden, wozu ich Neigung hatte, zumal ich schon früh in mancher Beziehung hilflos wurde und auf geregelte Berufsarbeit verzichten mußte. Dafür war es mir eine aufrichtige Freude, daß ich der Caritas so viel Aufmerksamkeit und Förderung schenken konnte, besonders auch in der akademischen Lehrtätigkeit. Ich glaube sagen zu dürfen, daß ich wirklich ‚mit dem Herzen' dabei war; ebenso in der Mitwirkung bei den vielen Schwesterngenossenschaften. Es ist mir eine starke Genugtuung, daß im und nach dem großen Kriege die Caritas so treu ihren Platz bewahrt hat. . .[254]

253 Frau Maria Aumann (1880-1957) aus Würdinghausen, geborene Aßmann, heiratete 1919 in Westönnen den Witwer Conrad Aumann (1877-1956) mit drei Kindern. W. Liese und Frau Aumann kannten sich schon als Nachbarskinder in Würdinghausen. – Freundliche Mitteilung von Frau Maria Becker aus Schöpplingen, einer Stieftochter von Frau Aumann, vom 10. März 1995.

254 Hier folgen noch einige, oft weitschweifende Ausführungen zur Tätigkeit Lieses in der Frauenbewegung und ‚zusammenfassende Gedanken über die Taubheit'. – EAB Msc. Liese, S. 55-57.

Und nun schließe ich im Frühjahr 1949 mit der Aussicht auf mein baldiges goldenes Jubiläum, wozu Gott reichen Segen geben wolle, auf daß ich mich recht für die ewige Heimat bereite.[255]

[255] Liese fügt hier noch als Anhang mit dem Titel ‚Meine literarischen Arbeiten' eine überblickartige Literaturliste an, ebenso einige Besprechungen über seine Bücher, und am Schluß ein ‚Inhalts-Verzeichnis'. – EAB Msc. Liese, S. 58-78.

Anhang

Bibliographie Wilhelm Liese

zusammengestellt von Karl Hengst

1. Die Werke der katholischen Charitas in Berlin. In: Caritas 6 ‹1901› 15–19, 41–43, 63–66 u. 84–89.
2. Die Charitas-Bibliothek. In: Caritas 6 ‹1901› 94.
3. Ein Wort an die katholische Frauenwelt über Patronagen. In: Caritas 6 ‹1901› 110–113.
4. Die katholische Bahnhofmission. In: Caritas 6 ‹1901› 261–264.

5. Der heilsnotwendige Glaube. Sein Begriff und Inhalt. Eine biblisch-patristische Untersuchung ‹Freiburg i.Br.1902› XV u. 184 S.
6. Die Auskunftsstelle und Bibliothek des Charitasverbandes. In: Caritas 7 ‹1902› 162–165.
7. Die Frauen und der Alkohol. In: Katholische Mäßigkeitsblätter zur Förderung der Mäßigkeitsbestrebungen im katholischen Deutschland (Beilage zur ‚Caritas') ‹Freiburg i.Br. 1902› 41–44.
8. Die ersten zehn Jahre der Zentralstelle für Arbeiter-Wohlfahrtseinrichtungen. In: Caritas 7 ‹1902› 211–213.

9. Die Frauen und der Kampf gegen die Trunksucht. Ein Wort an die Frauenwelt ‹Augsburg [1903]› IV u. 15 S.
10. Arbeiter-Exerzitien. In: Caritas 8 ‹1903› 12–16.
11. Der Tiroler Wohltätigkeitstag. In: Caritas 8 ‹1903› 19–21.
12. Die katholische Charitas und die Dienstboten. In: Caritas 8 ‹1903› 123–128.
13. Die Koedukation. In: Der katholische Seelsorger 15 ‹1903› 461–464.
14. Der fremdsprachliche Beichtspiegel. In: Der katholische Seelsorger 15 ‹1903› 469f.

15. Handbuch des Mädchenschutzes. Insbesondere für Priester und die Mitglieder caritativer Vereine (= Caritas-Schriften 13) ‹Freiburg i.Br.1904› VII u. 313 S.
16. Das neue Kinderschutzgesetz. In: Caritas 9 ‹1904› 38f.
17. Der Alkoholismus auf dem Lande. In: Arbeiterwohl 24 ‹1904› 133–148.
18. Die hauswirtschaftliche Ausbildung auf dem Lande. In: Arbeiterwohl 24 ‹1904› 299–315.
19. Entwicklung und Bedeutung der katholischen Standesvereine und Heime für die erwerbstätige weibliche Jugend. In: Historisch-politische Blätter 133 ‹1904› 402–420.

20. Das Leiden Jesu Christi. In: Der katholische Seelsorger 16 ‹1904› 56–62 u. 147–155.
21. Das freie Koalitionsrecht der Arbeiter. In: Der katholische Seelsorger 16 ‹1904› 375–379.
22. Das Reichsarbeitsblatt. In: Der katholische Seelsorger 16 ‹1904› 476f.
23. Schematismus des Bistums Paderborn (Bearb.) ‹Paderborn 1904› XXXII u. 231 S.

Rezensionen: GRANDERATH Theodor/KIRCH Konrad (Hg.): Geschichte des Vatikanischen Konzils von seiner ersten Ankündigung bis zu seiner Vertagung ‹Freiburg i.Br.1903›. In: Literarische Rundschau für das katholische Deutschland 30 ‹1904› 73–78. – WACKER Theodor: Entwicklung der Sozialdemokratie in den zehn ersten Reichstagswahlen (1871–1898) ‹Freiburg i.Br. 1903›. In: Literarische Rundschau für das katholische Deutschland 30 ‹1904› 120f. – TER HAAR Franz: Das Dekret des Papstes Innozenz XI. über den Probabilismus ‹Paderborn 1904›. In: Literarische Rundschau für das katholische Deutschland 30 ‹1904› 131–133.

24. Die Frauen im Kampf gegen den Alkoholismus. In: Rundschau in der Alkoholfrage 1 (= Fortsetzung der ‚Katholischen Mäßigkeitsblätter' und der ‚Sobrietas') ‹1905› 63f. u. 70f.
25. Zur Krüppelfürsorge in Westfalen. In: Caritas 10 ‹1905› 99.
26. Die öffentliche Armenpflege der Reichsstadt Augsburg. In: Caritas 10 ‹1905› 133–136.
27. Männer und Frauen der Charitas. 1. Pauline von Mallinckrodt, die Stifterin der Genossenschaft der Schwestern der christlichen Liebe. In: Caritas 10 ‹1905› 184–188.
28. Die Koedukation. In: Pädagogische Woche 1 ‹1905› 4f. u. 22f.
29. Mädchenschutz. In: Herders Konversations-Lexikon V ‹Freiburg i.Br. 1905› 1–4.
30. Die Bahnhofmission. In: Custos. Korrespondenz- und Offertenblatt für den katholischen Klerus 6 ‹1905› 231–235.
31. Aus dem Zuchthause. In: Historisch-politische Blätter 135 ‹1905› 665–675.
32. Gesundheit und Krankheit auf dem Lande. In: Soziale Kultur 25 ‹1905› 42–52, 157–169 u. 278–286.
33. Systematische Darstellung der deutschen Arbeiterversicherung. In: Soziale Kultur 25 ‹1905› 561–567 (auch als erweiterter Sonderdruck erschienen in der Reihe: Vortragsskizzen 2 ‹Mönchen-Gladbach 1905› 8 S.).
34. Öffentliche Armenpflege der Reichsstadt Augsburg. In: Der Helfer 15 ‹1905› 133–136.
35. Ein lehrreicher Armenfall in der Fürsorge für gefährdete Kinder. In: Der Helfer 15 ‹1905› Nr. 2.

Gründung und Übernahme der Schriftleitung der Zeitschrift ‚Die Heilsarmee' ‹Mönchen-Gladbach 1906–1931›.

36. Das hauswirtschaftliche Bildungswesen in Deutschland ‹Mönchen-Gladbach 1906› VII u. 104 S.
37. Die katholischen Wohltätigkeits-Anstalten und sozialen Vereine in der Diözese Paderborn (= Caritas-Schriften 17) ‹Freiburg i.Br. 1906› VII u. 216 S.
38. Die katholischen Jugendvereine. In: Caritas 11 ‹1906› 190–194 u. 219–222.
39. Entwicklung und Stand der Heilsarmee. In: Soziale Kultur 26 ‹1906› 86-93.
40. Streiter Christi im bunten Rock. In: Soziale Kultur 26 ‹1906› 167–177.
41. Die Religion der Heiligung. In: Soziale Kultur 26 ‹1906› 343–357.
42. Die Bedeutung der Heilsarmee. In: Soziale Kultur 26 ‹1906› 553–569.

43. Wo sollen unsre Töchter haushalten lernen? (= Gemeinnütziges Flugblatt 10) ‹Mönchen-Gladbach 1907› 4 S.
44. Der Charitasverband für das katholische Deutschland. In: Soziale Kultur 27 ‹1907› 793–798.
45. Die St.-Elisabethvereine. In: Plattner Anton: Die heilige Elisabeth ‹Mönchen-Gladbach 1907› 93–99 (auch als Sonderdruck erschienen ‹Mönchen-Gladbach 1907› 7 S.).
46. Die St.-Elisabethvereine. In: Soziale Kultur 27 ‹1907› 423–431.
47. Dienstbotenplage oder Dienstbotenfrage? In: Soziale Revue 7 ‹1907› 450–468.
48. ‚Abhängigkeit' der Nationalökonomie von der Moral. In: Der katholische Seelsorger 12 ‹1907› 134–136.

49. Die charitativ-soziale Tätigkeit der Katholiken Deutschlands. In: Krose Hermann: Kirchliches Handbuch 1 ‹Freiburg i.Br. 1908› 211–283.
50. Handbuch des Mädchenschutzes. Insbesondere für Priester und die Mitglieder caritativer Vereine (= Caritas-Schriften 13) ‹2. umgearbeitete und stark vermehrte Auflage, Freiburg i.Br. 1908› VIII u. 426 S.
51. Kurze Einführung in die soziale-caritative Arbeit. In: Präsides-Korrespondenz ‹1908› 193–211 u. 321–333 (auch als Sonderdruck erschienen ‹Mönchen-Gladbach 1908› 30 S.).
52. Jugendfürsorge und Jugendvereine. In: Der katholische Seelsorger 20 ‹1908› 519–522.
53. Mädchenhandel. In: Soziale Kultur 28 ‹1908› 91–102.

54. Die charitativ-soziale Tätigkeit der Katholiken Deutschlands. In: Krose Hermann: Kirchliches Handbuch 2 ‹Freiburg i.Br. 1909› 318–403.
55. Die Frau im Handelsgewerbe. In: Die christliche Frau 7 ‹1909› 201–203.
56. Katholische-soziale Bestrebungen. In: Conrad J. u.a. (Hg.): Handwörter-

buch der Staatswissenschaft III ‹3. gänzlich umgearbeitete Auflage, Jena 1909› 387–398.
57. Gesellenvereine (katholische). In: CONRAD J. u.a. (Hg.): Handwörterbuch der Staatswissenschaften IV ‹3. gänzlich umgearbeitete Auflage, Jena 1909› 677–680.
58. Schematismus des Bistums Paderborn (Bearb.) ‹Paderborn 1909› XXXVI u. 285 S.

Übernahme der Schriftleitung der Zeitschrift ‚Frauenwirtschaft' ‹Mönchen-Gladbach 1910–1914›.
59. Das hauswirtschaftliche Bildungswesen in Deutschland, hg. vom Verband für soziale Kultur und Wohlfahrtspflege (Arbeiterwohl) ‹2. Auflage, Mönchen-Gladbach 1910› XVI u. 153 S.
60. Internationale soziale Kongresse der Jahre 1908–1909. In: ThGl 2 ‹1910› 144f.
61. Der Mädchenschutz. In: ThGl 2 ‹1910› 293–299.
62. Über die evangelische Gemeinschaftsbewegung. In: ThGl 2 ‹1910› 672f.
63. Die hauswirtschaftliche Ausbildung der Landmädchen. In: Soziale Kultur 30 ‹1910› 465–471.
64. Ein katholischer Mäßigkeitsapostel [Joseph Hillebrand]. In: Volksfreund. Organ des Kreuzbündnisses. Verein abstinenter Katholiken 14 ‹1910› 98–101.
65. Unsere Weihnachtsfreude. In: Volksfreund. Organ des Kreuzbündnisses. Verein abstinenter Katholiken 14 ‹1910› 177f.
66. Die hauswirtschaftliche und gewerbliche Ausbildung der Mädchen. In: Frauenwirtschaft 1 ‹1910› 4–7 u. 25–28.

Übernahme der Schriftleitung der Zeitschrift ‚Der Jungfrauenverein'-Organ für die Leiter katholischer weiblicher Jugend-Vereine ‹Bochum 1911–1916›.
67. Das Laienapostolat. In: ThGl 3 ‹1911› 829–831.
68. Die internationale Hygiene-Ausstellung in Dresden und die katholische Krankenpflege. In: Caritas 16 ‹1911› 255–259.
69. Die krankenpflegenden religiösen Genossenschaften auf der Internationalen Hygiene-Ausstellung in Dresden. In: Caritas 16 ‹1911› 307f. u. 829–831.
70. Die Frauenschule. In: Frauenwirtschaft 1 ‹1910› 73–78 sowie ‚Beilage zum Jahresbericht der Katholischen Höheren Mädchenschule und Lehrerinnenbildungsanstalt in Paderborn für das Schuljahr 1910/11' ‹Paderborn 1911› 27–36.
71. Die Frau in der Gemeinde. In: Die Christliche Frau 10 ‹1911› 390–394.
72. Kongregation oder Verein? In: Der Jungfrauenverein 1 ‹1911› 10–13.
73. Die Entwicklung der Jungfrauenvereine im Bistum Paderborn. In: Der Jungfrauenverein 1 ‹1911› 73–78.
74. Der Jungfrauen Weihnachtsfreude. In: Der Jungfrauenverein 1 ‹1911› 150f.
75. Die Schülerin des Herzens Jesu (Skizze). In: Der Jungfrauenverein 1 ‹1911› 103–105.

76. Des Hauses Glück und Sonnenschein (Skizze). In: Der Jungfrauenverein 1 ‹1911› 105.
77. Das katholische Volksbildungswesen. In: Conrad Johannes u.a. (Hg.): Handwörterbuch der Staatswissenschaften VIII ‹3. gänzlich umgearbeitete Auflage, Jena 1911› 414–419.

Rezensionen: Hirschfeld Dorothea (Bearb.): Die Frauen in der Armen- und Wohlfahrtspflege Deutschlands ‹Berlin 1909›. In: Frauenwirtschaft 2 ‹1911› 127. – Zimmer Franz: Brauchen wir noch Töchterpensionate? ‹Leipzig 1910›. In: Frauenwirtschaft 2 ‹1911› 127. – Lietz Hermann: Grundsätze und Einrichtungen der Deutschen Landerziehungsheime ‹Leipzig 1910›. In: Frauenwirtschaft 2 ‹1911› 165. – Kortzfleisch Ida von: Das Maidenbuch ‹Gotha 1910›. In: Frauenwirtschaft 2 ‹1911› 165f.

78. Trunksuchtsbekämpfung. In: Staatslexikon der Görresgesellschaft V ‹3. neubearbeitete Auflage, Freiburg i.Br. 1912› 531–542.
79. Die Nüchternheitsbewegung. In: ThGl 4 ‹1912› 289–303.
80. Die Juden und das Wirtschaftsleben. In: ThGl 4 ‹1912› 402–404.
81. Die Katholiken und der Guttemplerorden. In: ThGl 4 ‹1912› 581f.
82. Die Sozialversicherung in Europa. In: ThGl 4 ‹1912› 761f.
83. Der Elisabethenverein. In: Vinzenzblätter 2 ‹1912› 73–76.
84. Die moderne Jugendpflege. In: Soziale Kultur 32 ‹1912› 553–572.
85. Jugendfürsorge. In: Soziale Kultur 32 ‹1912› 601.
86. Auferstehen. In: Volksfreund. Organ des Kreuzbündnisses. Verein abstinenter Katholiken 16 ‹1912› 49.
87. Der Maienkönigin. In: Volksfreund. Organ des Kreuzbündnisses. Verein abstinenter Katholiken 16 ‹1912› 66f.
88. Johannesjünger. In: Volksfreund. Organ des Kreuzbündnisses. Verein abstinenter Katholiken 16 ‹1912› 81f.
89. Der Liebe Osterflammen. In: Volksfreund. Organ des Kreuzbündnisses. Verein abstinenter Katholiken 16 ‹1912› 98.
90. Gottgeweiht. In: Volksfreund. Organ des Kreuzbündnisses. Verein abstinenter Katholiken 16 ‹1912› 114f.
91. Schutzengelkinder. In: Volksfreund. Organ des Kreuzbündnisses. Verein abstinenter Katholiken 16 ‹1912› 130f.
92. Winzerfreude. In: Volksfreund. Organ des Kreuzbündnisses. Verein abstinenter Katholiken 16 ‹1912› 145f.
93. Jung David. In: Volksfreund. Organ des Kreuzbündnisses. Verein abstinenter Katholiken 16 ‹1912› 161f.

Rezension: Nuthing Adelaide/Dock Lavinia: Geschichte der Krankenpflege. In: Frauenwirtschaft 3 ‹1912› 75. – Foerster Fr[iedrich] W[ilhelm]: Die Dienstbotenfrage und die Hausfrauen ‹Zürich 1912›. In: Frauenwirtschaft 3 ‹1912› 206. – Fehler Anna: Briefe einer Gutsfrau an ihre Enkelin ‹Berlin 1911›. In: Frauenwirtschaft 3 ‹1912› 206. – Ragaz L[eonhard]: Was will und soll die Frauenbewegung? ‹Zürich 1911›. In: Frauenwirtschaft 3 ‹1912› 206.

94. Moderne Mädchenfürsorge. In: Pharus. Katholische Monatschrift für Orientierung in der gesamten Pädagogik 4 ‹1913› 349–356 u. 451–465 (auch als Sonderdruck erschienen ‹Donauwörth 1913› 21 S.).
95. Die Anstaltsfürsorge. In: Soziale Kultur 33 ‹1913› 287.
96. Die gewaltige Bedeutung des Haushaltsunterrichts. In: Soziale Kultur 33 ‹1913› 288.
97. Jahrbücher und Kalender. In: Soziale Kultur 33 ‹1913› 351.
98. Laßt uns das Kindlein grüßen. In: Volksfreund. Organ des Kreuzbündnisses. Verein abstinenter Katholiken 17 ‹1913› 4f.
99. Wenn Ihr nicht werdet wie die Kinder ... In: Volksfreund. Organ des Kreuzbündnisses. Verein abstinenter Katholiken 17 ‹1913› 17f.
100. Mich dürstet. In: Volksfreund. Organ des Kreuzbündnisses. Verein abstinenter Katholiken 17 ‹1913› 33f.
101. Näher zu Gott. In: Volksfreund. Organ des Kreuzbündnisses. Verein abstinenter Katholiken 17 ‹1913› 49f.
102. Sittliche Kraft [Teil I u. II]. In: Volksfreund. Organ des Kreuzbündnisses. Verein abstinenter Katholiken 17 ‹1913› 65f. u. 81f.
103. Aus tiefen Quellen. In: Volksfreund. Organ des Kreuzbündnisses. Verein abstinenter Katholiken 17 ‹1913› 98.
104. Frommer Freude voll. In: Volksfreund. Organ des Kreuzbündnisses. Verein abstinenter Katholiken 17 ‹1913› 113f.
105. Reif zur Ernte. In: Volksfreund. Organ des Kreuzbündnisses. Verein abstinenter Katholiken 17 ‹1913› 129f.
106. In diesem Zeichen wirst du siegen. In: Volksfreund. Organ des Kreuzbündnisses. Verein abstinenter Katholiken 17 ‹1913› 146.
107. Warum so furchtsam?. In: Volksfreund. Organ des Kreuzbündnisses. Verein abstinenter Katholiken 17 ‹1913› 162f.
108. Ein Mann von Charakter. In: Volksfreund. Organ des Kreuzbündnisses. Verein abstinenter Katholiken 17 ‹1913› 178.
109. Fürsorgeerziehung. In: Roloff Ernst U. (Hg.): Lexikon der Pädagogik II ‹Freiburg i.Br.1913 ff.› 124–137.
110. Kinderbewahranstalten. In: Roloff Ernst U. (Hg.): Lexikon der Pädagogik II ‹Freiburg i.Br.1913 ff.› 1188–1190.
111. Kinderhorte. In: Roloff Ernst U. (Hg.): Lexikon der Pädagogik II ‹Freiburg i.Br. 1913ff.› 1203–1205.
112. Personal-Schematismus der Diözese Paderborn ‹Paderborn 1913› IV u. 208 S.
113. Real-Schematismus der Diözese Paderborn (Bearb.) ‹Paderborn 1913› 98* u. 500 S.

Rezensionen: Freudenberg Ika u. a.: Grundsätze und Forderungen der Frauenbewegung ‹Leipzig 1912›. In: Frauenwirtschaft 4 ‹1913› 47 f. – Nostitz-Wallwitz A. von: Die Haushaltungsschule I ‹4. Auflage Leipzig 1913›. In: Frauenwirtschaft 4 ‹1913› 48. – Combes Paul: Das Buch der Frau. Handbuch für christliche Frauen in ihrer Stellung als Gattin, Hausfrau, Mutter und Erzieherin ‹Saarlouis 1912›. In: Frauenwirtschaft 4 ‹1913› 48.

114. Wohlfahrtspflege und Caritas im Deutschen Reich, in Deutsch-Österreich, der Schweiz und Luxemburg [mit 1 Ortskataster und alphabetischem Register der einschlägigen katholischen Einrichtungen, 1 Grundriß und 24 Trachtenbildern] ‹Mönchen-Gladbach 1914› XV u. 477 S.
115. Des Kriegers Weihnachtsfreude. Heimatklänge, unseren Lieben auf dem fernen Schlachtfelde, geboten von Wilhelm Liese ‹Paderborn 1914› 32 S.
116. Hirtenworte in ernster Zeit. Kriegsgedanken aus Hirtenbriefen. Nebst Gebeten ‹Paderborn 1914› 48 S.
117. Zur Ethik der Sozialpolitik. In: ThGl 6 ‹1914› 53.
118. Das katholische Holland. In: ThGl 6 ‹1914› 388–394.
119. Krieg und Seelsorger. In: ThGl 6 ‹1914› 652–658 u. 753f.
120. Zur Jugendpflege. In: ThGl 6 ‹1914› 666–668.
121. Caritashilfe in der Seelsorge. In: Soziale Kultur 34 ‹1914› 621–647.
122. Kinderfürsorge. In: Concordia 2 ‹1914› 27.
123. Heiligste Nacht. In: Volksfreund. Organ des Kreuzbündnisses. Verein abstinenter Katholiken 18 ‹1914› 2f.
124. Stimmung. In: Volksfreund. Organ des Kreuzbündnisses. Verein abstinenter Katholiken 18 ‹1914› 17f.
125. Sühne. In: Volksfreund. Organ des Kreuzbündnisses. Verein abstinenter Katholiken 18 ‹1914› 35–37.
126. Dem Licht entgegen. In: Volksfreund. Organ des Kreuzbündnisses. Verein abstinenter Katholiken 18 ‹1914› 51f.
127. Der reinsten Jungfrauen. In: Volksfreund. Organ des Kreuzbündnisses. Verein abstinenter Katholiken 18 ‹1914› 65–67.
128. Was würde Jesus tun? In: Volksfreund. Organ des Kreuzbündnisses. Verein abstinenter Katholiken 18 ‹1914› 81f.
129. Die goldene Mitte. In: Volksfreund. Organ des Kreuzbündnisses. Verein abstinenter Katholiken 18 ‹1914› 18 ‹1914› 97f.
130. Auf heiligen Spuren. In: Volksfreund. Organ des Kreuzbündnisses. Verein abstinenter Katholiken 18 ‹1914› 114f. [mit 1 Abb.]
131. In ernsten Tagen. In: Volksfreund. Organ des Kreuzbündnisses. Verein abstinenter Katholiken 18 ‹1914› 131.
132. Dona nobis pacem. In: Volksfreund. Organ des Kreuzbündnisses. Verein abstinenter Katholiken 18 ‹1914› 150f.
133. Zum Friedenskind in Kriegszeit. In: Volksfreund. Organ des Kreuzbündnisses. Verein abstinenter Katholiken 18 ‹1914› 162f.
134. Soziale und caritative Literatur für Volksbibliotheken. In: Buch und Volk ‹Bonn 1914› 79–85 (auch als Sonderdruck erschienen ‹Essen 1914› 8 S.).
135. Das Glück im Winkel (Vortragsskizze). In: Frauenwirtschaft 5 ‹1914› 59-61.
136. Der Haushalt zur Kriegszeit (Vortragsskizze). In: Frauenwirtschaft 5 ‹1914› 185 f.
137. Die neuesten Fortschritte auf dem Gebiete des hauswirtschaftlichen Bildungswesens (= Soziale Auskünfte 37) ‹Mönchen-Gladbach 1914› 7 S. [Nachtrag zur Schrift von 1910: Das hauswirtschaftliche Bildungswesen in Deutschland].

Rezensionen: Gutachten, Berichte und Materialien zu den Verhandlungsgegenständen des 2. Österreichischen Kinderschutzkongresses in Salzburg, hg. von der Zentralstelle für Kinderschutz und Jugendfürsorge in Wien ‹Wien 1913›. In: Concordia 21 ‹1914› 27. – Böckenhof Karl: Reformehe und christliche Ehe ‹Köln 1914›. In: Theologische Revue 13 ‹1914› 217. – Mausbach Joseph: Frauenbildung und Frauenstudium im Lichte der Zeitbedürfnisse und Zeitgegensätze ‹Münster 1910›. In: Theologische Revue 13 ‹1914› 217f. – Faulhaber Michael: Wir Akademiker und die Kirche ‹Mainz 1913› und Hoeber Karl: Die religiösen Pflichten des gebildeten Laienstandes (= Rüstzeug der Gegenwart, N.F. 1) ‹Köln 1913›. In: Theologische Revue 13 ‹1914› 279f. – Forschner Carl (Hg.): Soziale Briefe 8 ‹Mainz 1914›. In: Theologische Revue 13 ‹1914› 280.

138. Die katholischen Orden Deutschlands und der Völkerkrieg 1914/15. Statistik ihrer Kriegsarbeit vom 1. August bis 31. Dezember 1914. In: Caritas 20 ‹1915› 245–273 u. 308–310 (auch als Sonderdruck erschienen ‹Freiburg i.Br.1915› 31 S.).
139. Krieg und Seelsorger. In: ThGl 7 ‹1915› 43f.
140. Die kirchliche Statistik. In: ThGl 7 ‹1915› 101–112.
141. Arbeitslosenfürsorge. In: ThGl 7 ‹1915› 311f.
142. Das Frauendienstjahr. In: ThGl 7 ‹1915› 544–547.
143. Die Kriegsarbeit der katholischen klösterlichen Genossenschaften. In: ThGl 7 ‹1915› 672–676.
144. Die Kriegsarbeit der katholischen klösterlichen Genossenschaften. In: Der deutsche Katholizismus im Weltkriege. Gesammelte Kriegsaufsätze aus der Zeitschrift ‚Theologie und Glaube', hg. von den Professoren der bischöflich-theologischen Fakultät zu Paderborn ‹Paderborn 1915› 82–86.
145. Caritasprofessuren an den theologischen Fakultäten. In: Caritas 20 ‹1915› 307–310.
146. Krieg und Wirtschaftsleben. In: Soziale Kultur 35 ‹1915› 32–39.
147. Schenket uns stolze Hausfrauen! Ein Wort an die Hauswirtschaftslehrerinnen zur Kriegszeit. In: Frauenwirtschaft 6 ‹1915› 73–74.
148. Die Caritas im modernen Leben. In: Bonifatius-Korrespondenz 9 ‹1915› 56–61.
149. Das Rote Kreuz. In: Vorträge für die Kriegszeit 6 ‹1915› 25–70.
150. Unser Vaterland. In: Volksfreund. Organ des Kreuzbündnisses. Verein abstinenter Katholiken 19 ‹1915› 2f.
151. Deutschlands Regierung. In: Volksfreund. Organ des Kreuzbündnisses. Verein abstinenter Katholiken 19 ‹1915› 11.
152. Die deutschen Parlamente. In: Volksfreund. Organ des Kreuzbündnisses. Verein abstinenter Katholiken 19 ‹1915› 18f.
153. Die Arbeit der Abgeordneten. In: Volksfreund. Organ des Kreuzbündnisses. Verein abstinenter Katholiken 19 ‹1915› 27f.
154. Der Schirmer des häuslichen Herds. In: Volksfreund. Organ des Kreuzbündnisses. Verein abstinenter Katholiken 19 ‹1915› 34f.

155. Zum Schutze des Rechts. In: Volksfreund. Organ des Kreuzbündnisses. Verein abstinenter Katholiken 19 ‹1915› 42f.
156. Im Dienste der Kultur. In: Volksfreund. Organ des Kreuzbündnisses. Verein abstinenter Katholiken 19 ‹1915› 50f.
157. Für die leiblichen Güter. In: Volksfreund. Organ des Kreuzbündnisses. Verein abstinenter Katholiken 19 ‹1915› 58f.
158. Das Verkehrswesen. In: Volksfreund. Organ des Kreuzbündnisses. Verein abstinenter Katholiken 19 ‹1915› 65f.
159. Die Staatsfinanzen. In: Volksfreund. Organ des Kreuzbündnisses. Verein abstinenter Katholiken 19 ‹1915› 75f.
160. Die Selbstverwaltung. In: Volksfreund. Organ des Kreuzbündnisses. Verein abstinenter Katholiken 19 ‹1915› 83f.
161. Der Staatsbürger. In: Volksfreund. Organ des Kreuzbündnisses. Verein abstinenter Katholiken 19 ‹1915› 91f.
162. Pflegekinder. In: Roloff Ernst U. (Hg.): Lexikon der Pädagogik IV ‹Freiburg i.Br. 1915› 1198–1203.

Rezensionen: Menge Gisbert: Die Wiedervereinigung im Glauben 1 ‹Freiburg i.Br. 1914› und Aufsess Otto Frhr. von und zu: Ein Herr und ein Glaube ‹München 1914› sowie Rambaud Jules: Ut omnes unum sint ‹München 1914›. In: Theologische Revue 14 ‹1915› 231f.

163. Des Kriegers Weihnachtsfreude. Heimatklänge, unseren Lieben auf dem fernen Schlachtfelde, geboten von Wilhelm Liese ‹3. verbesserte Auflage, Paderborn 1916› 32 S.
164. Goldenes Kreuz auf blauem Grunde. Erwägungen für Freunde der Nüchternheit (= Das geistliche Jahr 1) ‹Heidhausen-Ruhr 1916› 48 S.
165. Caritativ-soziale Lebensbilder ‹Mönchen-Gladbach 1916› 59 S.
166. Die Kriegsbeschädigtenfürsorge. In: ThGl 8 ‹1916› 153–172 (auch als Sonderdruck erschienen ‹Paderborn 1916› 48 S.).
167. Die Organisation der katholischen Caritas. In: ThGl 8 ‹1916› 574–578.
168. Ein Münsterländer Vorkämpfer der Caritas-Organisation [Prior Hüffer]. In: Caritas 21 ‹1916› 137–142.
169. Aus der Kriegsbeschädigtenfürsorge vor 100 Jahren. In: Caritas 21 ‹1916› 234.
170. Deutsche Wohlfahrtspflege zur napoleonischen Zeit. In: Soziale Kultur 36 ‹1916› 287–292.
171. Kriegsarbeit der Elisabethenvereine. In: Vinzenzblätter 4 ‹1915/16› 52–54.
172. Und hätte ich die Liebe nicht . . . In: Religiöse Kriegsblätter 8, hg. von der Theologischen Fakultät zu Paderborn ‹Paderborn 1916› 4 S.
173. Des Vaterlandes Hochgesang. In: Sonnenland ‹Brixen 15. Februar 1916› 53f.

174. Die große Sehnsucht. Gedanken über des Glaubens Sinn und Glück ‹Paderborn 1917› VIII u. 288 S.
175. Zur katholischen Nüchternheitsbewegung. In: ThGl 9 ‹1917› 18–22.

176. Kriegssorgen und Kriegshilfe. In: ThGl 9 ‹1917› 206–222 [Betrifft auch die kirchliche Kriegshilfe Paderborn].
177. Die Unterbringung der Ferienkinder im Bistum Paderborn. In: ThGl 9 ‹1917› 257–261.
178. Die Polen in Rheinland-Westfalen. In: ThGl 9 ‹1917› 336f.
179. Die Fürsorge für Abnorme [Teil 1 u. 2]. In: Soziale Kultur 37 ‹1917› 569–584 u. 609–622.
180. Deutsche Kriegerfürsorge. In: Zeitschrift für Christliche Sozialreform 39 ‹1917› 81–96 (auch als Sonderdruck erschienen ‹Basel 1917› 16 S.).
181. Heinzelmännchen. In: Ins Leben hinaus 1 ‹1917› 34–36.
182. Die Caritas in der Erziehung. In: Monatsschrift für katholische Lehrerinnen 30 ‹1917› 452f.
183. Bilder und Gedanken aus der alten schlesischen Nüchternheitsbewegung. In: Volksfreund. Organ des Kreuzbündnisses. Verein abstinenter Katholiken 21 ‹1917› 52f.
184. Bevölkerungsfrage und Alkoholismus. In: Volksfreund. Organ des Kreuzbündnisses. Verein abstinenter Katholiken 21 ‹1917› 98f.
185. Zum Friedenskind in Kriegszeit. In: Volksfreund. Organ des Kreuzbündnisses. Verein abstinenter Katholiken 21 ‹1917› 145f.

186. Franz Ludwig von Erthal. In: Historisch-politische Blätter 162 ‹1918› 92–105.
187. Menschen untereinander. In: St. Kamillusblatt 21 ‹1918› 152–154 [mit 1 Abb.].
188. Caritativ-soziale Vereine. In: St. Kamillusblatt 21 ‹1918› 201–204.
189. Erzieher auf Christus. In: Den Theologen in der Ferne gewidmet als ein Treuegruß von der kirchlichen Gefangenenhilfe der deutschen Bischöfe, Paderborn ‹Paderborn [1918]› 3–10.
190. Dem Hochland-Buch zum Geleit ‹Mönchen-Gladbach 1918› 3 S.

Rezensionen: Wessel J[oseph]: Aus der Vereinspraxis weiblicher Vereine ‹Mönchen-Gladbach 1917›. In: Theologische Revue 17 ‹1918› 232f. – Jünemann Ignatia Maria: Unsere Pfarrgemeinden und der Krieg ‹Mönchen-Gladbach 1917›. In: Theologische Revue 17 ‹1918› 425. – Meinertz Max/Sacher Hermann: Deutschland und der Katholizismus 1 u.2 ‹Freiburg i.Br.1918›. In: Theologische Revue 17 ‹1918› 461f. – Schneider Johannes: Kirchliches Jahrbuch für die evangelischen Landeskirchen Deutschlands 45 ‹1918›. In: Theologische Revue 17 ‹1918› 467f. – Sondergeld Paul: Eucharistische Jugendpflege ‹Wiesbaden o.J.›. In: Theologische Revue 17 ‹1918› 470. – Heinen Anton: Jugendpflege als organisches Glied der Volkspflege ‹Mönchen-Gladbach 1917›. In: Theologische Revue 17 ‹1918› 470.

191. Übersichtliche Darstellung der deutschen Sozialversicherung (Stand: 1. Januar 1919) (= Soziale Auskünfte 54) ‹Mönchen-Gladbach 1919› 15 S.
192. Die Vorbildung der Theologen für die großen Caritasaufgaben der Gegenwart [eine von W. Liese verfaßte Denkschrift für L. Werthmann] ‹Freiburg i. Br. 1919›.

193. Karitasschulung und Karitaswissenschaft. In: ThGl 11 ‹1919› 139–145.
194. Fürsorge für Abnorme. In: Caritasstimmen 3 ‹1919› 2–7.
195. Justizrat Dr. Joseph Sommer. In: Honselmann Franz (Hg.): Sauerländisches Familienarchiv ‹Paderborn 1919› 296–300.
196. Willkommen daheim! In: Volksfreund. Organ des Kreuzbündnisses. Verein abstinenter Katholiken 23 ‹1919› 5f.
197. Das Glück im Winkel. In: Volksfreund. Organ des Kreuzbündnisses. Verein abstinenter Katholiken 23 ‹1919› 13f.
198. Das große Geheimnis. In: Volksfreund. Organ des Kreuzbündnisses. Verein abstinenter Katholiken 23 ‹1919› 21f.
199. Vater. In: Volksfreund. Organ des Kreuzbündnisses. Verein abstinenter Katholiken 23 ‹1919› 30f.
200. Mütter. In: Volksfreund. Organ des Kreuzbündnisses. Verein abstinenter Katholiken 23 ‹1919› 37–39.
201. Die Kinder. In: Volksfreund. Organ des Kreuzbündnisses. Verein abstinenter Katholiken 23 ‹1919› 46f.
202. Die Freude in der Erziehung. In: Volksfreund. Organ des Kreuzbündnisses. Verein abstinenter Katholiken 23 ‹1919› 53f.
203. Fromme Kinder. In: Volksfreund. Organ des Kreuzbündnisses. Verein abstinenter Katholiken 23 ‹1919› 70f.
204. Joh. Matthias Selig als Freund des Volkslebens. In: Volksfreund. Organ des Kreuzbündnisses. Verein abstinenter Katholiken 23 ‹1919› 74f.
205. Artige Kinder. In: Volksfreund. Organ des Kreuzbündnisses. Verein abstinenter Katholiken 23 ‹1919› 85f.
206. Westfalens alte und neue Spitäler [mit Ortskataster]. In: WZ 77/II ‹1919› 128–189 (u. kurzer Nachtrag).
207. Reform und Blüte der öffentlichen Wohlfahrtspflege in dem Fürstentum Würzburg und dem Hochstift Bamberg unter dem Fürstbischof Franz Ludwig von Erthal [1779–1795]. In: Soziale Kultur 39 ‹1919› 209–240.
208. Die Abstinenz als Caritaswerk. In: Sobrietas, N.F. 13 ‹1919› 33–36.
209. Des Hauses Sonnenschein. In: Ins Leben hinaus 4 ‹1919› 2f.
210. Neuere Caritasliteratur. In: Literarischer Handweiser 55 ‹1919› 101–106.

Rezensionen: Schreiber Georg: Mutter und Kind in der Kultur der Kirche ‹Freiburg i.Br.1918›. In: Theologische Revue 18 ‹1919› 19f. – Menge Gisbert: Die Herrlichkeit der katholischen Kirche in ihrer Lehre ‹Münster 1919›. In: Theologische Revue 18 ‹1919› 232. – Meyenberg Albert: Democratia christiana – Christliche Demokratie. Eine Sammlung von Predigten und Reden über staatspolitische und soziale Fragen 1 ‹Luzern 1919›. In: Theologische Revue 18 ‹1919› 232. – Heinen Anton: Mammonismus und seine Überwindung. Eine sozialethische Studie ‹Mönchen-Gladbach 1919›. In: Theologische Revue 18 ‹1919› 232. – Waibel Josef: Am Wendepunkt. In: Theologische Revue 18 ‹1919› 232f. – Engert Thaddäus: Wege zur deutschen Kirche ‹Tübingen 1919›. In: Theologische Revue 18 ‹1919› 321f. – Müller Georg Hermann: Die Stellung des freien Protestantismus zur katholischen Kirche ‹Dresden 1919›. In: Theologische Revue 18 ‹1919› 326. – Schian Martin: Was haben wir an unserer evangelischen Kirche? ‹Berlin

1919›. In: Theologische Revue 18 ‹1919› 326. – UDE Johann: Das katholische Lebensprogramm ‹Graz 1919› und CARDAUNS Hermann: Aus Luise Hensels Jugendzeit ‹Freiburg i.Br. 1918›. In: Theologische Revue 18 ‹1919› 413f.

Übernahme der Schriftleitung von ,Caritas' und ,Caritasstimmen'‹Freiburg i.Br. 1920–1928›.

211. Geschichte der Pfarrei Kirchhundem und ihrer Tochterpfarreien Altenhundem, Heinsberg, Kohlhagen ‹Paderborn 1920› 111 S.
212. Soziale und caritative Literatur für Volksbibliotheken (=Buch und Volk, I. Reihe, Nr. 8) ‹Bonn 1920› 8 S.
213. Der Ton macht die Musik. In: Ins Leben hinaus 5 ‹1920› 1f.
214. Christlicher Sozialismus? In: ThGl 12 ‹1920› 110 u. 159–164.
215. Schmücke dein Heim. In: Frauenwirtschaft 11 ‹1920› 71–73.
216. Die Vorbildung der Theologen für die großen Caritasaufgaben der Gegenwart. In: Caritas 25 ‹1920› 97–104.
217. Fürsorge für die Abnormen. In: JOERGER Kuno: Caritashandbuch ‹Freiburg i.Br. 1920› Heft 11: Abschnitt E VII, S. 1–12 (auch als Sonderdruck erschienen ‹Mönchen-Gladbach 1920› 12 S.).
218. Der heiligen Familie. In: Volksfreund. Organ des Kreuzbündnisses. Verein abstinenter Katholiken 24 ‹1920› 2f.
219. Die barmherzigen Schwestern. In: St. Kamillusblatt 23 ‹1920› 153–156 [mit 1 Abb.].
220. Bedeutende Sauerländer: 1. Westphalus eremita. In: Trutznachtigall 2 ‹1920› 46–49.
221. Literatur zur Karitashilfe in der Seelsorge. In: Literarischer Handweiser 56 ‹1920› 7–10.

Rezensionen: SCHNEIDER Johannes: Kirchliches Jahrbuch für die Landeskirchen Deutschlands 46 ‹1919›. In: Theologische Revue 19 ‹1920› 27f. – DERS.: Kirchliches Jahrbuch für die Landeskirchen Deutschlands 47 ‹1920›. In: Theologische Revue 19 ‹1920› 362f. – WEILER Jakob: Mich ruft es zur Arbeit ‹Freiburg i.Br.1920›. In: Theologische Revue 19 ‹1920› 365.

222. An die Mitarbeiter [der Zeitschrift ,Caritas'] ‹Freiburg i.Br. 1921› 2 S.
223. Zum Silberjubiläum der ,Caritas'. In: Caritas 26 (= Neue Folge 1) ‹1921› 2f.
224. Rundschau. Aus der ,Inneren Mission'. In: Caritas 26 ‹1921› 30f.
225. Bücherschau. In: Caritas 26 ‹1921› 35f.
226. 25 Jahrgänge der ,Caritas'. In: Caritas 26 ‹1921› 35f.
227. Bücherschau. In: Caritas 26 ‹1921› 52.
228. Zum Tode unseres Gründers. In: Caritas 26 ‹1921› 69–74 u. 86.
229. Diasporahelferinnen. In: Caritas 26 ‹1921› 86–88.
230. Gott zum Gruß. In: Caritasstimmen 5 ‹1921› 2.
231. Caritas Christi. In: Caritasstimmen 5 ‹1921› 3 f.
232. Wie die Kinder. In: Caritasstimmen 5 ‹1921› 9 f.
233. Die Mutter der schönen Liebe. In: Caritasstimmen 5 ‹1921› 17 f.

234. Opfergeist. In: Caritasstimmen 5 ‹1921› 25 f.
235. Nachruf auf Lorenz Werthmann. In: Caritasstimmen 5 ‹1921› 26.
236. Als fröhlicher Spielmann Gottes. In: Trutznachtigall 3 ‹1921› 54–56.
237. Die katholische Caritas. In: Die Tat 13 ‹1921› 86–88.
238. Die katholische Caritas im 19. Jahrhundert [1.–3. Teil]. In: Monatsblätter für den katholischen Religionsunterricht an höheren Lehranstalten 22 ‹1921› 97–105.

Rezensionen: KREBS Engelbert: Das Kennzeichen seiner Jünger ‹Freiburg i.Br.1921›. In: Theologische Revue 20 ‹1921› 70f. – SCHILGEN Hardy: Junge Helden ‹Kevelaer 1920›. In: Theologische Revue 20 ‹1921› 71. – PIERER August: Gemeinschaftsgeist im Wiederaufbau ‹Freiburg i. Br.1920›. In: Theologische Revue 20 ‹1921› 71. – MENGE Gisbert: Versuche zur Wiedervereinigung Deutschlands im Glauben. In: Theologische Revue 20 ‹1921› 311. – [ANONYM]: Gott will es. Aufruf zur Wiedervereinigung der evangelischen und katholischen Religion in Deutschland. Von einem katholischen Geistlichen ‹Berlin o.J.›. In: Theologische Revue 20 ‹1921› 318. – RIES Josef: Die Mischehe, eine ernste Pastorationssorge (= Hirte und Herde 3) ‹2. u. 3. Auflage, Freiburg i.Br.1921›. In: Theologische Revue 20 ‹1921› 318. – ELPIDIUS Pater (O.F.M.): Patronentasche des Abstinenten ‹3. Auflage, Rothenfels 1920›. In: Theologische Revue 20 ‹1921› 318. – SCHNEIDER Johannes: Kirchliches Jahrbuch für die evangelischen Landeskirchen Deutschlands 48 ‹1921›. In: Theologische Revue 20 ‹1921› 396f. – REBHOLZ Josef: Das Lilienttal. Von Thomas von Kempen ‹Regensburg 1920›. In: Theologische Revue 20 ‹1921› 398. – MÄDER Robert: Die Ganzen. Ein Appell an das katholische Volk ‹München 1920›. In: Theologische Revue 20 ‹1921› 398. – NOPPEL Constantin: Jugendzeit. Ein Beitrag zum Wiederaufbau Deutschlands (= Stimmen der Zeit. Ergänzungshefte, I.Reihe, 8. Heft) ‹Freiburg i.Br. 1921›. In: Theologische Revue 20 ‹1921› 399.

239. Geschichte der Caritas (Jubiläumswerk des Deutschen Caritasverbandes 1897–1922) 1 u. 2 ‹Freiburg i.Br. 1922›. Bd. 1: VIII u. 394 S. ; Bd. 2: VIII u. 293 S. (nebst maschinenschriftlichem Nachtrag 1922–1936, Exemplar in der EAB).
240. Schule und Caritas (= Beihefte der ‚Caritas' 1) ‹Freiburg i.Br. 1922› 16 S.
241. Die katholische Caritas im 19. Jahrhundert [Schluß]. In: Monatsblätter für den katholischen Religionsunterricht an höheren Lehranstalten 23 ‹1922› 1–6.
242. Die Caritas des täglichen Lebens. In: Caritasstimmen 6 ‹1922› 1f.
243. Die Caritas des Auges. In: Caritasstimmen 6 ‹1922› 29f.
244. Die Caritas der Armen und Kranken. In: Caritasstimmen 6 ‹1922› 43f.
245. Caritaszeitschriften, Caritastage und -kurse. In Caritasstimmen 6 ‹1922› 66–68.
246. Der neuen ‚Caritas' zum Geleite. In: Caritas 27 (= Neue Folge 2) ‹1922› 1–3.

247. Prälat Werthmann und Prälat Hitze zum Gedächtnis. In: Caritas 27 ‹1922› 3–8.
248. Vom Lebenswert der Caritas. In: Caritas 27 ‹1922› 31–35.
249. Katholischer Landeswohlfahrtsverband der Vereinigten Staaten. In: Caritas 27 ‹1922› 85f.
250. Zum Jubiläum des Caritasverbandes. In: Caritas 27 ‹1922› 161–167.

Rezensionen: Krose Hermann Anton (Hg.): Kirchliches Handbuch für das katholische Deutschland X ‹Freiburg i.Br.1922›. In: Literarischer Handweiser 58 ‹1922› 303f.- Naumann Gottfried: Sozialismus und Religion in Deutschland ‹Leipzig 1921›. In: Theologische Revue 21 ‹1922› 30. – Dubowy Ernst: Schwesternhilfe bei der Krankenseelsorge ‹Freiburg i.Br. 1921›. In: Theologische Revue 21 ‹1922› 30. – Hodgking L. Violet: Schweigender Dienst, der Pfad des Staunens ‹Tübingen 1921›. In: Theologische Revue 21 ‹1922› 30. – Mosterts Karl: Jünglingsseelsorge ‹Freiburg i.Br. 1920›. In: Theologische Revue 21 ‹1922› 72. – Ude Johann: Die Rettung. Die Gegenwartsnöte im Lichte des Vaterunsers ‹Graz 1921›. In: Theologische Revue 21 ‹1922› 74. – Götz Johann Baptist: Jungfräulich sind sie ‹Paderborn 1921›. In: Theologische Revue 21 ‹1922› 74. – Dinkloh August/Merschmann Heinrich: Der Seelsorger und die Mischehe ‹Paderborn 1921›. In: Theologische Revue 21 ‹1922› 160. – Heilmann Alfons: Zwischen Alltag und Ewigkeit ‹Freiburg i.Br.1921›. In: Theologische Revue 21 ‹1922› 160f. – Oer Sebastian von: Ich. Selbstbetrachtungen ‹Freiburg i.Br.1921›. In: Theologische Revue 21 ‹1922› 161.

251. Die Caritas geht niemals unter. In: Caritas 28 ‹1923› 2f.
252. Gottes- und Nächstenliebe. In: Caritas 28 ‹1923› 25f.
253. Die Starken und die Schwachen. In: Caritas 28 ‹1923› 73.
254. Die Opera Ferrari in Mailand. In: Caritas 28 ‹1923› 81f.
255. Caritas und Caritaswissenschaft. In: Caritas 28 ‹1923› 94–97.
256. Mich erbarmet des Volkes. In: Caritas 28 ‹1923› 105.
257. Caritas und Volkswohl. In: Soziale Revue 23 ‹1923› 96–106.

Rezensionen: Schneider Johannes: Kirchliches Jahrbuch für die evangelischen Landeskirchen Deutschlands 49 ‹1922›. In: Theologische Revue 22 ‹1923› 66. – Newmann John Henry Kardinal: St. Philippus Neri ‹München 1922›. In: Theologische Revue 22 ‹1923› 70. – Weninger Redemptus: Auf Karmels Höhen ‹Regensburg 1922›. In: Theologische Revue 22 ‹1923› 70. – Oer Sebastian von: Das Tagebuch meiner Mutter ‹2. u. 3. Auflage, Freiburg i.Br. 1922›. In: Theologische Revue 22 ‹1923› 70. – Camerra Alberta: Dem Licht entgegen ‹2. u. 3. Auflage, Freiburg i.Br.1922›. In: Theologische Revue 22 ‹1923› 71. – Franz Albert: Adolf Kolping, der Gesellenvater ‹3. Auflage, Mönchen-Gladbach 1922›. In: Theologische Revue 22 ‹1923› 246. – Weigert Josef: Die Volksbildung auf dem Lande ‹Mönchen-Gladbach 1922›. In: Theologische Revue 22 ‹1923› 246. – Stuart M. Janet Erskine: Die Ordensgenossenschaft der Frauen vom heiligsten Herzen Jesu ‹Freiburg i. Br.1922›. In: Theologische Revue 22 ‹1923› 247. – Sinthern Peter: Religionen und Konfessionen im Licht des religiösen Einheitsgedanken

‹Freiburg i.Br.1923› und HERMELINK Heinrich: Katholizismus und Protestantismus in der Gegenwart ‹Stuttgart-Gotha 1923›. In: Theologische Revue 22 ‹1923› 343f. – CARDAUNS Hermann: Karl Trimborn, nach seinen Briefen und Tagebüchern (= Führer des Volkes 31) ‹Mönchen-Gladbach 1922›. In: Theologische Revue 22 ‹1923› 375. – IMLE Fr. Fanny: Christusideal und katholisches Ordensleben ‹Kempten 1922›. In: Theologische Revue 22 ‹1923› 375. – MESCHLER Moritz: Apostolat ‹3. u. 4. Auflage, Freiburg i.Br.1923›. In: Theologische Revue 22 ‹1923› 403. – KIERKEGAARD Sören: Am Fuße des Altars, übertragen von Theodor Haecker ‹München 1923›. In: Theologische Revue 22 ‹1923› 403.

258. Westphalus Eremita [Justizrat Dr. Josef Sommer, 1793–1856]. In: WZ 82 ‹1924› 184–215.
259. Auslands-Caritasfahrten. In: Vinzenzblätter 12 ‹1924›.
260. An Franz Hitzes Grab. In: Sauerländer Volksblatt ‹Olpe 1924› vom 29.4.1924.
261. Allgemeines Priestertum und Caritas. In: Caritas 29 ‹1924› 1f.
262. Vertrauen schenken. In: Caritas 29 ‹1924› 17f.
263. Brücken bauen. In: Caritas 29 ‹1924› 33.
264. Ausländische Caritasliteratur. In: Caritas 29 ‹1924› 45f.
265. Solidarismus. In: Caritas 29 ‹1924› 76.
266. Sursum corda. In: Caritas 29 ‹1924› 97.
267. Sonnenkraft. In: Caritas 29 ‹1924› 149.
268. Auslandscaritas. In: Caritas 29 ‹1924› 239f.
269. Auf den Pfaden der Liebe. In: St.-Anna-Grüße. Vereinsorgan für die St.-Anna-Schwestern 9 ‹Luzern 1924› 17–19.

Rezension: HAASE Felix: Russische Kirche und Sozialismus ‹Leipzig 1922›. In: Theologische Revue 23 ‹1924› 72.

Übernahme der Schriftleitung des ‚Caritaskalenders' ‹Freiburg i.Br. 1925–1927›.

270. Pilgerführer für die Wallfahrt nach Rom im Heiligen Jahr 1925, hg. von W. Liese ‹als Manuskript gedruckt, Freiburg i.Br.1925› VII u. 183 S.
271. Den freudigen Geber hat Gott lieb. Predigtskizze für die Caritas-Opferwoche 1925 ‹als Manuskript gedruckt, Freiburg i.Br.1925› 7 S.
272. Die treibenden Kräfte der Caritas. In: Caritas 30 ‹1925› 1–4.
273. Die Organisation der Caritas und der Caritasverband. In: Caritas 30 ‹1925› 51–53.
274. Die päpstliche Rußlandhilfe. In: Caritas 30 ‹1925› 305–307
275. Beiträge zur Geschichte von Liturgie und Caritas, hg. zusammen mit Hildegard Hübinger. In: Caritas 30 ‹1925› 377–384.
276. Im Heiligtum der Familie. In: Caritaskalender für das Jahr 1925 ‹1925› 46f.
277. Von der deutschen Caritas. In: Caritaskalender für das Jahr 1925 ‹1925› 81–85.
278. Caritas des Auges. In: Caritasstimmen 9 ‹1925› 29.

279. Caritas und Volkswohl. In: Soziale Revue 23 ‹1925› 96–106.
280. Der Unerreichte in allen Landen [Vinzenz von Paul]. In: St.-Vinzenz-Kalender ... ‹Köln 1925› 34–37 [mit 3 Abb.].
281. Fünfundsiebenzig Jahre ‚Mägde Mariens'. In: An heiligen Quellen. Religiöse Monatsschrift für Ordensfrauen 18 ‹1925› 138–140.
282. Glaube und Liebe. In: Schild der Wahrheit 2 ‹1925› 88–90.
283. Von alten Spitälern. In: Krankendienst 6 ‹1925› 26–29.

Rezensionen: Schlund Erhard: Religiöse Bilanz der Gegenwart (= Zur religiösen Lage der Gegenwart) ‹München 1924› und van Rossum Wilhelm Kardinal: Die religiöse Lage der Katholiken in den nordischen Ländern (= Zur religiösen Lage der Gegenwart) ‹München 1924›. In: Theologische Revue 24 ‹1925› 68f. – Lücke Florentin J. M.: Deutsche, werdet wieder kinderfroh ‹Hildesheim 1921›. In: Theologische Revue 24 ‹1925› 69. – Meyer Wendelin: Pauline von Mallinckrodt ‹Münster 1924›. In: Theologische Revue 24 ‹1925› 110f. – Wilking Bernhard: Mutter Claudia Bachofen von Echt ‹3. Auflage, Dülmen 1924›. In: Theologische Revue 24 ‹1925› 111. – Breit Ernst: Frauenspiegel ‹Einsiedeln 1924›. In: Theologische Revue 24 ‹1925› 111. – Schilgen Hardy: Junge Helden ‹Kevelaer 1921›. In: Theologische Revue 24 ‹1925› 111. – van Ginneken Jacobus: Persönlichkeit und Charakter, übersetzt von M.E. Winkel ‹Düsseldorf 1924›. In: Theologische Revue 24 ‹1925› 191. – Dausend Hugo: Franziskanerorden und Entwicklung der Liturgie ‹Münster 1924›. In: Theologische Revue 24 ‹1925› 192. – Festenberg-Packisch Wilhelm von: Im Dienste des Meisters ‹Düsseldorf 1924› (Sonderdruck aus: ‚Franziskanische Studien' ‹1924›). In: Theologische Revue 24 ‹1925› 192. – Wendtlandt Hans Karl: Die weiblichen Orden und Kongregationen der katholischen Kirche und ihre Wirksamkeit in Preußen von 1818–1918 ‹Paderborn 1924› und Hermelink Heinrich: Katholizismus und Protestantismus in der Gegenwart, vornehmlich in Deutschland ‹2. erweiterte Auflage, Gotha-Stuttgart 1924›. In: Theologische Revue 24 ‹1925› 308f. – Weiss Albert M.: Lebensweg und Lebenswerk ‹Freiburg i.Br.1925›. In: Theologische Revue 24 ‹1925› 405f – Romeis Capistran: Prinzessin Anna von Preußen, Landgräfin von Hessen. Ihr Weg zur katholischen Kirche ‹Freiburgi.Br. 1925› In: Theologische Revue 24 ‹1925› 406. – Oelers Prosper: Wilhelm Killing ‹Werl 1925›. In: Theologische Revue 24 ‹1925› 406.

284. Glaubensfroh. Des Glaubens Sinn und Glück ‹2. Auflage, Kirnach-Villingen 1926› VIII u. 294 S.
285. Wenn ein Glied leidet ... Predigtskizze für die Caritas-Opferwoche 1926 ‹als Manuskript gedruckt, Freiburg i.Br.1926› 7 S.
286. Ein großer Rheingauer [Matthias Kinn]. In: Nassauische Heimat 24 ‹1926› vom 1. Oktober 1926.
287. Gerechtigkeit und Caritas. In: Caritas 31 ‹1926› 284f.
288. Auslands-Caritasfahrten. In: Caritas 31 ‹1926› 310–315.
289. Die Tiefen der Caritas im hl. Franz. In: Caritas 31 ‹1926› 337f.
290. Im Heiligtum der Familie. In: Caritaskalender für das Jahr 1926 ‹1926› 56–61.

291. Altes und Neues aus der Krankenfürsorge. In: Caritaskalender für das Jahr 1926 ‹1926› 63–72.

292. Haben Sie gute Augen. In: Vinzenzblätter 14 ‹1926› 40–42.

293. Zur Unterhaltung und Belehrung. In der Stille. In: Aus Welt und Heimat. Zeitschrift für Gefangene 1 ‹1926› 3.

294. Aus dem Leben der Caritas [Teil I]. Der heilige Vinzenz Depaul. In: Schild der Wahrheit 3 ‹1926› 22f.

295. Aus dem Leben der Caritas [Teil II]. Die Gründung der Barmherzigen Schwestern. In: Schild der Wahrheit 3 ‹1926› 35–38.

296. Katholisch-soziale Bestrebungen. In: ELSTER Ludwig u.a. (Hg.): Handwörterbuch der Staatswissenschaften III ‹4. Auflage, Jena 1926› 186–196.

297. Die katholische Caritas. In: ELSTER Ludwig u.a. (Hg.): Handwörterbuch der Staatswissenschaften III ‹4. Auflage, Jena 1926› 140–150.

Rezensionen: REINELT Paul (Hg.): Pfeffer und Salz, der frumbden Christenheit in Stadt und Land in die sonntägliche Predigtkost gestreut von Br. Bernhard ‹Freiburg i.Br.1925›. In: Theologische Revue 25 ‹1926› 30. – SCHLUND Erhard (Hg.): Zur religiösen Lage der Gegenwart 1, 6 u. 9 ‹München 1925 ff.›. In: Theologische Revue 25 ‹1926› 30f. – ERBARMEN Gottlieb: Mode und Heilige ‹Ravensburg 1925›. In: Theologische Revue 25 ‹1926› 31. – d'HERBIGNY Michel: L'aide pontificale aux enfants affamés de Russie ‹Roma 1925›. In: Theologische Revue 25 ‹1926› 31.

298. Einzelmensch und Gemeinschaft. In: Caritas 32 ‹1927› 161–163.

299. Der Krüppelvater Heinrich Sommer [Teil I]. In: Caritas 32 ‹1927› 198–206, [Teil II] 234–241 (auch als Sonderdruck mit Nachträgen erschienen ‹Freiburg i.Br. 1927› 16 S.).

300. Caritas und Familie. In: Caritas 32 ‹1927› 257–259.

301. Kardinal Ferrari und die ‚Opera Ferrari'. In: Caritas 32 ‹1927› 351–353.

302. Vinzentinische Gebets- und Arbeitsstätten. In: Vinzenzblätter 15 ‹1927› 42–46.

303. Hedwig Dransfeld und Prälat Werthmann. In: 25 Jahre katholischer deutscher Frauenbund ‹Köln [1928]› 70–72.

304. Aus ganzem Herzen. Gedanken und Bilder von der Caritas [22 Aufsätze über die Caritas] ‹Freiburg i.Br.1928› VI u. 112 S.

305. Prälat Lorenz Werthmann. Auf den Pfaden der Caritas. Zum Silberjubiläum des Caritasverbandes für die Erzdiözese Freiburg 1903–1928 ‹Freiburg i.Br.1928› 41–54.

306. Der Ausbau der caritasgeschichtlichen Forschung. In: Jahrbuch der Caritaswissenschaft 1928 ‹Freiburg i.Br.1928› 5–16.

307. Beseelte Augen [Besinnliches für die Arbeit]. In: Caritas 33 ‹1928› 124f.

308. Prälat Werthmann als Präsident des Caritasverbandes. In: Caritas 33 ‹1928› 388–397.

309. An der Geburtsstätte des hl. Vinzenz. In: Freiburger Gemeindeblatt Nr. 30 ‹1928› 353f.

310. Lorenz Werthmann und der deutsche Caritasverband [mit 11 Bildern] (= Schriften zur Caritaswissenschaft 5) ‹Freiburg i.Br.1929› XI u. 627 S.
311. Lorenz Werthmann und die Fürsorge für die italienischen Arbeiter. In: Caritas 34 ‹1929› 14–18, 48–59 u. 129–135 (auch als Sonderdruck erschienen ‹Freiburg i.Br.1929› 23 S.).
312. Warten können. Besinnliches für die Arbeit. In: Caritas 34 ‹1929› 33f.
313. Um die Kinder. Besinnliches für die Arbeit. In: Caritas 34 ‹1929› 161f.
314. Wie schrieb der hl. Vinzenz? In: Caritas 34 ‹1929› 180.
315. Die Familie, Quellgrund und Ziel der Caritas. In: Caritas 34 ‹1929› 320–322.
316. Lorenz Werthmann und das Caritas-Studium. In: Jahrbuch der Caritaswissenschaft 1929 ‹1929› 16–28.
317. Die Gefangenen erlösen. In: Caritaskalender für das Jahr 1929 ‹1929› 49–54.

318. Familienpflege. In: ThGl 22 ‹1930› 192–201.
319. Herr, gib Frieden unserer Zeit. In: ThGl 22 ‹1930› 703–710.
320. Ein warmes Herz. In: Caritas 35 ‹1930› 1–3.
321. Ein klarer Kopf. In: Caritas 35 ‹1930› 81–83.
322. Ein gutes Auge. In: Caritas 35 ‹1930› 177–179.
323. Eine feste Hand. In: Caritas 35 ‹1930› 273–275.
324. Das frohe Gemüt. In: Caritas 35 ‹1930› 377–379.
325. Matthias Kinn. Ein Pionier der Dorfcaritas [Teil I]. In: Caritas 35 ‹1930› 477–488 (auch als Sonderdruck erschienen ‹Freiburg i.Br. 1931› 24 S.).

326. Egy pillantás a magasságok felé [ungarische Übersetzung von ‚Der Blick nach oben', vgl. hier Nr. 328]. In: Keresztény Nö 19 ‹1931› 73f.
327. Dir, Frauenfürstin, St. Elisabeth! In: ThGl 23 ‹1931› 557–572.
328. Der Blick nach oben. In: Caritas 36 ‹1931› 4–6.
329. Matthias Kinn. Ein Pionier der Dorfcaritas [Teil II]. In: Caritas 36 ‹1931› 123–129 u. [Teil III] 162–166.
330. Das jauchzende Vöglein. In: Caritas 36 ‹1931› 289–291.
331. Real-Schematismus für die Erzdiözese Paderborn (Bearb.) ‹Paderborn 1931› 509 S.

332. Pauline von Mallinckrodt [mit 1 Abb.]. In: Westfälische Lebensbilder 3 (= Veröffentlichungen der Historischen Kommission für Westfalen XVII A) ‹Münster 1932› 91–102 (auch als Sonderdruck mit Nachträgen erschienen ‹Münster 1932› 11 S.).
333. Beschreibung des Erzbistums Paderborn. In: ThGl 24 ‹1932› 624–627.
334. Ringen um die Gesellschaftsordnung. Gedanken zu ‚Quadragesimo anno'. In: Akademische Bonifatius-Korrespondenz 46 ‹1932› 241–248.

335. Auf Vinzenzpfaden. Ein Büchlein von der rechten Caritas ‹Paderborn 1933› 64 S.

336. Die Caritas im Heim. In: Caritas 38 ‹1933› 254f.

337. Necrologium Paderbornense. Totenbuch Paderborner Priester (1822–1930) ‹Paderborn 1934› VI u. 626 S.
338. Fr[iedrich] Ozanam. Ein Leben im Dienst der Wahrheit und Liebe! In: Jahrbuch der Caritaswissenschaft 8 ‹1934› 17–26.

339. Personal-Schematismus der Erzdiözese Paderborn (Bearb.) ‹Paderborn 1935› VII u. 214 S.

340. Die Schuld der Liebe. In: Vinzenzblätter 24 ‹1936› 2f.
341. Die Fülle des Gesetzes. In: Vinzenzblätter 24 ‹1936› 21f.
342. Im Osterlicht. In: Vinzenzblätter 24 ‹1936› 61f.
343. Die Tiefe der Caritas. In: Vinzenzblätter 24 ‹1936› 94f.
344. Die Caritas ist geduldig. In: Vinzenzblätter 24 ‹1936› 113f.
345. Die Caritas ist mild. In: Vinzenzblätter 24 ‹1936› 141f.
346. Die Caritas freut sich mit der Wahrheit. In: Vinzenzblätter 24 ‹1936› 165f.
347. Dem Gotteskinde. In: Vinzenzblätter 24 ‹1936› 185.
348. In memoriam [Cyprian Fröhlich, Alexe Hegemann, Mathias Müller, Anton Pröbsting, August Vogtel, Karl Sigges, Karl Vossen und Wilhelm Rhiel]. In: Jugendwohl 25 ‹1936› 13–20.

349. Konrad Martin. Professor und Bischof (1812–1879) [mit 6 Abb.] ‹Paderborn 1937› XII u. 250 S.

350. Bischof Konrad Martins kirchliche Bedeutung. In: ThGl 30 ‹1938› 44–51.
351. Die Caritas hört nie auf. In: Elisabeth-Briefe 13 ‹1938› 18–20.
352. Die Armen Christi. In: Elisabeth-Briefe 13 ‹1938› 50–52.
353. Die heilige Melania. In: Elisabeth-Briefe 13 ‹1938› 86–88.

354. Um Gottes willen! In: Caritasruf ‹Februar 1939› 2.
355. Die heilige Katharina von Siena. In: Elisabeth-Briefe 14 ‹1939› 34–36.

356. Fürstbischof Franz Ludwig von Erthal. In: Caritas 45 ‹1940› 151–154.
357. Der Erzbischof von Paderborn [mit 1 Abb.] [Zum 50jährigen Priesterjubiläum von Caspar Klein]. In: Die Getreuen 17 ‹1940› 49f.

358. Pauperes Christi. In: Die christliche Frau 39 ‹1941› 23–25.
359. Im Hause des Heiligen Geistes [über Spitäler]. In: Die christliche Frau 39 ‹1941› 66–68.

360. Zahlreiche Religiöse Essays. In: Kirche und Leben (= Münstersches Bistumsblatt) ‹Münster 1946 u. 1947›.

361. Wir wollen Caritas. In: Caritas 50 ‹1949› 226–228.

Außerdem verfaßte Wilhelm Liese eine Reihe von Beiträgen zu großen Nachschlagewerken, bes. in LThK (Bde. I, V, VIII u. IX) und kleinere Beiträge in den Tageszeitungen ‚Westfälisches Volksblatt' und ‚Westdeutsche Volkszeitung' sowie zahlreiche Buchbesprechungen und Kurzinformationen in den verschiedensten Zeitschriften, die jedoch oft Liese als Verfasser nicht ausdrücklich angeben.

Unveröffentlichte Manuskripte, die teils in diesem Bande zum Druck kommen:
Domherr Christian Bartels. Ein großer Jugendfreund; s. den Beitrag von Hans Jürgen BRANDT in diesem Bande.
Wilhelm Liese. Aus meinem Leben und Streben; s. den Beitrag von Karl HENGST in diesem Bande.
Wilhelm Schneider, Professor und Bischof, Paderborn (Msc. im EAP M 26 b).
Necrologium Paderbornense 1600 – 1821 [Vorarbeiten] (Karteikarten in Privatbesitz).

Bibliographie Paul Nordhues

von Irmingard Böhm/Peter Häger

1. Die rubrizistischen Neuerungen für Brevier und Missale, in: ThGl 45 ‹1955› 275-280.

2. Die Neuordnung der Heiligen Woche, in: ThGl 46 ‹1956› 125-130.
3. Ein verpflichtender Rückblick auf den Liturgischen Kongreß von 1955 in München, in: ThGl 46 ‹1956› 369-375.

4. Der Kirchenbegriff des Louis de Thomassin in seinen dogmatischen Zusammenhängen und in seiner lebensmäßigen Bedeutung (= EThSt 4) ‹Leipzig 1958›.

5. Die dogmatischen Grundlagen und die Grundprinzipien der Pastoraltheologie des Oratorianers Louis de Thomassin, in: ThGl 49 ‹1959› 86-106.

6. Der Bischof als Priester und Hirt seines Bistums, in: ThGl 50 ‹1960› 23-36.
7. Das wichtigste kontroverstheologische Anliegen des Oratorianers Louis de Thomassins (1619-1695), in: Cath (M) 14 ‹1960› 132-152.

8. Die Auferstehung Christi als Heilsmysterium, in: Cath (M) 15 ‹1961› 24-42.
9. Das Kirchenbild des Kardinals Pierre de Bérulle, in: Cath (M) 15 ‹1961› 184-208.

10. Von menschlichen Verbindungen und wahrer Gemeinschaft, in: SCHILLING Othmar/ZIMMERMANN Heinrich (Hg.): Unio Christianorum. Festschrift für Erzbischof Dr. Lorenz Jaeger zum 70. Geburtstag am 23. September 1962 ‹Paderborn 1962› 369-385.
11. Apostolische Laien, keine Philister, in: Ut omnes unum. Zeitschrift im Dienste der Einheit im Glauben 25 ‹1962› 154-156.
12. Weihbischof Dr. Paul Nordhues schrieb uns vor seiner Abreise aus Rom: ‚Das Konzil ist jetzt in seiner Mitte', in: Der Dom 17 ‹1962› 1205-1206.

13. Feier zur Firmerneuerung ‹Paderborn 1963›.
14. Bundessozialhilfegesetz, Gesetz für Jugendwohlfahrt und Caritas, in: Caritas-Nachrichten für das Erzbistum Paderborn (= Sonderheft 4) ‹1963› 14-17.

15. Eine Antwort auf das Thema ‚Katholische Kirche und Rotes Kreuz', in: Caritas-Nachrichten für das Erzbistum Paderborn 8 ‹1963› 159-163.
16. Der Geistliche Beirat im Katholischen Fürsorgeverein für Frauen, Mädchen und Kinder, in: Caritas. Zeitschrift für Caritasarbeit und Caritaswissenschaft 64 ‹1963› 351-359.
17. Das Konzil im Blickpunkt der getrennten Christen, in: Cath (M) 17 ‹1963› 85-95.
18. Die Konstitution über die heilige Liturgie, in: Der Dom 18 ‹1963› 1205.

19. und Borgmann Karl: Katholische Kirche und Rotes Kreuz (= Malteserhilfsdienst Schriftenreihe 4) ‹Köln 1964›.
20. Die Auferstehung Christi als Heilsmysterium, in: ThJb (L) ‹1964› 145–161.
21. Eucharistie und persönliches Opfer, in: ThGl 54 ‹1964› 126-132 u. Bormann Paul/Degenhardt Johannes Joachim (Hg.): Liturgie in der Gemeinde I ‹Salzkotten 1964› 144-149.

22. Liturgie und Caritas, in: Caritas. Zeitschrift für Caritasarbeit und Caritaswissenschaft 66 ‹1965› 127-136.
23. Gedanken über Konzil und Caritas. Aus Anlaß des 50jährigen Bestehens des Caritasverbandes für das Erzbistum Paderborn, in: Caritas-Nachrichten für das Erzbistum Paderborn (= Sonderheft 5) ‹Paderborn 1965›.
24. Kirche - Priester - Gegenwart, in: ThGl 55 ‹1965› 162-170.

25. Einleitung zum Dekret über die Hirtenaufgabe der Bischöfe, in: Dokumente des Zweiten Vatikanischen Konzils VI. Authentische Textausgaben, lateinisch-deutsch, hg. v. Paulinus-Verlag ‹Trier 1966› 153-172.
26. Christliches Leben und sozialistische Gesellschaft. Die katholische Kirche in der sogenannten ‚DDR', in: Greinacher Norbert/Risse Heinz Theo (Hg.): Bilanz des deutschen Katholizismus ‹Mainz 1966› 137-150.
27. Die Zurüstung des Theologen für den Seelsorgedienst, in: ThGl 56 ‹1966› 5-19.
28. Konzil und Caritas ‹Paderborn 1966›.

29. Bemerkungen zum Kirchenbegriff des Louis de Thomassin (1619-1695), in: Bäumer Remigius/Dolch Heimo (Hg.): Volk Gottes. Zum Kirchenverständnis der katholischen, evangelischen und anglikanischen Theologie. Festgabe für Josef Höfer ‹Freiburg i. Br./Basel/Wien 1967› 418-429.
30. Kirche der Zukunft, in: Lebendiges Zeugnis 22 ‹1967› 25-36.

31. Marienverehrung heute, in: ThGl 58 ‹1968› 5-19.
32. Überlegungen zum Sakrament der Firmung, in: ThGl 58 ‹1968› 281-297.

33. Helfen, aber richtig!, in: Caritas-Nachrichten für das Erzbistum Paderborn 13 ‹1968› 270-277 u. Korrespondenzblatt 8 ‹1969› 65-75.

34. Ästheten der Brüderlichkeit, in: Caritas Werkheft ‹Freiburg i.Br. 1968› 5-7.
35. Die drei neuen Eucharistischen Hochgebete, in: Der Dom 23 ‹1968› 7.

36. und Macheiner Eduard (Hg.): Antwortpsalm im Advent (= Publikationen zum EGB 1) ‹Trier/Linz 1969›.
37. Der Stand der Liturgiereform in katholischer Sicht, in: ThGl 59 ‹1969› 272-281.
38. Caritas - nicht Randfeld, sondern Mitte der Gemeindearbeit, in: Caritas. Zeitschrift für Caritasarbeit und Caritaswissenschaft 70 ‹1969› 241-251.
39. Die ‚Kirche der Zukunft' im Hochstift Paderborn, in: Fragezeichen Heft 15 ‹1969› 14-19.
40. Christliches Alter, in: Caritas-Nachrichten für das Erzbistum Paderborn 14 ‹1969› 45-47.

41. und Wagner Alois (Hg.): Gemeindevesper (= Publikationen zum EGB 2) ‹Paderborn/Wien 1970›.
42. Ursprung, Kraft und Siegel jedes Apostolates, in: ThGl 60 ‹1970› 27-38.
43. und Wagner Alois (Hg.): Gesänge zur Eucharistiefeier während des Jahres (= Publikationen zum EGB 3) ‹München/Innsbruck 1970›.
44. und Wagner Alois (Hg.): Die Feier der Karwoche (= Publikationen zum EGB 5) ‹Wien/Freiburg 1970/1971›.
45. Der ungeteilte Dienst, in: Caritas. Zeitschrift für Caritasarbeit und Caritaswissenschaften 71 ‹1970› 179-188.
46. Diakonische Gemeinde, in: Sein und Sendung 2 ‹1970› 50-55.
47. Sterben und Leben, in: Caritas-Nachrichten für das Erzbistum Paderborn 15 ‹1970› 91-93.
48. Meditation über die Armut (Lesung Mt 5,1-12), in: Caritas-Nachrichten für das Erzbistum Paderborn 15 ‹1970› 191-192.
49. Hat das Konzil eine Aufwertung des Kommunismus gebracht?, in: Fragezeichen ‹Juni 1970› 5-14.

50. Pfingstgemeinde, in: Begegnen und Helfen 54 ‹1971› 65-66.
51. Eröffnung der Meßfeier und Bußritus. Textvorlagen ‹Paderborn 1. u. 2. Auflage 1971›.
52. und Wagner Alois (Hg.): Buße und Beichte (= Publikationen zum EGB 4) ‹Mainz/Innsbruck 1971›.
53. und Wagner Alois (Hg.): Gesänge für die Osterzeit (= Publikationen zum EGB 6) ‹Freiburg/Wien 1971›.
54. Die Heilssorge der Kirche, in: Begegnen und Helfen 54 ‹1971› 33-34.
55. Brüderlichkeit als Mitleiden, in: Begegnen und Helfen 54 ‹1971› 97-99.
56. Die Wahrheit ist konkret, in: Begegnen und Helfen 54 ‹1971› 129-130.
57. Methode mit Herz, in: Begegnen und Helfen 54 ‹1971› 161-162.
58. Am Lazarus der Gegenwart nicht vorübergehen, in: Caritas-Nachrichten für das Erzbistum Paderborn 16 ‹1971› 135-137.

59. Marxistische Elemente zur Belebung der sozial-caritativen Tätigkeit der Kirche?, in: Caritas-Nachrichten für das Erzbistum Paderborn 16 ‹1971› 171-172.
60. Die Liebe aus der Kraft des Geistes. Worte an die Vinzenzgemeinschaften, in: Dienen und Helfen Heft 2 ‹1971› 3-5.
61. Ein Glaube, eine Liebe, in: ThGl 61 ‹1971› 342-343.
62. Überlegungen zur Theologie und Praxis der Caritas, in: Caritas. Zeitschrift für Caritasarbeit und Caritaswissenschaft 72 ‹1971› 296-310.
63. und Wagner Alois (Hg.): Gesänge für Advent und Weihnachtszeit (= Publikationen zum EGB 7) ‹Trier/Wien 1971›.

64. und Wagner Alois (Hg.): Gesänge zur Meßfeier (= Vorauspublikation zum EGB) ‹Wien/Paderborn 1972›.
65. (Hg.): Gesänge zur Meßfeier. Vorsängerbuch ‹Paderborn 1972›.
66. (Hg.): Gesänge zur Meßfeier aus dem Einheitsgesangbuch ‹Paderborn 1972›.
67. und Wagner Alois (Hg.): Gesänge zur Meßfeier mit Österreich-Anhang (= Vorauspublikation zum EGB) ‹Wien/Paderborn 1972›.
68. und Wagner Alois (Hg.): Gesänge für die Fastenzeit (= Publikationen zum EGB 8) ‹München/Innsbruck 1972›.
69. Caritas und Synode, in: Caritas '72. Jahrbuch des Deutschen Caritasverbandes ‹1972› 22-27.
70. Die Caritaswissenschaft innerhalb der Pastoraltheologie, in: Caritas. Zeitschrift für Caritasarbeit und Caritaswissenschaft 73 ‹1972› 202-209.
71. Synode und Caritas, in: Caritas. Zeitschrift für Caritasarbeit und Caritaswissenschaft 73 ‹1972› 291-292.
72. Überlegung zur Zielsetzung der Synode und zur Arbeitsweise der Sachkommission III, in: Anzeiger für die katholische Geistlichkeit 81 ‹1972› 3-4 u. 41-43.
73. Ein Wort an die Studenten der Theologie, in: Anzeiger für die katholische Geistlichkeit 81 ‹1972› 205-207.
74. Höllenlärm, in: Anzeiger für die katholische Geistlichkeit 81 ‹1972› 290-292.
75. Zu Schamonis Beurteilung der ‚Gesänge zur Meßfeier' im Einheitsgesangbuch, in: Anzeiger für die katholische Geistlichkeit 81 ‹1972› 428-430.

76. (Hg.): Gesänge zur Meßfeier. Orgelbuch ‹Paderborn 1973›.
77. Die Gemeinde hier und jetzt, in: ThGl 63 ‹1973› 361-370.
78. Caritas als Auftrag der Kirche, in: Caritas. Zeitschrift für Caritasarbeit und Caritaswissenschaft 74 ‹1973› 174-181.
79. Zur Kritik von K. G. Peusquens, in: Anzeiger für die katholische Geistlichkeit 82 ‹1973› 85-86.
80. Gotteslitanei, in: Anzeiger für die katholische Geistlichkeit 82 ‹1973› 60.
81. Das Sakrament der Firmung und die mündige Gemeinde, in: Diakonia 4 ‹1973› 49-52.

82. Ein ökumenisches Ereignis: Gemeinsame Kirchenlieder, in: Anzeiger der katholischen Geistlichkeit 82 ‹1973› 216-218.
83. Sinn und Bedeutung des Einheitsgesangbuches, in: KlBl 53 ‹1973› 160-162.
84. Tätige Nächstenliebe. Caritas als Wesensaufgabe der Kirche, in: Korrespondenzblatt Heft 3 ‹1973› 96-97.
85. Singen über die Zäune hinweg, in: Bonifatiusblatt 113 ‹1973› 10-11.

86. (Hg.): Kleines Fürbittbuch ‹Paderborn 1974›.
87. (Hg.): Die Gabe Gottes. Beiträge zur Theologie und Pastoral des Firmsakramentes ‹Paderborn 1974›.
88. Einheitsgesangbuch und Paderborner Proprium, in: KA Paderborn 117 ‹1974› 65.
89. Neue Töne für den Gottesdienst. Im nächsten Jahr kommt das neue Einheitsgesangbuch. Interview mit Weihbischof Nordhues, in: Weltbild Nr. 19 ‹1974› 14-17.
90. Verkündigung. Liturgie und Caritas, in: Caritas in NRW Heft 4 ‹1974› 289-291.
91. Der Beitrag des Einheitsgesangbuches ‚Gotteslob' zur Marienverehrung, in: Heiliger Dienst 28 ‹1974› 151-156.
92. Der gebetete Glaube in einer Zeit des Zweifelns, in: Anzeiger für die katholische Geistlichkeit 83 ‹1974› 351-353.
93. Einführung der Vorauspublikation zum Einheitsgesangbuch, in: KA Paderborn 117 ‹1974› 39-40.
94. Weisungen der Kirche. Lebenshilfen oder Versuch der Bevormundung im religiösen Bereich?, in: Der Dom 29 ‹1974› 6.
95. Ehrenamtliche Mitarbeit in der Caritas nach dem heutigen Selbstverständnis der Kirche, in: Ernst Wilhelm/Fuweis Konrad (Hg.): Einheit in Vielfalt. Festgabe für Hugo Aufderbeck zum 65. Geburtstag ‹Leipzig 1974› 242-253.

96. (Hg.): Kleines Fürbittbuch ‹Paderborn 2. Auflage 1975›.
97. und Wagner Alois (Hg.): Chorbuch für einstimmigen Gesang zum Gotteslob ‹München/Graz 1975›.
98. Alt-Erzbischof Lorenz Kardinal Jaeger, in: Caritas in NRW Heft 3 ‹1975› 210-211.
99. Der Titel sagt es, in: Gottesdienst 9 ‹1975› 64.
100. Theologisch-pastorale Grundlinien des ‚Gotteslob', in: Lebendige Seelsorge 26 ‹1975‹ 228-234.
101. Das neue deutsche Gebet- und Gesangbuch ‚Gotteslob', in: Anzeiger für die katholische Geistlichkeit 84 ‹1975› 409-412.

102. (Hg.): Chorsätze zum Gotteslob für gemischte Stimmen ‹Paderborn 1976›.

103. und LESSMANN Adelheid/BECKER Rudolf: Thema ‚Gotteslob'. – Das Einheitsgesangbuch im katholischen Religionsunterricht, hg. von der Hauptabteilung Schule im Erzbischöflichen Generalvikariat Paderborn ‹Salzkotten 1976›.
104. Die caritativen und sozialen Anliegen im ‚Gotteslob', in: ThGl 66 ‹1976› 88-96.
105. Das neue deutsche Gebet- und Gesangbuch ‚Gotteslob" (EGB), in: Ut omnes unum. Zeitschrift im Dienste der Einheit im Glauben 39 ‹1976› 14-16.
106. Zeitgemäße Marienlehre im Einheitsgesangbuch ‚Gotteslob' (EGB), in: Cath (M) 30 ‹1976› 69-77.
107. Synode und Caritas, in: Caritas in NRW Heft 2 ‹1976› 119-122.
108. Die Anerkennung der caritativen Dienste im Synodenpapier ‚Kirche und Arbeiterschaft', in: Caritas in NRW Heft 2 ‹1976› 124.
109. Die Verwendung des neuen Meßbuches wird zur Pflicht, in: Der Dom 31 ‹1976› 6.
110. Weisungen der Kirche, in: Ut omnes unum. Zeitschrift im Dienste der Einheit im Glauben 39 ‹1976› 47-51.
111. Zur Einheit von Eucharistie und Caritas, in: MAAS-EWERD Theodor/ RICHTERT Klemens (Hg.): Gemeinde im Herrenmahl. Zur Praxis der Meßfeier ‹Einsiedeln u. a. 1976› 160-171.
112. 'Traditionalisten' machen von sich reden. Mit dem neuen Meßbuch wird auch das ‚Gotteslob' der ‚verkürzten Lehre' verdächtigt, in: Der Dom 31 ‹1976› 2.
113. Aufbau lebendiger Gemeinde. Bedeutung und Aufgabe der Pfarrcaritas, in: Anzeiger für die katholische Geistlichkeit 85 ‹1976› 158-164.
114. Gotteslob in der Kritik, in: Communio. Internationale Katholische Zeitschrift 5 (1976) 471-477.
115. Gottes Geist in der Menschheit. Radio Vaticana, Pfingsten 1976, in: Der Dom 31 ‹1976› 6.
116. Lebendige Gemeinde - Liebende Gemeinde, in: Lebendige Seelsorge 27 ‹1976› 374-381.
117. Begründete Bedenken?, in: Anzeiger für die katholische Geistlichkeit 85 ‹1976› 259-262.
118. und WAGNER Alois (Hg.): Predigten zum Gotteslob I - III ‹Graz 1976›.

119. (Hg.): Kleines Fürbittbuch ‹Paderborn 4. Auflage 1977›.
120. (Hg.): In der Liebe leben. Ein Lesebuch für Caritasgruppen ‹Paderborn 1977›.
121. Lebensqualität - Wunsch, Auftrag und Verheißung, in: ThGl 67 ‹1977› 19-28.
122. Versöhnung als christlicher Auftrag, in: Cath (M) 31 ‹1977› 102-121.
123. Ein ‚anderes' Vorsängerbuch, in: Gottesdienst 11 ‹1977› 13.
124. Nachtrag zu: Ein letztes Mal ‚Gotteslob', in: Communio. Internationale katholische Zeitschrift 6 ‹1977› 286-287.

125. Das Gotteslob in der DDR, in: ThGl 67 ‹1977› 207-211.
126. Das Gebet für Verstorbene, in: Gottesdienst 11 ‹1977› 174.

127. ‚Gotteslob' in Bewährung und Kritik, in: ThGl 68 ‹1978› 203-207.
128. Die Maiandacht, in: Gottesdienst 12 ‹1978› 55-56
129. Der Bildungsauftrag der Kirche, in: Der Dom 33 ‹1978› 3.
130. Kleine Texte zur Danksagung?, in: Gottesdienst 18 ‹1978› 140-141.
131. Rund um das ‚Gotteslob', in: Gottesdienst 18 ‹1978› 141.
132. Weihnachten nichts Neues?, in: Der Dom 33 ‹1978› 2.

133. (Hg.): Vesperbuch zum Gotteslob ‹Paderborn 1979›.
134. Mit Gottes Hilfe bin ich bereit. Die Gestalt des Priesters in der Weiheliturgie, in: Der Dom 34 ‹1979› 3.

135. Zehn Jahre Arbeitsgemeinschaft für Ökumenisches Liedgut (AÖL). Ein Rückblick, in: ThGl 70 ‹1980› 436-443.
136. (Hg.): Stichwortregister zum Stammteil des Einheitsgesangbuch Gotteslob ‹Paderborn 1980›.

137. Die wichtigsten Aufgaben des Geistlichen Beirats im caritativen Fachverband ‹Paderborn 1981›.

138. (Hg.): Kleines Fürbittbuch ‹Paderborn 5., erweiterte Auflage 1982›.
139. Der liturgische Dienst des Priesters, in: Kuhne Alexander (Hg.): Die liturgischen Dienste ‹Paderborn 1982› 30-46.

140. (Hg.): Kleines Fürbittbuch ‹Paderborn 6. Auflage 1983›.
141. Zum neuen Meßlektionar, in: Anzeiger für die Seelsorge 92 ‹1983› 420.

142. (Hg.): Stichwortregister zum Stammteil des Einheitsgesangbuches Gotteslob ‹Paderborn 2., überarbeitete u. erweiterte Auflage 1984›.
143. Gemeinsame Gesänge als ökumenische Bausteine, in: Cath (M) 38 ‹1984› 199-208.

144. 'Gotteslob' hat sich bewährt. Vor 10 Jahren erschien das Einheitsgesangbuch, in: Anzeiger für die Seelsorge 94 ‹1985› 248-249.

145. Die Caritasverbände (DCV, DiCV, OCV), in: Nordhues, Handbuch der Caritasarbeit 269-274
146. (Hg.): Handbuch der Caritasarbeit. Beiträge zur Theologie, Pastoral und Geschichte der Caritas mit Überblick über die Dienste in Gemeinde und Verband ‹Paderborn 1986›.

147. (Hg.): Stichwortregister zum Stammteil des Einheitsgesangbuches Gotteslob ‹Paderborn 3. Auflage 1987›.

148. Der ungeteilte Dienst - Gedanken zur Bischofssynode 1987, in: Anzeiger für die Seelsorge 96 ‹1987› 251-254.

149. (Hg.): Redaktionsbericht zum Einheitsgesangbuch ‚Gotteslob', ‹Paderborn 1988›.
150. (Hg.): Kleines Fürbittbuch ‹Paderborn 7. Auflage 1988›.

151. (Hg.): Liebe im rauhen Wind des Lebens ‹Paderborn 1991›.
152. (Hg.): Vesperbuch zum Gotteslob ‹Paderborn 2. Auflage 1991›.
153. Herz-Jesu-Verehrung heute?, in: Anzeiger für die Seelsorge 100 ‹1991› 307-310.

154. (Hg.): Kleines Fürbittbuch ‹Paderborn 8. Auflage 1993›.
155. Die Barmherzigkeit strahlt, in: Der Dom 48 ‹1993› 5.

156. (Hg.): Liebe im rauhen Wind des Lebens ‹Paderborn 2. Auflage 1994›.
157. Zur Theologie und Pastoral der Caritas, in: Brandt Hans Jürgen (Hg.): Der Caritasverband für das Erzbistum Paderborn in Geschichte und Gegenwart (= Veröffentlichungen zur Geschichte der Mitteldeutschen Kirchenprovinz 5) ‹Paderborn 1993, 2., verbesserte Auflage 1994› 285-311.
158. Diakonie oder Caritas?, in: ThGl 84 ‹1994› 98-100.
159. 'Caritas' als durchlaufende Perspektive in den Diensten der Kirche, in: ThGl 84 ‹1994› 446-461.
160. Die Mitte des Festes, in: Multhaupt Hermann (Hg.): Wenn leis der Schnee vom Himmel fällt. Ein weihnachtliches Erinnerungsbuch ‹Paderborn 1994› 95-96.
161. Es ging für alle um das Überleben, in: Priester in Uniform. Seelsorger, Ordensleute und Theologen als Soldaten im Zweiten Weltkrieg (= Quellen und Studien zur Geschichte der Militärseelsorge 10), hg. v. Kath. Militärbischofsamt/Brandt Hans Jürgen ‹Augsburg 1994› 318-324.

Abkürzungen

ADAV	Allgemeiner Deutscher Arbeiterverein
ADB	Archiv Deutscher Berufsvormünder
ADF	Allgemeiner Deutscher Frauenverein
ADL	Allgemeiner Deutscher Lehrerverein
AFET	Allgemeiner Fürsorge-Erziehungs-Tag
ASozG	Archiv für Sozialgeschichte
BA	Bistumsarchiv
Bde.	Bände
BDF	Bund Deutscher Frauenvereine
Bearb.	Bearbeiter/in
Bez.	Bezirk
BGB	Bürgerliches Gesetzbuch
BJWG	Bundesjugendwohlfahrtsgesetz
Cath(M)	Catholica. Münster
CKD	Caritas-Konferenzen (Elisabeth-Konferenzen) in Deutschland
CV	Caritasverband
DCV	Deutscher Caritasverband (bis 1921: Caritasverband für das katholische Deutschland)
DDP	Deutsche Demokratische Partei
DEFB	Deutsch-Evangelischer Frauenbund
Dép.	Département
DFP	Deutsche Fortschrittspartei
DiCV	Diözesan-Caritasverband
DV	Deutscher Verein für Armenpflege und Wohltätigkeit (seit 1919: für öffentliche und private Fürsorge)
e.V.	eingetragener Verein
EAB	Erzbischöfliche Akademische Bibliothek Paderborn
EAP	Erzbischöfliches Archiv Paderborn
EGB	Einheitsgesangbuch
EG.BGB	Einführungsgesetz zum Bürgerlichen Gesetzbuch
EGV	Erzbischöfliches Generalvikariat
ESK	Evangelisch-Sozialer Kongreß
EThSt	Erfurter Theologische Studien
FHSS	Fachhochschule für Sozialarbeit und Sozialpädagogik
GfSR	Gesellschaft für Soziale Reform
GmbH	Gesellschaft mit beschränkter Haftung
Hg.	Herausgeber/in
hg.	herausgegeben
HZ	Historische Zeitschrift
IAA	Internationale Arbeiterassoziation
IKRK	Internationales Komitee vom Roten Kreuz
In Via	In Via – Verband Katholischer Mädchensozialarbeit

JCSW	Jahrbuch für christliche Sozialwissenschaften
JGG	Jugendgerichtsgesetz
JWG	Jugendwohlfahrtsgesetz
KA	Kirchliches Amtsblatt
KAB	Katholische Arbeitnehmer-Bewegung
KDFB	Katholischer Deutscher Frauenbund (bis 1921: Katholischer Frauenbund Deutschlands)
KFV	Katholischer Fürsorgeverein für Mädchen, Frauen und Kinder
KlBl	Klerusblatt München
Kr.	Kreis
LThK	Lexikon für Theologie und Kirche
MdL	Mitglied des Landtags
MdR	Mitglied des Reichstags
Msc.	Manuskript
Msgr.	Monsignore
NS	Neue Serie
NDB	Neue Deutsche Biographie
NF	Neue Folge
Nr.	Nummer
NRW	Nordrhein-Westfalen
o. J.	ohne Jahr
o. O.	ohne Ort
o. ö.	ordentlich öffentlich
o. S.	ohne Seite
OCV	Ortscaritasverband
Prov.	Provinz
PschP	Personalschematismus für das (Erz)Bistum Paderborn
Red.	Redaktion
RegBez.	Regierungsbezirk
RJWG	Reichsjugendwohlfahrtsgesetz
s.	siehe
SJ	Societas Jesu
SK	Soziale Kultur. NF der Zeitschrift Arbeiterwohl und der Christlich-sozialen Blätter
SKF	Sozialdienst Katholischer Frauen
SKM	Sozialdienst Katholischer Männer
StL	Staatslexikon
ThGl	Theologie und Glaube
ThJb	Theologisches Jahrbuch
TRE	Theologische Realenzyklopädie
VKZG.F	Veröffentlichungen der Kommission für Zeitgeschichte, Reihe B: Forschungen
WF	Westfälische Forschungen
WZ	Westfälische Zeitschrift

Quellen und Literatur

Albrecht Heinrich: Handbuch der sozialen Wohlfahrtspflege in Deutschland ‹Berlin 1902›.

Aldenhoff Rita: Schulze-Delitzsch. Ein Beitrag zur Geschichte des Liberalismus zwischen Revolution und Reichsgründung ‹Baden-Baden 1984›.

Anders Otto: Nürnberg um die Mitte des 15. Jahrhunderts im Spiegel ausländischer Betrachtung, in: Mitteilungen des Vereins für Geschichte der Stadt Nürnberg 50 ‹1960› 100-112.

Aretz Jürgen/Morsey Rudolf/Rauscher Anton (Hg.): Zeitgeschichte in Lebensbildern. Aus dem deutschen Katholizismus des 19. und 20. Jahrhunderts, 6 Bde. ‹Mainz 1973-1984›.

Aretz Jürgen: Katholische Arbeiterbewegung und christliche Gewerkschaften – Zur Geschichte der christlich-sozialen Bewegung, in: Rauscher (Hg.), Der soziale und politische Katholizismus 2, S. 159-214.

Arnold Margarete: Agnes Neuhaus und ihr Werk, in: Jahrbuch der Caritaswissenschaft ‹Freiburg i. Br. 1935› 198-202.

Auer Heinrich: Geschichte des Katholischen Fürsorgevereins für Mädchen, Frauen und Kinder, Ortsgruppe Freiburg i. Br. (1899-1924) ‹Freiburg i. Br. 1925›.

Baadte Günter: Elisabeth Gnauck-Kühne (1850-1917), in: Aretz u. a. (Hg.): Zeitgeschichte in Lebensbildern 3, S. 106-122, 286-287.

Baldas Eugen: Nur caritativ? Oder: Ist Caritas politisch?, in: JCSW 30 ‹1989› 113-134.

Baron Rüdeger (Hg.): Sozialarbeit und Soziale Reform. Zur Geschichte eines Berufs zwischen Frauenbewegung und öffentlicher Verwaltung. Festschrift zum 75jährigen Bestehen der Sozialen Frauenschule Berlin-Schöneberg/Fachschule für Sozialarbeit und Sozialpädagogik Berlin ‹Weinheim/Basel 1983›.

Binder Wilhelm: Novus thesaurus adagiorum Latinorum. Lateinischer Sprichwörterschatz, unveränderter Neudruck der Ausgabe von 1861 ‹Niederwalluf b. Wiesbaden 1971›.

Blauert Ingeborg/Reinicke Peter/Weber Dieter P.: 80 Jahre kirchliche Sozialarbeiterausbildung. Ein Beitrag zur Geschichte der Wohlfahrtspflege ‹Berlin/Bonn 1984›.

Blijdenstein Elisabeth: Vom Werden und Wirken des Katholischen Fürsorgevereins für Mädchen, Frauen und Kinder, in: Beeking Josef (Hg.): Katholische Kinder- und Jugendfürsorge. Festschrift zum Ersten Gesamtkongress der katholischen Kinder- und Jugendfürsorge Deutschlands, München 17. – 19. Oktober 1927 ‹München 1927› 103-105.

BORGMANN Karl: Wilhelm Liese. Geschichtsschreiber der Caritas, in: Caritas-Kalender 50 ‹1979› 17.
BRANDT Hans Jürgen: Grundzüge der Caritasgeschichte, in: NORDHUES (Hg.), Handbuch der Caritasarbeit 142-158.
BRANDT Hans Jürgen (Hg.): Die Polen und die Kirche im Ruhrgebiet 1871-1919. Ausgewählte Dokumente zur pastoral und kirchlichen Integration sprachlicher Minderheiten im Deutschen Kaiserreich (= Quellen und Studien. Veröffentlichungen des Instituts für kirchengeschichtliche Forschung des Bistums Essen 1) ‹Münster 1987›.
BRANDT Hans Jürgen: Als wachsen ihnen Flügel. 150 Jahre Barmherzige Schwestern vom hl. Vincenz von Paul in Paderborn, in: Vincenz von Paul. 150 Jahre Paderborner Vincentinerinnen, hg. v. der Kongregation der Barmherzigen Schwestern ‹Paderborn 1991› 3-14.
BRANDT Hans Jürgen (Hg.): Schalke '91. Eine katholische Arbeitergemeinde im Ruhrgebiet mit Tradition. 100 Jahre Pfarrei St. Josef Gelsenkirchen-Schalke ‹Paderborn 1991, 2., verbesserte Auflage 1992›.
BRANDT Hans Jürgen: Chronik des Paderborner Diözesan-Caritasverbandes mit Berücksichtigung des Bischöflichen Amtes Magdeburg, in: DERS. (Hg.): Der Caritasverband für das Erzbistum Paderborn in Geschichte und Gegenwart (= Veröffentlichungen zur Geschichte der Mitteldeutschen Kirchenprovinz 5) ‹Paderborn u. a. 1993, 2., verbesserte Auflage 1994› 17-167.
BRANDT Hans Jürgen (Hg.): Der Caritasverband für das Erzbistum Paderborn in Geschichte und Gegenwart (= Veröffentlichungen zur Geschichte der Mitteldeutschen Kirchenprovinz 5) ‹Paderborn u.a. 1993, 2., verbesserte Auflage 1994›.
BRANDT Hans Jürgen/HENGST Karl: Die Bischöfe und Erzbischöfe von Paderborn ‹Paderborn 1984›.
BRANDT Hans Jürgen/HENGST Karl: Die Weihbischöfe in Paderborn ‹Paderborn 1986›.
BRANDT Hans Jürgen/HENGST Karl: Das Erzbistum Paderborn. Geschichte, Personen, Dokumente (= Veröffentlichungen zur Geschichte der Mitteldeutschen Kirchenprovinz 3) ‹Paderborn 1989, 2., verbesserte Auflage 1993›.
BRANDT Hans Jürgen/HENGST Karl: Victrix Mindensis ecclesia. Die Mindener Bischöfe und Prälaten des Hohen Domes (= Veröffentlichungen zur Geschichte der Mitteldeutschen Kirchenprovinz 4) ‹Paderborn 1990›.
BRANDTS Max: Die katholischen Wohltätigkeitsanstalten und -vereine sowie das katholisch-soziale Vereinswesen, insbesondere in der Erzdiözese Köln ‹Köln 1895›.
BROICHER Charlotte: Elisabeth Gnauck-Kühne, in: Die Gesellschaft 15 ‹1899› 390-397.
BÜCHER Karl: Die Frauenfrage im Mittelalter ‹Tübingen 1882, 2., verbesserte Auflage 1910›.
BURGDÖRFER Friedrich: Hausindustrie, in: HERRE (Hg.), Politisches Handwörterbuch 1, S. 769-772.

CLOSTERMANN Ludwig/HELLER Theodor/STEPHANI Paul (Hg.): Enzyklopädisches Handbuch des Jugendschutzes und der Jugendfürsorge ‹Leipzig 1911, 2., vollständig umgearbeitete Auflage 1930›.
COSACK Elisabeth: Der Katholische Fürsorgeverein für Mädchen, Frauen und Kinder, in: Die Christliche Frau 12 ‹1914› 189-194.
CRAIG Gordon A.: Deutsche Geschichte 1866-1945 ‹München 1980›.

Die Erzdiözese Paderborn. Festschrift aus Anlaß der Erhebung des Bistums Paderborn zur Erzdiözese, o. Hg. ‹Paderborn 1930›.
Die verstorbenen Priester der Erzdiözese Paderborn 1900-1964 ‹Paderborn 1964›.
DIETRICH Charlotte: Elisabeth Gnauck-Kühne als Soziologin, in: Die Christliche Frau 42 ‹1953› 134-145.
DIPPER Christof: Sozialreform. Geschichte eines umstrittenen Begriffs, in: ASozG 32 ‹1992› 323-351.
DRANSFELD Hedwig: Elisabeth Gnauck-Kühne, in: Die Christliche Frau 8 ‹1910› 122-126.
DRANSFELD Hedwig: Die Frau im kirchlichen und religiösen Leben, in: Die Christliche Frau 10 ‹1912› 217-224.
DRANSFELD Hedwig: Frau Elisabeth Gnauck-Kühne, in: Die Christliche Frau 15 ‹1917› 122-130.

ENGELHARDT Werner Wilhelm: Allgemeine Ideengeschichte des Genossenschaftswesens. Einführung in die Genossenschafts- und Kooperationslehre auf geschichtlicher Basis (= Grundzüge 59) ‹Darmstadt 1985›.
ERDBERG Robert von: Die Wohlfahrtspflege. Eine sozialwissenschaftliche Studie ‹Jena 1903›.

FESTING Heinrich: Adolph Kolping und sein Werk. Ein Überblick über Leben und Wirken des großen Sozialreformers und über die geschichtliche Entwicklung seines Werkes bis heute ‹Freiburg i. Br. 1981, 8. Auflage 1985›.
Frau Agnes Neuhaus und ihr Werk. Sondernummer des Korrespondenzblattes, hg. v. Zentralvorstand als Gabe für Agnes Neuhaus zum 24. März 1934, in: Korrespondenzblatt. Katholischer Fürsorgeverein für Mädchen, Frauen und Kinder 13 ‹1934› 41-161.

GATZ Erwin (Hg.): Die Bischöfe der deutschsprachigen Länder 1785/1803 bis 1945. Ein biographisches Lexikon ‹Berlin 1983›.
GERHARD Ute: Über die Anfänge der deutschen Frauenbewegung um 1848. Frauenpresse, Frauenpolitik und Frauenvereine, in: HAUSEN Karin (Hg.): Frauen suchen ihre Geschichte. Historische Studien zum 19. und 20. Jahrhundert ‹München 1983, 2., durchgesehene Auflage 1987›.
GERHARDT Martin: Ein Jahrhundert Innere Mission. Die Geschichte des Central-Ausschusses für die Innere Mission der Deutschen Evangelischen Kirche, 2 Bde. ‹Gütersloh 1948›.

GNAUCK-KÜHNE Elisabeth: Die Lage der Arbeiterinnen in der Berliner Papierwaren-Industrie. Eine sociale Studie, in: Jahrbuch für Gesetzgebung, Verwaltung und Volkswirtschaft im Deutschen Reich, NF 20 ‹1896› 25-92.
GNAUCK-KÜHNE Elisabeth: Socialcharitative Hülfsarbeit, in: Kölnische Volkszeitung Nr. 375 vom 4. 5. 1903.
GNAUCK-KÜHNE Elisabeth: Der Wettbewerb zwischen Mann und Weib, in: Kölnische Volkszeitung Nr. 516 vom 21. 6. 1903, S. 2.
GNAUCK-KÜHNE Elisabeth: Die deutsche Frau um die Jahrhundertwende. Statistische Studie zur Frauenfrage ‹Berlin 1904, 2. Auflage 1907, 3. Auflage 1914›.
GNAUCK-KÜHNE Elisabeth: Einführung in die Arbeiterinnenfrage ‹M.Gladbach 1906›.
GNAUCK-KÜHNE Elisabeth: Warum organisieren wir die Arbeiterinnen?, in: Frankfurter Zeitgemäße Broschüren, NF 25 ‹1906› 37-57.
GNAUCK-KÜHNE Elisabeth: Die Organisation von Patronagen. Vortrag, gehalten auf der 2. Mitgliederversammlung des Verbandes süddeutscher Patronagen für jugendliche katholische Arbeiterinnen zu München am 16. Juni 1907 ‹München 1907›.
GNAUCK-KÜHNE Elisabeth: Über den Begriff christlich-sozialer Bildung, in: SK 27 ‹1907› 585-590.
GNAUCK-KÜHNE Elisabeth: Frauenbewegung und Frauenfrage, in: ALTMANN, Salomon P. u.a. (Hg.): Die Entwicklung der deutschen Volkswirtschaftslehre im neunzehnten Jahrhundert. Gustav Schmoller zur siebzigsten Wiederkehr seines Geburtstages, 24. Juni 1908, 2. Teil ‹Leipzig 1908› 1-17.
GNAUCK-KÜHNE Elisabeth: Die politische Mitarbeit der Frau, in: Kölnische Volkszeitung Nr. 787, 803, 827 ‹1908›.
GNAUCK-KÜHNE Elisabeth: Frauenfrage und Frauenbewegung, in: StL 2 ‹Freiburg i. Br. 3., neubearbeitete Auflage 1909› 282-303.
GNAUCK-KÜHNE Elisabeth: Das soziale Gemeinschaftsleben im Deutschen Reich. Leitfaden der Volkswirtschaftslehre und Bürgerkunde in sozialgeschichtlichem Aufbau für höhere Schulen und zum Selbstunterricht ‹M.Gladbach 1.-8. Auflage 1904›.
GNAUCK-KÜHNE Elisabeth: Das soziale Gemeinschaftsleben im Deutschen Reich. Leitfaden der Wirtschafts- und Bürgerkunde für höhere Schulen, Kurse und zum Selbstunterricht ‹M.Gladbach 9.-14., stark vermehrte Auflage 1912, 15.-20., stark vermehrte Auflage 1914, 21.-23. Auflage 1918, 24.-30., erweiterte Auflage 1920, 41.-45. Auflage 1925›.
GNAUCK-KÜHNE Elisabeth: Die Frau im Handwerk, in: Frauenwirtschaft 2 ‹1911› 137-144.
GNAUCK-KÜHNE: Die Frage des „weiblichen Dienstjahrs“, in: BÄUMER Gertrud (Hg.): Der Deutsche Frauenkongreß, 27. 2. – 2. 3. 1912 ‹Leipzig 1912› 24-38.
GNAUCK-KÜHNE Elisabeth: Die allgemeine Bedeutung und Notwendigkeit des Ausbaus der weiblichen Jugendpflege, in: Pflege der schulentlassenen weiblichen Jugend. Vorbericht und Verhandlungen der Zentralstelle für Volkswohlfahrt in Danzig am 17. Juni 1912 (= Schriften der Zentralstelle für Volkswohlfahrt, NF 9) ‹Berlin 1913› 186-198.

Gnauck-Kühne Elisabeth: Dienstpflicht und Dienstjahr des weiblichen Geschlechts ‹Tübingen 1915›.
Gnauck-Kühne Elisabeth: Wohlfahrtspflege, Caritas und soziale Arbeit. Zum 25-jährigen Jubiläum der Zentralstelle für Wohlfahrt, in: Jahrbücher für Nationalökonomie und Statistik 109 ‹1917› 77-92.
Görner Regina: Die deutschen Katholiken und die soziale Frage im 19. Jahrhundert, in: Rüther, Geschichte der christlich-demokratischen und christlich-sozialen Bewegung 1, S. 145-190.
Grebing Helga (Hg.): Geschichte der sozialen Ideen in Deutschland (= Deutsches Handbuch der Politik 3) ‹München/Wien 1969›.
Günther Adolf: Arbeitsrecht und Arbeitsschutz, in: Herre, Politisches Handwörterbuch 1, S. 87-93.

Handbuch des Bistums Essen, hg. v. Bischöflichen Generalvikariat Essen ‹Essen 1960, 2. Auflage 1983›.
Handbuch für Jugendpflege, hg. v. der Deutschen Zentrale für Jugendfürsorge ‹Langensalza 1913›.
Hasenclever Christa: Jugendhilfe und Jugendgesetzgebung seit 1900 ‹Göttingen 1978›.
Heitzer Horstwalter: Der Volksverein für das katholische Deutschland im Kaiserreich 1890-1918 (= VKZG.F 26) ‹Mainz 1979›.
Hengst Karl (Hg.): Westfälisches Klosterbuch, 2 Bde. (= Veröffentlichungen der Historischen Kommission für Westfalen 44: Quellen und Forschungen zur Kirchen- und Religionsgeschichte 2) ‹Münster 1992/1994›.
Hense Joseph: Das Gymnasium Theodorianum unter der fürstbischöflichen und preussischen Regierung (1612-1912), in: Festschrift zur Feier des Dreihundertjährigen Jubiläums des Königlichen Gymnasiums Theodorianum in Paderborn ‹Paderborn 1912› 55-108.
Hentschel Volker: Die deutschen Freihändler und der volkswirtschaftliche Kongreß 1858 bis 1885 (= Industrielle Welt 16) ‹Stuttgart 1975›.
Herkner Heinrich: Die Arbeiterfrage. Eine Einführung ‹Berlin 1894, 3., gänzlich durchgesehene Auflage 1902›.
Herre Paul (Hg.): Politisches Handwörterbuch, 2 Bde. ‹Leipzig 1923›.
Hitze Franz: Dr. Max Brandts, in: SK 25 ‹1905› 665-674.
Hoeber Karl: Elisabeth Gnauck-Kühne. Ein Bild ihres Lebens und Schaffens ‹M.Gladbach 1917›.
Honselmann Klemens (Hg.): Von der Domschule zum Gymnasium Theodorianum in Paderborn (= Studien und Quellen zur Westfälischen Geschichte 3) ‹Paderborn 1962›.
Hopmann Maria Victoria: Agnes Neuhaus. Leben und Werk ‹Mainz 1949, 2., v. Neuhaus Heinz überarbeitete Auflage, Salzkotten 1977›.
Hopmann Maria Victoria: Marie Le Hanne-Reichensperger. „Die Frau Bergrat“, 1848-1921 ‹Mainz o. J. [1939]›.

ISERLOH Erwin: Die soziale Aktivität der Katholiken im Übergang von caritativer Fürsorge zu Sozialreform und Sozialpolitik, dargestellt an den Schriften Wilhelm Emmanuel von Kettelers ‹Wiesbaden 1975›.
ISERLOH Erwin: Ketteler, Wilhelm Emmanuel von (1811-1877), in: TRE 18 ‹Berlin/New York 1989› 109-113.
100 Jahre Verein für Jugendhilfe im Erzbistum Paderborn e.V., hg. v. Verein für Jugendhilfe im Erzbistum Paderborn e.V. ‹Olsberg 1994›.

JUST Christian: Deutsches Rotes Kreuz, in: StL 4 ‹Freiburg i.Br./Basel/Wein 7., völlig neubearbeitete Auflage 1988› 942-944.

KAISER Jochen-Christoph: Sozialer Protestantismus im 20. Jahrhundert. Beiträge zur Geschichte der Inneren Mission 1914-1945 ‹München 1989›.
KALL Alfred: Katholische Frauenbewegung in Deutschland. Eine Untersuchung zur Gründung katholischer Frauenvereine im 19. Jahrhundert (= Beiträge zur Katholizismusforschung, Reihe B: Abhandlungen) ‹Paderborn u. a. 1983›.
KARRENBERG Friedrich: Geschichte der sozialen Ideen im deutschen Protestantismus, in: GREBING (Hg.): Geschichte der sozialen Ideen in Deutschland 561-694.
KARSTEDT Oskar (Hg.): Handwörterbuch der Wohlfahrtspflege ‹Berlin 1928›.
KELLEN Tony: Die Arbeiter-Wohlfahrtseinrichtungen, ein Leitfaden zur Orientierung über die Einrichtungen und Bestrebungen auf dem Gebiete der Arbeiterwohlfahrt ‹Leipzig 1902›.
KERCHNER Brigitte: Beruf und Geschlecht. Berufsverbände in Deutschland 1848-1908 (= Kritische Studien zur Geschichtswissenschaft 97) ‹Göttingen 1992›.
KERNER Franz: Klumker, Christian Jasper, in: NDB 12 ‹Berlin 1980› 144-145.
KLÖCKER Michael: Katholizismus und Protestantismus im 19./20. Jahrhundert, in: ASozG 28 ‹1988› 469-488.
KLUMKER Christian Jasper: Vom Werden deutscher Jugendfürsorge. Zugleich eine Geschichte der deutschen Berufsvormundschaft. Zum 25jährigen Bestehen des ADB ‹Berlin 1931›.
KNOPP Gisbert: Die preußische Verwaltung des Regierungsbezirks Düsseldorf in den Jahren 1899-1919 ‹Köln/Berlin 1974›.
KOCH Ludwig: Jesuiten-Lexikon. Die Gesellschaft Jesu einst und jetzt ‹Paderborn 1934›.
KOCKA Jürgen: Arbeitsverhältnisse und Arbeiterexistenzen. Grundlagen der Klassenbildung im 19. Jahrhundert (= Geschichte der Arbeiter und der Arbeiterbewegung in Deutschland seit dem Ende des 18. Jahrhunderts 2) ‹Bonn 1990›.
KOEPCKE Cordula: Geschichte der deutschen Frauenbewegung. Von den Anfängen bis 1945 ‹Freiburg i. Br./Basel/Wien 1979›.
KOEPCKE Cordula: Louise Otto-Peters. Die rote Demokratin ‹Freiburg i. Br./Basel/Wien 1981›.
KOPP Anna: Der Katholische Fürsorgeverein für Mädchen, Frauen und Kinder. Eine Untersuchung des Vereins in sozialer, wirtschaftlicher und organisatorischer Hinsicht ‹Münster 1926›.

Kosch Wilhelm: Das katholische Deutschland. Biographisch-bibliographisches Lexikon ‹Augsburg o. J. [1933/1937]›.

Kouri Erkki I.: Der deutsche Protestantismus und die soziale Frage 1870-1919. Zur Sozialpolitik des deutschen Bildungsbürgertums ‹Berlin 1984›.

Krabbel, Gerta: Gnauck-Kühne, Elisabeth, in: LThK 4 ‹Freiburg i. Br. 2., völlig neu bearbeitete Auflage 1960› 1016.

Krause Jochen: Menschen der Heimat. Kreis Olpe, Teil 1-3 ‹Olpe 1987›.

Kreft Werner: Die Kirchentage von 1848-1872 (= Europäische Hochschulschriften, Reihe 23, 514) ‹Frankfurt a. Main u. a. 1994›.

Krug von Nidda Carl Ludwig: Wilhelm Polligkeit. Wegbereiter einer neuzeitigen Fürsorge (= Schriften des Deutschen Vereins für öffentliche und private Fürsorge 219) ‹Köln u. a. 1961›.

Landwehr Rolf/Baron Rüdeger (Hg.): Geschichte der Sozialarbeit. Hauptlinien ihrer Entwicklung im 19. und 20. Jahrhundert ‹Weinheim/Basel 1983›.

Landwehr Rolf: Alice Salomon und ihre Bedeutung für die soziale Arbeit. Beitrag zur Entwicklung der sozialen Berufsarbeit und Ausbildung anläßlich des 10jährigen Bestehens der FHSS Berlin ‹Berlin 1981›.

Lange Helene (Hg.): Die Anfänge der Frauenbewegung (= Quellenhefte zum Frauenleben in der Geschichte 17) ‹Berlin o. J [1927]›.

Leski Horst: Schulreform und Administration. Vom Einheitsschulprogramm der Weimarer Verfassung bis zu den Schulreformprogrammen des niedersächsischen Kultusministeriums ‹Oldenburg 1990›.

Liedhegener Antonius: Der deutsche Katholizismus um die Jahrhundertwende (1890-1914). Ein Literaturbericht, in: JCSW 32 ‹1991› 361-392.

Liese Wilhelm, s. Anhang: Hengst, Bibliographie Wilhelm Liese, in diesem Band.

Loersch Marita: Ein Lebensbild, gezeichnet in dankbarer Erinnerung von einer ihrer Mitarbeiterinnen, in: Die Christliche Frau 13 ‹1915› 281-290.

Lortz Joseph: Der unvergleichliche Heilige. Gedanken um Franz von Assisi ‹Düsseldorf 1949›

Lüdicke Reinhard (Bearb.): Die preußischen Kultusminister und ihre Beamten 1817-1917 ‹Stuttgart/Berlin 1918›.

Lüdtke Gerhard (Hg.): Kürschners deutscher Gelehrten-Kalender ‹Berlin/Leipzig 4, Ausgabe 1931›.

Lüttgens Carl-Max: Arbeitsmarktpolitik, in: Herre, Politisches Handwörterbuch 1, S. 85-87.

Mann Bernhard (Bearb.): Biographisches Handbuch für das preußische Abgeordnetenhaus 1867-1918 (= Handbuch zur Geschichte des Parlamentarismus und der politischen Parteien 3) ‹Düsseldorf 1988›.

Mayer-Montfort Elvira: Gnauck-Kühne, Elisabeth, in: LThK 4 ‹Freiburg i. Br. 1932› 552.

Meyer Hans: Thomas von Aquin. Sein System und seine geistesgeschichtliche Stellung ‹Bonn 1938, 2. erweiterte Auflage, Paderborn 1961›.

MONTGELAS Pauline: Nochmals Elisabeth Gnauck-Kühne, in: Die Christliche Frau 28 ‹1930› 183.
MÜNSTERBERG Emil: Zentralstellen für Armenpflege und Wohlthätigkeit ‹Jena 1897›.

NELL-BREUNING Oswald von (Hg.): Zur Sozialen Frage (= Beiträge zu einem Wörterbuch der Politik 3) ‹Freiburg i. Br. 1949›.
NEUHAUS Agnes: Aus der Werkstätte des Guten Hirten. Vortrag auf der ersten Generalversammlung des Katholischen Frauenbundes zu Frankfurt a. M. am 8. November 1904 ‹Köln o. J. [1904]›. – Abdruck: Charitas. Zeitschrift für die Werke der Nächstenliebe im katholischen Deutschland 10 ‹1904/1905› 197-203.
NEUHAUS Agnes: Die Aufgaben der Fürsorgevereine. Rede der Frau Amtsgerichtsrat Neuhaus in Dortmund. Gehalten auf dem 10. Charitastage in Dortmund am 4. Oktober 1905, in: Charitas. Zeitschrift für die Werke der Nächstenliebe im katholischen Deutschland 11 ‹1905/1906› 129-140. – Abdruck: JÜNGST Antonie (Hg.): Gezeichnet! Ein Büchlein von der Fürsorge ‹Münster 1905› 119-146.
NEUHAUS Agnes: Die organisierte Einzelvormundschaft – unser Weg zum Ziel, in: Zeitschrift für katholische caritative Erziehungstätigkeit 2 ‹1913› 178-189.
NEUHAUS Agnes: Aus der Geschichte des Katholischen Fürsorgevereins für Mädchen, Frauen und Kinder, in: Jahrbuch für die Katholiken Dortmunds 1929, hg. v. der Katholischen Geistlichkeit Dortmunds ‹Dortmund 1929› 72-85.
NEUHAUS Agnes: Unsere Arbeit für die uneheliche Mutter und ihr Kind, in: Korrespondenzblatt. Katholischer Fürsorgeverein für Mädchen, Frauen und Kinder 13 (1934) 81-89.
NEUHAUS Agnes: Für meine Kinder [1933], in: RICKMERS, Josephine Butler und Agnes Neuhaus 52-61.
NIPPERDEY Thomas: Religion und Gesellschaft: Deutschland um 1900, in: HZ 246 ‹1988› 591-615.
NIPPERDEY Thomas: Arbeitswelt und Bürgergeist (= Deutsche Geschichte 1866-1918, Bd. 1) ‹München 1990›.
NORDHUES Paul: s. Anhang: BÖHM/HÄGER, Bibliographie Paul Nordhues, in diesem Band.
NOVY Klaus/PRINZ Michael: Illustrierte Geschichte der Gemeinwirtschaft. Wirtschaftliche Selbsthilfe in der Arbeiterbewegung von den Anfängen bis 1945 ‹Berlin/Bonn 1985›.

OESTREICH Paul: Die elastische Einheitsschule. Lebens- und Produktionsschule. Vorträge ‹Berlin 1921, 2. Auflage, Berlin 1923›.
OTTO Louise: Das Recht der Frauen auf Erwerb. Blicke auf das Frauenleben der Gegenwart ‹Hamburg 1866›.

PANKOKE-SCHENK Monika: Moderne Not als institutionelle Herausforderung kirchlicher Sozialarbeit. Sozialwissenschaftliche Aspekte caritativen Engage-

ments, dargestellt am Beispiel des „Sozialdienstes katholischer Frauen" ‹Bochum 1975›.
Pankoke-Schenk Monika: 75 Jahre „Sozialdienst katholischer Frauen". Auftrag und Aufgaben in der gegenwärtigen Gesellschaft, in: Caritas '77. Jahrbuch des Deutschen Caritasverbandes ‹o. J. [1976]› 247-251.
Pankoke-Schenk Monika: Agnes Neuhaus (1854-1944), in: Aretz u. a. (Hg.), Zeitgeschichte in Lebensbildern 4, S. 133-142, 274.
Pankoke-Schenk Monika: Katholische Frauenbewegung und Sozialdienst katholischer Frauen, in: Caritas '83. Jahrbuch des Deutschen Caritasverbandes ‹o. J. [1982]› 351-360.
Pankoke-Schenk Monika: Katholizismus und Frauenfrage, in: Rauscher (Hg.), Der soziale und politische Katholizismus 2, S. 278-311.
Pankoke-Schenk Monika: Neuhaus, Agnes, in: StL 4 ‹Freiburg i. Br. 7., völlig neu bearbeitete Auflage 1988› 12-14.
Pastor Ludwig: August Reichensperger 1808-1895. Sein Leben und sein Wirken auf dem Gebiet der Politik, der Kunst und der Wissenschaft, 2 Bde. ‹Freiburg i. Br. 1899›.
Pauls Maria: Die deutschen Frauenorganisationen. Eine Übersicht über den Bestand, die Ursprünge und die kulturellen Aufgaben ‹o. O. [Aachen] o. J. [1966]›.
Peukert Detlev J. K.: Grenzen der Sozialdisziplinierung. Aufstieg und Krise der deutschen Jugendfürsorge von 1878 bis 1932 ‹Köln 1986›.
Polligkeit Wilhelm: Strafrechtsreform und Jugendfürsorge (= Beiträge zur Kinderforschung und Heilerziehung. Beihefte zur „Zeitschrift für Kinderforschung" 12) ‹Langensalza 1905›.
Polligkeit Wilhelm: Reichsjugendwohlfahrtsgesetz, in: Clostermann, Enzyklopädisches Handbuch des Kinderschutzes und der Jugendfürsorge 597-601.
Ponfick Hans: Bodenpolitik, Bodenreform, in: Herre, Politisches Handwörterbuch 1, S. 255-256.
Pöschl Viktor (Hg.): Tacitus (= Wege der Forschung 97) ‹Darmstadt 1969›.
Potthoff Heinrich: Lassalle, in: StL 3 ‹Freiburg i. Br./Basel/Wien 7., durchgesehene Auflage 1987› 842-844.
Prégardier Elisabeth: Elisabeth Gnauck-Kühne. Die Begründerin der christlichen Frauenbewegung, in: Prisma der Frau Heft 11/12 ‹1975› 103-105.
Prégardier, Elisabeth: Die Frau in der Jahrhundertwende, in: Prisma der Frau Heft 3/4 ‹1976› 22-26.
Prégardier Elisabeth: Mittlerin zwischen den Klassen. Elisabeth Gnauck-Kühne (1850-1917), in: Caritas-Kalender Diözese Augsburg 48 ‹1977› 15.
Prégardier Elisabeth/Mohr Anne: Politik als Aufgabe. Engagement christlicher Frauen in der Weimarer Republik. Aufsätze, Dokumente, Notizen, Bilder ‹Annweiler/Essen 1990›.
Prégardier Elisabeth: Der Beitrag der christlichen Frauenbewegung zur politischen Kultur in Deutschland, in: Aus Politik und Zeitgeschichte. Beilage zur Wochenzeitung Das Parlament B 45/93 vom 5. November 1993, 14-21.

RAUSCHER Anton (Hg.): Der soziale und politische Katholizismus. Entwicklungslinien in Deutschland 1803-1963, 2 Bde. (= Geschichte und Staat 247-249/250-252) ‹München/Wien 1981/1982›.
REICHART Ludwig/STAMMEN Theo: Karl Marx 1818-1883, in: RAUSCH Heinz (Hg.): Politische Denker 3 ‹München 1981, 6., unveränderte Auflage 1987› 60-94.
RENKEWITZ Heinz (Hg.): Die Brüder-Unität. Deutsche Übersetzung ‹Stuttgart 1967›.
RICKMERS Florentine: Agnes Neuhaus, in: KRABBEL Gerta (Hg.): Selig sind des Friedens Wächter. Katholische deutsche Frauen aus den letzten hundert Jahren ‹Münster 1949› 147-182.
RICKMERS Florentine: Josephine Butler und Agnes Neuhaus. Studie zur Gefährdetenfürsorge, hg. v. der Zentrale des KFV ‹o. O. [Dortmund] 1950›.
ROBBERS Gerhard: Vereins-, Vereinigungsfreiheit, in: StL 5 ‹Freiburg i.Br./Basel/ Wien 7., völlig neu bearbeitete Auflage 1989› 619-622.
ROOS Lothar: Kapitalismus, Sozialreform, Sozialpolitik, in: RAUSCHER (Hg.), Der soziale und politische Katholizismus 2, S. 52-158.
ROOS Lothar: Der Sozialkatholizismus und die Sozialpolitik der Zentrumspartei, in: RÜTHER (Hg.): Geschichte der christlich-demokratischen und christlich sozialen Bewegungen 1, S. 199-218.
RÜTHER Günther (Hg.): Geschichte der christlich-demokratischen und christlich-sozialen Bewegungen in Deutschland, 2 Bde. ‹Köln 1986›.

SACHSSE Christoph: Mütterlichkeit als Beruf. Sozialarbeit, Sozialreform und Frauenbewegung 1871-1929 ‹Frankfurt a. Main 1986›.
SACHSSE Christoph/TENNSTEDT Florian: Fürsorge und Wohlfahrtspflege 1871-1929 (= Geschichte der Armenfürsorge in Deutschland 2) ‹Stuttgart u. a.1988›.
SALOMON Alice: Das Projekt der „Frauenschule“, in: Frauenbildung 8 ‹1909› 22-26 u. 89-98.
SALOMON Alice: Die Mitarbeit der Frau bei der sozialen Fürsorge in den Gemeinden, in: Die soziale Fürsorge der kommunalen Verwaltung in Stadt und Land. Die Praxis der kommunalen und sozialen Verwaltung. Vorträge der Cölner Fortbildungskurse für Kommunal- und Sozialbeamte, veranstaltet von der Hochschule für kommunale und soziale Verwaltung, I. Kursus ‹Tübingen 1913› 116-117.
SALOMON Alice: Die Ausbildung zum sozialen Beruf ‹Berlin 1927›.
SCHEITGEN Nora: Agnes Neuhaus, in: SCHERER Alice (Hg.): Frauen im Umbruch der Zeit ‹Meitingen/Freising 1976› 34-44.
SCHERPNER Hans: Geschichte der Jugendfürsorge, bearbeitet v. SCHERPNER Hanna ‹Göttingen 1966, 2., durchgesehene Auflage 1979›.
SCHMIDT Martin: Pietismus ‹Stuttgart 1972, 3., unveränderte Auflage 1983›.
SCHNEIDER Michael: Kirche und soziale Frage im 19. und 20. Jahrhundert, unter besonderer Berücksichtigung des Katholizismus, in: ASozG 21 ‹1981› 533-553.
SCHNEIDER Michael: Die Christlichen Gewerkschaften 1894-1933 ‹Bonn 1982›.
SCHOELEN Georg: Bibliographisch-historisches Handbuch des Volksvereins für

das katholische Deutschland. Mit einer Einleitung von Horstwalter HEITZER und einer Quellenkunde von Wolfgang LÖHR (= VKZG.F 36) ‹Mainz 1982›.
SCHULTE Wilhelm: Westfälische Köpfe. 300 Lebensbilder bedeutender Westfalen ‹Münster 1963, 2., verbesserte Auflage 1977›.
SCHWARZ Max: MdR – Biographisches Handbuch der Reichstage ‹Hannover 1965›.
SEILER Julius: Einleitungs-Vortrag zur Gründung des Vereins zum Guten Hirten. Gehalten in Dortmund am 19. Juni 1900, in: Jubiläumstagung des Katholischen Fürsorgevereins für Mädchen, Frauen und Kinder, Zentrale Dortmund 1925 ‹Dortmund o. J. [1926]› 175-185. – Erstabdruck: Für die Verstoßenen des weiblichen Geschlechts, in: Charitas. Zeitschrift für die Werke der Nächstenliebe im katholischen Deutschland 6 ‹1901› 130-136.
SIENKNECHT Helmut: Der Einheitsschulgedanke. Geschichtliche Entwicklung und gegenwärtige Problematik ‹Weinheim/Berlin 1968›.
SIMON Helene: Elisabeth Gnauck-Kühne, 2 Bde. ‹M.Gladbach 1928/1929›.
SOHNREY Heinrich: Wegweiser für ländliche Wohlfahrts- und Heimatpflege ‹Berlin 1900›.
SONNENSCHEIN Carl/DRANSFELD Hedwig: Elisabeth Gnauck-Kühne, in: Die Christliche Frau 8 ‹1910› 117-121.
SPAEL Wilhelm: Das katholische Deutschland im 20. Jahrhundert. Seine Pionier- und Krisenzeiten 1890-1945 ‹Würzburg 1964›.
SPEUSER Maria: Elisabeth Gnauck-Kühne und ihre Stellung zur Frauenfrage unter besonderer Berücksichtigung der Arbeiterinnenfrage ‹Düsseldorf 1926›.
STAMMLER Rudolf: Recht und Wirtschaft nach der materialistischen Geschichtsauffassung ‹Leipzig 1896›.
SUNDER Else: Verein vom Guten Hirten – Katholischer Fürsorgeverein für Mädchen, Frauen und Kinder – Sozialdienst katholischer Frauen. Aus den Erfahrungen in der Diözese Osnabrück, in: Caritas '70. Jahrbuch des Deutschen Caritasverbandes ‹o. J. [1970]› 260-263.

Totenkalendarium. Die verstorbenen Priester der Erzdiözese Paderborn 1930-1980 ‹Paderborn 1981›.
TWELLMANN Margit: Die Deutsche Frauenbewegung. Ihre Anfänge und erste Entwicklung 1843-1889 (= Marburger Abhandlungen zur Politischen Wissenschaft 17/I,II) ‹Meisenheim a. Glan 1976›.

ÜHLOF Wilhelm/Krems Gerhard: Die Lebensdaten der Direktoren und ihrer Mitarbeiter, in: HÖFER Josef (Hg.): Das Collegium Leoninum zu Paderborn ‹Paderborn 1962› 91-112.

VÖLKL Richard: Dienende Kirche – Kirche der Liebe ‹Freiburg i. Br. 1969›.
VOM BRUCH Rüdiger: Bürgerliche Sozialreform im deutschen Kaiserreich, in: DERS. (Hg.): Weder Kommunismus noch Kapitalismus. Bürgerliche Sozialreform in Deutschland vom Vormärz bis zur Ära Adenauer ‹München 1985› 61-179.

WALTHER Hans (Hg.): Proverbia sententiaeque latinitatis medii aevi. Lateinische Sprichwörter und Sentenzen des Mittelalters in alphabetischer Anordnung 2, Teil 4 ‹Göttingen 1966›.
WEBER Helene: Agnes Neuhaus, in: Die Christliche Frau 32 ‹1934› 65-68.
WEGMANN Dietrich: Die leitenden staatlichen Verwaltungsbeamten der Provinz Westfalen 1815-1918 (= Veröffentlichungen der Historischen Kommission für Westfalen 42a,1) ‹Münster 1969›.
WITTE Ernst: Elisabeth Gnauck-Kühne, in: Hochland 14 ‹1917› 341-349.
WOJAHN Jutta: Elisabeth Gnauck-Kühne. Frauenrechtlerin und Wissenschaftlerin, in: Die Christliche Frau H. 5 ‹1987› 33-35.
WOLLASCH Andreas: Der Katholische Fürsorgeverein für Mädchen, Frauen und Kinder (1899-1945). Ein Beitrag zur Geschichte der Jugend- und Gefährdetenfürsorge in Deutschland ‹Freiburg 1991›.
WOLLASCH Andreas: Tendenzen und Probleme gegenwärtiger historischer Wohlfahrtsforschung in Deutschland, in: WF 43 ‹1993› 1-25.
WOLLASCH Hans-Josef: Lorenz Werthmann (1858-1921), in: ARETZ, Zeitgeschichte in Lebensbildern 4, S. 79-91, 270-271.
WÜNSCH Georg: Evangelische Wirtschaftsethik ‹Tübingen 1927›.

ZILLKEN Elisabeth: Die organisierte Einzelvormundschaft, in: Caritas. Zeitschrift für Caritaswissenschaft und Caritasarbeit 36 ‹1931› 457-464.
ZILLKEN Elisabeth: Frau Agnes Neuhaus (mit einem Nachwort von Gertrud BÄUMER), in: Die Frau 41 ‹1933/1934› 421-427.
ZILLKEN Elisabeth: Dem Gedächtnis von Frau Agnes Neuhaus geborene Morsbach, geboren in Dortmund am 24. März 1854, gestorben in Soest am 20. November 1944, der Gründerin und Führerin des Katholischen Fürsorgevereins für Mädchen, Frauen und Kinder ‹Paderborn 1944›.
ZILLKEN Elisabeth: Der Mensch und das Werk. Zum 100. Geburtstag von Agnes Neuhaus am 24. März 1954, in: Korrespondenzblatt. Katholischer Fürsorgeverein für Mädchen, Frauen und Kinder 24 ‹1954› 51-57.
Zum Gedächtnis an Elisabeth Hinz, in: Korrespondenzblatt. Katholischer Fürsorgeverein für Mädchen, Frauen und Kinder 31 (1961) 47-48.

Personen- und Ortsregister

Nicht aufgenommen sind die häufig vorkommenden Ortsnamen Freiburg i. Breisgau und Paderborn. Die in Fettdruck gesetzten Zahlen verweisen auf Biogramme der Personen.

Mitarbeiter

Karl Hengst
geb. 1939 in Bühne Kr. Warburg i. W., 1964 Priester in Paderborn, 1980 Dr. theol. habil. für Kirchengeschichte des Mittelalters und der Neuzeit an der Ruhr-Universität Bochum, Professor für Kirchengeschichte und Bistumsgeschichte in Paderborn, seit 1984 gleichzeitig Direktor der Erzbischöflichen Akademischen Bibliothek Paderborn, Vorsitzender der kirchengeschichtlichen Abteilung der Historischen Kommission für Westfalen.

Hans Jürgen Brandt
geb. 1938 in Gelsenkirchen-Schalke, 1965 Priester in Essen, 1979 Dr. theol. habil. für Kirchengeschichte des Mittelalters und der Neuzeit an der Ruhr-Universität Bochum, 1980 Professor für Katholische Theologie unter besonderer Berücksichtigung der Christlichen Gesellschaftslehre und Vorstand des Instituts für Theologie und Gesellschaft an der Universität der Bundeswehr München, Mitglied der Historischen Kommission für Westfalen, Päpstlicher Ehrenkaplan, Domkapitular E. h. in Essen.

Irmingard Böhm
geb. 1954 in Augsburg, 1986 Dr. theol. im Fach Dogmatik (Prof. DDr. Leo Scheffczyk) an der Ludwig-Maximilians-Universität in München, 1986 Wissenschaftliche Mitarbeiterin am Institut für Theologie und Gesellschaft der Fakultät für Sozialwissenschaften an der Universität der Bundeswehr München.

Peter Häger
geb. 1965 in Meschede, 1992 Dipl.-theol. an der Theol. Fakultät Paderborn, Wissenschaftliche Hilfskraft am Institut für Theologie und Gesellschaft an der Universität der Bundeswehr München, Doktorand an der Phil.-Theol. Hochschule St. Georgen/Frankfurt a. M.

VERÖFFENTLICHUNGEN ZUR GESCHICHTE DER MITTELDEUTSCHEN KIRCHENPROVINZ

herausgegeben von
Karl Hengst, Paderborn, Hans Jürgen Brandt, München
Josef Pilvousek, Erfurt, Werner Kathrein, Fulda

Band 1
BRANDT Hans Jürgen/HENGST Karl: Die Bischöfe und Erzbischöfe von Paderborn ‹Paderborn 1984›.

Band 2
BRANDT Hans Jürgen/HENGST Karl: Die Weihbischöfe in Paderborn ‹Paderborn 1986›.

Band 3
BRANDT Hans Jürgen/HENGST Karl: Das Erzbistum Paderborn. Geschichte - Personen - Dokumente ‹Paderborn 1989, 2. Auflage 1993›.

Band 4
BRANDT Hans Jürgen/HENGST Karl: Victrix Mindensis ecclesia. Die Mindener Bischöfe und Prälaten des Hohen Domes ‹Paderborn 1990›.

Band 5
BRANDT Hans Jürgen (Hg.): Der Caritasverband für das Erzbistum Paderborn in Geschichte und Gegenwart ‹Paderborn/München/Wien/Zürich 1993, 2. verbesserte Auflage 1994›.

Band 6
HENGST Karl/BRANDT Hans Jürgen/BÖHM Irmingard (Hg.): Geliebte Kirche - Gelebte Caritas. Agnes Neuhaus, Christian Bartels, Elisabeth Gnauck-Kühne, Wilhelm Liese. Festgabe für Weihbischof Dr. Paul Nordhues, Paderborn ‹Paderborn/München/Wien/Zürich 1995›.